创新引领建筑业高质量发展

——江苏省建筑业改革发展调研报告

江苏省建筑行业协会 编

中国建筑工业出版社

图书在版编目（CIP）数据

创新引领建筑业高质量发展——江苏省建筑业改革发展调研报告/江苏省建筑行业协会编．—北京：中国建筑工业出版社，2018.10
 ISBN 978-7-112-22752-5

Ⅰ.①创… Ⅱ.①江… Ⅲ.①建筑业—经济体制改革—研究报告—江苏②建筑业—经济发展—研究报告—江苏 Ⅳ.① F426.9

中国版本图书馆CIP数据核字（2018）第221884号

本书是江苏省建筑行业协会就建筑企业贯彻落实省政府151号文和全省建筑业改革发展工作会议精神拟定的四十多个课题，发动协会副会长单位以及有关设区市建筑行业协会广泛开展系列调研工作汇编而成的调研报告。本报告汇集了大量一手资料，在此基础上进行了研究、分析并最终形成了43个专题调研报告。这些调研报告既有从大处着眼，反映全省、全市建筑业改革发展面上情况；又有从细处着手，反映企业层面在深化改革、转型发展中的经验做法和存在的困难。整个调研工作既注重发挥各市建筑行业协会和副会长单位的智力优势，又注重点线面结合全方位展现全省建筑业改革创新发展的实际情况和存在的问题。

本书可以供全国建筑行业从业人员参考使用。

责任编辑：胡永旭　范业庶　张　磊
责任设计：李志立
责任校对：姜小莲

创新引领建筑业高质量发展
——江苏省建筑业改革发展调研报告
江苏省建筑行业协会　编

*

中国建筑工业出版社出版、发行（北京海淀三里河路9号）
各地新华书店、建筑书店经销
北京点击世代文化传媒有限公司制版
北京建筑工业印刷厂印刷

*

开本：787×1092毫米　1/16　印张：24　字数：455千字
2018年10月第一版　2018年10月第一次印刷
定价：68.00元
ISBN 978-7-112-22752-5
（32856）

版权所有　翻印必究
如有印装质量问题，可寄本社退换
（邮政编码 100037）

序

今年是我国改革开放40周年。改革开放以来，江苏建筑业在省委、省政府的正确领导和关心支持下，产业规模持续扩大，建造能力不断增强，已经发展成为名副其实的支柱产业、优势产业和富民产业。"十二五"期间，我省建筑业保持年均15%的增长速度，多项主要发展指标位居全国前列，建筑业总产值和增加值连续多年排名全国第一。"十二五"末，江苏实现了"建筑强省"目标任务。去年省政府出台了《建筑业改革发展20条》，在全省建筑业改革发展工作会议上，对建筑业改革发展做出了新的重大部署：全面推进建筑业深化改革，加快转向高质量发展。新时代新使命，江苏建筑业走向高质量发展之路任务艰巨。回首过去的发展历程，江苏建筑业形成了哪些优势和经验？当前又面临哪些矛盾和问题？如何推动建筑业深化改革加快转向高质量发展？加强调查研究，积极向政府建言献策、服务企业发展是江苏省建筑行业协会义不容辞、责无旁贷的一项重要工作。

调研是谋事之基、成事之道，研究、思考、确定深化改革的思路和重大举措，必须进行全面深入的调查研究。因此，我会于今年2月就建筑企业贯彻落实省政府151号文和全省建筑业改革发展工作会议精神拟订了四十多个课题，发动协会副会长单位以及有关设区市建筑行业协会广泛开展系列调研工作。整个调研活动从四月开始至七月底结束，历时四个月，调研范围涵盖了全省13个设区市，40多个调研组的人数达上百人，被调研建筑企业超过千家。各课题组通过调研，获得了大量一手资料，在此基础上进行了研究、分析并最终形成了43个专题调研报告。这些调研报告既有从大处着眼，反映全省、全市建筑业改革发展面上情况；又有从细处着手，反映企业层面在深化改革、转型发展中的经验做法和存在困难。整个调研工作既注重发挥各市建筑行业协会和副会长单位的智力优势，又注重点线面结合全方位展现全省建筑业改革创新发展的实际情况和存在问题。

这项调研是协会2018年的一项重点工作，协会专门成立指导协调小组，对本次调研做了大量组织协调工作。这是省建筑行业协会第一次组织如此大规模调研，整理形成了内容较为丰富的新成果，集中反映了江苏建筑业改革发展的新收获，也倾注了许多参与调研工作人员和被调研单位、企业的心血和智慧。在此，我代表省建筑行业协会向他们一并表示感谢。调研成果来之于企业，必将服务于企业。我们也期待这些调研报告成果能为政府部门决策提供有益参考，能为企业持续健康发展提供有益借鉴。

由于时间有限，本系列调研报告中难免有不当之处，敬请广大读者多提宝贵意见。

江苏省建筑行业协会会长 张宁宁

2018年9月于南京

目 录

坚持"四轮驱动" 推动高质量发展
——江苏省建筑业结构调整和转型升级情况调研报告 ... 001

坚持质量创优 铸塑建筑品牌
——扬州建筑业加强工程创优的调研报告 ... 012

以"四化融合"为核心 以"四个建造"为驱动 共襄打造"江苏建造"新品牌——关于常州、镇江、连云港三个地区推进"四种新型建造方式"的调查与思考 ... 019

积极稳健推进工程总承包的健康发展
——江苏省建筑业"工程总承包"推行情况调研报告 ... 030

新时代 新目标 实现对外承包工程发展新跨越
——江苏建筑业"走出去"发展情况、存在问题和意见建议 ... 039

关于我省建筑产业现代化发展的调研报告 ... 059

南京大地建设集团装配式建筑发展情况调研报告 ... 066

江苏"建筑之乡"转型发展的探索与研究 ... 074

常州市建筑工人现状调研报告 ... 087

数字建造技术在南京建工集团的应用情况 ... 111

关于盐城市装配式建筑发展情况的调研报告 ... 116

抱团发展凝聚合力 构建互利共生平台 ... 123

关于弘扬建筑工匠精神的调研报告 ... 138

关于金螳螂改革创新发展的调研与分析 ... 151

正太集团推进EPC工程总承包的调研报告 ... 156

江宁区建筑产业拓展和多元化发展情况调研 ... 163

关于连云港市建设工程担保和保险制度情况的调研报告 ... 168

中亿丰建设集团PPP业务创新探索、规范运作情况 ... 175

搭载"一带一路"快车　加速"走出去"步伐
——江苏省建集团借助"一带一路"走出去发展调研报告　　182

关于宿迁市加快建筑市场信用体系建设的调研报告　　189

苏州嘉盛集团装配式建筑推进情况的调研报告　　194

南通三建控股集团被动式超低能耗建筑技术发展调研报告　　204

镇江建筑业绿色施工推进情况的调研　　209

房建与市政领域工程总承包大有可为　　213

全装修成品住宅设计、施工和装修一体化的调研报告　　223

沪宁钢机在钢结构装配式住宅方面的经验做法、存在问题和有关意见建议　　229

以联合体为基础　全面推进轨道交通建设
——关于苏州一建参与城市轨道交通建设的调研报告　　233

关于淮安市建筑业优化结构转型升级情况的调研报告　　240

房屋建筑工程总承包项目实践与探索　　246

中南建筑拓展全产业链的探索与实践　　252

南通四建高质量发展的实践和思考　　258

装配式建筑——艰难而充满机遇的发展之路　　263

数字建造技术调研报告　　269

锻造大客户平台的探索与思考　　275

对接"一带一路"实现企业转型升级　　281

关于培育现代企业工匠精神的调研报告　　287

深入推进绿色建筑纵深发展的经验做法、存在问题和有关建议　　292

强化风控　计划先行　多方协作　有效落实
——关于总包企业工程价款结算工作的现状分析及建议　　303

装配式建筑——预制混凝土部品构件装配式建筑　　309

实施质量全过程控制　推进企业高质量发展　　315

江苏省建科院在绿色建造技术研究应用方面的经验做法、存在问题和有关意见建议　　323

金陵建工关于开展工程总承包情况的调研报告　　330

关于宜兴市建筑工程招标实践的现状与分析　　338

附件：

2017年度江苏省建筑业"双百强"企业分析报告　　342

江苏省政府关于促进建筑业改革发展的意见　　356

江苏建造2025行动纲要　　365

坚持"四轮驱动" 推动高质量发展
——江苏省建筑业结构调整和转型升级情况调研报告

张宁宁　伏祥乾　周文辉　王铭辉

建筑业是江苏名副其实的支柱产业、优势产业。2017年11月省政府出台了《关于促进建筑业改革发展的意见》（苏政发[2017]151号）文件，省住建厅发布了《江苏建造2025行动纲要》，一系列举措旨在不断深化建筑业改革，推进江苏建筑业转向高质量发展。能否实现这一目标，江苏建筑业的产业结构形式和企业转型升级情况起着关键作用。

为深入了解情况，总结先进经验，调查解决问题，为全省建筑业转向高质量发展提供服务，省建筑行业协会成立专题调研组，并于5、6月通过问卷调查、企业座谈、重点走访、查阅资料等方式，对全省建筑业产业结构调整和转型升级情况认真进行了调研。本次调研共收取调查问卷340余份，召开专题座谈会3场，参加座谈企业30余家。实地走访了中亿丰集团、苏州嘉盛集团、苏州金螳螂、中交一公局二公司、南通四建、南通新华、中如建工集团、江苏江中集团等8家企业，重点了解企业在深化改革、调整结构和转型升级方面的情况，听取企业在发展中遇到的新问题，并就有关新情况进行深入交流探讨。在充分调研、认真研究分析的基础上，课题组形成了本调研报告。

一、江苏建筑业产业结构调整和转型升级现状

根据统计数据分析，自2008年至2017年这十年期间，江苏建筑业在产值规模、盈利能力、利税贡献、市场开拓、多元化发展等方面均取得了飞跃式发展，各项数据指标均位居全国前列。十年间，全省建筑业总产值从8972亿元增长到3.14万亿元，增长了250%；企业营业额从9371亿元增长到3.38万亿元，增长了360%；行业利税从927亿元增长到2334亿元；建筑业产值100亿元以上企业从10家发展到40家。江苏建筑企业近十年来的飞速发展除了体现在以上数据的几何级增长上，还表现在产业结构调整和转型升级的成效上。

（一）全省建筑业产业结构不断优化

建筑业产业结构是指建筑业各类资源的配置结构和方式，各类生产能力的构成结构及相互关系，主要包括所有制结构、组织结构、业务结构、区域结构等内容。近十年是江苏建筑业产业结构不断优化和调整的十年。**一是从所有制结构形式来看**，不断深化从集体企业、乡镇企业到民营企业的产权制度改革，适应市场变化，开启了企业粗放型管理向现代化管理的发展之路。目前，全省24000多家建筑企业中，99%以上的都是民营企业，央企、国企、国有参股的不足1%，民营企业已经成为江苏建筑业发展壮大的主体力量。**二是从组织结构形式来看**，高等级资质不断增加，承包工程建设的能力逐步加强，总承包、专业承包、劳务分包企业数量比例不断优化。根据近年来江苏建筑业统计报告数据对比显示，特、一级资质企业数量明显增加，2008年特级企业32家、一级资质企业615家，当前我省特级资质企业69家，总承包一级企业864家、资质1195项，一级专业承包企业833家、资质2442项。承包资质、专业承包资质、劳务资质数量比例约为10∶18∶1，资质结构不断优化；**三是从业务结构形式来看**，逐步由低端业务结构向中高端业务结构转变。过去相对单一的房建、市政等主要业务结构拓展为涵盖了12项总承包、40余项专业承包业务和劳务作业相配套的业务结构形态。以房屋建筑为主的产业结构正逐步转变，现如今房屋建筑业占总产值比例下降到54%，较全国63.8%的平均水平低约10个百分点；土木工程建筑业占26%，超过了总量的四分之一，基础设施领域建设能力不断提升；建筑安装业、装饰装修等其他建筑业占20%；**四是从区域结构形式来看**，我省13个设区市的建筑业发展近年来持续保持平稳增长态势。以2017年建筑业总产值为例，南通市超7000亿元，南京、扬州、泰州均超3000亿元，盐城、徐州、淮安、常州均超1000亿元产值规模，四个不足千亿元产值的市最少也达到了663.2亿元。从区域结构来看，苏中、苏南、苏北的建筑业规模比例格局为5∶3∶2。

（二）全省建筑业转型升级成果丰硕

通过调研分析，我省建筑企业因所具备的资质、资金、人才、技术、管理等条件不同，转型升级的方式、方向也不尽相同。转型升级成果突出表现为"五大转型、五大升级"。

1. 五大转型

一是做大做强主项，向全施工产业链拓展。根据调研了解，江苏建筑企业通过拓展完善总承包、专业分包、劳务作业施工链条这一途径实现转型的情况比较普遍，企业拥有建筑工程、市政工程总承包资质及建筑装修装饰、建筑机电安装、钢结构工程、城市及道路照明、电子与智能化、环保工程、地基与基础工程、消防设施工程等专业承包资质占比较高。同一家企业拥有超过5项总承包或专业分包业务的比例达到了70%以上。

二是立足施工主业，向上下游产业链延伸。产业链延伸主要体现在投融资、房产开发、设计、咨询、采购、运营等方面。例如南京大地集团已形成涵盖现代建筑业、资本运作、外经外贸、基础设施、生态环保、酒店旅游服务等六大产业领域；江苏省建集团拓展形成"建筑安装、基础设施、海外业务、地产开发、绿色建造"五大核心产业板块；南通四建、通州建总等企业联合成立"筑材网"平台，南通三建等企业发起成立"筑集采"平台，打造建材电商交易平台；中南集团、龙信集团、江苏晟功等一大批企业在房地产开发领域取得不俗成就。

三是立足主项业务，向其他专业领域扩展。根据调研了解，这种转型方式一般集中于有较强的资金、人才、设备和技术能力的大中型建筑企业。例如，江苏省建通过并购南京同力，控股省交工集团，成功进入交通、市政工程领域；中亿丰集团实施"压缩房建、扶持专业"转型举措，开拓了在市政、桥梁、水利水电、地下管廊、轨道交通等基础设施领域新局面，专业施工业务量达到三分之一；苏州一建、中南集团、通州建总、嘉盛集团、苏州交通等8家企业与央企以联合体形式中标了轨道交通项目，迈出了跨越性步伐。

四是立足建筑主业，向高附加值关联产业转型。通过调研了解，我省不少建筑业立足建筑施工主业，成功进入酒店、学校、医院、养老等高附加值的关联产业并取得不错成效。例如：金螳螂积极投资成立科技公司，研发的"趣加BIM系统"、"趣加VR"已深度应用于施工项目中；中南集团、苏州嘉盛、江苏建宇等企业建设并运营酒店，实现固定资产保值升值，为企业带来不菲收益；海通建设集团联合271教育集团涉足教育领域，其投资运营的小初高12年一贯制民办学校——南京宇通实验学校，不仅帮助地方引入高质量教育资源，还为企业带来了较好社会经济效益。

五是建筑主业不变，向非关联产业跨界转型。我省有少数建筑企业在保持主业不变的前提下，瞄准国家倡导的朝阳产业，采取资金入股、固定资产入股等方式，向现代农业、科技企业、健康产业、先进制造业跨界发展。如江苏万年达跨界进入畜牧养殖和生态农业，取得不错成效；江苏华江投资先进制造业，生产的铝合金铸造产品已经供应美国通用、思源电气等龙头企业；江苏振华投资的生物医药已经进入临床实验阶段，投资入股的环保科技企业，已取得良好收益。

2. 五大升级

一是生产方式升级。 主要突出表现在推动"四化"融合，推行精益建造、数字建造、绿色建造、装配式建造四种"新型建造方式"上。武进建工进行成功探索，总结了一套成功的精益建造经验，并在在业内引起广泛关注；绿色施工已成为企业共识，广大施工企业通过创建绿色施工示范项目积极推动绿色施工工作；大中型建筑企业积极推进以 BIM 和互联网技术为主的集成应用，大幅提升了项目信息化管理水平和数字建造水平；装配式建造近两年来取得了飞速发展，南京大地、苏州嘉盛、江苏华江、锦宸集团、江苏金茂等一大批企业投资建设装配式构件厂，全省装配式构件厂已达到了160多家，比2017年增加了两倍。装配式建筑产业基地、示范项目如雨后春笋般出现。

二是商业模式升级。 我省部分建筑企业积极寻求建筑业与新兴产业的交叉点、切入点，发掘新的商业模式。例如南通三建注重资源整合，实现商业模式创新，积极运用"大基建＋"模式、"互联网＋"思维、"金融＋"手段，打造"三建系"上市公司格局，努力向建筑服务商、新型城镇化产业运营商转变；中如建工集团充分发挥整合资源的能力，加快商业模式创新，构建开发商、大业主、设计单位、咨询机构、供应商、专业施工企业共同参与的大平台，并向"做建筑业界阿里巴巴"的目标努力奋进。

三是经营模式升级。 在国家政策引导下，江苏建筑企业的经营模式不断升级，大力推进施工总承包、BT（BOT）、PPP、EPC 等模式，每一种经营模式在一定历史时期都极大地促进了企业发展。例如金陵建工采取 BT、BOT 经营模式，实现了工程项目高利润；南京大地采取 PPP、BOT 等多种经营模式，参与城市综合管廊、新农村建设、智慧城市投资建设；中核华兴深耕 PPP 业务市场，实现"金融端"和"工程端"的有机结合，向市场提供多种形式的一体化解决方案；江苏华建加快采用 EPC、PPP 经营模式，接连承接了造价超20亿、30亿元的大项目，开启了造城与兴城、建设与运营相结合的全新经营模式。

四是管理方式升级。 我省建筑企业管理从原来的粗放式管理升级为办公自动化、信息化、制度化的现代企业管理方式。全省注册建造师达到了26万多人，各类技经人员和现场管理人才数量也是全国最多。直属自营型项目管理方式逐渐成为省内建筑企业施工项目的主流管理方式。一大批建筑施工企业通过管理方式升级，大大降低了管理风险，提升了企业盈利能力和工程质量管理水平。近年来，我省建筑企业每年获得"鲁班奖"、"国优奖"的数量均位列全国前列，2017年获得"两奖"总数39项。

五是建筑市场升级。 从地域市场来看，江苏建筑业的市场布局不断从省内走向省外，从国内走向国外。2008年实现省外产值3148亿元，市场产值超

300亿元的区域市场有4个，完成境外营业额46亿美元。2017年我省建筑业出省施工产值达到了1.38万亿元，占全省总产值的44.2%，超千亿产值的区域市场6个，最大的华东地区实现产值4420亿元。我省赴"一带一路"国家投资和建设项目已覆盖沿线54个国家，完成境外营业额95.3亿美元；从业务市场来看，我省很多建筑企业在原有业务市场的基础上不断升级。例如，金螳螂在保持传统公装市场的基础上，积极拓展家装市场，"金螳螂·家"直营店已达150家；从客户对象来看，很多建筑企业对客户的选择开始转向信誉度高、履约能力强的大业主、大开发商，减少企业承接项目的风险。

（三）我省建筑业转型升级特点分析

江苏是经济大省，江苏经济的大发展带动了建筑业的大发展，江苏建筑业增加值连续12年保持在全省GDP的5%~6%区间。在此过程中，江苏建筑业积极贯彻"节约资源、保护环境"基本国策，不断以市场发展需求为导向，不断加快产业结构调整和转型升级，并取得了一定成效。究其原因主要得益于三个方面：

一是得益于各级政府协会的支持。首先是国务院、住建部分别从国家和行业政策方面对建筑业给予了大力扶持。其次是省市各级政府，省住建厅以及市县行业主管部门对省内建筑业发展给予了积极扶持，持续出台扶持政策，不断深化"放管服"改革，促进行业健康可持续发展。通过调查和历史资料查阅，我省13个设区市在不同时期都出台过扶持建筑业改革发展的政策文件，甚至很多建筑强县（市、区）都出台相应配套扶持政策。同时，省市县各级建筑行业协会也持续不断地为推进行业企业转型升级提供各项服务工作。

二是得益于市场经济机制的推动。随着西部开发、东北振兴、中部崛起、东部率先等国家发展战略的推进，国家在基础设施领域、城乡一体化建设中为建筑行业带来了大批投资大、体量高、技术难的大项目、大工程。这种大项目、大工程的市场需求引导和推动了建筑企业必须紧跟行业形势变化，主动适应市场需求，不断调整产业结构，加快自身转型升级。

三是得益于建筑企业自身的努力。江苏建筑业在历史发展中铸造了闻名全国的"铁军精神"，培育了一大批勇于创新的建筑人才队伍。靠着广大建筑企业的自身努力，不断探索实践、改革创新，形成了一大批先进典型经验，比如南通四建的股权流转机制、南通二建的项目股份制、龙信集团的住宅产业化、中亿丰的"和合"文化、江苏华建的战略联盟、中建八局三公司的项目标准化、中交一公局二公司的项目部6S班组化管理等。这些典型企业和先进经验，引领和促进着全省建筑业的不断加快转型升级和结构调整。

二、当前产业结构和转型升级存在的问题

通过调研,课题组根据企业转型发展中遇到的问题、困难和诉求,将全省建筑业在结构调整和转型升级中出现的主要问题归纳如下:

(一)企业同质化问题突出

江苏建筑业产业规模全国最大,企业数量全国最多,但同质化竞争也最为严重。69家特级资质企业中只有中亿丰集团是唯一一家建筑、市政双特企业,另外建筑工程特级资质企业65家,石油化工、矿山工程、市政公用特级资质企业各1家。2017年度江苏省建筑业竞争力百强企业中,房建总承包企业占到了84%。成长性百强企业中,房建总承包企业占到了65%。专业总承包业务,特别是基础设施领域的市场占有率偏低。

(二)区域发展存在不平衡

全省5个"建筑强市"完成建筑业产值,占全省比例为66.92%,其中南通市建筑业产值总量一枝独秀,约占全省建筑业总产值的四分之一。29个建筑强县(市、区)、建筑之乡完成建筑业产值,占全省比例为73.5%。区域发展不平衡性,除了体现在以上建筑业规模上,还体现在产业结构和转型升级成效上。建筑业发达地区的产业结构调整更优、转型升级成果更丰富。区域发展的不平衡,有地区经济发展不平衡的影响,有当地政府对建筑业重视程度的影响,还有企业思想理念和自身努力的因素。

(三)缺少旗舰级领军企业

中建、中交、中铁等央企是我国建筑业的航母级企业,我省企业与之相比差距太大。与陕西建工、云南建工、上海建工、北京城建等地方国企相比,我省企业与之也有不小差距。我省建筑业产值超百亿元的企业数量全国最多,2017年度达到了40家,产值最高的578亿元,但离千亿级企业还有不小距离。缺少大型旗舰级领军企业是当前我省建筑业面临的突出问题。

(四)企业内生动力不足

通过调研发现,我省建筑企业内生动力不足的情况还普遍存在,主要表现在:建筑企业科技创新意识不够、能力不强等情况较为普遍;不少股份制企业决策机制不科学、沟通机制不畅通等问题较为突出;与央企相比,民营企业融

资能力越来越弱，在高精尖领军人才数量上较为匮乏。据统计，民营企业高端人才年均流失率达 10%～15%，流向大城市、流向央企的比例较大，很多民营建筑企业缺乏有效人才培养和留用机制。"用工荒"问题越来越突出，已开始影响企业发展。

（五）综合服务能力较弱

大部分企业产业结构仍然存在"单一性"，综合能力不强。大部分建筑企业提供的项目服务还停留在施工服务上，尚处于产业链的低端，大多数企业在工程总承包等"交钥匙"工程服务能力上较弱，在提供勘察、设计、投融资、采购、建设、运营等全过程、一体化服务上能力和水平还不足。

（六）合作发展意识不够

江苏建筑企业在市场竞争中靠单兵作战、各自为战现象突出。而且很多企业不管大小都去参与市场竞争，哪怕只是二、三级企业都开展施工总承包业务，带来的后果就是易产生不正当竞争行为。同资质企业之间，总、分包企业之间缺乏有效的合作发展意识，整合重组意识有待加强。

此外，据调查情况反映，省政府的 151 号文件中有些政策中由于没有细则措施，很难落地实施。比如第一条中"扩大承接业务范围方面，允许在其资质类别内承接高一等级资质相应业务"，以及"具有市政公用、公路、水利水电、港口与航道工程其中一项资质的一级及以上施工总承包企业，能够提供足额担保且项目负责人具有相应业绩的，可以跨专业承接其他三项同等级资质相应的业务"，在现实招投标中较难实施。再比如第十六条中"推行工程履约双担保制度，施工单位提交履约担保的，建设单位应同时提交工程款支付担保"在实际中难以要求建设单位做到。

企业同质化竞争，合作发展意识不够，建筑市场僧多粥少，低价中标、恶性竞争等一系列问题导致并形成了企业数量高增长与市场供给关系失衡之间的突出矛盾；同时企业缺乏高精尖领军人才、工程综合服务能力不足等问题又形成了建筑业高质量发展要求与企业实际能力不足之间的突出矛盾。这两大突出矛盾是当前影响和制约江苏建筑业高质量发展的最主要矛盾。

三、推动建筑业转向高质量发展的意见建议

我省建筑业正处于转变发展方式、优化产业结构、转换增长动力的关键期。推动高质量发展是当前和今后一段时间确定发展思路、制定发展政策、实施改

革创新的根本要求。调研组根据调研情况认真进行了研究,提出了推动江苏建筑业转向高质量发展的意见建议。总体就是要以习近平新时代中国特色社会主义思想为指引,认真贯彻落实党的十九大精神,牢固树立"创新、协调、绿色、开放、共享"发展理念,坚持改革创新、结构调整、素质提升、融合发展这"四轮驱动",着力解决好两大突出矛盾,加快推动江苏建筑业转向高质量发展。

(一)坚持改革创新驱动,让企业发展源泉"活"起来

改革创新是企业发展动力的源泉,是引领建筑业高质量发展的第一动力。谁先牵住创新驱动的牛鼻子,下好创新发展的先手棋,谁就抢占了先机,赢得了优势。坚持改革创新驱动,主要是着力于"五个模式创新",加快新旧动能转换,增添创新的优势和活力,提高全要素生产率。

一是着力于产权模式创新。继续深化企业产权制度改革,优化股权结构,创新企业股权激励机制,激发股东、职工的积极性。建议广大建筑企业进一步解放思想,通过不同模式的股权激励措施将股东、骨干凝聚起来,形成共同的价值观,打造百年老店;**二是着力于商业模式创新**。发挥"建筑业+互联网"、"建筑业+金融"、"建筑业+机器人"等新型商业模式思维,促进建筑业由低端经济向高端经济发展模式转变,由承包商向服务商转变;**三是着力于经营模式创新**。在建筑主业上,要从施工总承包向工程总承包经营模式转变,向基础设施和公共事业等政府特许经营领域拓展。在多元化经营上,要向环保、新能源、新材料等朝阳产业拓展,形成"突出主业、适度多元"的产业发展格局,扩大企业盈利渠道;**四是着力于管理模式创新**。要把企业的管理模式朝着平台化、集约化、信息化、标准化、智慧化方向深化推进,打造现代化企业管理制度和体系。积极运用人工智能技术加强智慧工地建设,推动"无人机"施工现场巡查、机器人现场施工等;**五是着力于施工模式创新**。施工模式创新,要通过工艺、工法创新,加强精细化、信息化、绿色化、工业化"四化"融合,将精益建造、数字建造、绿色建造、装配式建造四种新型建造方式推向深入。全省建筑业尤其是建筑业欠发达的苏北地区,要着力于"五个模式创新",不断激发企业改革发展活力,调动一切可以调动的因素,迎头赶上,推动建筑业转向高质量发展。

(二)坚持结构调整驱动,让龙头建筑企业"强"起来

我省建筑产业结构调整的长期任务和方向是形成一批产业集中度高的龙头企业,促进形成大企业做大做强,中小企业做精做专的良好发展生态。坚持结构调整驱动,重点是继续推行三个"优化"。

一是要继续优化总分包体系。未来建筑市场最需要的两大类企业:实力强

大的总承包企业和极具特色的专业分包企业。建议通过政府手段不断优化总分包体系，引导大企业积极参加总承包项目投标，提升"设计—采购—施工"或"设计—施工"模式的工程总承包管理能力，尽快具备房建、市政、公路、轨道交通等综合类工程总承包能力。引导中小企业改变"小而全"的发展思路，提升专业施工能力，在做专做精、做精做优上下功夫，做细分专业市场的佼佼者，承接大企业的专业分包业务。

二是要继续优化行业资源配置。 从产业集中度来看，2017年度全省一级资质以上企业完成建筑业产值22004亿元，占全省建筑业总产值的70%。2017年度"双百强"企业，完成建筑业产值14980亿元，占一级资质以上企业建筑业产值的68%。说明其余的1500多家企业占用了大量的资源却只完成32%的产值比例。因为这种不合理的资源配置方式，导致了很多行业乱象：比如大企业人才短缺、小企业业务短缺，企业之间恶性竞争、相互压价，甚至低于成本价中标。建议主管部门从严资质动态核查，坚决清理不达标的建筑企业，优化行业资源配置，减少企业数量，提高发展质量。

三是要继续优化企业业务结构。 建议有条件的大中型建筑企业要紧紧抓住国家加大基础设施投资和乡村振兴战略实施的历史机遇，加快向大土木建筑业务领域拓展，特别是要积极采用PPP、工程总承包等模式，拓展轨道交通、地下管廊、海绵城市建设、棚户区改造等方面业务，不断优化企业业务结构，提升企业在大土木建筑领域的市场竞争力。

（三）坚持素质提升驱动，让企业发展实力"硬"起来

建筑企业的综合素质决定着企业发展实力的高低。综合素质的提升主要在文化建设、人才培养、科技创新和综合服务水平四个方面下功夫。

一是要在先进企业文化建设上下功夫。 企业文化指企业在实践中，逐步形成的为全体员工所认同、遵守、带有本企业特色的价值观念、经营准则、经营作风、企业精神、道德规范、发展目标的总和。资源是会枯竭的，唯有文化才会生生不息。新时代，我省建筑企业文化建设要以人为中心，把满足社会需求、消费者需求和企业员工需求作为企业价值观，把弘扬企业家精神、建筑工匠精神、诚实守信精神作为企业发展的核心精神，充分利用好企业报刊、网站和各种活动载体，打造上下一心、内外认同，有内涵、有生命力的企业文化，引领企业高质量发展。

二是要在领先人才机制建立上下功夫。 人才是实现高质量发展、赢得竞争主动的战略资源。江苏建筑业要突出人才支撑，对企业家队伍、专业人才队伍、现代化产业工人队伍三支领先人才队伍要建立完善有效的育人、用人、留人机

制。建议采用内培外引方式,对内全面推行现代学徒制,对外加强人才引进。有条件的企业在大城市设立总部基地或企业人才中心,让人才引得进、留得住、用得好,形成人人渴望成才、人人努力成才、人人皆可成才、人人尽展其才的良好局面,让三支领先人才队伍充分发挥创造活力和聪明才智,推动企业高质量发展。

三是要在科技创新和成果转化上下功夫。一方面企业必须加强科技投入和研发。充分发挥企业技术人员的作用,重点研发具有自主知识产权的发明专利、工艺、工法,以技术创新改变传统施工方式,提升管理水平;另一方面要加强科技成果的转化和利用。建议建筑企业加强和先进工业企业、互联网企业、高科技企业的合作,把3D打印、机器人、BIM技术、大数据等科技成果转化为自己所用,用科技成果提升劳动生产率,提升解决"高、大、难、特"项目的技术能力。

四是要在综合服务能力提升上下功夫。建议有条件的企业通过改组、联合、兼并、股份合作等形式,加快进军基础设施领域。建议政府加大对工程总承包试点企业的扶持力度,不断提升企业在交通、水利、电力、市政、轨道交通、桥梁隧道、综合管廊、海绵城市等基础设施领域的综合服务能力。有条件的企业要抓紧整合投资咨询、工程设计、招标代理、造价咨询、工程监理、项目管理等业务,促进形成全过程、一体化综合服务能力。

(四)坚持融合发展驱动,让旗舰企业集群"大"起来

融合发展最早是习近平总书记就两岸关系发展提出来的创新性理念。而如今融合发展已经逐渐成为各行各业转型发展的创新途径。建筑业的融合发展怎么去理解,如何去做,值得我们好好思考。这里面的融合发展包括的内容非常宽广,不仅包括建筑业和技术、资本、产业链、其他行业的融合发展,还包括建筑企业自身之间的融合与发展。

一是要加快资源整合。李克强总理多次提到"平台经济",而这个平台经济的打造,一定要靠资源整合能力。决定未来企业核心竞争力的不是简单的产品、人脉、渠道,而是资源整合能力。建议政府部门鼓励并支持大型龙头建筑企业发挥资源整合能力,找到最大公约数,画出最大同心圆,整合志同道合的方方面面资源,形成一批规模超500亿元、超1000亿元的旗舰企业群。如果每个旗舰企业群都具备勘察、设计、咨询、投资、开发、采购、设备供应、施工、建设、运营等"一体化"综合服务能力,那才是江苏建筑业参与市场竞争并立于不败之地的核心优势。

二是要加快错位发展。旗舰企业集群形成以后,各要素企业之间要按照优

势互补、突出特色、错位发展的思路来进行再布局、再规划和再升级。加快错位发展，不仅可以有效避免人才、设备、科研、资金的重复投入，还能在发展中通过再分工、再深化，把各要素企业做精做专、做专做优，形成良性循环的健康发展生态，才能打造一批像苏州金螳螂、沪宁钢机那样在全国叫得响的专业龙头企业。

三是要加快借船出海。在境外承包工程中，地方企业与央企相比存在着很多先天劣势。建议我省建筑企业要"靠大联强"，紧跟央企、国企"借船出海"，避免政策、税务等风险。一方面可以主动对接央企，聚焦融入"一带一路"的"六廊六路多国多港"主骨架建设，争取获得央企在基础设施项目上的分包业务，特别是对于国内企业投资建设的项目，凡是有利润收益、风险可控的项目都可以大胆积极尝试。另一方面也可以尝试以这些投资项目为依托，在建筑材料生产、进出口、销售等领域拓展。

新时代开启新征程，我国经济发展已进入新时代，由高速增长阶段转向高质量发展阶段。建筑业同样也处于转变发展方式、优化产业结构、转换增长动能的关键攻关期，江苏建筑业必须坚定不移地实施"四轮驱动"战略，不断优化产业结构、转换增长动能，加快发展方式转变，形成新优势，转向高质量发展，在建设"强富美高"新江苏征程中贡献建筑业的力量。

（张宁宁　江苏省建筑行业协会会长，伏祥乾　副秘书长兼行业发展部主任；周文辉　江苏省住房和城乡建设厅建筑市场监管处副处长；王铭辉　建筑时报社运营总监）

坚持质量创优　铸塑建筑品牌
——扬州建筑业加强工程创优的调研报告

任寿松

坚持质量兴业、创建优质工程，是扬州建筑业的光荣传统，也是全市建筑企业开拓市场、发展壮大的制胜法宝。多年来，扬州建筑业坚持"以人为本"和"质量兴业"的方针，以质量求生存、促发展，广泛开展工程创优活动，建筑工程质量水平不断迈上新台阶。近期，为探寻扬州建筑业之"根"、发掘扬州建筑业之"魂"，扬州市建筑业协会开展了以加强工程创优为主题的调研活动。总结了成绩和经验，分析了问题与不足，并对今后的发展提出了建议。

一、扬州建筑业工程创优概况

扬州是建筑大市，目前拥有建筑企业1572家，有总承包特级资质企业10家，一级资质企业161家，2017年全市建筑总产值达3550亿元。从调研情况看，全市工程创优整体水平稳中有升。主要表现在：**一是创优数量位居前列。**截至2017年底，我市建筑业共荣获"鲁班奖"49项，国优工程奖35项，在全省稳居创优队伍的前列。**二是创优质态持续向好。**自2011年起，我市建筑业企业承建的海南省文化艺术中心、泰州市公安局等16项工程获得"鲁班奖"，平均每年创"鲁班奖"2项，创优工作步入良性发展通道。**三是创优热情不断攀升。**全市建筑企业尤其是龙头企业，均高度重视工程创优工作，截至2017年底，江苏华建获得"鲁班奖"23项，国优12项，位居全国第八、全省前列；江都建设、扬建集团、邗建集团也连获鲁班奖。**四是总包带动专业创优作用明显。**一批龙头企业在创优过程中，积极带动了本土专业公司创优，近五年，先后创成参建鲁班奖17项，参建国优奖26项，带动了专业公司发展。**五是专业创优多点开花。**多元化发展推动创出了一批中国安装之星、全国建筑工程装饰奖、中国钢结构金奖等68项，邗建集团成为全市第一家获得詹天佑住宅小区金奖的企业。江苏华建承建的和平里花园二期项目不但创成鲁班奖，还被深圳市作为保障房项目的标杆在全市推广，树立了建精品住宅的典范。**六是创优标**

杆效应突出。创优树牌省内外结硕果,江苏华建在外获得鲁班奖,位居全国前列,2015年一年就获得两项"鲁班奖",扬建集团在本埠市场先后获得4项"鲁班奖",这些业绩相当罕见,有力地擦亮了扬州建筑业的"金字招牌"。

纵观扬州建筑业历年来的创优历程和创优成果,都与政府、协会、企业的努力息息相关、密不可分。

(一) 政府层面

1. **高度重视工程创优工作**。扬州市委市政府将建筑业确定为全市六大"基本产业"之一,大力发展建筑业,把建筑业作为扬州城市的一张重要名片。为提升对建筑业的重视程度,市委市政府坚持每年做到"五个一":召开一次大会,新春年后上班第一个工作日,即举行全市建筑业发展大会,为新的一年全市建筑业创优树牌定好调、布好局;召开一次外部市场推介会,在有潜力、有前景的市场选点,推介扬州建筑业优质产品;组织一次调研,由人大或政协牵头形成全市建筑业优质高效的调研报告;举行一次年中建筑业形势分析会,分析经验、找出不足,全力确保全年创优工作任务完成;开展一次年终督查会,根据年初各县(市、区)和市相关部门责任目标书进行考核、问责并在媒体上公布获奖排序。

2. **加大创优政策扶持和奖励力度**。近年来,为加快扬州建筑业的发展,扬州市政府出台了《关于促进和扶持我市建筑业发展的实施意见》、《关于加快推进建筑产业化发展的指导意见》等文件,编制了《扬州市建筑产业现代化"十三五"发展规划》,各级政府部门也相继出台了一系列的推动建筑业发展的扶持政策,持续加大工程创优的奖励力度,鼓励企业积极创建各类优质工程。高邮市政府给予创省级以上优质工程奖的企业5万~300万元的奖励。深圳市政府给予创鲁班奖特别贡献奖金奖企业——江苏华建,与所创鲁班奖工程同等规模的项目奖励。各地政府部门出台的众多激励政策,也极大地刺激了企业的创优激情。

(二) 协会层面

1. **强化各方对接,发挥"桥梁纽带"作用**。一方面,强化与企业对接,定期组织调研,持续跟踪创优过程中热点、难点问题,并形成调研报告。另一方面,强化与政府、上级协会对接,反映企业在创优过程中遇到的问题,对相关问题进行协调解决,促成创优成功。

2. **建立交流平台,传播、学习先进经验**。积极组织企业参加中国建筑业协会、中国施工企业管理协会等举办的全国范围的讲座、研修班等,学习先进创优经验；同时，适时开展精品工程观摩和专题研讨会，组织全市企业对创优精品工程进行观摩和研讨，学习和传播好的创优经验，不断提升全市建筑企业创优水平。

（三）企业层面

1. 完善体制机制，为项目创优保驾护航。 扬州市各施工企业，特别是特级、一级企业均有各自有特色的创优激励政策，有效激发自觉创优的热情。调研中，各家企业均成立了创优领导小组，不断加强创优工作的组织领导，不少企业一把手亲自挂帅，出任创优总指挥，建立创优组织体系和质量责任体系，确保人、料、资金的到位，使创优工作顺利进行。工程项目部建立了以项目经理为首的全体人员参加的质量责任保证体系和责任追究制度，不断强化全员的质量责任意识。不断强化创优激励力度。各家创优企业均设立了质量管理基金，用于奖励工程创优、技术创新有功人员，以获得各级别质量奖、工法、专利、QC成果、科技论文、新技术示范应用等，分等级给予专项奖励。如：江苏扬建设立质量管理基金，用于奖励工程创优、技术创新有功人员；江苏兴厦将创优与岗位、待遇挂钩。有的制定《施工现场项目评估的评分办法》，实施月度评估、季度评比、年终兑现，对优胜项目部发给流动锦旗及奖金，并予以通报表扬；对排名落后者提出通报批评、给予经济处罚，从而促动了企业项目部的施工现场管理水平不断提高。

2. 培育创优人才，打造一流水平团队。 项目管理团队是项目实施的主要完成人，其能力水平直接决定了能否实现预期目标。调研中发现，在不断的创优过程中，不少企业培育了一大批鲁班奖、国优奖项目经理、技术负责人、质量负责人、施工现场"六大员"及施工班组等，这些鲁班奖、国优奖团队创优实战经验丰富、执行力强，因此，实践中，项目创优一次成活率得到提高，后期返修、维修的量大大降低。加之，随着政府工程创优政策的出台，企业也通过培训等途径，培养了一大批会策划、能管理、善总结，能熟练掌握创优质量标准、创优工程做法的技术管理和质量创优人才，他们为企业日常的质量管理和具体的工程创优工作，提供了有力的保障。

3. 注重事前策划，明确创优标准。 调研中，企业均能注重工程创优的事前策划，通过瞄准国内外精品工程的先进施工技术和好的做法，形成《创精品工程策划书》，作为创优工作的纲领性文件和创优工作具体的作业指导依据，确保创优工程的策划具有起点高、技术新、要求严、可操作等特点。在优化设计上，对施工图设计中不满足强制性条文规定的部位，提出完善意见；对建筑物的各个部位，在不影响设计功能的前提下，进行优化、美化和人性化的提高，使之成为一个不但内部结构坚固，而且外部美观、使用功能人性化的工程。通过事前策划、技术攻关，克服施工技术和质量控制的难点，挖掘施工技术和质量控制的亮点，把普通的设计、普通的材料、常规的做法，通过策划，应用新的施工方法、先进的施工工艺、二次设计出美观的式样，从而实现不同一般的质量亮点。

4. 强化过程控制，确保项目一次成优。 创精品工程的关键是过程控制必须是精品，再好的创精品策划，如果不能在施工过程得以不打折扣的执行，策划的目标是不可能实现的。因此，精品工程必须依靠严格控制，强化管理才能实现。企业在创优过程中，坚持做到"三高"、"三严"，即高的质量目标、高的质量意识、高的质量标准；严格的质量管理、严格的质量控制、严格的质量验收，确保工程质量始终处于受控之中。

5. 强化事后总结，形成创优系列经验。 创精品工程的经验是一个不断总结和提高的过程，也是在总结过程中不断创新的过程。大部分企业，尤其是创优龙头企业，经过长期的摸索和总结，已经形成自成一体的创优经验和模式，使得创优成功率大大提升。因此，大多在每一项工程创优结束后，都积极组织项目部管理人员进行认真总结，对创优过程中存在的问题，或者自己忽视的被专家提出的问题一一进行论证和总结，确保在今后同类工程施工过程中不断克服和超越。对于重点工程项目，如创鲁班奖或国优等国家级优质工程，由企业总工带领各分公司技术负责人对该工程进行总结和评价，最终形成评价报告，推广到各在施项目部进行交流和学习，在总结中不断提高质量管理水平，确保企业每年创优项目档次和数量的提高。

扬州建筑业企业通过精选创优班子和创优团队，强化事前策划、过程控制、事后总结，大大提升了创精品工程的成功率。

二、工程创优存在问题及原因分析

扬州建筑业工程创优虽然取得了一些成绩，但是也暴露了一些问题，主要有：

一是部分企业创优认识不到位。 龙头企业创优积极性较强，但部分企业创优意识淡薄，不想创，不愿创，有一些低资质、规模较小的企业得过且过，无论是标准化建设还是高质量的投入，都畏首畏尾、瞻前顾后。有的企业在上级主管部门催促后不得不被动地进行"突击创优"。

二是优质工程数量有所下降。 从2011年至2013年，全市每年都有2个鲁班奖，4~5个国优奖，而2018年只报了1个鲁班奖，3个国优奖。乐观地预计，2018年省优工程有可能与去年、前年持平；市优工程则逐年减少，2012年有156个，2013年有141个，今年却只有126个，分别递减了9.6%、10.6%。

三是优质工程"含金量"有所下降。部分企业自主创新意识淡薄，工程建设缺少高精技术，在创优工作推进中"力不从心"，甚至有些申报的省优、市优工程细处不细、精处不精，甚至还存在着一些墙面龟裂、楼面渗水等质量通病。

四是优质工程创建成果分布不均匀。省优、国优及鲁班奖基本上集中于高资质的企业，尤其是获得"鲁班奖"的企业包括参建的均为扬州市属企业及区域龙头企业，创优能力不平衡。

上述问题究其原因，主要有主客观两个方面：

一是宏观形势和市场环境是制约创优最关键的客观因素。工程创优、精铸品牌，实际上是一项社会系统工程。它受到造价高低、工期长短、材料优劣及工程建设的合法性、工程本身的完整性等诸多方面客观因素的影响和制约。从去年下半年以来，建筑业客观环境不容乐观，宏观经济增速下调，规模工程建设锐减，房地产开发下滑，土地严控，银根收紧，资金短缺的矛盾十分突出。尤其是建筑市场一系列不规范行为对施工企业更是雪上加霜，对工程创优带来了严重的困难和干扰。施工单位在业主面前难有话语权和议价空间。垫资、让利、压价比比皆是，拖欠工程款、任意压缩工期、随意分包屡见不鲜。许多工程美其名曰施工总承包，实际总承包单位仅能承包土建工程，其他均被业主指定分包。分包单位众多、良莠不齐，又不服从总包管理，总承包单位徒有虚名，创优关卡重重难度较大。

二是思想认识和队伍素质是制约创优最主要的主观因素。近年来，有些企业承建的工程创优条件很好，但是结果却不理想。其原因主要在企业自身：一是领导思想认识不足，重视程度不够，组织力度不大，没有明确的目标、严格的奖惩措施以及优胜劣汰的竞争机制；二是管理人员素质不高，许多项目开工前未进行科学合理的策划，未确立明确的创优目标，未按精品工程的标准规范运作；三是施工队伍的操作不规范，现场施工队伍素质参差不齐，随手作业，敷衍了事，操作水平不高，技能培训不足，不懂新技术，不会新工艺；四是"四新"技术应用推广不力，直接导致工程创优工作停滞不前，优质工程亮点不多。

三、加强工程创优的几点建议

面对复杂多变的建筑业形势，在人民群众对工程质量要求越来越高、创优指标越来越稀缺的大环境下，为保持扬州建筑业创精品工程的光荣传统，提高大多数企业的品牌意识，促进建设工程质量整体提升。根据调研情况，提出如下建议。

（一）提升全社会质量意识

优质工程是企业的品牌和名片，高质量的创优是扬州建筑业安身立命之本。工程创优不仅仅是施工企业自身的事，它是一项社会系统工程，需要政府引导、业主及相关单位配合、施工企业统筹协调。各级政府要做好顶层设计和政策引导，继续实施质量治理行动，通过行业引导、媒体宣传、政策鼓励，营造创精品工程的浓厚氛围。建议政府进一步优化、细化鼓励创优政策，对创成鲁班奖、国优工程奖的企业重金嘉奖，同时实行优质优价的招投标政策，让重视质量、坚持创优的优秀施工企业看到希望、见到效益，保持持续创优的激情。以工程创优打造扬州建筑品牌，不仅仅是指一个个单独的奖项，也不单指某一个企业的荣誉，而是指扬州整个建筑业的声誉。扬州建筑企业要"走出去"，就要共举"扬州旗"、共打"扬州牌"，争取在境外"鲁班奖"奖项上有所突破，把扬州建筑业的"城市名片"发往世界各地，不断推进扬州建筑业的"全球化"进程。

（二）加强建筑市场治理

严厉打击转包、违法分包、挂靠行为，积极查处业主肢解工程、违法分包行为，严格执行工程质量终身责任制。加快推行工程总承包，让综合实力强的大型施工企业充分发挥其资金、资源、人才、成本优势，大幅降低协调工作量，把更多的精力用于工程施工和创精品项目上，为工程质量树立标杆。施工企业要坚持走实体化经营的道路，将企业的管理重心下沉前移到项目部，避免项目部独立承包经营，高度自治，不服从指挥，将企业的创优愿景和品牌意识"束之高阁"，进而影响创优成果。施工企业自身要自觉自发行动，苦练内功，加强激励，增强责任，积极培养技术精湛、执行力强的创优队伍，优选施工作业班组，坚持优胜劣汰；要加强过程监督、加强对一线作业人员的培训教育，严格验收程序，以每道工序的质量保障分项、分部、单位、单项工程质量。

（三）加快推进建筑产业现代化

建筑业必须由过去粗放、低效、劳动密集的传统作业模式向集约、绿色、精益的现代化方向转型。**一是推广智能和装配式建筑。**由过去传统的现场湿作业法向标准化设计、工厂化生产、装配化施工、一体化装修、信息化管理、智能化应用的现代建造方式转变。各施工企业要积极创新建造方式，适应形势、与时俱进，大力发展装配式混凝土和钢结构、木结构建筑，重点建设一批装配式建筑产业园区和示范基地。通过发展装配式建筑，提高劳动生产率，压缩现场作业人员，减少建筑垃圾和材料损耗，提升现场文明施工水平，促进精品工程建设。**二是加强技术研发应用。**加强先进工艺、先进技术的应用，积极推广"十项新技术"，坚决淘汰落后技术。注重研发先进的建造设备、智能设备，提升各类施工机具的性能和效率，提高建筑施工机械化、智能化程度。各施工企业要积极开展科技创新活动，注重QC、工法、专利、标准的研发和申报，争创新技术应用示范工程和绿色施工示范工程；大力推进BIM技术的广泛应用，促进BIM技术与绿色建筑、建筑产业现代化融合发展，实现工程建设项目全生命周期数据共享和信息化管理，促进建筑业提质增效。

（四）完善工程创优标准

扬州建筑业的当务之急是要加强企业的标准化建设，形成具有自身特色的创优标准。要在国家和行业强制性条文的基础上，总结亮点、提炼精华，根据最新规范、标准、图集，梳理总结各施工企业过去创建精品工程成功经验以及具体的施工方法，明确各级优质工程的创建要求、标准，汇总形成一套全面、完整、操作性强、可复制推广的创建精品工程指导用书。以标准为指引，促进扬州建筑业各施工企业工程质量的普遍提升。

（五）协会要为工程创优"牵线搭桥"

协会要强化沟通对接，做好企业创优"代言人"。做到定期不定期对工程创优进行专题调研，形成调研报告，并向政府和主管部门就相关问题进行反映，推动政府和主管部门在工程创优方面政策的出台和落地。同时，在企业申报奖项初检、复评过程中，协会能积极发声，为企业工程创优"摇旗呐喊"。

协会还要乐于做好企业创优"引路者"。精选优质项目，继续组织好全市建筑企业的"精品工程观摩会和研讨会"，积极带领企业走出去，学习先进经验，对标一流企业，推动创优能力提升。坚持总结提高，对创优过程失误加以分析和警示，对创优过程中的"四新"加以总结和提升，对优秀成果进行交流和推广，促进全行业质量、技术和创优水平不断提高。

（任寿松　江苏省建筑行业协会副会长、扬州市建筑行业协会会长）

以"四化融合"为核心 以"四个建造"为驱动 共襄打造"江苏建造"新品牌

——关于常州、镇江、连云港三个地区推进"四种新型建造方式"的调查与思考

蔡 杰 袁宏波 江 淳 庄 玮 丁仁龙

党的十九大报告指出,中国特色社会主义进入新时代,我国经济已由高速增长阶段转向高质量发展阶段。新时代对建筑业提出了新要求,江苏建筑业在改革发展中涌现哪些新作为、新经验、新技术和新典型?还存在哪些问题亟待研究、解决和应对?2018年上半年,江苏省建筑行业协会组织开展了45个课题的系列调研,其中本课题调研组为第5组,先后对常州、镇江、连云港三个地区推进"四种新型建造方式"(精益建造、数字建造、绿色建造、装配式建造)情况进行了调研。经认真疏理、全面分析、深入研究,认为江苏建筑业今后一段时期应以"四化融合"(精细化、信息化、绿色化、工业化)为核心,以"四个建造"(精益建造、数字建造、绿色建造、装配式建造)为驱动,共襄打造"江苏建造"新品牌,并形成调查与思考如下:

一、调研课题背景分析

江苏建筑业是支柱产业、优势产业和富民产业,源于商周、兴于秦汉,鼎盛于明清,发展于当代,历史上一大批经典之作已流芳百世。我国改革开放以来,江苏建筑业实现了大发展、大跨越——建筑大省、建筑强省,2017年建筑业总产值达到3.13959万亿元,占全国建筑业总产值13.1%,继续保持全国第一。但是,传统的建造方式长期存在着组织方式相对落后、资源浪费严重、工程质量安全水平亟须提高、施工效率不高、环境污染较大等不同程度的问题,习近平总书记指出:绿水青山就是金山银山,必须坚持节约资源和保护环境的基本国策,着力推进绿色发展、循环发展、低碳发展。经过40年的改革开放,我国经济已由高速增长阶段转向高质量发展阶段,必须坚持质量第一、效益优先,以供

给侧结构性改革为主线,推动经济质量变革、效益变革、动力变革。2017年11月,江苏省政府下发了《关于促进建筑业改革发展的意见》(苏政发[2017]151号),从深化建筑业"放管服"改革、围绕建筑产业转型升级、提升工程品质、打造"江苏建造"品牌等方面提出了20条具体措施。江苏省住建厅结合省情实际和行业发展趋势,制定了《江苏建造2025行动纲要》,提出江苏建筑业今后一段时期工程建造方式的创新和发展方向。

(一)"四种新型建造方式"的核心内涵

1. **精益建造**:是一种综合型生产管理理论,指在工程建造中,充分运用"精益生产"理念(源自于日本丰田汽车公司),面向建筑产品的全生命周期,持续地减少和消除浪费,最大限度满足顾客要求的系统性方法,实现工程建造全过程的价值最大化。发展精益建造必须结合全省建筑业发展实际,积极引导企业着力转变传统的低效能、高能耗发展模式,致力于实现建造全过程的浪费最小化、产品质量精品化、用户价值最大化。

2. **数字建造**:一般指结合BIM、大数据、物联网等信息化新型技术,依托各项信息管理平台,实现建造过程的数字化。相比于传统工程建造方式,数字建造强调信息化、集成化、智能化发展,要求实现建造全过程的数字化。在工程建造中推行数字建造模式可以有效实现设计、施工、运维各环节互联互通,为建筑产品全生命周期的运维管理提供技术支撑,为最终实现智能建造打下基础。

3. **绿色建造**:指将绿色、节能、环保理念贯穿于工程建造设计、施工、运维等全过程,实现工程建造的绿色化发展。绿色建造要求在工程项目全生命周期实现绿色化发展,全面体现可持续发展理念,在"四节一环保"要求的基础上,加速新型建造技术、工艺和环保新材料的普及和综合应用,提升绿色、节能、环保水平。

4. **装配式建造**:装配式建造是指部品部件在工厂生产后到工地进行装配的建造方式,包括装配式混凝土建筑、装配式钢结构建筑、装配式木结构建筑及各类装配式组合结构建筑等。

(二)"四种新型建造方式"的发展目标

1. **精益建造**:到2020年,精益建造理念得到较好推广普及,初步建立精益建造评价指标体系。到2025年,精益建造技术在全省工程项目中得到普遍运用,建立完善的精益建造评价指标体系。在商品住宅开发项目中普遍采用精益建造相关适宜技术,品质全面提升,基本满足用户对住宅"经济、适用、安全、美观"等方面要求。

2. 数字建造：到2020年，BIM技术在大中型项目应用占比30%，初步推广基于BIM的项目管理信息系统应用；60%以上的甲级资质设计企业实现BIM技术应用，部分企业实现基于BIM的协同设计；初步建立工程主要材料和工程质量追溯体系，部品部件生产企业在建立产品信息数据库的基础上，初步实现产品信息标识，逐步推广智能化生产；50%的大型项目实现自动化监控；开展"数字工地"创建；逐步推广工程建设全过程的数字交付。到2025年，BIM技术在大中型项目应用占比70%，基于BIM的项目管理信息系统得到普遍应用，设计企业基本实现BIM技术应用，普及基于BIM的协同设计；全面建立工程主要材料和工程质量追溯体系，部品部件生产企业全面推广智能化生产；大型项目基本实现自动化监控和预警；50%以上的在建项目实现"数字工地"；基本实现工程建造全过程的数字交付。

3. 绿色建造：到2020年，绿色施工技术应用覆盖率达到70%以上；15%以上的大中型项目达到现有绿色施工示范工程要求；绿色施工对降低施工扬尘贡献率提高50%以上；绿色建材应用比例达到40%以上。全面践行绿色建造理念，初步建立涵盖绿色规划、设计、施工、运维、建材等方面的技术体系。到2025年，绿色施工技术得到全面应用；大型项目基本达到现有绿色施工示范工程的相关要求；绿色施工对降低施工扬尘贡献率提高70%以上；绿色建材应用比例达到60%以上。绿色建造发展和应用水平全国领先。

4. 装配式建造：到2020年，装配式建造的技术体系、生产体系、监管体系基本完善，打造一批具有规模化和专业化水平的龙头企业，培养一批具有装配式建造专业化水平的经营管理人员和产业工人。通过试点示范和政策推动，率先建成全国建筑产业现代化示范省份。到2025年，装配式建造成为主要建造方式，实现装配式建筑、智慧建筑、绿色建筑的深度融合。装配式建筑占新建建筑比例达到50%，新建成品住房比例达到50%以上，建筑产业现代化水平继续保持在全国的领先地位。

（三）推进"四种新型建造方式"的影响意义

我省建筑业发展面临着资源约束日益趋紧、环境保护形势愈发严峻等挑战，存在着行业发展方式粗放、生产效率不高、资源利用效率低下、科技创新能力不足等诸多问题和不足，应以精细化、信息化、绿色化、工业化"四化融合"为核心，推动精益建造、数字建造、绿色建造、装配式建造发展，这是加快全省建筑产业现代化进程，增强企业核心竞争力，打造"江苏建造"品牌，实现建筑业发展质量和效益不断提升的必由之路。

二、实地调研过程与创新实践成绩

5月中旬至6月初,调研组先后前往常州、镇江和连云港展开调研,在各设区市住建局、建筑行业协会的协调配合下,共组织了30余家龙头骨干企业召开座谈会,收集汇报材料32份,调查问卷200余份,同时深入10多家建筑企业、构件生产基地以及20多个重点项目实地调研,详细了解了各地建筑企业推进"四种新型建造方式"的基本情况、经验做法以及存在的相关问题,认真听取了地方主管部门和相关企业的意见建议,收集整理了比较全面、真实的调研资料。通过调研发现,近年来我省建筑行业以"四化"融合为核心,以"四种新型建造方式"为驱动,着力转变生产建造方式,努力打造"江苏建造"新品牌,施工质量和效益得到明显提升,企业核心竞争力显著加强,建筑产业现代化进程不断加快,整体上保持全国领先,涌现了一批优秀企业和代表工程,创新实践了一些先进技术和经验。主要体现在以下几个方面:

1. 各层面扶持政策相继出台落地,通过示范引路、市场主导,推动"四种新型建造方式"由星星之火逐渐发展成燎原之势。 2016年2月,中共中央、国务院出台了《关于进一步加强城市规划建设管理工作的若干意见》,要求大力推广装配式建筑,减少建筑垃圾和扬尘污染,缩短建造工期,提升工程质量,提出力争用10年左右时间,使装配式建筑占新建建筑的比例达到30%。我省积极落实国家部署要求,2014年江苏省政府率先出台了《关于加快推进建筑产业现代化促进建筑产业转型升级的意见》,之后又相继出台了《江苏省绿色建筑发展条例》《江苏省"十三五"建筑产业现代化发展规划》《江苏省"十三五"住宅产业现代化发展规划》《江苏建造2025行动纲要》等政策规划,确立了分三步走、三个发展阶段的战略,即2015~2017年试点示范期、2018~2020年推广发展期、2021~2025年普及应用期,初步建立起我省建筑产业转型升级的发展规划和政策机制。同时通过政府财政资金扶持引导,在全省范围内大力推进建筑产业现代化示范城市、示范基地和示范项目建设。2015~2017年省级节能减排(建筑产业现代化)专项引导资金分别下达1.5亿元、2亿元、2亿元。此外省财政厅还设立了智慧建筑产业基金,国开行江苏省分行签约支持建筑产业现代化领域融资额度200亿元。

在此次调研中,镇江作为全省首批建筑产业现代化示范城市,从2015年起正式启动装配式建造推进工作,市政府出台了《关于加快推进建筑产业现代化的实施意见》(镇政发[2015]20号),市财政局印发了《镇江市建筑产业现代化和建筑业发展专项引导资管理办法》(镇财规[2015]3号)。2016年建立了市联席会议成员单位管理人员网络，出台了装配式建筑施工图审查要点、示范项目评估办法等一系列指导文件，并通过了省住建厅示范城市中期评估。2017年，镇江市政府办出台了《关于推进我市建筑产业现代化发实施方案》，确定了到2020年，新建工程项目预制装配率、预制率、新建成品住房比例分别达到40%、30%、60%的工作目标。同时市发改委、规划、国土、财政、住建部门形成了联动机制，在规划条件、土地出让中明确控制指标，确保装配式建筑项目落地。2017年镇江中南世纪城、中建大观等3个项目获省级建筑产业现代化示范项目，建华墙材、威信广厦2家企业获国家级装配式产业化生产基地，全年装配式建筑面积合计为94.8万 m^2、成品住房202.1万 m^2（2015～2017年累计572.1万 m^2）。

镇江是我省推进"四种新型建造方式"的一个缩影，近年来，我省坚持"示范先行、重点突破"的原则，共创建3个国家级装配式建筑示范城市（南京市、南通海门市、常州武进区）、12个省级建筑产业现代化示范城市、109个示范基地（其中：集成应用类基地10个、设计研发类基地38个、部品生产类基地54个、人才实训类基地7个）、40个示范项目，2018年7月1日，全省范围内强制推广使用"三板"，装配式建筑的开工面积将呈爆发式增长态势。

2. 各类先进建造技术得到大规模的推广使用，技术创新和应用能力不断提升，打造出"江苏建造"新名片。 南京大地建设集团在国内最早引进法国新型建筑工业化技术——预制预应力混凝土装配整体式框架结构体系（世构SCOPE体系），已成功应用于500多万 m^2 的各类建筑项目；江苏中南建筑产业集团引进的预制装配整体式剪力墙结构体系（NPC体系），在建项目超100万 m^2；龙信建设集团引进的预制装配式整体框架结构体系（CSI住宅体系），能够满足60万 m^2 装配式建筑需求；江苏元大建筑科技有限公司引进德国进口SOMMER建筑工业化预制件自动化生产线，以及配套的柔性钢筋网片加工生产线，年产各类住宅预制件130万 m^2；还有杭萧钢构、沪宁钢机等钢结构体系，以及苏州昆仑绿建木结构体系等，各类新型建造技术纷纷在我省落地生根，开花结果。

此次调研的镇江威信广厦模块建筑体系于2012年从爱尔兰引进，是国内首个工业化集成模块新型结构体系，其主要优势有：**一是技术系统化：**威信广厦模块建筑体系是一套成熟、系统、完整的新型建造技术，符合装配式建筑发展方向，节能环保优势明显，总体达到国际领先水平，荣获住建部建设行业科技成果评估和推广证书，具有较好的推广应用价值。**二是设计标准化：**采用模数和模数协调、集成模块与集成模块组合的设计标准化方法，将建筑结构系统、外围护系统、内装系统、设备与管线系统进行集成。模块建筑通过前期建筑平面规划、部品部件整合，同时结合工厂标准化生产流程与加工组装工艺，做到整体设计标准化,提高了设计质量,缩短了设计周期。**三是生产工业化**:模块生产基地工厂车间设有自动化生产流水线,划分为18道精分工区,每一道工区配有专业工程人员及设备,整个生产过程于工厂内部进行全方位信息跟踪、质量检测。**四是装修一体化**:内装设计在建筑设计初期提前介入,给室内设计预留了创作空间,使得室内设计具有了更为灵活的设计张力和伸缩性,在工厂可实现90%以上的精装工序。**五是施工装配化**:绝大部分工程量在工厂预先制作安装完成,现场主要以机械吊装为主,现场用工量减少,工人作业环境和施工安全条件大幅改善。

目前该技术已在多个项目推广运用,其中镇江新区港南路公租房项目建筑面积13万 m^2,共10栋18层1440套公租房,由3168个模块搭建而成,预制装配率达84%,荣获绿色建筑三星标识和江苏省建筑产业现代化示范项目。新城地产泰兴开发项目为两栋16层住宅楼,建筑面积1.5万 m^2,采用钢结构核心筒技术,由600多个模块组成,预制装配率达96%以上,是目前我国预制装配率最高的项目。

3. 建筑市场各主体通过多种方式连横合纵,跨界组合,延伸产业链,提升附加值,提高市场竞争力。在这次调研中我们发现,许多建筑企业从过去的施工总承包延伸至投资、设计、开发、运营维护和部品部件生产的全产业链,各市场主体跨界组合互利共赢,其形式多种多样:(1)施工企业投资部品构件生产基地,如连云港建工集团投资的锐城建设工程有限公司等;(2)施工企业联合部品生产企业,如常州一建联合上海意匹玺,连云港万年达联合杭萧钢构等;(3)设计单位向施工总承包和部件生产转型,如长江都市,镇江建科等;(4)施工单位资本与部品生产企业联合投资,如常州中盈远大等。这种以市场为导向,施工、设计、部品生产各建筑行业主体通过多层次、多方位的合作,必将促进江苏建造更上一层楼。

比如调研的中盈远大(常州)装配式建筑有限公司,是由施工企业组团联合构件生产企业共同投资,其中远大住工占股35%,常嘉建设、常州三建、江苏成章、牡丹江南等施工企业占股65%。远大住工是中国PC构件生产研发的先行者,有近20余年的行业探索、开拓经验,公司遵循国家现行行业标准和技术规范,形成了以模数协调、模块集成、技术优化为工业化基础,以大工厂流水线生产、大装备成批量制造、大规模市场定制为工业化手段,以机械化作业和装配施工为作业方式,以功能完备、节能环保、价廉物美为产品特性,实现了标准化、新技术、新材料、工厂化、优化集成五大核心优势,为客户提供集设计、制造、开发、施工、运营服务于一体的绿色建筑整体解决方案,并致力于推动中国建筑业的全面革新和可持续发展。常嘉建设、常州三建等建筑公司有市场需求和资金实力，中盈远大集成了双方优势，形成了PC构件的设计、营销、生产、项目管理、现场吊装等一套完善的供应链体系，目前有管理团队60余人，生产工人130多人，预制构件年产量25万 m^3，是施工企业、部品构件生产企业合作共赢的典型案例。

4. **"四种新型建造方式"** 并非孤立发展，而是紧密联系、相互贯通、相互促进、有机结合，在一些企业和项目上得到了全面应用和推广。其中武进建工集团是一个典型，在新的行业形势和要求下，这家具有近60年发展历史的老牌施工企业积极转变发展思路，勇于改革创新，大力推进"四种新型建造方式"：

（1）**精益建造**：以九洲花园项目为试点，提出建设"精装修成品住宅"理念，科学合理安排工序进度，严格质量标准、规范施工工艺，探索出武进建工的精益建造模式：一是对整个建造施工环节的模块进行拆分，实现了"六个零"：零距离沟通、零质量缺陷、零现场堆放、零安全事故、零交接窝工、零进度障碍的精益管理目标。二是深化施工图纸。把每个节点做法详细体现在图纸上，让每个施工人员都能懂会用。三是形成住宅施工的工艺标准。通过总结、优化近年工程建设中的创优及常见质量问题防治做法，形成了企业住宅工艺标准。该公司的"精益建造"模式受到了各级建设主管部门的高度肯定和表扬，在内蒙古、山东等地项目上进行了推广运用，引发了行业内的强烈反响。（2）**数字建造**：公司大力开展各类专业技术培训，与广联达公司联合，利用大数据和云计算技术，研发了协同工作平台，通过信息平台和智能终端的及时反馈，使沟通更加快捷高效，为"数字建造"提供了有力支撑。（3）**绿色建造**：公司将"绿色建造"理念贯穿于工程建设的始终，项目开工前，利用BIM技术统筹策划现场平面布局，为员工创造了一个绿色舒适的工作环境；施工过程中，临时设施采用集装箱形式，到现场只需完成吊放安装就可使用，节省了建造时间，节约土地；土方回填后现场裸露的地方洒草籽或种植绿植，减少扬尘；利用短钢筋、废木料制作电梯井防护门、临边洞口盖板、混凝土阳角保护框等，实现了废物再利用；现场设置消防水池、利用地下室结构水箱收集施工降水和雨水，用于混凝土养护和现场洒水，节约了资源。2016年公司荣获武进区"绿色建筑三星示范企业"称号。（4）**装配式建造**：公司制订了前期参观考察、中期学习培训、后期成立团队"三步走"计划。2017年公司成立了常州富如建筑科技有限公司，负责装配式构件图纸设计、分解深化、产品研发等，与新加坡籍专家合资成立了季氏建筑科技常州有限公司，从事混凝土预制构件的生产和安装。同时与城建集团、常工院、常州市规划设计院等四家单位共同建立了"建筑产业现代化战略合作联盟"，通过产学研深度融合，发挥各自优势，推动建筑产业现代化发展，公司顺利完成了白荡河绿地公园等常州市首批装配式建筑实验性项目。

三、亟待解决问题和意见建议

综上所述，常州、镇江、连云港这三个地区在推进"四种新型建造方式"过程中积累了一些先进经验和技术，涌现了一批代表性的企业和项目在总结成绩的同时，也要正视一些亟待解决的问题：

1. 思想上对新型建造方式存在一些不正确认识，阻碍了建筑产业现代化的发展。 一是社会上对新技术和新体系不了解、不认同，对装配式建筑质量和安全存在怀疑和误解。装配式技术体系在国外已运用发展了几十年，技术体系非常成熟和完善，有大量成功的实践经验，但对于我国来说发展时间不长，还是新生事物，社会整体上还没有形成正确的观念和认识。二是一些建筑企业仍然安于现状，不求创新，没有充分认识到建筑产业现代化的紧迫性和必然性。新型建造方式有利于节约资源、减少污染，提高劳动生产率，同时更有力地保证建筑的质量和质安全，大多数特级、一级资质企业都在积极转变生产方式，大力推进新型建造方式，但是许多中小型企业仍然持观望态度，满足于现状，在管理上依然旧模式、老方法，限制了建筑产业现代化发展。三是市场各主体立场和角度不同，没有形成高质量发展的合力。调研发现一些建设单位为降低工程成本，不支持施工企业实施新型建造方式，创建优质精品工程。

2. 缺乏顶层设计，新型建造方式技术标准体系不健全、不完善。 尽管各级主管部门已经出台了大量的法规、规范和标准，如《装配式混凝土结构工程质量控制要点》《装配整体式混凝土剪力墙结构技术规程》《预制预应力混凝土装配整体式结构技术规程》等，但是我国建筑结构体系与国外有很大区别，引进的大部分是单项技术，与国内现行的技术标准、规范不兼容，设计、施工、验收的标准不健全、不完善。各地区、各企业自行其是，走了很多弯路，交了不少学费。

3. 各类技术人才缺乏，施工人员技术水平亟须提高，施工质量安全有待改善。 一是缺乏高素质的专业产业化工人，这是许多企业普遍反映的问题。目前建筑工人多以农民工为主，主要从事体力劳动，知识文化水平和技术能力都不高，且年龄老化严重，难以适应新型建造方式的技术水平要求。新型建造方式的技术体系都已比较成熟，但是没有专业技术工人去高质量的实施就是空中楼阁，调查中我们也发现了少数工人不懂技术，野蛮施工，粗制滥造的现象，给建筑的质量和安全埋下了很大的隐患。二是施工管理人员技术能力亟须加强。许多施工管理人员对新型建造方式还停留在感性认识和起步摸索阶段，缺乏系统的学习培训以及实践经验，还不能完全驾驭新型建造方式，施工管理和技术水平还有待提高和加强。**三是**复合型技术人才十分缺乏。传统建造方式中设计与施工是相对分离，各行其责，新型建造方式中除了蓝图设计，还需要部品部件的深化设计，需要将装配施工与现浇施工进行衔接、搭配，懂设计会施工能管理的复合型人才十分缺乏。**四是**缺乏部品部件生产管理人员。新型建造方式是新生事物，市场扩张发展得很快，各类生产基地如雨后春笋大量建立，导致有经验生产管理人员十分抢手。

4. 新型建造方式成本相对较高，增加了市场化推广的难度。一是投资大，转嫁推高了构件成本。从调研情况看装配式建造前期技术引进与研发成本很高，构件生产基地的土地、厂房、设施等需要巨额投资，一个生产基地规模小的需要几千万元，规模大的需要投资两、三亿元。调研的几个地区的"三板"价格普遍在 3200 元 / 立方米左右，工程成本每平方米要比现浇贵 300 元左右。**二是**物流成本高。构件运输需要价格不菲的专业车辆，一些市区的项目对运输时间也有限制，国内的过路过桥及油费又很高，增加了构件的使用成本。**三是**标准化程度较低，导致模具更换成本过大。由于设计标准、技术体系千差万别，没有统一的标准体系，不同项目的构配件没有可替代性，往往做一个项目需要更换一套模具，导致构件单位成本居高不下。**四是**各市场主体之间的沟通协调更加纷繁复杂。新型建造方式的施工组织由简单地按图施工，变成设计、生产、建设、施工、监理之间不断的沟通与深化的过程，增加了建筑周期和成本。

5. BIM 技术推广运用还处于起步和摸索阶段，在发展数字建造过程中面临诸多问题。一是数字建造需要较大投入。BIM 技术需要配备高新电脑、开发软件以及专业的技术人员，建设一套相对完整的体系需要花费一百多万元，而相应的工程定额计价却是滞后或是空白，目前阶段是投入大见效慢，增加了推广运用的难度。**二是** BIM 技术的运用范围和层次很低。BIM 的核心作用是项目管理信息系统的集成运用，与物联网、云计算融合实现施工、生产、采购等管理要素的最佳组合，达到项目管理的精细化、智能化，调研发现目前运用 BIM 技术的项目比率和水平都很低，主要是一些需要评奖、认证等有硬性要求的项目，进行投标方案、图纸交底会审、施工管理控制等基础阶段。**三是**配套管理体制跟不上。数字建造要求 BIM 技术应用涵盖全生命周期的业务流程，要求实现全要素和全参与方的数字化，但一般项目的勘察、设计、业主等并未实施跟进，施工企业只能根据设计单位提供的 2D 设计文件来创建数字模型（翻模），离真正的数字建造相差甚远。

在这次调研中，调研地区相关主管部门和企业针对建筑业转型升级，推进新型建造方式也提出了一些意见建议，调研组经过分析归纳总结主要有以下几点：

一是要加大新型建造方式的宣传和推广。以人民群众的获得感为目标,通过政府引导、市场调节,充分发挥示范项目的引领作用,彻底消除社会上的怀疑和误解,形成健康、良性发展的环境和氛围,让建筑业转型升级全面融入当前中国社会正进行的科技与产业革命,加快改变建筑业目前粗放落后的管理和建造方式,积极探索先进发展模式和路径。

二是要始终把质量安全放在首位,高质量发展新型建造方式。建筑是百年大计,人命关天,要经得起历史和时间的考验,发展规划要科学合理循序渐进,先试点示范再规模推广;同时要强化建设、施工、设计、构件生产、监理等各市场参与主体的责任意识,加大对关键部位和工序的检查和监管力度,确保新型建造方式持续、健康、高质量的发展。

三是要加大各类技术人才的培训工作。一要采用多种模式,分层次、分专业进行培训:行业领导、企业高管通过组织高级研修班,到国内外先进发达地区进行考察培训,学习先进技术经验,把握行业发展趋势;各类技术人员通过现场观摩、经验技术交流、继续教育等模式,提高专业技能水平;现场施工人员通过农民工学校、上岗培训等方式加强实际操作能力的培训。二要与人社等相关部门联合,围绕培训、考核、发证、上岗等形成完善的规范制度,筹建产业工人培训基地,打造专业的新型产业化工人队伍。三要以市场为导向,实行校企联合,相关院校根据企业需求,制定教学规划和课程,为企业量身定制急需的技术人才。

四是要加大技术攻关和研发,为推进新型建造方式提供强有力的科学技术支撑。新型建造方式的技术体系,新工艺、新材料、新技术的研发与运用等,都有许多难点、重点和热点问题需要展开针对性的研究,要整合企业、高校、主管部门等各方力量进行科技攻关和技术研发,为推进新型建造方式保驾护航。

五是要对运用企业提供更多优惠或扶持政策,强化引导力度。新型建造方式作为一套新型高效的建造理念,需要大力提升全社会对其重要性和必要性的认识。各级政府除制定顶层设计外,还应该完善落实好相关的配套扶持政策,尽量给予积极推动新型建造方式的企业一些优惠和奖励政策,鼓励企业开展科技研发和降低成本模式的探索,充分调动全行业实施新型建造的积极性。

六是要建立和完善相关标准体系,大力推行施工总承包模式。要尽快建立和完善装配式建筑相关的行业标准和规范,并加强装配式行业的市场准入门槛,严格防控不合格部品构件流入市场,确保装配式建筑的健康良性发展。同时鼓励采用工程总承包模式承接装配式建筑,最大限度发挥工程总承包企业在设计、生产、施工和管理等方面资源优化配置作用,既保证工程质量,节约成本,又能更好地避免设计与施工二元分离产生的影响。

七是要呼吁政府积极带头推广使用。政府投资（含国有企业投资）的新建保障性住房项目，公共建筑（学校、医院、场馆）等工程项目，管廊、桥涵等市政基础设施项目，应优先推广使用精益建造、数字建造、绿色建造、装配式建造等建造方式，在全社会起到带头引领作用。

（蔡杰　江苏省建筑行业协会秘书长；袁宏波、江淳、庄玮　江苏省建筑行业协会建筑产业现代化工作委员会副秘书长；丁仁龙　江苏省建筑行业协会工程建设质量与技术管理分会副秘书长）

积极稳健推进工程总承包的健康发展
——江苏省建筑业"工程总承包"推行情况调研报告

于国家 李 斌 孙振意 唐来顺 陈高中

我国倡导和推进工程总承包市场模式至今已有三十多年时间。江苏省作为建筑大省和强省，省委省政府也十分重视工程总承包模式的快速推行。2016年5月，住建部发出（2016）93号文，2017年省政府发出151号文，明确提出了推行工程总承包模式的规定，为此省住建厅确定了109家工程总承包试点单位和31个工程总承包试点工程项目。江苏省宿迁市被确定为工程总承包试点城市，表明江苏省推行工程总承包的决心和力度。

为了了解江苏省工程总承包推行的实际情况，省建协组织了关于工程总承包推行情况的调研小组，深入基层一线实地调研。

本次调研对调查样本进行认真的选取。从地区角度，调研组从南往北，分别选取了苏南的南京市，苏中的泰州市，苏北的徐州市。从市场主体角度，调研组分别抽取了工程总承包特级、一级资质和部分专业分包一级资质企业。从行业角度，调研组主要侧重抽取了房建为主的企业，少量公路、市政为主的企业，另有2家设计院。从地区、行业、资质看，本次选取的样本具有房建领域的代表性，基本能反映一线企业开展工程总承包的真实情况。

本次调研采取召开座谈会和问卷调查两种方法。三个市五场座谈会，共计有42个企业参加，其中具有特级资质的企业9家。本省十一个设区市共收回调查问卷113份，其中特级企业35家。

调研组深入基层认真听取来自一线企业反映的情况。调研组长和组内专家与基层负责人进行了有针对性的交流和互动，同时对113份问卷计13200项选择回答作了归纳和分析。调研组将所收集的相关情况分为工程总承包模式在我省的发展现状、工程总承包模式推行过程中遇到的问题和积极稳健推进工程总承包的意见建议三个方面向省住建厅报告。

本次调研组收集的各类信息截止时间点为2018年5月底。江苏省招标办发布了（2018）3号文关于工程总承包投标招标导则的通知后，发生的信息有少量被采用。

一、工程总承包模式在我省的发展现状

（一）住房和城乡建设部（2016）93号文和省政府（2017）151号文发布后，引起建筑行业热烈反响

对关于加快推行工程总承包的规定，基层企业做了仔细解读，在座谈会上，有不少企业反映，学习了住建部（2016）93号文和省政府（2017）151号文后，受很大鼓舞，抱有很大希望，并积极行动。从问卷调查中，有64家企业认为自己是工程总承包的角色，占问卷总数的56.63%；有26家企业认为自己的主要业务模式是工程总承包，占问卷数的23%。从座谈会上收集的情况看，2016年至2018年5月南京地区已经实施的工程总承包项目有43个（其中有一半左右的项目在外省市），泰州泰兴两市已实施有7个，徐州市已实施的有8个（均在外地）。因南通地区和苏州市未召开座谈会，从问卷调查的汇总中分析，这两个地区工程总承包推行的力度和已实施的工程总承包项目个数应该属于较好地区。另外，各地还有一批正在洽谈或即将实施的工程总承包项目。从座谈会反映情况分析，上述工程总承包项目符合真正工程总承包本义的微乎其微。

调研组分析认为，省政府151号文发布后和省建筑业改革发展会议召开后，各地各级政府和行业主管部门都积极响应贯彻文件精神和会议精神，采取了相关措施和出台了相关规定，迅速推出了一批工程总承包项目，各地建筑企业特别是具有特级资质的企业也迅速行动，积极承接工程总承包项目。特别是苏州、南京、南通等地，采用联合体投标的形式解决了工程总承包招投标中对资质有限制的难点，使更多的建筑企业能够参与工程总承包的招投标，提高了工程总承包的规模和速度。

（二）工程总承包模式在我国由政府倡导的时间较早，但真正起步较晚

受传统施工承包模式的惯性影响以及市场环境、业主既有的利益权利格局的影响，我省房建领域内的工程总承包模式的发展尚不平衡。从地域角度看，呈现苏南好于苏中，苏中好于苏北的态势；从综合实力角度看，呈现出央企好于地方企业，地方特级企业好于一级企业的态势；从发承包双方的积极性角度看，总承包商的积极性大于发包方的积极性；从建设投资的角度看，地方经济实力雄厚的要好于地方经济实力较差的。

江苏省确定的31个工程总承包项目，都在正常实施中（少数几个已竣工），之前确定的宿迁市为工程总承包试点城市，但因各种原因，工程总承包仅停留在政府主管部门发文阶段，并未实质性推开。

从座谈会上反映的情况中，有一点意见较为集中，就是现在所承接的工程总承包项目，是穿着工程总承包的新鞋，走着施工总承包的老路，大家认为，离真正意义上的工程总承包尚有不小的差距，政府、发包、承包三方还要做许多完善的工作，才能真正发挥工程总承包的优势。

二、推进实施工程总承包过程中存在的问题

国外采用工程总承包模式的时间较早，从20世纪70年代起步至今已有近五十年的发展历程，已是较为成熟的施工组织方式，社会和市场认可接受度高。从国外建筑市场看，采用工程总承包模式的，在英国只有30%左右，在美国只有40%左右。我省从2016年发文推行至今不过短短三年时间，实施过程中出现这样那样的问题不足为怪，需要在推行的过程中予以解决，逐步完善工程总承包的运作机制，使工程总承包健康、稳定向前发展，发挥其优势，为建筑行业发展服务。

对座谈会和问卷调查所反映的意见分析，可以归纳为三个主要的问题。一是市场问题，二是动力问题，三是机制问题。

（一）工程总承包市场培育分析

国外工程总承包模式是社会生产力发展到一定阶段的产物，也是社会经济实力发展到一定程度时产生的一种社会需求，在这种社会需求的强力推动下，逐步形成工程总承包模式的细分市场，转换成市场需求。

我国建筑全产业链资源配置有着自己的特殊性，条块分割，专业分工很细很全，每一领域都有从规划、设计、科研、到施工的资源的配置，如设计，有矿山设计院、水泥设计院、钢铁设计院、水利水电设计院、轨道交通设计院等等。如施工，有中字头的中核、中铁、中水电、中石化等央企，地方也有省、市各级各专业的设计院，也有各专业各种资质的房建、路桥、市政等施工资源的配置。如遇大型重点工程项目，有工程总承包需求时，就组建"指挥部""项目管理公司""城建平台""交通平台"等代行工程总承包的职能，完全能满足工程总承包的需求。

我国加入世贸组织时，对国内服务业（含建筑规划，设计等）有一个十五年的保护期。在保护期结束,国际大承包公司并没有进入中国建筑市场。这表明，中国建筑市场是抵触工程总承包模式的。在这期间，尽管有专家和政府提倡推行总承包模式，但在保护性的现行体制下，我国工程总承包模式没有得到足够的发展。

我国在能源、环保、高铁、水利水电、地铁、新材料等领域实际上都产生了工程总承包的市场需求，只是由"会战指挥部"、"项目管理公司"等各种"平台"满足，在房建领域（特别是住宅建设），工程总承包的需求由开发公司满足了。因此，在我国现阶段，工程总承包的细分市场尚未成熟，需继续培育，完善。

培育工程总承包市场，必然打破和重新组合现有全产业链的资源配置，这是一场艰巨的变革，阻力很大。培育有较高实力的工程总承包公司，其实质是加快行业垄断的形成，势必会淘汰一部分落后的建筑产能，这也是对市场主体结构的重新洗牌。因此，真正形成中国特色的工程总承包成熟市场，要遵守市场经济的一般规律，循序渐进，不能急于求成。

（二）推行工程总承包动力不足的原因分析

国外工程总承包模式走的是市场推动的自然成长路径，发、承包双方均有主动性，我国工程总承包走的是由政府行政发文推动的被动性路径，发包方（投资方）缺乏主动性，即所谓的市场需求"动力不足"。

在座谈会中，企业认为工程总承包模式发展速度有点慢，主要是业主（投资方）没有主动采用工程总承包模式的积极性，采用工程总承包的意识不强。业主不愿放弃既有的权利和利益，对项目管理介入干预或控制太多。泰兴有一家企业反映：亿元左右的工程，业主竟从中分包了22项内容。总承包工程被业主指定分包，随意肢解现象较为普遍。企业普遍反映，工程总承包模式能否推行，决定权在业主手中。现阶段多数业主（无论政府投资还是国有企业投资），都不愿采用工程总承包模式，少数政府或国企业主选择了工程总承包模式，但从立项、规划、设计、招投标到施工的全过程，业主们仍会沿用施工总承包的方式来实施工程总承包，或是对项目管理大力干预控制，或是指定分包，或是指定设计院。在本次调研涉及的房建、市政、公建领域内，完备的真正意义上的工程总承包项目少之又少。调研组分析认为，深层次的原因有四个：

一是投资一个项目，采用工程总承包模式，总价高于或持平现行的施工总承包模式，就失去了竞争力。当施工总承包模式能以同样的工期，同样的质量达到交钥匙的要求，业主当然会选择施工总承包模式，就不会产生选择工程总承包模式的主动性和积极性。

二是现阶段业主方已形成的既有的权力和利益格局，不愿被打破。实施工程总承包模式不仅仅是对建筑业资源配置格局的调整，更是对业主手中的权力和利益的转移，业主自然没有采用工程总承包模式的主动性和积极性。

三是习惯的惯性使然。发包方选用施工总承包已经驾轻就熟，有一种自然的抵触工程总承包模式的惰性。

四是诚信氛围缺失。特别是项目造价的定价过程中,业主对承包商的报价是不信任的,对承包商的总管能力是不信任的。万一项目做砸了,最终损失的是业主自己。业主感到采用工程总承包模式风险太大,所以没有采用工程总承包的意愿和积极性。

(三)工程总承包运行机制缺失现象分析

"游戏已经开始了,游戏规则还没有制定好。"这是基层企业对工程总承包缺少运行机制的形象比喻。在工程总承包模式实施过程中出现的扯皮,反复协调,拖延工期,部门无法作为等情况,发、承包双方(主要是发包方),都有缺位和越位的现象,造成了实施中的困惑和困难。也从另一个角度反映出,我们缺少规范性、程序性的制度,缺少工程总承包运行机制的建设。通过座谈会和问卷调查反映的意见比较集中的有:

1. 规划设计阶段。业主所提供的招标资料显得比较简单,设计意图不明显,功能要求过于笼统等。泰兴有一个工程项目,开工后,业主不断提升要求,导致一个月内4次变更设计。在问及最容易发生争议的问题时有82家企业选择了"工期延误和责任分担",占72.56%。问卷问及业主提供的主要招标资料时,选择"初步设计"的有46家,占40.7%;选择"部分施工图设计"的有59家,占52.2%;选择可研报告的有40家,占35.3%;选择项目需求的有43家,占38%;选择方案设计的有47家,占41.59%。这里表明,业主提供的招标资料名目不一,业主急于招标,前期工作时间太短,资料质量较低,会给承包方的投标(概算、采购、施工组织设计、报价)和项目实施等后续阶段带来较多变更及需要协调之处,带来拖延工期,难以工程结算等问题。

113份问卷,上述问题的选择回答的比率较为分散,几乎都在35%~50%这个区间,表明在规划设计阶段,缺少规范性约束机制,业主方显得随意和急躁,承包方显得难以适从。

2. 合同制定和合同定价阶段。目前工程总承包没有符合工程总承包本质意义的合同范本,各地政府主管部门通常的做法是参考工程总承包合同形式,结合本地实际情况制定合同,但这种合同条款的约定更像是施工总承包合同。在工程总承包合同定价方面,采用总价合同的存在增、减造价的反复协调现象,有的业主对自己有利的就严格执行总价,对自己不利的,就要调减合同总价,致使工程结算不顺利。在问及最容易发生争议的问题时,有86家企业选择了"合同结算及价格调整",占76%。

问卷问及业主会采用何种计价方式时,选择"总价合同"的有69家,占61.06%,选择"单价合同"的41家,占36.28%。实际操作中,业主一般会按概算报出一个总价,让投标人下浮多少百分点,以此为合同总价。更为离谱的是在工程实施过程中,业主会不受合同约束随意提高设计标准,增加工程项目总量,但还不允许调增总价。业主权力上的强势,让承包方履约难度加大,利润空间被压缩。以工程总承包的合同范本和规范的定价计价规定所形成的约束机制显得非常必要。

3. 合同的履约阶段和结束阶段。在这两个阶段发、承包双方会产生很多争议,扯皮现象,而这些现象的最终解决,往往是以业主的强势,承包方的退让来实现的。工程总承包实施过程中解决争议的机制尚未法制化,总承包合同虽有对争议可采用诉讼解决的约定条款,但在实际过程中,有96家企业选择了"协商解决"的方式,占问卷总数的84.95%。这表明发、承包双方依法处理争议的意识较为淡薄,现行的法律尚不具备处置工程总承包争议的机制,工程总承包项目在实施的过程中还会遇到来自地方的法律法规的制约或冲撞。如在项目决策审批、招标投标,从业人员资格管理、质量安全管理、市场监管等方面现行的法律法规均是针对传统的施工总承包模式的。各地方现行的行业法律法规并不支持工程总承包模式。工程总承包模式立法滞后,需加大立法力度。

4. 在菲迪克合同条款中,有一个很重要的约束条款即工程索赔条款,国外成熟的工程总承包合同中,索赔约定是一个专门的章节来体现的,约定也很细很全面。这是一条高压线,谁也触碰不得。这对保护发、承包双方的责、权、利起到至关重要的作用。而且还有保障索赔约定正常履行的法律仲裁判决机制。在座谈会上,中建八局针对各企业发言中流露出的发、承包双方责、权、利不对等的埋怨情绪,特别提到他们在国外实施工程总承包项目时运用索赔条款维护自己的权益。他们认为,国内推行工程总承包模式,应该重视对菲迪克合同条款中的索赔条款的研究和应用。这对推行工程总承包健康发展是非常有益的。菲迪克合同条款中的索赔条款,从另一个角度表明,是对建筑领域诚信文化培育的催熟剂。是建立信用机制的配套措施,因此,要重视研究和运用。

5. 发、承包双方都缺乏复合型专业人才和实施工程总承包的经验积累,双方都缺乏预见的判断能力,等于摸着石头过河。建立工程总承包复合型人才培训机制非常紧迫。

6. 工程总承包项目施工过程中,业主不仅直接参与控制,主管部门还要求工程监理全程监控。工程总承包市场需具有相当实力的第三方咨询公司和项目施工全程管理机制,来做发、承包双方的协调人和参谋长,参与工程总承包的全过程监管。

三、稳健推进工程总承包模式的建议

工程总承包模式是从国外引进的，它在国外有很适宜的生存条件，能发挥自身的优势，但引进国内，尚没有适合它生存的土壤，它的优势可能变成劣势，需要有一个"洋为中用"，培育、转换、循序渐进的过程。我们不能教条地、机械地理解它的优势，离开了本国的实际，照搬照抄，势必会走弯路。

（一）我们要澄清对工程总承包模式认识上的 3 个误区

一是不能认为所有工程项目都适合采用工程总承包模式。工程总承包是一个大的概念，从工程专业划分角度看，EPC 模式（设计—采购—施工）适用于石油、化工、交通（高铁、高速公路）、环保、大型城市基础设施、商业中心等公建项目，DB 模式（设计—施工）适用于住宅、办公用房、普通市政项目等。从我国现行的建筑管理体制和现有的建筑产能看，EPC 模式（设计—采购—施工）、DB 模式（设计—施工）、PC 模式（采购—施工）、EPCM 模式（设计—采购—项目施工管理）和传统的施工总承包（DBB）模式（设计、招标、施工分开的模式）将会在相当长的一段时间内并存；二是不能认为所有建筑公司都能承接工程总承包工程项目。应该是具有特级房建资质和综合甲级设计资质的，综合管理能力较强的建筑公司可承接工程总承包项目，其余的可做施工总承包，再有部分公司可做专业分包；三是不能认为可以用"联合体"承接工程总承包任务。"联合体"投标仅是一种过渡的办法，"联合体"不是工程总承包优质资源的真实集聚，达不到设计施工深度融合的目的。在推进过程中，不宜提倡"联合体"投标，并应逐步让其退出竞争序列。

中国现阶段适时推行工程总承包，符合中央提出的供给侧改革的要求。优质建筑资源通过市场化配置而集聚，其企业行为表现为转型升级，同时必然会淘汰陈旧落后的建筑产能。在建筑产能结构上形成宝塔型结构，上部为综合管理能力强的工程总承包公司，中部为专项施工能力强的各专业公司，底部为劳务公司或劳务市场。

（二）推进工程总承包模式的量化目标前瞻

推进工程总承包模式不是大面积全面推开。根据国外的成功经验和中国今后 20 ~ 30 年左右建筑市场的远景推算，采用工程总承包模式的项目可占工程承包市场规模的 30% ~ 40% 为宜。

江苏省要在房建领域内培育和形成具备工程总承包综合能力的可参与国际总

承包竞争的施工企业 20～30 家；可参与国内房建、市政工程总承包竞争的施工企业 50～70 家。政府扶持，企业自强。其余公司找准定位，做精专业分包。还有一部分公司再做一段时间的施工总承包，优胜劣汰，淘汰陈旧落后的建筑产能。采用工程总承包模式的房建、市政工程项目，利润率要稳定在 5%～10% 之间。

（三）积极稳妥推进工程总承包模式的建议

国务院（2016）93 号文，江苏省（2017）151 号文，江苏省招办（2018）3 号文的发布，是对前段工程总承包推行过程所出现问题的纠偏，对进一步规范和指导下一步开展工程总承包具有十分重要的意义。但从本次调研所收集的信息分析看，上述三个文件对基层在推行工程总承包中所暴露出来的问题，尚未完全覆盖，需在此提出，供政府和主管部门决策时参考。

从总体推动角度，需进一步培育工程总承包细分市场，变政府推动为市场推动。要解决市场需求的动力问题。让投资方有主动性和积极性，政府、发包、承包三方形成合力，共同推进工程总承包的健康发展。我们应当促进市场供求关系的均衡发展，鼓励更多的多元投资主体采用工程总承包模式，

1. 除规定政府投资、装配式建筑应采用工程总承包模式外，还应鼓励国有投资项目，民营投资项目积极采用工程总承包模式。最近国务院又放开了国内 22 个行业外国投资的限制，这对培育工程总承包细分市场有促进作用，投资主体的多元化有利于解决"市场动力不足"的难题。

2. 引导和培育工程总承包企业具有独立承担工程总承包项目的综合能力。工程总承包细分市场主体将分为三类，一是业主单位，二是工程总承包单位，三是全过程工程咨询服务单位。江苏的房建企业绝大多数是从做 DBB（设计、施工分开招标模式）起步的，其 C 的能力较强，E、P 的能力普遍较弱，针对自身 E、P 能力较弱的短板，要建立设计、造价、合同、安全、质量、风险、信息等七个重要控制目标的管理程序和运行机制，提高自身对工程总承包的管控能力和管理水平。

3. 省招办（2018）3 号文要求使用住建部和国家工商总局制定的工程总承包合同示范文本。该合同文本系 2011 年制定，且为非强制性使用文本。该合同文本把 EPC 的有关条款与 DB 的有关条款混合在一起，没有形成发、承包双方责、权、利对等的闭合条约，容易引起使用的不便。更主要的是对索赔的约定没能覆盖工程总承包的全过程，也没能对发、承包双方作对等的约束。现在各地工程总承包合同几乎是仅套用了一个合同形式，合同主要条款则更多的是施工总承包的内容。这也是现阶段工程总承包推进困难的原因之一。省招投标办需抓紧制定 EPC、DB、EPCM 等分类合同范本。给基层分类指导，进一步

规范发、承包双方的行为。

4. 梳理现行的法律法规，制定急需适用的法规。清理不适用法规和制定新的为工程总承包保驾护航的法律法规显得非常紧迫。

5. 制定工程总承包各合同范本，须重视工程索赔条款的制定。工程索赔在菲迪克合同条款占有很重要的位置，对规范发、承包双方行为具有强制性，对建立诚信机制和营造诚信氛围非常必要。同时要建立解决索赔争议的法律机制，一旦产生索赔争议，要有从协商到仲裁判决的法律强制力。

6. 要警惕融资风险，防止地方政府为EPC而做举债EPC，最后形成地方政府的债务风险。这对国家来讲具有潜在的债务风险。政府引导投资多元化时，要建立为工程总承包服务的融资体系和保险体系。要引导和支持工程总承包公司增强自身的融资能力，这也是解决江苏总承包公司融资能力不强的重要举措。

7. 加强工程总承包公司综合能力的培育，特别是人才队伍建设。要建立培育、培训工程总承包复合型人才的机制。基层企业当前最缺的是具有设计、采购和项目全面管理能力的人才。企业应当设置设计总监、造价总监、采购总监、技术总监和施工总监，而且这些总监不仅要具备本岗的专业理论知识和独当一面的能力，还应该了解和熟悉其他总监岗位的专业知识，还应具备研判能力、预见能力以及丰富的经验。还应设置项目统筹经理，其应具备统揽从设计、投标、采购到施工运维的业务能力，对合同定价和工程造价有坚实的管控能力，这样才能实现设计和施工的深度融合。

8. 建立市场化运作的工程咨询公司，代行工程总监和工程主管部门的部分职能，对业主负责，协调好业主与工程总承包商之间的关系，为工程的顺利进行依法提供全过程的第三方服务。

在现阶段大力推进工程总承包，无疑是本行业一次深刻的变革，但它代表着行业发展的方向，是社会生产力进步对建筑资源重新配置的要求，我们必须坚定信心，适应这一发展方向，在前阶段工作和已取得的成果的基础上，坚持政府引导、市场主导的做法，努力培育工程总承包细分市场，使工程总承包模式逐步占据市场的主导地位，充分发挥工程总承包的优势，借此机遇，大力培育出一批综合实力强、能参与国际、国内工程总承包市场竞争的知名品牌总承包商，使江苏建筑强省的实力始终处于全国领先位置！

（于国家　江苏省建筑行业协会副会长、法定代表人；李斌　江苏省住房和城乡建设厅建筑市场监管处主任科员；孙振意　江苏省建筑行业协会副秘书长兼信息传媒部主任；唐来顺　中国江苏经济技术合作集团有限公司总工程师；陈高中　南京大地建设集团有限责任公司董事会秘书）

新时代　新目标　实现对外承包工程发展新跨越
——江苏建筑业"走出去"发展情况、存在问题和意见建议

薛乐群　纪　迅　汪士和　仇天青　赵宇虹　徐金保　殷会玲　何纪平

对外承包工程是指中国的企业或者其他单位承包境外建设工程项目的活动，包括咨询、勘察、设计、监理、招标、造价、采购、施工、安装、调试、运营、管理等。我国对外承包工程项目分为11大类、24小类。

为推动江苏建设工程企业"走出去"向更高层次、更高水平、更宽领域发展，真实反映江苏对外承包工程发展现状，提出今后对外承包工程的发展思路及对策建议，江苏省建筑行业协会建设工程对外承包商分会组织完成了《江苏建筑业"走出去"发展情况、存在问题和意见建议》课题项目，以供政府有关部门和对外承包工程企业决策参考。

一、2017年以来全省对外承包工程总体发展情况

（一）业务指标稳中有降，市场覆盖面持续扩大

2017年，在全球能源资源价格维持低位，非洲、拉美等资源型国家财政收入减少，基建投资增长乏力，贸易保护主义抬头，国际承包工程市场整体表现低迷的大背景下，全省对外承包工程业务稳步攀升，完成营业额95.3亿美元，同比增长4.58%，占全国完成营业额的5.6%，位居全国第四；新签合同额约108亿美元，首次突破百亿美元。全年派出劳务为26462人次，同比增长14.69%，期末在外59506人，同比增长7.47%。全省2017年对外劳务人员实际收入总额7.2亿美元，同比增长3.65%。在"一带一路"沿线国家，全省2017年对外承包工程完成营业额53.96亿美元,同比增长24.3%。截至2017底，全省赴"一带一路"国家投资已覆盖沿线64个国家中的54个。印度尼西亚、新加坡、柬埔寨、泰国、巴基斯坦、马来西亚、越南、印度、俄罗斯和哈萨克斯坦成为我省在沿线投资前10名国家。

进入 2017 年，从企业反馈的对外承包工程调查表，并结合全国统计数据来看，江苏许多企业对外承包工程业务总量回复到"十二五"期末较快增长的势头，新签合同额同比增幅达到历史新高。除了中江国际、江苏省建集团等苏南企业的境外业务总量呈现较快增长外，苏中、苏北部分企业也迎来了新的发展高潮。南通三建上半年新签合同额达 2.3 亿美元，同比增长 170%；完成营业额逾达 2.2 亿美元，与去年同期相当，现有 30 多项工程分布在安哥拉、多哥、亚美尼亚、科特迪瓦等国；正太集团上半年新签合同额 4479 万美元，同比增长 310%；镇淮建设集团上半年完成营业额 1837 万美元，同比增长 145%。

（二）优势企业厚积薄发，竞争实力显著增强

江苏优势企业在境外长期坚持"做一项工程，竖一座丰碑"，打造优势，厚积薄发，赢得许多央企和国外政府部门、建设方的认可，对外承包工程业务稳定攀升并已成为企业较大的营收来源。

中江国际大力推进国际化、多元化经营，形成国际工程、国际贸易、国际劳务等业务板块，在海外设立 31 家办事处、分公司，在世界上近 100 多个国家和地区开展业务。受惠于"一带一路"倡议的中阿产品合作示范园，是中江国际在亚洲市场里程碑式的项目。由中江国际牵头投资建设运营的中阿产品合作示范园，是为落实两国领导重要共识、国家发改委和省政府要求而着力推动的重点项目，是中国与阿联酋在"一带一路"框架内开展产能合作的成功典范。园区建设规划 12.2 平方公里，总投资额超 70 亿人民币，已获批全国首家"一带一路"产能合作园区。目前，前期招商引资已有 15 家企业签署入园意向书，总投资额达 8 亿美元。中江国际已连续 22 年（1995～2016 年）上榜 ENR 全球最大国际承包商 250 强；2016 年实际新签合同额约 8 亿美元，2017 年接近 10 亿美元，境外营收平均已占企业总营收的三分之一，在境外所创的利润约占企业总利润的 60%。

江苏省建提出"举集团之力发展海外市场"，逐步"变项目负责制为区域负责制"，做精做优每一项工程，诚信对待每一家业主，成为江苏援外成套项目最多的企业。2016 年完成的营业额位居全国第 55 位，排名比上年前进 10 位。该集团积极响应"一带一路"倡议，自进入马来西亚市场以来，先后承建了吉隆坡奔腾 8 公寓楼、沙巴 ONE JESSION 公寓楼、登嘉楼度假村酒店和肯逸湖酒店等多个工程，受到了马来西亚社会各界的关注。2017 年 7 月，江苏省建与鼎昇集团签约承建未来几年内马来西亚政府投资回购的总额约 80 亿元的房屋项目，这也是我省建筑业企业在"一带一路"沿线国家最大单笔合作项目。2018 年上半年，江苏省建承接了 10 亿元塞班花园度假村等多个较大规模项目；

在东南亚区域市场，与香港均安参股的菲律宾 IRC 公司合作，参与了菲律宾比南奥南地块房地产开发项目以及马卡蒂市地铁投资项目。

正太集团经营海外市场 20 多年，已从"劳务分包为主、专业施工分包为辅"转向"以总包施工为主、投资建设及加工制造为辅"的发展模式，企业资信等级、经营管理效益和市场竞争实力已领先于同类企业。江都建设在蒙古承建了超 10 亿美元的矿业工程项目。

2017 年 2 月，经全球 12 个国家和地区 50 多家企业参与投标，有 6 家企业中标以色列住房和建设部全球承包商招标计划，其中包括江苏的龙信建设集团、南通二建集团、顺通建设集团等 3 家企业，北京建工集团等 3 家企业也同时入选。江苏企业占此次以色列全球承包商招标计划的一半名额，显示了江苏企业较强的综合实力和市场影响，成为江苏对外承包工程史上的一个重要亮点。中标企业作为施工方，将有资格在以色列建造住宅，管理住宅建设项目，并对项目的设计与施工全程全权负责。获准在以色列开展建设的五年间，6 家企业共须建造多达数十万平方米的住宅，建设合同模式包括 EPC、BT、BOT，也可以和当地公司合作进行房地产开发，每家企业可向以色列派遣多达 1000 名从事房屋建造的非以色列建筑工人。7 月份，南通二建获得了以色列建筑总承包 G5 资质，该资质为以色列建筑总承包最高资质，而南通二建是获此资质的首家外国公司。

（三）部分企业深耕细作，专业领域一枝独秀

在激烈的国际市场竞争中，江苏部分企业冷静对待"走出去"潮流，客观看待自身发展情况及不足之处，在挖掘专业优势和发挥专业特长上下功夫，"以精立业，以质取胜"，形成独有的品牌优势和专业特色，取得了令人瞩目的工程承包业绩，在境外市场确立了相关专业工程主要竞争者、最大合作伙伴乃至在专业领域一枝独秀的市场地位。金螳螂多年深耕于海外建筑装饰业，有 1500 多名外籍设计师，下属子公司 HBA 是全球酒店室内设计第一品牌，总部设在美国洛杉矶，连续 19 年被美国《室内设计》杂志评选为全球酒店室内设计公司第一名，成为希尔顿、喜达屋、洲际、万豪、香格里拉、凯宾斯基、雅高等一系列国际知名酒店管理集团的设计施工服务商。苏州中材不仅先后承建了国内大多数的水泥生产线重点工程项目，近几年来还在伊拉克、越南、印尼、阿联酋、沙特、尼日利亚、安哥拉、南非、赞比亚、埃塞、坦桑尼亚等多个国家承担数十条水泥生产线建设项目，成为全球最大水泥工程系统集成服务商之一。随着以越南福山水泥公司 5000t/d 水泥生产线、阿联酋 UCC10000t/d 水泥生产线（分别是中国水泥行业海外首条五千吨、万吨水泥生产线）为代表的多条水泥生产线的成功建设，苏州中材为提升我国水泥工业的技术装备和工程建设水平进入世界先

进行列做出了积极贡献。河海科技集团专注于围海造田、水库堤坝、河道疏浚、船坞码头等工程领域以及新材料、船舶设备、给水排水设备等，软基处理和深水施工技术方面达到国内领先、国际先进的水平，市场覆盖印尼全境，多年包揽该国大量工程项目。近期已与印尼雅加达省政府公司查雅安照公司达成合作意向，承包总造价约4亿美元的ANCOL EPC项目（其中吹填项目2.34亿美元）。河海科技集团已成为印尼相关工程项目建设的首选合作方、施工方。

（四）政府部门高度重视，更多企业走出国门

从政策推动层面来讲，江苏省政府在国家提出"一带一路"发展战略后，及时出台《关于抢抓"一带一路"建设机遇进一步做好境外投资工作的意见》，以推动全省有比较优势的房屋建筑、交通建设等行业企业与金融机构合作，以BOT、PPP和EPC等多种形式开展境外特别是"一带一路"沿线国家基础设施和重要产业项目的投资建设。省财政厅、省商务厅还出台"对外承包工程保函补贴、运保费补贴、大项目奖励"等扶持政策，实施"出国外派工作人员人身意外伤害保险"项目，5项保险由省级财政负担80%的保险费用。2016年3月，省政府办公厅出台《关于加快推进全省建筑企业"走出去"发展的实施意见》，旨在培育发展更多"走出去"的优势企业，强化财政金融支持，提供协调推进、综合服务、人才建设、安全保障等方面的环境条件。这些政策举措增强了企业"走出去"的信心、加快了企业"走出去"的步伐。

从实际推介情况来看，江苏省政府于2016年6月召开全省建筑业"走出去"工作会议，总结部署海外市场开拓工作。当年9月8日，由省住房城乡建设厅主办、省商务厅和省政府外事办协办的江苏建设领域俄罗斯推介会在莫斯科州成功举办，江苏省住房和城乡建设厅与莫斯科州建设部签署了省州建设领域友好合作备忘录，江苏多家建筑施工企业与俄罗斯企业签订了项目合作协议。这是江苏首次在境外举办境外建设领域推介会 助推更多建筑业企业"走出去"发展。当年10月20日，由省政府、澳门特别行政区政府联合主办，省住房和城乡建设厅、省人民政府港澳事务办公室、澳门贸易投资促进局联合承办的"江苏 - 澳门·葡语国家基础设施建设高层圆桌会议"在澳门召开，省委组织部、宣传部，省财政厅、商务厅，港澳事务办公室、海洋渔业局及南通、扬州、镇江、泰州市建设行政主管部门负责人和25家建筑企业代表以及澳门·葡语国家建设主管部门、建设单位代表共百余人参会。至2017年1月，省住房和城乡建设厅先后公布了四批获得建筑业"走出去"发展扶持资质企业名单，根据扶持政策取得的资质，用于境外承接工程或与其他具有工程总承包资质的企业合作参与境外工程建设。

二、苏南、苏中、苏北对外承包工程发展情况

（一）苏南地区：发展质态有所提升

苏南的南京、苏州、无锡、常州、镇江五个省辖市，在全省每年对外承包工程活动中，长期保持完成过半或过大半的业务量。2016年，完成境外营业额56.6亿美元，占全省总额62.11%，同比增长14.12%；全年新签合同额51.1亿美元，占全省总额70.13%；由于提高了经营管理效率，适应了当地市场环境，企业派出人数大幅下降，更多地雇佣项目所在国人员，全年对外承包工程派出劳务6843人，年末在外劳务16898人，同比分别下降41.95%、27.73%。

2017年上半年，苏南部分大型对外承包工程企业新签合同额呈现大幅增长态势，多家企业在一季度的新签合同增长幅度达到300%左右。更多的企业能够独立承揽境外工程项目，发展质态有了新的提升。有的企业经过长期的境外市场经营拓展，境外产值已占企业总产值的30%左右，且在境外所创利润占企业总利润的60%左右。

（二）苏中地区：新签业务大幅增长

全省近几年发布的建筑业"百强企业"中的"外经类十强企业"，苏中地区企业往往占到七成。2016年，南通、泰州、扬州等三市新签境外业务合同总额逾19亿美元，占全省新签合同额近27%，同比增长幅度逾45%，全省占比比上年提高近10个百分点；泰州、南通、扬州三市全年新签境外业务合同额分别达到8.5亿美元、7.8亿美元、3.2亿美元，其中泰州、扬州同比分别增长175.42%、103.15%；全年派出劳务3187人次，同比下降35.72%，其中南通、扬州同比下降幅度较大，分别达到40.92%、37.14%，期末在境外人数12635，同比下降7.21%。

南通市作为江苏"走出去"先行先试的试点城市，2014年出台《进一步加快"走出去"转型发展建设外经强市的实施意见》，从组织体系、推进机制等方面，进一步优化工程建设企业"走出去"的大环境。2015年，南通市与"一带一路"沿线的东盟、欧盟国家贸易额占到全市的三分之一，对东盟的协议投资占到全省的三分之一，其中38个国家和地区有南通工程建设企业的身影。目前，南通工程建设企业足迹遍及80多个国家和地区，他们已从当初的建筑工程承包为主，逐渐发展到园区建设、能源投资、仓储物流、房地产等多行业、多领域。

泰州市政府2016年出台《关于促进和扶持建筑业发展的实施办法》，提出

"加强外埠市场拓展，提高建筑业国际化经营能力"，对达到要求的均有相应补贴和奖励。目前，该市对外承包工程企业的境外市场主要分布在肯尼亚、安哥拉、纳米比亚、博茨瓦纳、塞内加尔、赞比亚、坦桑尼亚、乍得、卡塔尔、沙特、菲律宾、塞尔维亚、柬埔寨、印度、加拿大、乌兹别克斯坦等国家和地区。其中，泰兴、姜堰境外工程主要以施工总承包和劳务分包为主，资金来源主要是政府投资和民间投资，靖江、高港、海陵主要以分包项目和劳务分包为主，资金来源主要是民间投资和自筹资金。正太集团进入博茨瓦纳市场18年，现已发展成为在博的最大中资企业。中兴公司在肯尼亚总承包内罗毕人民医院、卜伊教堂、那瓦夏度假村等项目。神龙海洋公司在菲律宾承揽循环水取排水工程，在塞尔维亚承揽电站项目及循环水泵房施工等工程。

扬州市首次开展了"走出去"扶持资金申报工作，指导邗建集团等9家企业申领扶持资金近80万元；主动对接江苏银行、交通银行、建设银行，为全市"走出去"企业争取40亿元的专项授信额度。全市境外市场覆盖37个国家，主要为亚洲的蒙古、新加坡、沙特阿拉伯等，非洲的肯尼亚、加纳、阿尔及利亚等。全市2016年外经营业额突破千万美元以上的企业12家，完成营业总额7.48亿美元，占全市外经总量的91.3%，其中江都建设、江苏华建、恒远国际完成外经营业额分别是2.3亿美元、1.06亿美元、9400万美元，占全市总量40%；全市在"一带一路"沿线国家完成外经营业额约6.31亿美元，主要分布在亚洲15国，完成外经营业额前三的"一带一路"沿线国家分别是蒙古（2.63亿美元）、新加坡（1.28亿美元）、沙特阿拉伯（8270万美元）。

（三）苏北地区：劳务分包逐步做大

2016年，苏北地区新签境外合同额2.21亿美元，同比增长24.9%；完成营业额2.27亿美元，绝大部分是由淮安（1.25亿美元）、徐州（1亿美元）两市完成的；派出劳务2585人次，同比增长达到1900%，期末在境外劳务2870人，同比增长216.08%，劳务分包业务呈现较快增长态势。淮安市确立"全员经营，全员负责"的海外经营思路，"走出去，请进来"，与国内外知名企业特别是央企紧密合作，主要以专业施工和劳务分包形式在阿尔及利亚、尼日利亚、巴布亚新几内亚、新加坡等国承揽工程施工任务。国涟建设集团在新加坡承接了CONINT PTE ITD、HK CINTRACTS PTE、EC BUILDER、PROPOSED ERECTION OF A 5-STOREY COMMRECIAL BUILDING、300-308 RIVER VALLEY PLANNING AREA等工程项目，合同总额超过2500万美元，与中建美国公司在巴哈马合作承揽了希尔顿度假村等工程。

三、江苏建设工程企业对外承包工程的主要问题

江苏建设工程企业对外承包工程事业经过数十年的发展，取得了令人瞩目的成就，但也存在诸多问题。这些问题已经严重阻碍企业持续扩大对外承包工程业务规模、提高经营管理效率和效益，提升国际市场竞争力和品牌影响力。一些企业"走出去"多年，但工程业务量始终保持较小规模，经营管理效益也维持在较低水平，企业的发展质态和品牌打造难以达到一个新的水平。

调研主要反映了江苏建设工程企业开展对外承包工程有以下几个方面的具体问题需要引起高度关注。

（一）不熟悉对外承包工程法规政策及承包方式

在法规政策方面：长期以来，许多企业忙于国内市场竞争和项目施工管理，对如何走出国门发展、如何参与国际市场竞争考虑较少，实际投入也更少。具体到国内出台的规范、鼓励企业"走出去"发展的相关法规及政策方面，往往未作深入了解和掌握。由于"不熟悉""未尝试"等原因，截至2016年，江苏984家总承包特、一级企业中，尽管共有470多家企业申请到了商务部核准的对外承包工程资格，但其中仅有不到三分之一的企业在境外有工程承包或劳务分包业务。2017年3月，国务院虽正式取消"对外承包工程资格审批"，相关部门在对外承包工程的事中事后监管、规范行业经营秩序等方面没有放松，企业仍需按有关法规和政策开展对外承包工程业务。目前，不少企业因为对外承包工程资格限制取消，对于国家对外承包工程其他政策等方面的落实处于一种松懈状态，甚至一味被动地、近乎消极地等待"走出去"，继续错失在本行业或本专业放眼世界、提升发展的大好机遇。

在承包方式方面：大部分企业包括已有一定境外拓展经验的企业，不熟悉国际通行承包工程方式和合同模式，即对以下几个问题不甚了解或未掌握到位，一是国际通行承包工程方式是什么；二是如何选择国际工程承包合同模式、什么是 FIDIC 和最新版 FIDIC 合同的几种形式、FIDIC 合同通用条件的基本内容；三是不同形式的 FIDIC 合同之间的风险是怎么分配的、怎样防范国际工程合同风险。这些都需要企业逐步理清和掌控，否则在对外承包工程实践中将造成很被动的经营管理局面。

企业也因此存在识别和管控对外承包工程法律风险能力不足的问题。国际工程承包行业中有一句名言——"每根钢筋都盛满了法律"。各个国家的企业都对国际工程承包中的法律风险予以高度重视。企业在看到"一带一路"沿线国家拥有广阔市场的同时，也应该认识到沿线国家要素禀赋各异，经济发展水

平差异较大、地缘政治复杂、法律环境多元化等特点，而这些复杂因素给国际工程承包带来极大的风险性和不确定性。调研反映的问题主要有：企业普遍存在"先走出去""先干上活"的错误心理，缺乏必要的法律风险防控意识，且法律风险识别能力薄弱；对政治风险的认识不足，对工程所在国法律环境缺乏了解，盲目投标，对拟承包的国际工程缺乏审慎、理性的风险评估意识，为后期工程的实施埋下诸多隐患；不熟悉国际工程索赔流程，对FIDIC合同履行缺乏实务经验和实例研究，索赔观念和索赔能力薄弱，不敢提起索赔，习惯自认倒霉，很大程度上削弱了项目的盈利能力；受项目所在国民族、宗教、经济发展和文化差异等因素影响，常常遭遇劳工法律风险。企业普遍对"走出去"的法律风险认识不足，造成"兴冲冲出去、垂头丧气回来"，境外业务难以做大做强。

（二）与国内外政府部门及工会等组织联系沟通少

由于与国内外政府部门及工会等组织联系沟通少，大部分是与我国驻外使领馆保持信息往来，缺乏了解具体国别和地区的政治、经济、人文等环境而面临的发展窘境，企业开展对外承包工程业务时，经常感到"无从下手""不顺手"乃至最后"无法收手"。许多企业未充分考虑所在国政治、经济等因素，或未做人员派出、材料设备采购及运输等方面的认真分析和充分准备，往往就与境外业主签订了境外承包工程合同，或与央企签订了专业分包协议，结果往往是做成亏损巨大、牵制精力多的"交学费工程"，有的甚至因为所在国发生战争和政治动荡而匆忙放弃已投入的大量材料设备和资金。有的企业虽对所在国、所在地区政治、经济、宗教及人文等环境有所了解，但一直难以适应或融入，以致许多工作开展不顺心、不顺手，市场拓展和品牌打造始终处于"不温不火"状态。

（三）与在境外成功发展的央企等企业交流合作少

央企是我国企业"走出去"的名副其实的主力军和领头羊。有数据显示，全国100多家央企在境外共设立近万家分支机构，分布在全球160多个国家和地区，其中绝大部分企业已在"一带一路"沿线国家设分支机构。长期以来，江苏企业与央企及省内外地方大型外向型企业的交流合作，可以认为是处于"初级阶段"，即大部分是劳务分包项目、少部分是专业分包项目，鲜有真正意义上的合作性总承包项目，也没有深层次、战略性的交流合作。许多企业要么习惯于做央企等大企业在境外的劳务分包或专业分包项目，要么是自发、零散、单打独斗式地"走出去"，对外承包工程总体水平不高，面临着不少的困难和问题，境外年业务量总是徘徊在1亿~3亿美元左右，有的年份还出现无产值、无新签合同额的空档期。

（四）资金及银行保函问题，阻碍企业走出国门

企业普遍反映，资金及银行保函问题已成为阻碍企业走出国门的最大瓶颈。与央企相比，绝大部分企业开展对外承包工程业务，首先是缺少大额启动资金，自身实力不足，总资产规模小，融资能力有限，融资渠道单一，融资成本极高，企业拓展境外市场受到严重制约。企业过分依赖出口卖方信贷为国外大型工程项目融资，提高了企业的资产负债率，影响了企业再融资能力且极不利于企业资金流动。

绝大多数国际工程都采用公开招标的办法来选择承包商，在投标和合同执行过程中，雇主为了保护自身利益，在投标文件和合同文件中要求投标人或承包商提供保函，一般为银行保函，保函有投标保函（一般为投标报价的1%～3%）、履约保函（一般为合同金额的5%～10%）、预付款保函（一般为合同金额的15%～30%）、保留金保函等种类。央企在银行保函方面不存在多大困难，但地方企业由于资本金不足、资产负债率较高、资信等级偏低，国家政策性银行（通常是中国进出口银行）、国有商业银行（中国银行、建设银行、工商银行等）一般都不愿意提供保函、信用证、贷款等方面的信贷支持，即使提供，也是量小、费率高、有效期短，企业往往难以适应国际工程规模大、工期长、合同价高的特点，错失许多扩大市场的发展机遇。地方企业在做央企分包工程时，央企也要求地方企业提供各类银行担保，地方企业同样为解决资金及银行保函等问题所困扰。

资金问题也反映在企业在境外很难解决资本保值、增值和回流问题难以得到有效解决。具体主要体现在以下两个方面：一是汇率风险影响大。由于受到国际收支及外汇储备、利率、通货膨胀、所在国或国际政治局势的影响，企业直接面对汇率变动的风险。许多本来盈利的工程项目，由于汇率的剧烈变动，一夜之间变成了亏损的工程项目。许多企业在境外多年的资金积累，也因为当地货币不断贬值而缩水20%～30%左右甚至缩水50%以上，导致企业经营困难，有的被迫破产。如何规避汇率风险、减少汇兑损失，实现境外资金及收益保值增值成为对外承包工程企业关注的重要事项。二是资金及收益回流难。企业在境外工程建设开始前及过程中，在国内花巨资采购了钢筋、机械设备等，大部分境外劳务人员工资也由国内企业总部代发，但工程竣工交付后来源于工程结算款的各类垫付资金及应得收益部分，按照所在国外汇管理规定，绝大部分难以回流国内企业，以致企业大量流动资金被长期占用在境外且增加了企业资金成本。

(五)资质及施工业绩不足,竞争实力有待增强

这是企业反映的一个重要不足问题。尽管我国在今年上半年取消了商务部对中央企业和中央管理的其他单位、省级商务主管部门对辖区内的中央单位以外的单位的对外承包工程资格审批制度,但境外建设单位以及带地方企业"走出去"的央企,至今仍然对地方企业的资质及施工业绩有很高的标准和要求。许多具有建筑工程房建总承包特、一级资质的企业因为没有市政公用、水利水电、公路、铁路、港口与航道、桥梁、隧道等专业承包资质,没有类似施工业绩,或与境外承包工程市场的资质要求不相符合,就无缘参与境外大量工程项目的竞争,也无法跟随央企进入境外市场开展承包工程业务。由于竞争实力不够,抗风险能力弱,这些总承包企业仅能做、也乐于承担一些央企总承包工程的劳务分包任务。此外,大部分企业在工程设计资质、运营管理经验等方面不能满足境外业主的要求,错失很多市场机遇。

(六)人才建设与技术水平,难以满足市场需求

这是企业开展对外承包工程的一大短板。国际工程承包对企业的人才资源和技术水平有很高的要求,而我国企业长期以来未能建立起有一定数量的善经营管理、懂施工技术、会一种或多门外语的对外承包工程复合型人才队伍。据最新资料显示,全球10大跨国公司国际化员工平均比例为93.2%,而我国10大跨国公司国际化员工平均比例仅为33.89%,工程建设企业的比例更低(大部分低于10%)。企业人才国际化程度低的问题十分严峻,严重影响了企业融入国际市场的进程,是掣肘企业实现国际化的重要因素。调研同时发现,国内劳务工资近几年涨幅较大,江苏省内一般性劳务人员工资已达到每天200~300元左右,技术工人工资达到每天400~600元左右,而境外劳务工资平均仅比国内高50%左右,对国内劳务的吸引力减小,企业新承接境外工程时,往往很难招募到足够的劳务人员或适合的技术工人,且招募到的劳务人员上线时间(即等待出国时间)短则半年、长则一年,对劳务人员使用带来了更多的不确定性。企业施工技术人员往往也不熟悉国外的施工技术规范和要求,包括对新材料、新技术的应用,给项目管理和施工带来了诸多麻烦,不利于对整个工程质量、安全及进度的有效控制。在国际标准、国家标准及行业标准制定方面,企业参与了国内一些标准的研究制定,但由于从事标准化工作的人员基础薄弱,培养成本高、周期长,缺乏培育研究标准化人才的机制,无法建立梯队式互相衔接的标准化人才体系,也很难带动国内标准"走出去"并参与国际标准的研究制定。我国企业参与对外承包工程国家标准、国际标准的低水平化,与国际市场需求

严重脱节，无论是从现实意义的角度，还是从长远发展的需要来看，都影响了企业在境外的经营与发展。

（七）恶性竞争与诚信问题，严重影响对外发展

欧美等发达国家由于经济发展到一定程度，新建房屋建筑、市政基础设施等工程项目较少；亚洲、非洲、南美洲等发展中国家经济发展缓慢，中东等地区长期处于战乱或政治动荡等不稳定环境，工程项目总量也与国内无法相比。在境外工程项目总量相对较小、总量增长幅度也相对较小，我国"走出去"企业越来越多、产值规模期望值也越来越大的情况下，企业近几年在争取境外工程承包权或经营权时，已陷入自己造成的两大不利局面，一是大部分企业对外承包工程或投资项目趋于同质化竞争，多元化、差异化发展不够；二是一些企业把国内恶性竞争的习惯带到了境外承包工程市场，通过采取低价策略，不断降价、压价，形成恶性竞争及围标串标等不良风气，在资源并购中的争相抬价等问题也很突出，使中国企业在境外蒙受巨大经济损失，同时也损害了中国企业的形象和信誉，严重影响对外发展。

企业同质化竞争在一定程度上助长了同行之间的恶性竞争，带来的直接后果是收益低下、履约质量不高；时常发生的工程质量纠纷、劳资纠纷（即与当地劳务人员的纠纷，国内劳务人员与派出单位的纠纷）等严重干扰企业正常生产管理秩序和市场拓展工作。许多企业不遵守所在国的法律法规，不尊重当地文化、宗教和习俗，未能在诚信经营（即不切实际的承诺、无充分准备或无实力地承揽工程项目）、抵制商业贿赂、保护好当地生态环境上做好应做能做的工作，给当地政府和业主留下了较差的印象。企业在境外市场恶性竞争及诚信缺失，势必会削弱我国企业"走出去"的盈利能力和国际竞争力。

（八）"一带一路"沿线国家市场未能深入推进

近几年来，中国企业在"一带一路"沿线国家的对外承包工程业务得到快速发展，新签合同额、完成营业额继续牢牢占据全国对外承包工程业务半壁江山。江苏企业在"一带一路"沿线国家的对外承包工程业务虽然也有起色，但主要是做央企的劳务分包业务，少部分是专业施工分包业务，真正独立总承建的工程项目为数不多。江苏企业普遍反映，"一带一路"沿线国家的工程项目很多，却主要是江苏企业无法独立参与竞争的国际产能与装备合作项目、能源建设项目、大型基础设施项目等具有国际影响力的工程项目。比如，近期建设投产的东南亚最大钢厂——越南河静钢铁项目，中冶集团由此实现了国际千万吨级绿地钢铁系统设计和全产业链输出，带动 $4000m^3$ 级大型高炉技术、标准和装备整

体成套出口,且还为中国服务外包行业带动了 33.5 亿美元的出口额,但江苏仅有个别企业承担了该项目部分高炉工程的劳务分包业务。对绝大多数江苏企业来说,"一带一路"的"大蛋糕"是可望而不可即,顶多能分享一点"面包屑"。

随着"一带一路"建设的持续推进,市场的"蛋糕"正越做越大,2017 年上半年新签合同额同比增长幅度达到 38.8%,但江苏企业在短时间内仍然很难有机会参与未来"一带一路"沿线国家更多标志性项目,比如刚刚全面开工建设的中老铁路、即将开工建设的印尼雅万高铁、已创造开工条件的中泰铁路、已签署商务合同或建设合同的匈塞铁路、已完成勘察设计的俄罗斯莫斯科至喀山高铁、重启三方联合工作机制的中吉乌铁路、完成既有线升级改造可行性研究的巴基斯坦 ML1 铁路以及马来西亚南部铁路、东部沿海铁路,等等。去年以来,以基建、能源、合作园区为重点,"一带一路"沿线项目密集进入了落地期,这已成为央企"走出去"主要领域和主攻方向,江苏等大多数地方企业要想从中分得一杯羹,目前还不具备相应条件,急需找到突破口,否则将错失新一轮对外发展机遇。

四、江苏建设工程企业对外承包工程的发展建议

2017 年年初,国务院办公厅时隔 33 年后再次为建筑业改革出台顶层设计文件《关于促进建筑业持续健康发展的意见》,提出加快建筑业企业"走出去"的三大意见,即加强中外标准衔接,到 2025 年实现工程建设国家标准全部有外文版;提高对外承包能力,推动企业提高属地化经营水平,实现与所在国家和地区互利共赢;加大政策扶持力度,重点支持对外经济合作中建筑领域的重大战略项目等。2017 年年底,江苏省发布了《关于促进建筑业改革发展的意见》,支持建筑业企业跟踪国外特别是"一带一路"沿线国家的投资热点,围绕重点区域、重点专业领域和重点工程项目实施"走出去"战略。

在国际承包工程市场面临新机遇、新挑战,全国和江苏建设工程企业加快"走出去"发展、加快融入国际承包工程市场的形势下,如何解决开展对外承包工程业务遇到的诸多问题和困难,需要政府部门、协会商会等中介组织、建设工程企业发挥各自作用并形成合力,加大投入,细化措施,以进一步提高对外承包工程发展规模和质态,开创新时期新的发展篇章。

(一)加大政府政策支持与引导力度

1. 助力企业解决对外承包工程资金及资质等问题

政府部门及金融机构需在统筹运用国家外经贸发展资金和省级商务发展专

项资金，对企业承接境外工程项目给予前期费用补助、贷款贴息、大项目奖励、运保费补助、保函费用补助等资金支持的基础上，一是要建立协调会商制度，拓宽企业对外承包工程的融资渠道，对实力强、信誉好的建筑企业，在人民币中长期贷款和外汇周转贷款、开具工程保函等方面提供更多支持，加大贷款投放规模，降低企业由此产生的各种费用；二是鼓励金融机构加强运用以境外资产、股权、并购项目、境外应收账款、出口退税单据等为担保的融资方式，支持有条件的大型企业在境内外资本市场直接融资，用于EPC、BOT、PPP等工程项目；三是要探讨应用国际工程承包市场所通行的项目融资方式，即用来保证贷款偿还的首要来源被限制在项目本身的经济收益。

政府部门需针对企业在境外难以规避汇率风险的情况，建立健全对外承包工程风险保障机制，鼓励保险机构创新保险产品，为企业提供多元化的商业保险服务，设立对外承包工程风险基金，努力降低企业境外经营风险，提高企业资金利用效率。

政府部门需全面推进"淡化企业资质管理、强化个人执业资格"的改革，粗化资质分类，给企业提供发挥优势和潜力的空间；为具有一定实力和条件的企业通过在国内轨道交通、大型基础设施项目与央企联合投标的方式，解决工程业绩问题，开辟资质就位、升级的"绿色通道"，加大辖区内央企联合本省企业"走出去"发展的推动力度。

2. 促进企业加快人才培养和"中国标准"推广

政府部门需推动大中专院校加大培养国际承包工程建设专业人才及复合型人才的力度，充分利用相关院校人才优势、环境优势，建立国际承包工程建设学科点、硕士点、博士点，以法规的形式确定下来，引起科技界、教育界的高度重视；或在政策上推动国内外合作办学、合建技术研究院、建立人才国际组织等，不断完善国内人才培养、海外人才引进的激励保障机制；或联合企业长期开设"国际承包工程建设班""外语班"，像抓工程质量安全那样抓人才建设，打牢人力资源这个基础，提高企业在国际承包工程市场上的竞争力。

政府部门和相关标准化机构要建立可持续的标准化人才培养机制，加大经费等投入力度，积极参与国际工程建设标准的提案，主持起草国际标准，参加国际化组织相关会议，通过国家对标准的翻译出版以及发布，使中国标准尽快"走出去"被国际认可，成为国际标准；要优化工程建设标准结构，首先在援外项目以及公路、铁路等对外投资、对外援建中推广和运用中国标准，特别是我国具有特色优势的领域中，牵头向外方推荐按照中国标准设计、施工。

3. 加强对"走出去"企业的监督和引导

政府部门需进一步加强对"走出去"企业的监督和引导。可在完善政策法规、创新监管和服务措施、加大资源整合力度等方面着手,使企业跨国经营行为有法可依、有章可循;进一步深化"放管服"工作,使政府部门角色真正从管家式向指引式转变,强化服务平台搭建,提升便利化服务水平;推动国企和民企抱团出海,避免"小、散、乱"带来的同质化竞争性内耗,维护国家利益、增强企业国际竞争力,提高企业在国际市场的议价能力和话语权。

4. 组建"联合航母"拓展境外工程市场

集中培育一批具有国际核心竞争力的"领头羊"企业集团。与央企等超千亿元规模企业相比,江苏建设工程企业对外承包工程的资金、技术实力和管理经验等方面显得不足,也更难以与实力雄厚的欧美承包商展开有效竞争。因此,政府部门可专门出台相关政策,鼓励、支持、培育省内有条件的大中型建筑企业以特定形式进行兼并重组,成立江苏建设工程"联合航母"型企业,避免"单打独斗"式参与大型国际工程项目的竞争,让更多的江苏企业在竞争发展中逐步具有国际经营管理模式、自主知识产权、知名品牌、行业领袖地位和国际竞争力;鼓励设计、咨询、施工、安装、监理以及建筑材料、装备制造等企业打造产业链联合体,通过统一协调,形成合力,发展国际工程承包与对外产业投资相结合的业务。

5. 成立"一带一路"推进工作领导小组

"一带一路"战略的实施,开启了我国改革开放的新征程,将对国际格局和国内发展产生深远影响。省住房和城乡建设厅可与省商务厅联合成立江苏省建设工程企业"一带一路"推进工作领导小组,直接对接省政府及有关厅局、国家有关部委,进一步加大江苏企业与央企的合作力度,促进江苏企业更多参与"一带一路"基础设施和重要产业项目的投资建设,并从省级层面调动一切积极因素,重点推动我省比较有优势的房屋建筑、交通建设、矿山建设、水泥加工和装备制造等行业企业与金融机构合作,以 BOT、PPP 和 EPC 等多种形式开展境外基础设施和重要产业项目的投资建设,并支持我省企业参与"一带一路"及周边国家互联互通、非洲"三大网络"及拉美地区重大基础设施投资建设,把省政府《关于抢抓"一带一路"建设机遇进一步做好境外投资工作的意见》真正落到实处。

(二)发挥企业市场竞争主体的作用

1. 不断加大投入力度,奠定对外承包工程发展基础

一是要熟悉对外承包工程法规政策及国际通行承包方式。企业要确定专门人员或成立专门部门,系统学习和掌握我国对外承包工程系列法规和政策,客观评估自身实际状况,认清和研究企业是否具备、如何具备对外承包工程的条

件和能力。企业在开展对外承包工程业务时，要增强贯彻落实相关法规政策的自觉性和主动性，坚持对照国家和省级层面关于对外承包工程质量安全管理、劳务管理、设备材料管理、资金管理、税收管理等要求，及时发现和解决问题。企业可在了解国际承包工程市场形势和竞争特点的基础上，结合本单位或其他单位境外在建工程具体实施情况，一方面尽快熟悉国际工程管理领域包括EPC/T（设计采购施工/交钥匙）、DB（设计建造）、BOT（建设运营转让）、BOOT（建设运营拥有转让）、PFI（私人融资）、PPP（公私合作）等承包模式及相关法规；另一方面尽快熟悉对外承包工程国际惯例——国际工程师联合会（中国工程咨询协会1996年正式加入）制定的、全球业内公认并广泛应用的FIDIC条款三种模式，即土木工程施工合同条件的"红皮书"、电气与机械工程合同条件的"黄皮书"、设计—建造和交钥匙工程合同条件的"桔皮书"，把FIDIC条款作为企业在对外承包工程领域开展业务时的重要指南，从源头和基础管理上开启对外承包工程事业的良好势头。要对目标国的承包商资质管理模式有所了解，做到不盲目介入。各国政府都对承包商进行必要的管理，尤其是对于政府采购工程项目，审查的主要内容为承包商的人力资源情况、资金情况和诚信记录。企业要积极创造条件，争取在项目目标国通过各种形式获得承包资质注册或许可，取得参与当地工程竞争的"入场券"。

二是要掌握具体国别和地区的政治、经济及人文等环境。要紧跟国家外交外经战略，及时把握我国与其他国家双多边关系的大势、"一带一路"沿线国家的政策导向，发挥企业市场竞争主体的作用，应时而动、顺势而为；要积极参加商务部门组织的国别和地区投资环境培训交流会等活动，或通过其他途径对承包工程所在国潜在的政治风险（包括政变、社会治安、土地问题等）、经济风险（包括外汇汇率、物价等）和涉及进出口、资金、劳务的法律法规进行专题研判和评估；通过我国驻外使领馆、已在当地的中国企业及当地有关部门和企业，充分了解和分析当地工程材料市场行情、技术风险、商务及公共关系风险，提出预防和规避风险的对策措施。要加强与国内外有关政府部门、国际非政府组织的沟通和对话，以在重大问题上得到认同或得到有益调整；也要注重与当地工会、商会、基金会等组织的联系沟通，正面回应各类问题，勇于承担应有责任，做好媒体公关功课，敢于融入当地文化氛围，与当地社会建立起开放互动、共享互信、多赢互惠的发展大平台。

2. 加强国际化规划，走好"劳务—分包—总包"之路

企业要围绕自身战略发展目标，注重国际化发展规划的研究和制定，不断推动市场的国际化、管理体系的国际化、企业文化的国际化和人才集聚的国际计划延伸；要在国际化经营顶层设计上推动企业开展对外承包工程业务，积极

稳妥地提升海外各种资源配置的比例，适度把优质资源优先向国际业务配置。

企业要围绕供给侧结构性改革和转型升级需求，立足自身比较优势，借助各种平台和机会，努力与在境外成功发展的央企等企业建立长期有效的联络机制，坚持与央企等企业的主导产业、技术及管理优势、发展战略紧密结合，集中资源和力量学习和借鉴经营管理，借助其较强的资信实力和境外营销实力，拓宽对外承包工程合作领域和信息来源渠道。与央企等企业合作境外业务，既可从做劳务分包开始，也可从做专业施工分包开始，积累经验，扩大影响，努力发展到施工总承包、工程总承包、项目总承包，并向综合承包商、运营商乃至投资开发商转变，最终实现企业国际竞争力的扩展和强化。

3. 坚持属地化发展，集聚"人才·技术·资金"优势

属地化是实现企业在所在国长期稳定发展的重要手段，企业要尽早开展境外本土化、区域化、专业化布局，逐步优先使用所在国的资源，即尽量多地使用当地劳务人员和材料设备，倡导员工平等，培训当地员工，努力建设和谐的雇佣关系，用当地货币结算工程款、材料款和人员工资，培养一批能够支撑企业在当地发展的技术人才队伍，并可在当地开展材料、宾馆、旅游、农业等领域的投资性工作，集聚在境外市场的"人才—技术—资金"综合优势。

在集聚人才优势方面，企业既要重视在建境外项目引进和使用人才，也要在无境外项目的空档期继续培养和留住具有国际化相关知识、技能和信息的外籍人士、海外华侨华人以及留学生。企业要建立、完善内部劳务派遣激励机制和服务体系，包括提供医疗和养老保险等；要与国内劳务大省、劳务大县及境外当地劳务公司建立密切合作发展机制，提高劳务引进与输出的市场开发能力和抗风险能力。

在集聚技术优势方面，企业要认识到在国际承包工程市场能否掌握国际标准的制定权，能否占有技术优势，已成为衡量一国实力、一企实力的重要指标。要针对使用的技术规范既有国际认可的标准和规范，也有工程所在国的技术标准和规范的情况，把熟悉国外的技术规范和施工要求作为项目管理骨干人员必须掌握的知识和能力；要积极参与制定、修订工程建设施工技术标准、产品标准，并与其他企业实现技术共享，推动行业技术发展；要与国外的商会、业主以及相关组织交流，创造条件参加欧美等发达国家发起的技术标准化活动。

在集聚资金优势方面，企业要加强融资能力建设，掌握和利用国家对于海外承包工程和投资的各类金融支持政策；注重做好项目前期的融资可行性分析，必要时从融资的角度选择和策划项目；要通过上市、兼并、联合、重组等方式增强企业实力，全方位拓宽融资渠道；尝试投保境外工程承包类信用保险，降低收汇和融资风险；要学会利用、善于利用跨国经营的国际性银行、保险公司等国际金融机构资源，如花旗银行、渣打银行、汇丰银行等外资银行，达信、AON等保险经纪公司，MIGA等国际或区域性的多边担保机构。

4. 重视汇率风险管理，解决境外资金保值增值问题

企业要从两个方面重视汇率风险管理工作，一方面要加快综合型公司集团的改组，拓宽服务边界，完善包括董事会、风险管理委员会、总经理、风险管理部门、内部审计部门、其他职能部门及各业务单元的风险管理组织结构；另一方面要运用好加强现金管理、加强应收账款管理等多种内部方法，运用好使用货币远期、使用货币期权、使用货币互换和外汇掉期、购买汇率风险保险等外部金融工具应对汇率风险。

企业在实践中可通过在合同中订立保值条款、以当地货币计价的合同尽可能分包给当地分包商、选择有利的计价货币、提前或推迟结汇时间、软硬货币搭配使用等方法，抵消汇率变化的影响。针对因外汇管制造成项目闲置资金、经营利润回流难度加大等情况，企业要加强资金集中管理，减少国家银行账户数量，充分利用国际银行高效的电子银行系统，实施统收统支或现金集合库等方式，以达到资金聚而不死、风险最小的效果，并使内部资金相互调节余缺，减少累积在银行的资金。此外，企业要弄清楚哪些境外所得税税款不得回国抵免；要防止错缴或被错征境外所得税等原因而不能回国抵免税款；要主动加强与境内外税务部门的沟通联系，利用税收协定等政策保护自身权益。

（三）建立行业信息平台，提升咨询服务能力

1. 完善江苏对外承包工程企业信息资源

目前，江苏对外承包工程企业的各类信息主要来自于商务部、省商务厅的有关统计资料，涉及范围较小，无法全面及时反映全省对外承包工程状况，已不适应形势发展需要。省住房和城乡建设厅需建立专门的对外承包工程企业信息平台，收录（登记）企业在境外承包工程情况，并及时汇总研究和总结分析；同时利用该信息平台，让企业准确了解相关国家的招商、投资、政策法律、承包工程、劳务合作等方面信息，加强政府部门与企业、企业与企业之间的良性互动，不断提高全省对外承包工程工作水平。

省商务厅、省住房和城乡建设厅可建立助推企业"走出去"发展的常态化合作协商机制，发挥商务部门熟悉对外承包工程业务、建设管理部门知晓工程建设企业发展质态等优势，各有侧重，为企业顺利走出国门、加快融入境外市场提供精准服务。

2. 增强行业协会商会"双向服务"功能

全省对外承包工程类协会商会有两家，一是省建筑行业协会建设工程对外

承包商分会（原省建设工程承包商协会），二是省进出口商会对外承包工程分会。在省住建厅建筑市场监管处、省商务厅对外投资和经济合作处的指导下，两家协会商会应加强交流合作，加强与中国对外承包工程商会的联系沟通，为政府、为企业做好对外承包工程方面的服务工作。根据江苏对外承包工程业务不断增长的情况，可单独成立江苏省对外承包工程商会，可具体对接中国对外承包工程商会，致力于对外承包工程和劳务合作，起到政策宣传、监督管理、专业培训、对外交流、搭建政企沟通平台、提供信息服务等作用，推动企业实现资源、信息共享，维护行业正常经营秩序，不断增强国际竞争力和抗风险能力。具体需在以下几个方面下功夫：

（1）开展对外承包工程业务培训。定期、不定期组织或协助政府部门组织关于我国对外承包工程综合性政策、监管政策、促进政策及服务保障措施等方面的培训活动，引导、指导企业开展对外承包工程业务；为企业提供国际承包工程市场的最新资讯，其中要重点推出承包模式和合同模式的典型案例介绍、市场实证分析，帮助企业培养一批中高级国际工程管理专家。

（2）发挥央企的带动作用。提倡和鼓励央企等大企业带动地方龙头骨干企业"走出去"发展，充分利用地方企业劳务用工及专业施工等方面的资源和优势，实现央企与地方企业协同发展、融合发展。可借用央企与地方企业在省内联合承建工程项目的有利条件，牵线央企与地方企业签署战略合作框架协议，充分开展项目交流与信息合作，带动更多优质企业和高端劳务走向境外市场。

（3）加强行业自律和调节功能。针对企业在海外"缺乏合作、恶性竞争"等问题，引导企业采用微利、提高质量、改善服务等非价格竞争方式提高市场占有率，在竞争的同时更应重视与国内企业及国际企业合作，实现互惠互利发展；对企业在拿到项目后，为降低成本而偷工减料、降低工程质量，损害中国企业在海外市场整体形象的经营管理行为，及时采取必要措施进行提醒和纠正。要提倡和鼓励企业要从长远发展考虑，坚持从提升企业发展质态的基础做起，加快转型升级，向立体化、多元化产业发展，坚持比较优势，避免在境外与国内企业的同质化竞争，努力形成差异化竞争和一体化的发展路子；要坚持"有所为，有所不为"的策略，抑制急于求成的冲动，从无序的价格战向以业主为中心、积极创新、提升产品质量和价值的方式转变，实现正规化、科学化经营管理，用更广泛的合作来代替恶性竞争，构建利益关联和生态联盟，实现从企业到行业的良性发展。

（4）引导企业融入国际市场。要引导企业正视自身在总承包能力、资金实力和市场经验积累等各个方面的不足，提升学习能力、整合能力和创新能力，即通过企业管理的精细化、专业化、标准化，调整自身，尽快与国际接轨；注重加大与"一带一路"沿线国家华侨、华商企业合作力度、整合资源。要充分利用已经"走出去"的企业所形成的人脉资源和网络，联合相关企业构建"走出去战略联盟"，共同开展对外承包工程业务。在与央企合作国内工程项目的基础上，创造条件跟随央企"走出去"发展，加快适应央企对外经营管理需要，加快融入当地经济社会发展。

3. 培育国际工程咨询服务性企业或机构

《国务院办公厅关于促进建筑业持续健康发展的意见》（国办发〔2017〕19号）指出，要"培育全过程工程咨询"。中国工程咨询协会的相关资料表明，尽管全国工程咨询服务企业（机构）2016年近1.5万家，平均年营业收入约1亿元，但其中国际工程咨询业务量占比很小，总体发展水平与欧美国家还有很大差距。而江苏工程咨询服务企业国际工程业务量占比更小，难以为对外承包工程企业拓展国际市场提供及时有效的服务。因此，要尽快把国务院关于"支持投资咨询、勘察、设计、监理、招标代理、造价等企业联合经营、并购重组，积极培育一批全过程工程咨询服务企业"的文件精神落到实处，在江苏省内建立多家规模较大的综合性工程咨询服务企业，从国内业务做起并向国内与国际业务并重转变，由工程前期服务为主向项目全生命周期服务转变，逐步做大做专在国内有权威、在国际有影响的工程咨询服务产业。

如何防范法律风险是对外承包工程企业需要咨询的重要内容。尤其是在参与"一带一路"建设时涉及的国家众多，企业自身难以全面掌握沿线国家法律体系和识别法律风险，建议由政府部门或行业协会牵头，整合社会资源，组建国际工程法律服务机构，将研究涉外法律的教授、仲裁员、律师、法官以及具有丰富国际工程经验的承包商管理人员吸纳进来，加强沿线国家法律体系、法律环境研究，定期形成研究报告，为承包商了解"一带一路"沿线国家法律环境和法律风险提供最直观的指引；定期组织FIDIC合同及国际工程法律风险识别、防控培训，提高企业国际工程法律风险识别及防控能力，了解项目所在国的政治、法律环境，提高识别和管控合同陷阱及法律风险的能力，了解和熟知国际工程索赔和反索赔的流程。

政府部门或行业协会也可推动组建国际工程法律咨询专家库。引导企业从专家库中聘请专业的国际工程律师或索赔师，增强应对国际工程法律风险、纠纷和索赔、反索赔的能力，减少合同及法律风险，通过索赔、反索赔增加效益。对一些特殊和敏感地区，充分考虑工程所面临的政治风险，帮助企业通过保险等手段分散政治风险，并重视与相关国际机构的合作：第一，我国于1988年加入了MIGA（多边投资担保机构），与其业务协作关系日益密切，现阶段MIGA对于防范国际工程承包政治风险的作用重大，是我国企业防范政治风险的最有效工具之一；第二，积极利用为落实《华盛顿公约》精神而成立的"解决投资争议国际中心"建立起来的争端解决机制，其为各缔约国和其他缔约国的国民之间产生的投资争端提供了调解和仲裁便利的常设国际机构。该中心成立以来，逐渐受到各国的广泛重视和接受，其裁决在所有缔约国都能得到及时有效承认。

总之，在新的国际政治经济形势下，在我国"一带一路"战略已经有效启动并深入推进的有利环境下，已经取得对外承包工程业务不俗业绩和一定经验的江苏建设工程企业，必须准确判断和把握新的市场机遇，克服困难，创造条件，大力发展"一带一路"沿线国家对外承包工程业务，持续拓展中东欧、亚洲、非洲、拉美地区及欧美等发达国家的承包工程市场，加快转型升级，加强国际合作，提升技术和管理理念，实现国际承包工程高端市场的大突破、大发展。

（薛乐群　江苏省建筑行业协会副会长兼建设工程对外承包商分会会长；纪迅　江苏省建筑行业协会常务副会长；汪士和　原江苏省建筑市场管理协会会长；仇天青　江苏省建筑工程集团有限公司总裁；赵虹宇　江苏省商务厅外经处副处长；徐金保　原江苏省建筑市场管理协会副秘书长；殷会玲　江苏省建筑行业协会建筑产业现代化工作委员会副秘书长；何纪平　江苏省建筑行业协会建设工程对外承包商分会秘书长）

关于我省建筑产业现代化发展的调研报告

纪 迅 刘 涛 王静平 赵铁松 胡云辉 殷会玲

为更好助推我省建筑产业现代化发展，2018年5月至8月，省建筑行业协会会同省住建厅产业办组成调研组，先后到常州、盐城、泰州、淮安等地学习考察，听取了市产业办情况汇报，实地考察了建筑产业化生产基地和实施项目。通过调研，我们加深了对建筑产业化内涵的理解。建筑产业现代化的实质是以绿色发展理念为指导，以现代化管理为支撑，以信息化为手段，以新型建筑工业化为核心，对建筑的全产业链进行技术创新、改造和升级，实现传统生产方式向现代工业化生产方式转变，从而全面提升建筑工程的质量、效率和效益。建筑产业现代化不等于装配式建筑，它包含绿色建造，装配式建造，数字建造，智能建造。绿色建造是建筑产业现代化的发展方向和基础，我们根本目的就是要在建筑领域实施可持续发展战略，推进节能环保，建设绿色建筑产品；装配式建造是实施绿色施工、绿色建造最好的途径和方法，是建筑领域生产方式的根本变革；数字建造是引领建筑业从传统走向现代的重要举措，"互联网+建筑"以及BIM技术在建筑领域的运用，使建筑业的管理水平和科技集成上了一个新台阶；智能建造是"以人为本"理念在建筑领域的深化，是信息技术在建筑领域更高层次的发展。正是基于这样的理念，我们对全省建筑产业现代化的现状进行调研，分析了存在的问题，提出了对策和建议。

一、江苏建筑产业现代化进入了快速发展时期

近年来，我省积极贯彻落实国务院、住房城乡建设部推进建筑产业现代化发展的相关文件要求和总体工作部署，坚持"政府引导、市场主导""因地制宜、分类指导""系统构建、联动推进""示范先行、重点突破"四大原则，统筹推进绿色建筑、装配式建筑和成品住房"三位一体"融合联动发展，通过建立政策体系，健全工作机制，完善技术标准体系，开展试点示范创建，培育市场主体，我省建筑产业现代化发展取得了显著成效。主要有以下几个方面：

（一）各级政府加强了对建筑产业化的领导和扶持力度

一是建立了工作机制。 省政府建立了由 15 个部门组成的建筑产业现代化推进工作联席会议制度，分管副省长任召集人，联席会议办公室设在省住房和城乡建设厅。联席会议定期召开会议，研究部署工作。各设区市和示范县（市、区）也都建立了推进机制，明确了牵头部门和配合部门。省每年向各设区市下达装配式建筑和成品住房目标任务，建立月汇报、季调度、年度总结的工作制度，加强日常检查指导，压实市县责任。

二是加大了政策和资金的扶持力度。 省政府先后印发了《关于加快推进建筑产业现代化 促进建筑产业转型升级的意见》（苏政发〔2014〕111 号）《省政府关于促进建筑业改革发展的意见》（苏政发〔2017〕151 号），明确了发展建筑产业现代化的总体要求、重点任务和保障措施。省住房和城乡建设厅围绕建筑产业现代化发展规划、装配式建筑计价定额、规划引导、招投标、人才实训和推广应用"三板"等工作，制定印发了一系列政策文件，并将建筑产业现代化相关要求纳入了人居环境奖评选指标。各设区市和示范县（市、区）也先后出台了发展建筑产业现代化的指导意见，明确了扶持措施和优惠政策。2015 年以来，省财政先后安排 5.5 亿元，支持 12 个省级建筑产业现代化示范城市、102 个省级建筑产业现代化示范基地、7 个人才实训基地、40 个示范工程项目建设。发布了第一批全省建筑产业现代化设计、施工、监理和部品生产企业名录。2017 年，在有关市政府和相关企业的共同努力下，江苏还创建了 3 个国家装配式建筑示范城市、20 个国家装配式建筑产业基地。

（二）建筑产业现代化有序推进

建筑产业现代化包括绿色建造、装配式建造、数字建造和智能建造。

江苏绿色建筑发展始终走在全国前列，绿色建筑标识项目数量多年来一直位居全国之首。截至 2017 年底，江苏绿色建筑建筑标识项目 1985 个，面积 20458 万平方米，占全国的 20%。2015 年以来，江苏省政府每年拿出 2 亿元资金，对绿色建筑星级项目进行补助，一星补助每平方米 15 元，二星 20 元，三星 25 元。

江苏装配式建筑无论是项目还是生产基地都在快速发展。截至 2017 年底，全省新开工装配式建筑面积累计达到 2106 万 m^2（2015 年 360 万 m^2，2016 年 608 万 m^2，2017 年 1138 万 m^2），2017 年全省落实装配式建筑面积超过 3000 万 m^2，占全国的比例超过 23%。

装配式基地更是爆发性增长，从 2017 年初的 54 个发展到今天的 160 多个，绝大部分市县都有装配式生产基地，有的一个县有三个，如仪征等地。随着装配式项目的增多，"三板"需求越来越大，很多建筑、建材、房地产企业都建设了新的装配式生产基地。**一是一些老牌装配式企业开辟了新的生产基地。**如中南集团、龙兴建设、南京大地、南京旭建等。**二是央企和外省装配式企业大量涌进。**中建科技、三一重工、中民筑友、远大住工、上海研砼、深圳有利华、杭萧钢构等企业都到江苏设点建厂。**三是一批有实力的企业开展了装配式生产基地建设。**如锦宸、邗建、安宜、华江、南通四建、徐州工润、盐城金贸、中煤百甲等等。有的企业建设多个基地，如瑞至通企业在苏州、南京各建了一个基地。最多的是中兴建设，在省内建了6个基地，省外建了6个基地。这些情况，导致装配式建筑快速增长。

江苏的数字建造和智能建造也有了长足的发展。随着信息技术在工程建设领域的运用，特别是BIM技术应用的不断深化，使标准化管理和数字建造成为可能。所谓"数字建造"，就是推动工程建设向信息化、集成化、智能化发展，来实现建造全过程的精细化管理。数字建造的主要方式是通过BIM技术对设计图纸进行优化设计和深化设计。优化设计即通过建筑三维信息模型，把土建、安装、装饰工程在电脑中进行合成，合成过程中找到不合理部分，并进行优化修改。通过优化设计改变了传统在实际施工中发现问题，然后回到设计院修改的状况，减少了材料浪费和窝工。其次是深化设计，即把优化设计好的图纸与时间、进度、材料以及所需工人班组相结合，什么时间需要什么样的建筑材料，什么样的建筑工人都进行了设计安排，真正做到施工现场"零距离沟通，零现场堆放，零交接窝工，零质量缺陷，零安全事故，零进度障碍"。在进行深化设计时，对施工中需要用哪些工法、新工艺、材料都做了具体安排。数字建造的实施使科学技术在工程应用迈上新台阶，现在江苏很多特级、一级企业都建了BIM中心，加强对数字建造的运用和推广。2018年，省财政也是第一次对使用BIM技术的项目进行补助。

智能建造包括智慧工地和智慧家居。智慧工地主要通过信息技术和感应技术，使工地智能化。如塔吊的防碰撞，临边洞口的自动报警等，使工地更安全，更加以人为本。2018年江苏省安监总站全省推广智慧工地建设，智慧家居建设也在积极探索之中。

（三）初步形成有关建筑产业现代化法律法规，标准体系和考核办法

江苏省人大2015年通过《绿色建筑发展条例》，是全国各省、市、自治区第一个为建筑产业现代化立法的省份。南京大地集团1998年引进法国的装配式混凝土结构体系，经过实践和改进，2000年被建设部颁布为国家标准。省住

房和城乡建设厅还制定了《装配式混凝土结构验收规程》以及《装配式混凝土结构工程造价标准》。2017年，国家也颁布了装配式钢结构、木结构、混凝土结构的标准，为绿色建筑、装配式建筑的设计、施工提供了依据。

江苏还制定了建筑产业现代化示范城市，示范基地（包括装配式基地），示范项目（包括BIM技术示范项目）考核办法。有力推进绿色建造、装配式建造和数字建造的发展。

（四）建筑产业现代化促进了建筑业机制体制和科技创新

一是催生了一批新型建筑企业。过去江苏企业设计的只顾设计，施工的只顾施工，设计与施工脱节。建筑产业现代化要求设计施工必须一体化，无论是绿色建筑、装配式建筑、还是数字建造。都必须以设计为龙头整合工程项目全过程。这样促成了设计施工一体化企业的诞生。从江苏的现状来看，大多数是建筑企业收购设计企业，变为设计施工一体化企业，但也有一部分是设计企业，建筑材料企业延伸到建筑领域，如长江都市设计院承担了浦口装配式工程的设计与施工，南京旭建承担了江宁装配式项目的设计、材料供应和施工。现在这样的企业全省有300多家。为江苏开展工程总承包，推动行业转型发展打下了很好的基础。

二是建筑产业现代化促进了产学研的联动发展。建筑产业现代化是一个新生事物，绿色建造、装配式建造、数字建造和智慧建造有许多新的课题需要我们研究。我省先后立项66个建筑产业现代化技术课题，组织东南大学、江苏大学、扬州大学等高等院校、科研院所和相关企业开展建筑产业现代化关键技术研发攻关，形成了一批科研成果。2017年，两项装配式建筑研究成果获得江苏省科技进步一等奖。先后组织开展22部建筑产业现代化地方标准的编制，目前已经完成7部。省内相关企事业单位在多年项目实践的基础上，参与编制了多部建筑产业现代化国家标准和行业标准，为我省推进建筑产业现代化提供了有力支撑。

三是促进了质量安全监管方式的变革。建筑产业现代化，特别是装配式建筑，对质量安全监管提出了新的要求。江苏是通过建筑产业现代化创新联盟会员单位承诺和行业自律，首先是对装配式基地进行验收。其次是由省质监站认定35家检测机构对出厂的部品部件进行检测，确保部品部件合格出厂，第三是制定装配式建筑验收规程，加强竣工验收。让老百姓住上放心房。第四是建立质量追溯系统，部品部件是谁生产的，房屋是谁装配建造的，谁验收的，以完善工程质量终身责任制。

（五）积极开展建筑产业现代化的技术交流和人才培养

近年来，省建筑产业现代化办公室和科技发展中心组织编制了建筑产业现代化培训教材，先后面向市县主管部门管理人员和相关企业技术人员组织了高级研修班、技术交流会、专题培训班等形式的培训、观摩、交流活动。2017年在住建厅领导指导下，建立了省建筑产业现代化创新联盟，组织会员单位加强技术交流、强化行业自律。先后在泰州召开了装配式建筑经验交流暨现场观摩会，在徐州召开了装配式基地建设经验交流会。并以大地集团生产基地和项目现场，开展了建筑产业现代化工人的培训。根据厅人事教育处的安排，拟在13个省辖市建立培训基地。今年培训10000人。

二、存在问题

我省建筑产业现代化发展水平虽然取得了一些成绩，走在了全国前列，但与省政府要求还有一些距离，发展中也存在一些亟须解决的问题。

一是装配式建筑的优势没有充分发挥出来。目前装配式建筑建造成本高于传统建造方式，建造效率提升不明显。一方面由于设计方案未优化导致构件种类多，模具摊销大；另一方面由于未采用工程总承包模式，增加了深化设计费用，工程管理效率较低，没有加强统筹协调；此外由于"三板"普遍推广前期，市场处于观望状态，以至于短期内预制构件出现供不应求，影响工程进度的情况。

二是专业技术和管理人员，尤其是一线产业工人比较缺乏。首先，部分生产和现场装配的工艺流程应由产业工人来完成，传统建筑业中的农民工还无法胜任。其次，按照建筑工业化方式建设的项目管理是一种全新的管理方式，现行项目经理的知识结构、管理理念、专业能力都需要重新培训方能适用。再者，各类PC构件模具拆分、设计等专业科技人员相对缺乏，亟须统筹协调，投入必要的人力财力，以实现设计深度符合工厂化生产、装配化施工的要求。

三是质量安全管控体系尚未建立。一是缺少系统性的装配式建筑监管体制和机制；二是管理碎片化，出台的各类规定都是应急性的或者启动性的，还不能形成完整有效的监管体系；三是缺少技术规程规范时，无法报建，检测机构无法抽检，质监无法验收；四是由于勘察、设计、施工、构件生产等环节被肢解，无法形成系统的全过程监管，监理对工厂生产监督无法可依，出现监管盲区；五是信息化技术没有充分应用，无法实现建筑全寿命期质量追溯。

三、对策建议

针对我省建筑产业现代化发展面临的形式和问题，调研组通过认真梳理分析研究，借鉴国内外成功经验和做法，提出以下建议：

一是健全政策措施。 督促各地严格执行在土地出让、规划许可与容积率奖励、施工图审查、提前预售等环节的激励引导政策。指导各地进一步细化对 2 万 m^2 以上的新建医院、宾馆、办公建筑，以及 $5000m^2$ 以上的学校、商品住宅、保障性住房中的装配式建筑和成品住房面积比例要求。同时，推动尚未出台建筑产业现代化指导意见的县（市、区）抓紧出台，力争实现全省市县全覆盖。

二是完善推进机制。 进一步发挥省建筑产业现代化推进工作联席会议及其办公室的职能作用，定期召开工作推进会和联络员会议，加强对市县的督促检查和监测评价，并对工作滞后的地区开展督查。各地要将建筑产业现代化工作纳入地方政府绩效考核体系，进一步健全协同推进机制，细化工作措施，强化责任落实，推动项目落地。

三是加强市场培育。 加大集成应用、研发设计、装备制造方面的龙头企业培育力度，发布《江苏省建筑产业现代化企业名录》，向社会推荐优质企业、先进技术和产品。以产业聚集区为载体，构建分工合理、特色突出、优势互补的产业发展格局，推动装配式建筑研发设计、构件部品生产、装备制造、绿色建材、运输物流等全产业链融合发展，打造一批以优势企业为核心、贯通上下游产业链条的产业集群。研究建立预制部品部件质量管理制度和装配式建筑全过程质量跟踪和责任追溯制度。

四是强化技术支撑。 继续组织开展装配式建筑技术体系和部品部件生产、装配化装修、工程质量快速检测等方面关键技术的研发和标准（图集）编制工作。鼓励企业编制装配式建筑行业团体标准和企业标准。做好《建筑模数协调标准》《装配式建筑评价标准》等国家和行业标准宣贯工作。指导设计单位提高标准化程度，提升装配式建筑设计水平，降低建造成本。

五是加强质量安全管控。 研究制定加强装配式建筑质量安全管理、开展装配式部品部件生产驻厂（场）监理工作的指导意见；研究建立建筑材料（含装配式建筑部品部件）的认证和备案管理制度，探索建立装配式建筑质量管理体系；研发装配式建筑产业信息服务平台，强化装配式建筑工程全过程质量追溯，实现设计、生产、建造、运维全过程管理信息共享；做好装配式建筑项目的绿色建筑评价和住宅性能认定工作，全面提升建筑质量和性能，推进第三方评价认证结果采信并完善推广应用机制。

六是大力培养人才。以满足企业急需、提升技术和技能水平为主线，系统化组织开展人才实训。完成教材编制，加大工厂、工地实操培训力度。完善高校、职业院校、企业、培训基地等多种形式的人才实训体系，充分发挥协会、产业联盟等社会团体的作用，为企业和技术人员、技术工人提供多样化、规模化、低收费的培训机会。

（纪迅　江苏省建筑行业协会常务副会长；刘涛　省住建厅建筑节能与科研设计处副处长；王静平　江苏省建筑行业协会副秘书长，赵铁松　副秘书长兼质量安全部主任；胡云辉　省住建厅产业现代化办公室主任科员；殷会玲　江苏省建筑行业协会建筑产业现代化工作委员会副秘书长）

南京大地建设集团装配式建筑发展情况调研报告

伍贻安 于 春 庞 涛 钟晓云

一、开展企业装配式建筑发展情况调研的背景

2016年李克强总理在《政府工作报告》中提出大力发展装配式建筑，把大力发展装配式建筑提高到推动产业结构调整升级高度。中发〔2016〕6号文《中共中央国务院关于进一步加强城市规划建设管理工作的若干意见》提出计划用10年时间，装配式建筑比例达到30%。住房城乡建设部《住房城乡建设事业"十三五"规划纲要》指出积极扩大装配式建筑应用规模，明确重点应用区域，提高应用比例。

2017年11月，江苏省政府下发《关于促进建筑业改革发展的意见》（简称《意见》），《意见》贯彻了党的十九大精神，顺应了建筑业改革发展的方向，针对当前建筑业发展面临的突出问题，呼应了建筑业企业提出的热切期盼。围绕深化建筑业"放管服"改革、促进建筑产业转型升级、提升工程质量品质、打造"江苏建造"品牌等方面共提出了20条具体措施。《意见》制订了装配式建筑、绿色建筑和成品住房比例，至2020年，全省装配式建筑占新建建筑面积比例达30%。对装配式建筑预制部品部件生产企业，纳入工程建设监管范围，符合政策规定的可申请享受新型墙体材料增值税税收优惠；取得新型墙体材料认定证书的，可申请节能减排专项引导资金资助。

2017年2月14日，江苏省住房和城乡建设厅、江苏省发展和改革委员会、江苏省经济和信息化委员会、江苏省环境保护厅、江苏省质量技术监督局等五部门联合印发了《关于在新建建筑中加快推广应用预制内外墙板预制楼梯板预制楼板的通知》，江苏成为全国第一个针对"三板"出台推广应用政策的省份。

二、大地建设集团装配式建筑发展情况

(一) 公司概况

南京大地建设集团有限责任公司（以下简称"大地建设"）始建于1953年，前身为南京第二建筑工程公司，1992年按建设部的要求进行了股份制改造，2004年按照南京市委、市政府的统一部署再一次进行了产权制度改革。

公司具有建筑工程施工总承包特级、建筑行业甲级设计资质；市政公用工程、机电安装等总承包一级与多项专业承包一级资质；1996年公司在建筑行业内率先通过了质量、环境、职业健康管理体系认证；1997年取得对外经营权、2004年被商务部授予对外援助成套项目施工企业资格；2012年取得新加坡HDB（建屋发展局）颁发的最高等级资质——A1级资质。

大地建设先后荣获各项省级以上荣誉近五百项，近三年获得的省级以上荣誉主要有"中国服务业500强企业"、"全国建筑业最具竞争力百强企业"、"中国建研院CABR杯华夏建设科学技术奖"、"江苏省综合实力百强企业"、"江苏省竞争力百强企业"等荣誉称号；所建工程除获一批"金陵杯"和"扬子杯"以外，还获得了十一项鲁班奖（国家优质工程奖），公司承建的雨花台烈士陵园被评为"建国六十周年精品暨经典工程"。

大地建设借助装配式建筑发展春天，放大公司多年来在这方面的优势，通过创新驱动和集约集成能力的提高，彻底完成传统建筑业向现代建筑业的转变，并积极向附加值更高的产业拓展，形成下一阶段企业可持续发展的源泉。

(二) 大地建设推进装配式建筑发展历程

大地建设在业内率先投资建成了国内第一条世构体系生产线。20世纪90年代大地建设便开始尝试装配式建筑结构体系产品的生产。于1998年与法国KPI集团合作成立合资公司，从法国引进"预制预应力混凝土装配整体式框架结构体系"（简称"世构体系"）的设计、生产、施工安装成套技术。该体系的设备和大型模具均从法国进口，包括2套柱生产线（1套4根，长14m/根）；2套梁生产线（1套2条，长72m/条）；2套板生产线（长78m、宽2.5m/套）；集下料、震动、平整为一体的程控自动播料机；预应力整体张拉设备等。世构体系核心技术是采用预制钢筋混凝土柱、预制预应力混凝土叠合梁、板，通过钢筋混凝土后浇部分将梁、板、柱及键槽节点连成整体的新型框架结构体系。

2007年，大地建设为了加速推进建筑工业化发展进程，成立"南京大地建设新型建筑材料有限公司"，同时在江宁购置土地兴建"大地工业园"，专业从事建筑工业化产品的研发与生产。大地工业园是集预制房屋构件、市政基础设

施预制构配件、具有新型环保特性的装饰构件等三大类上百个品种的新型建筑材料生产基地，基地建成后，在市场推广上调整策略，采取了部品推广先行的营销策略。叠合楼板、预制楼梯、预制阳台、预制天沟、地铁管片、过街通道顶管、雨污分流预制沉井等得到运用。

2013年大地工业园被住建部认定为国家住宅产业化基地。

2015年通过与东南大学和江苏省建筑设计研究院等科研院校合作，共同对"世构体系"在工程中的应用进行了研究，其研究成果《世构体系成套技术在工程中的应用研究》通过了江苏省建设厅组织的鉴定。鉴定认为：世构体系经过理论研究和工程实践，形成了适合我国国情的一套完整的技术体系。并在抗震设计、节点构造、施工安装等方面有所创新。与现浇框架相比，可显著降低梁、板结构高度，节省工程结构造价10%以上。此后又借鉴新加坡政府组屋的技术体系，研发了适合住宅建筑的"预制剪力墙结构体系"，形成框架与剪力墙两个完整的具有自主知识产权的结构体系，并进行全方位的试验、检测，获得了认定，解决了技术的可靠性。

2017年，围绕现代建筑业主业，大地建设购置并加紧建设江北新的工业化生产基地，重新整合原大地新建材公司，成立了"南京大地建设科技有限责任公司"专注装配式建筑产品的生产制造。2016年大地建设集团又在此基础上进一步整合资源，重组设立全资子公司"南京大地建设科技有限责任公司"，成为大地建设集团统筹装配式建筑产品与技术综合服务业务平台。同年作为南京市浦口区重大投资项目，又在南京江北新区兴建一座现代化预制房屋构件研发生产基地"大地江北工业园"。2017年被住建部认定为第一批"国家装配式建筑产业基地"。2018年正式挂牌江苏省装配式建筑实训基地。

（三）大地建设现有装配式建筑体系及部品部件种类

1. 世构体系

全称"预制预应力混凝土装配整体式框架结构技术"，就是采用现浇或预制钢筋混凝土柱，预制预应力混凝土叠合梁、板，通过钢筋混凝土后浇部分将梁、板、柱及键槽节点连成整体的新型框架结构体系。世构体系独特的键槽式节点是该体系的关键技术，键槽式梁柱节点将现浇或预制钢筋混凝土柱、预制预应力混凝土叠合梁、板等构件通过设置在梁端的键槽节点连成整体，形成框架结构。

2. 竖向钢筋集中约束浆锚连接剪力墙体系

竖向钢筋集中约束浆锚连接装配整体式剪力墙结构体系是将下层预制剪力墙顶端的竖向插筋集束，伸入上层预制剪力墙下部的外加螺旋箍预埋波纹管内，采用压力注浆机将水泥基灌浆料从注浆口注入波纹管内，使集束钢筋可靠地锚固在波纹管内，形成剪力墙结构体系。该剪力墙节点连接方式——集中约束浆锚连接在国内属首创。相对于通过逐根竖向钢筋浆锚连接的预制剪力墙，采用钢筋集中约束连接方式，安装更为便捷、可靠。该结构体系适用高层住宅。

3. 装配式房屋预制构件种类

预制柱、预制叠合梁、预制预应力叠合梁、预制预应力叠合板、预制剪力墙板、预制阳台、预制楼梯、预制外墙板。

4. 市政类预制构件种类

地铁管片、人行过街地下通道矩形管节、装配式混凝土综合管廊、装配式通讯基站、预制马路牙、各种形式预制排水沟。

5. 外墙饰面砖系列产品

外墙饰面砖系列产品基本类型共有15大类，108种小类，产品常年远销日本、非洲和东南亚地区及国内广大地区。

以上各类房屋预制构件年产能300万 m^2（建筑面积）；地铁盾构管片年产能30公里；预制地下人行通道顶管年产能10条地下通道；预制混凝土沉井年产能100座；外墙饰面砖系列产品年产能100万 m^2。

大地建设生产的房屋类装配式建筑部品部件已成功应用于800多万 m^2 的各类建筑上。大地工业园和大地主导的装配式项目观摩现场接待来自全国各地的行业领导及建筑业企业参观、考察、经验交流共计200多批次，在国内已具有较高的知名度和影响力。

（四）大地建设推进装配式建筑发展的主要做法

1. 坚持科技创新引领装配式建筑发展

2004年，大地建设通过与东南大学和江苏省建筑设计研究院等科研院校合作，共同对"世构体系"在工程中的应用进行了研究，其科研课题《世构体系成套技术在工程中的应用》通过江苏省科技厅、建设厅组织的专家鉴定，研究成果达到国际先进水平。该课题同时荣获2006年度南京市科学技术进步二等奖。

2010年由大地建设主编的行业标准《预制预应力混凝土装配整体式框架结构技术规程》JGJ 224—2010正式发布，弥补了当时行业内的空白。

2011年9月24日，大地建设主导参与的"基于节能保温的预制装配整体式结构体系的建筑工业化集成创新研究"项目进行验收，验收委员会认为：结构体系以及内外新型保温墙体构件全部或部分采用工业化生产方式，节点连接质量可靠，工程观感质量好，提高了建筑物的整体品质和工业化程度，降低工程造价，缩短施工工期，满足环保高效、节能减排的要求，具有显著的技术经济效益和社会效益。新型结构体系适合我国国情，符合建筑工业化发展方向，对推动我国建筑工业化、建筑业转型升级和可持续发展具有重要的示范作用，研究成果总体达到国际先进水平。该项研究也获得了2013年度江苏省科学进步一等奖。

2014年12月，大地建设和东南大学、江苏省建筑设计研究院、南京市建筑工程质量监督站共同组成课题组，共同研究的"建筑工业化的工程质量检测技术及监督模式研究"课题，经江苏省住建厅组织专家鉴定，认为：课题研究达到国内领先水平。基于试点工程所编制的《竖向钢筋集中约束浆锚连接装配整体式剪力墙结构安装施工工法》和《竖向钢筋集中约束浆锚连接装配整体式剪力墙板生产工法》工法被批准为2014年江苏省省级工法。

由江苏省住建厅组织的《江苏省工程建设标准解读汇编》工作于2014年10月份定稿印刷。其中《预制预应力混凝土装配整体式框架技术规程标准解读》由大地建设负责编写。

2015年10月10日，受住房城乡建设部委托，江苏省住建厅组织，叶可明院士等专家组成的验收委员会，对由大地建设和东南大学共同研究的《预制预应力混凝土装配整体式框架剪力墙结构体系研究》这一部级课题进行了验收，验收委员会认为：成果属国内首创，达到国际先进水平，一致同意验收。该课题顺利验收进一步奠定了大地建设在国内建筑产业现代化领域的领先地位。

2015年6月，大地建设被评为第一批"江苏省建筑产业现代化示范基地"，获得了150万元专项引导资金。同期，大地建设开发的万成地块工业厂房，被评为第一批"江苏省建筑产业现代化示范项目"，获得了200万元专项引导资金。

2017年，大地建设研究的"基于世构体系的BIM应用研发"和"装配式混凝土技术在移动通讯交换机房中的研发与应用"两项课题获得了"2017年度南京市市级建筑产业现代化专项引导资金补助项目"。同年，大地建设和安居集团参与了由南京市质监站、安监站牵头的南京市《装配式建筑工程施工质量安全监督管理研究》。

大地建设自推进装配式建筑发展以来共主编了一项国家行业标准，获得9项国家专利（其中发明专利2项），主持编写了国家级工法五项。南京大地建设集团新型建筑材料有限公司获得了"江苏省民营科技型企业"的命名；文化石等三个产品获得省高新技术产品证书。

2. 加强产学研合作促进装配式建筑发展

面对国家经济与行业发展新常态，大地建设以科技创新为转型发展的第一动力，促进科研成果不断刷新。持续加强外引内联，与东大、南京工业大学等高校，江苏省建筑科学研究院等科研机构，南京市建筑设计研究院、长江都市建筑设计院、江苏省邮电规划设计院等设计院所，签署战略合作协议，加强产、学、研战略合作，携手共同推进专业人才培养及建筑工业化的长远发展。借助他们的优势，培育自身的队伍和科技进步能力，一系列的成果成功发布。

2017 年以来大地建设相继成立了 BIM 中心、建筑设计总院和绿色建筑设计院，引进一大批专业人才，协助各级主管部门开展了围绕装配式建筑的一系列的科研工作，以科技进步推动主业的发展。

3. 以装配式建筑发展带动商业模式的创新

大地建设坚持以创新商业模式为抓手，将推进建筑产业现代化作为企业转型升级的核心内容，通过整合上下游资源成功突破了传统施工建设模式。

（1）经营模式创新

在国家大力推进装配式建筑的今天，大地建设在为业主提供装配式构件产品的同时带动了一批施工总承包订单的承接。同时，为了进一步适应国内装配式建筑产业快速发展的形势，大地建设推出产业联合创新经营模式，以输出品牌、输出技术、输出管理以及参与投资的方式，逐步引导更多企业有序进入装配式建筑市场。大地建设提出这样一种经营模式，正好和行业、政府、用户的需求高度的契合。这种布局所带来的影响一方面是企业规模、市场效应和品牌知名度的扩大，同时对大地建设的资源和基础管理平台也是一种挑战，这也更加促进公司进一步提升各项管理水平，为实现"裂变"做好充分准备。

（2）生产模式创新

经过近二十年的积淀，大地建设已具备发展建筑产业现代化四个方面的能力：一是设计研发能力，二是部品部件的制造能力，三是专业化安装和建造能力，四是 BIM 协同技术应用能力。"预制装配式建筑一体化解决方案"就是大地建设总结多年装配式工程实践经验而得出的一体化技术集合。该方案将策划、设计（深化设计）、生产到施工、安装全过程贯穿形成完整的产业系统，为客户提供"菜单式"定式方案。

（3）作业模式创新

随着大地建设推进装配式建筑的发展，作业模式实现了由劳动密集向技术密集型转变。解决了传统建筑业长期发展中遭遇的劳动力短缺、劳动成本过高、人为因素导致的工程质量问题。原来传统的施工人员从施工现场进驻生产工厂，通过系统的培训实践提升了生产技术，成了专业的建筑产业技术工人，不仅使他们享受更好的工作环境和社会福利条件，还大大提升建筑产品的质量和安全系数。

三、装配式建筑发展存在的问题

（一）设计单位的服务方式没有创新

目前设计单位普遍是按照现浇方式进行方案设计，再由专业的深化设计企业按照装配式建筑的要求进行拆分，或者将深化设计交由总承包或构件生产企业进行设计分包。即使是拥有装配式建筑全过程设计能力的单位和具有工程总承包能力的企业，也是先按现浇方式进行方案设计，再由内部从事装配化深化设计团队，或者自有的构件加工单位进行拆分。由于方案设计没有考虑到以后构件的生产和安装施工，通过深化设计拆分出来构件，往往是个性化的定制产品。深化设计单位需要对每一种构件进行深化图绘制，构件生产企业再对每种构件进行模具设计、钢筋翻样。这不仅导致构件产能大打折扣、生产成本激增、劳动生产率低下，也平添了深化设计的额外费用，造成社会资源浪费。

（二）成本因素制约发展进程

构件的工厂化生产势必增加土地、厂房、设备折旧，以及模具、仓储、运输等建造成本。而装配式建筑市场规模尚不充分，标准化程度不高、设计与生产环节联系不紧密、施工队伍技术不成熟等因素，造成装配式建筑的比较优势难以发挥。如果开发商过分强调个性化，一味增加装配式建筑模具成本，丧失装配式建筑标准化、集约化的优势。虽然各种优惠、补贴措施可以有效弥补增加的成本，使 PC 装配式建筑综合比较传统技术成本，总体上可以做到基本持平甚至略有优势。但这是完全靠政策扶持的，这些政策措施作为"扶上马送一程"的制度设计毕竟不是长久之计，最终还是要靠 PC 技术不断优化才能发展。

（三）人力资源瓶颈亟待突破

目前从事过装配式建筑研究、设计、制作、安装的专业人才很少，难以满足装配式建筑发展的需要。特别是以农民工为主体的技术工人，未经过转型培训，难以适应构件生产和安装施工需要。

（四）构件生产行业管理有待健全

构件生产资质取消以后，采用备案制的市场准入管理，由行业协会组成产业联盟，实行自律管理。由于构件生产企业快速发展，行业管理难度加大。低价中标也影响着行业的技术进步和产品品质；标准化程度低，模具摊销成本高、人工成本高，造成构件生产成本居高不下，长期维持微利经营，长此下去对行业的健康发展产生较大影响。

四、推动装配式建筑进一步发展的建议

（一）加大政策引导力度，完善行政监管

一是完善与装配式建筑相适应制度措施，明确界定各方主体的责任，强化设计、构件生产、施工等环节的监管，保障建造质量；二是奖励措施应当向技术创新、采用标准化构件的项目倾斜，建立深化设计评审、完善审图标准，减少建设单位随意性，推进装配式建筑的标准化进程。

（二）提高标准化水平，减低工程造价

一是设计单位创新服务模式，形成装配式建筑整体设计能力，充分考虑构件生产和安装施工的需要；二是在政府起主导作用的保障房强制采用标准化、模数化、系列化的建筑构件，提高构建加工企业的生产效率，降低制造成本。

（三）推行工程总承包，以利建设项目顺利实施

装配式建筑的实施不但需要完整、健全的产业链，更需要项目实施者具有建筑设计、构件生产、安装施工全过程的协调能力。采用设计—采购（制造）—施工一体化、投资—开发—建造一体化的方式，有利于装配式建筑项目各个环节的协调配合，提高建设效率、降低建造成本，体现装配式建筑的综合优势；设计单位增强对构件生产、施工安装全过程的沟通和服务能力，也能对装配式建设项目顺利实施起到促进作用。

（四）普及装配式建筑知识，开展从业人员转型培训

从业人员的转型培训是推广装配式建筑的基础。一是开展推行装配式建筑政策和标准、规范宣贯，增进产学研合作和行业经验交流；二是将装配式建筑知识列入高校的专业课程；三是在执业资格考试和继续教育中增加装配式建筑的内容；四是开展企业管理人员的岗位培训和技术工人的技能培训，补充装配式建筑的相关知识。

（伍贻安 江苏省建筑行业协会副会长、南京大地建设集团有限责任公司董事长；于春 南京大地建设集团有限责任公司副董事长、副总裁，庞涛 总工程师，钟晓云 人力资源副总监）

江苏"建筑之乡"转型发展的探索与研究

江苏省建筑行业协会建筑之乡发展研究会

江苏是全国建筑大省，素有"建筑铁军""建筑之乡"美称。早在2009年，江苏建筑业总产值达到10582.88亿元，成为全国第一个建筑业总产值突破万亿元的省份。2012年，全省建筑业企业营业额突破两万亿元，达到20833.48亿元；2016年，全省建筑业企业营业总额突破3万亿元，达到31310.3亿元，建筑业利税总额达到2276亿元，从事建筑活动的平均人数逾850万人，建筑业增加值达到4173.7亿元，占全省GDP比重为5.5%，建筑业继续为推动全省经济发展、社会和谐稳定、扩大城乡就业做出了重大贡献。

20多年来，江苏建筑业持续高速发展，成为全国名副其实的建筑强省，是与江苏全省各级政府历来重视"建筑之乡"改革发展，"建筑之乡"坚持创新发展、转型发展分不开的。在中国特色社会主义进入新时代，建筑业供给侧结构性改革进入新阶段，总结和研究"建筑之乡"发展，是促进"建筑之乡"和全省建筑业做强做优、向高质量发展的一项重要课题。

一、江苏"建筑之乡"的发展历史及现状

（一）"建筑之乡"+"建筑强县（市、区）"

1985年3月5日，中共中央政治局委员、全国人大常委会委员长彭真视察山东省桓台县，听取了桓台县建筑业的悠久历史和发展现状的汇报，回京后亲笔为桓台县题写了"建筑之乡"四个字，揭开了"建筑之乡"新的一页。

1990年10月，江苏省政府省长陈焕友为"建筑之乡"题词，拉开了江苏"建筑之乡"评选工作序幕。1990年12月、1992年1月、1995年10月，省政府先后分三批共命名21个县（市）为"建筑之乡"。1992年5月12日江苏省建筑之乡发展研究会成立并在溧阳召开第一次会议。"建筑之乡"的命名为各县（市）建筑业的不断发展壮大起到积极的推动作用。2007年2月，省政府开始命名"建筑强市""建筑强县（市、区）"。在"建筑强市（县、区）""建筑之乡"的带动下，全省区域建筑经济得到迅速发展。2011年9月，中国建筑业协会召开全国建筑劳务管理经验交流会暨"建筑之乡"联谊会，会议讨论通过了《全

国"建筑之乡"联谊会组织办法》,并对"中国建筑之乡"命名工作提出了意见和建议。省建筑行业协会建筑之乡发展研究会(原名为江苏省建筑之乡发展研究会)积极组织全省"建筑强县(市、区)"申报"中国建筑之乡"。2011年12月,海安被命名为江苏省第一个、全国第七个"中国建筑之乡"。截至2018年6月,江苏全省共有海安、通州、江都、江宁、高淳、溧阳、海门、宜兴、如东、如皋、阜宁、启东、邗江、高邮、昆山、姜堰、泰兴、武进等18个县(市、区)被中国建筑业协会命名为"中国建筑之乡",占了全国34家的一半多,总量全国第一(表1)。

江苏省1990~2011年命名的"建筑之乡"、"建筑强县" 表1

命名时间	建筑之乡	建筑强县(市、区)	建筑强市
1990年12月	泰兴 江都 泰县 启东 海门 南通	—	—
1992年1月	溧阳 邗江 海安 吴县 铜山	—	—
1995年10月	如皋 宜兴 武进 建湖 常熟 阜宁 高淳 丰县 赣榆 靖江	—	—
2007年2月	高淳 江阴 铜山 溧阳 常熟 如东 赣榆 涟水 阜宁 高邮 句容 靖江 泗阳	通州 海门 海安 如皋 启东 姜堰 江都 昆山 泰兴 宜兴(新命名)	南通
2011年4月	常熟 仪征 江阴 吴中 盐都 楚州 赣榆 沛县 宿豫(新命名)	江宁 高淳 如东 武进 邗江 高邮 溧阳 靖江 铜山 阜宁(新增命名)	扬州 泰州 苏州 南京

(二)"建筑之乡"建筑业实现量质齐飞

在各级政府部门、行业协会的大力扶持及广大建筑业企业的积极进取下,全省"建筑之乡"建筑业规模和效益持续攀升,成为各市、县(市、区)实现建筑业量质齐飞的佼佼者。

2017年,南通、扬州、泰州、苏州、南京等5个"建筑强市"的建筑业产值总规模已达21010.74亿元。其中,南通市继续领跑全省,产值规模为7682.92亿元,南京市为3719.26亿元,扬州市为3586.14亿元,泰州市为3368.56亿元,苏州市为2653.86亿元。

各"建筑强县(市、区)""建筑之乡"2017年建筑业主要指标也达到新的历史高位,其中营业收入指标情况如表2所示。

"建筑强县（市、区）""建筑之乡"2017年主要指标表　　表2

序号	县（市区）	营业收入 数值（千元）	序号	县（市、区）	营业收入 数值（千元）
1	海门市	200962020	16	沛县	38754620
2	通州区	183297191	17	阜宁县	38685830
3	海安县	126572500	18	宜兴市	36446236
4	江都区	123268820	19	铜山区	35736539
5	如皋市	111400510	20	淮安区	32377788
6	高邮市	89245843	21	盐都区	30520040
7	启东市	77660875	22	仪征市	28654872
8	姜堰区	74201652	23	武进区	27695991
9	泰兴市	74093697	24	江阴市	27465434
10	江宁区	72784905	25	昆山市	25785309
11	溧阳市	66954406	26	赣榆区	21910326
12	靖江市	62444967	27	吴中区	21553703
13	邗江区	55496217	28	常熟市	15570552
14	如东县	47938839	29	宿豫区	12679635
15	高淳县	39212030			

二、江苏"建筑之乡"的产业地位及作用

经过多年的改革发展，特别是通过机制体制的不断创新和转型升级的不断推进，江苏"建筑之乡"建筑业综合实力显著增强，知名度和影响力得到进一步提升，引领和带动了其他市、县、区建筑业的改革发展，为江苏巩固建筑大省的地位，为江苏构建更高水平的建筑强省奠定了坚实基础。

（一）支撑起全省建筑产业的大半壁江山

2017年，南通、扬州、泰州、南京、苏州等5个"建筑强市"的建筑业，占全省建筑业产值比例的66.92%，全省29个建筑强县、建筑之乡（市、区）占全省建筑业产值73.5%。最新统计还表明，全省特级资质建筑企业现已达到69家，90%以上为"建筑之乡"的企业，共完成产值9152.9亿元，占全省建筑业总产值的29.10%；全省建筑业企业荣获的鲁班奖、国优奖、省级优质工程奖，90%以上为"建筑之乡"企业所创建。"建筑之乡"建筑业产值占了全省建筑产业的大半壁江山，并且长期保持强劲的支撑力和竞争力。

（二）为地方经济社会发展作出重要贡献

"建筑之乡"建筑业发展一方面在城镇化和新农村建设进程中起到了日益显著的作用，为全社会建造了大量住宅，有效地改善了人们的居住条件，提高了居民的生活质量。在通扬泰地区城乡建筑最好的办公楼大多是建筑企业的总部；最漂亮的农村别墅大多是建筑从业人员的家。另一方面，数十年以来一直在增加地方财政收入、扩大社会就业、保持社会稳定等方面发挥着至关重要的作用。

仅以2009年为例，全省列入统计的68个县（市、区）建筑业利税均超亿元，10个"建筑强县（市、区）"，13个"建筑之乡"中有17个超过10亿元，其中通州、海门分别达到33.65亿元和32.72亿元；2016年，全省建筑业利税总额达到2276亿元，其中上缴税金1004.6亿元，相当数量的县（市、区）建筑业成为当地的支柱产业和财政收入的重要来源。比如，通州建筑业2016年实现利税总额达到109亿元，其中区内税收14.75亿元，约占地方税收的27.24%。在海安，建筑业已发展成为名副其实的支柱产业，优势产业、富民产业，形象产业，政府专门将每年农历的正月初十命名为"海安建工节"，以彰显建筑业在海安经济社会发展中的地位和建筑从业人员的突出贡献。去年全省从事建筑活动的平均人数发展到850多万人，其中85%来自农村，农民从建筑业获得的收入约占全省年农民纯收入的28%，部分县（市、区）这一比例超过35%。

三、江苏"建筑之乡"转型发展的成功经验

江苏建筑业历史悠久，自古就多出能工巧匠。改革开放促进了江苏建筑业的腾飞，后以"建筑之乡"为基础，逐步打造了"建筑强县（市、区）"、"建筑强市"、"建筑大省"。近几年来，"建筑之乡"建筑业紧跟国内外经济形势，与时俱进地对仍然存在的结构、体制、素质、资源等矛盾做出进一步的调整，加快转变发展方式、推进产业转型升级，为江苏建筑业真正走向现代化、国际化起到了开路先锋的作用。

（一）政府引导，大力促进行业企业转型发展

在各级政府部门的引导下，江苏"建筑之乡"建筑业较早完成了"政企分开"的改革任务，推动建筑业企业进行了第一、二轮乃至第三、四轮改革改制，激发了企业活力,民营企业成为"建筑之乡"建筑业的主力军。"十二五"以来，

江苏省政府瞄准更高水平的"建筑强省"目标，进一步采取各项措施促进建筑业在新形势下实现转型发展、跨越发展。2011年4月，江苏省政府印发《关于推进建筑业发展率先建成建筑强省的意见》，突出了加快转变发展方式这条主线，要求"优化结构、拓展领域、壮大实力"，推动建筑业在新的起点上实现新跨越。2014年10月，省政府出台了《关于加快推进建筑产业现代化促进建筑产业转型升级的意见》，旨在落实建设资源节约型、环境友好型社会的要求，为促进经济社会与环境协调可持续发展提供重要支撑。2017年11月，省政府为贯彻落实《国务院办公厅关于促进建筑业持续健康发展的意见》国办发（2017）19号文件精神，又制定出台了江苏省政府《关于促进建筑业改革发展的意见》苏政发（2017）151号文件，全力推进新时代江苏建筑业的改革和发展。

各"建筑之乡"政府部门高度重视建筑业发展和转型升级，将其纳入经济社会发展规划和年度工作目标，形成共同推动建筑业发展和建筑强省建设的合力。比如：海安市2016年成为江苏省建筑业产业现代化示范城市，苏中集团和科达建材为省级设计研发类和部品生产类示范基地，苏中集团承建了大量装配式建筑项目，拥有两家甲级设计院，与同济大学开展装配式建筑设计方面的合作；高邮市出台了《关于推进建筑产业现代化发展的实施意见》，围绕规划、行政许可、财政、税费、土地、招投标和监督管理等方面，明确各项具体推进措施。到2017年，"建筑强县（市、区）"建筑产业链得到进一步延伸，企业通过转型发展在房建、基础设施等领域具有了较强的开发、设计、生产、施工、材料、科研等方面的能力和实力，逐步从施工总承包向工程总承包、项目总承包转变；"建筑强县（市、区）"至少建成了1个国家级（省级）建筑产业现代化基地和多个示范项目，培育形成一批具有产业现代化、规模化、专业化水平的建筑业龙头企业。

（二）创新驱动，努力提升行业企业运营质态

一是创新管理机制。在建筑市场诚信建设、招标投标、质量安全管理等方面，全省各级建筑业行政部门加大管理创新力度，在"放管服"上出措施、抓成效。2016年，江苏省住建厅会同江苏省信用办联合发布了《江苏省建筑业企业信用综合评价办法（试行）的补充通知》，优化标准、深化应用，进一步营造公平公正的建筑市场环境。继2013年在全省推行工程电子招标投标、远程异地评标后，江苏省政府2015年修订了《江苏省建设工程招标投标管理办法》，努力实现公平交易和确保建设工期、工程质量，提高投资效益。"建筑强市"苏州市还在全省率先采用联合体招标投标方式，实现江苏建筑业企业在轨道交通领域"零"的突破。针对全省建设工程规模飞速增长、质量安全监管资源日显不

足的问题，江苏在全国率先实行建筑行业安全总监制度，从制度保障上把五方质量终身责任落到实处。

二是创新建筑科技。江苏"建筑之乡"坚持把绿色建筑、节能环保、科技创新作为提振行业发展的助推器，在全国率先实施了《绿色建筑工程施工质量验收规范》，并坚持以信息化带动建筑业现代化，积极推广BIM技术在施工中的应用，大力提升建筑业企业装配式建造能力。常州市建筑业在精益建造、数字建造、绿色建造和装配式建造方面做了有益尝试，许多方面的举措已经走在全国前列，得到住建部有关部门、中国建筑业协会、中国建设报的关注和认可。截至2017年11底，常州率先在全省完成的省级绿色建筑示范区绿色建筑总量已经超过500万平方米，获得绿色建筑运行标识项目10项，规模和数量位居全省前列。

海门市特级资质建筑企业全部建有省级工程技术研究中心，其中，中南集团建有院士工作站，在被动式建筑、NPC技术、PC技术等多个领域居国内领先地位，近50万平方米的昆山中南世纪城21号装配式钢结构住宅作为国家级绿色住宅示范工程项目重点推进。龙信集团组建国家级技术中心，实现建筑设计标准化、部品生产工厂化、现场施工装配化、结构装修一体化、过程管理信息化"五化一体"项目管理，引领住宅产业发展方向，被住房城乡建设部批准为"国家住宅产业化基地"。南通三建拥有江苏省首家国家级被动式超低能耗绿色建筑产业园，其电商平台"筑集采"国内领先，现有供应商超过8000多家，10条EPS模数聚苯板生产线年生产能力达15万 m^3。

（三）品牌效应，不断扩大国内外建筑市场份额

践行"建一项工程，树一座丰碑"的品牌理念，是江苏"建筑之乡"长期以来拓展市场、扩大市场、深耕市场的制胜法宝。无论是各级政府部门和负责人，还是建筑业企业和员工，都以本地区、本单位多创精品工程、多获各类奖项为荣，并积极宣传推广品牌打造的经验和做法，以建造更多的品牌工程，形成了具有较强市场竞争力的品牌效应。1987年以来被授予中国建筑行业工程质量最高奖——鲁班奖荣誉的2000多个建筑物，约10%为江苏"建筑之乡"建筑业企业所承建。2016年，全省建筑业企业共荣获鲁班奖、国家优质工程奖20项，获奖数量继续位于全国前列，在全国各省市获得的其他各类奖项也是硕果累累。"建筑之乡"建筑业对品牌的不懈追求和持续投入，带来的是市场影响力，江苏施工队伍承建的工程项目往往被冠以"放心房""安全房"。2017年，全省建筑业总产值31395.9亿元，约占全国13.1%的市场份额；省外市场完成产值13872.5亿元，继续保持平稳增长。境外市场完成营业额95.3亿美元，同

比增长 4.6%，居全国第五位。

（四）人才支撑，有效打造产业发展第一生产力

江苏"建筑之乡"建筑业人才建设工作一直得到政府有关部门及广大建筑业企业的高度重视，为建筑业持续健康发展提供可贵的人才支撑。在高层次人才队伍建设方面，通过积极实施"六大人才高峰"项目，加快人才资源开发，培养和集聚了具有一定规模、综合实力较强、在国内处于领先地位的高层次人才群体。在 2016 年省"六大人才高峰"项目中，建筑业共有 10 个项目获省委组织部、省人才资源和社会保障厅、省财政厅专项资助，组织申报评审出 19 名"333"人才培养对象，培养对象大部分来自于"建筑之乡"。截至 2017 年 2 月，全省注册建造师总数达到 266000 多人（约占全国总数十分之一），其中通州的建造师人数达 4990 人，数量在全国县（市、区）中名列前茅；全省建筑行业 2016 年参加教育培训人数达到 464700 多人，完成部分岗位继续教育 16000 多人。2016 年，全省建筑行业招收应届大学生近 5 万人，占全省应届大学毕业生总数的 7.2%。"建筑之乡"建筑业企业还通过强化校企合作，加快人才培养，如南通四建成为清华大学流动站，通州建总成为徐州建院等高校实习基地，企业发展有了源源不断的专业后备人才。

（五）龙头带动，加快提高产业整体发展水平

一是"建筑之乡"带动其他县（市、区）建筑业加快发展。"十二五"期间，在"建筑强县（市、区）""建筑之乡"政府部门像抓工业一样重视抓建筑业工作、实现市场现场联动发展的影响下，苏南和苏中地区各市、县（市、区）建筑业保持强劲发展势头，建筑业产值年均保持强劲"建筑强市"南通、南京、扬州、苏州、泰州等 5 市建筑业年产值超千亿元的基础上，常州、徐州、盐城、淮安也相继加入千亿元方阵；全省建筑业营业额超 100 亿元的县（市、区）由 2011 年的 32 个增加到 50 个，超 200 亿元由 15 个增加到 27 个，超 500 亿元的达到 13 个，超千亿元的达到 5 家。"建筑之乡"政府部门助推建筑业"走出去""调优扶强"等方面的举措和经验，为其他市、县（市、区）加快提升本地区建筑业整体发展质量和核心竞争力提供了深刻启发和有效借鉴。

二是"建筑之乡"龙头企业发挥了行业标杆作用。江苏省政府在命名"建筑之乡"的同时，表彰全省建筑业优秀企业。这些"建筑之乡"龙头企业在产权制度改革、管理方式改革、生产方式改革等方面具有实效性和前瞻性，取得了令人瞩目的发展业绩，带来的经济效益和社会效益也令业界刮目相看。龙头企业发挥了标杆作用，在行业内掀起了学比赶超、争先进位的热潮，最终带动

了其他企业在机制体制上的改革创新，在资本运营、产业链延伸、工程总承包等方面的转型发展，促进了全省建筑产业整体发展水平的提升。目前，具有地方代表性、龙头性的特级建筑业企业数量已由"九五"期末的3家增加到69家，全省建筑业企业总产值也已由"九五"期末的2000亿元增加到2017年的31395.9多亿元，其中产值超100亿元企业已由2005年的1家增加到40家，南通三建等6家企业产值均超400亿元。"龙头带动、团队协作、多元齐驱、品牌发展"的海安模式在业界享有很高声誉。

（六）协会助推，切实发挥平台优势和纽带作用

多年来全省各级行业协会，在推进全省建筑业改革与发展等方面发挥了桥梁和纽带作用。各建筑强市、建筑强县（市、区）的行业协会组织健全，贴近行业实际做好各项服务工作，引导行业改革，助推行业发展。江苏省建筑行业协会"建筑之乡"发展研究会（原称江苏省"建筑之乡"发展研究会，2016年改为现名）一直以来把促进"建筑之乡"改革发展作为重要工作来抓，加大人力、财力等各项投入，发挥了协会服务"建筑之乡"的平台优势和纽带作用。主要体现在四个方面：一是每年组织召开一次年会、一次半年工作座谈会，省建管部门主要负责人、"建筑之乡"建筑业分管领导、部分龙头企业负责人等交流工作经验及思路；二是围绕"建筑之乡"改革发展的难点热点问题，做好专题交流研讨工作，为行业企业提供决策参考意见；三是牵头组织人员考察省内外建筑市场，做好对外交流工作；四是积极组织全省"建筑之乡"参加"中国建筑之乡"交流和评比等各项活动，促进建筑业加快"走出去"步伐；五是利用报刊、网络等平台做好宣传工作，总结推广经验和做法，扩大"建筑之乡"的知名度和影响力。建筑之乡发展研究会，现已发展成为在全国独具特色的江苏建筑业发达地区相互学习、研讨、交流的专业平台。

四、江苏省"建筑之乡"未来五年的发展路径初探

江苏建筑之乡的形成、发展和壮大，是顺应铁军精神、深圳速度和江苏建造的必然产物，在近半个世纪江苏建筑业的发展过程中一直发挥着排头兵的作用，在全省乃至全国取得了骄人的业绩。但在新的形势下，面对新时代提出的高质量发展新要求，如何确立行业发展新理念，形成行业发展新方式，培育行业发展新动力，用思想"变道"推动发展超车。这是全省"建筑之乡"政府主管部门、行业协会和广大企业必须高度重视的问题。全省建筑之乡要着力打造高质量发展的动力源泉，实施六轮行动，实现六大转变。

（一）坚持以改革创新为驱动，实现由传统建造方式向现代建造方式转变

党的十八大以来，提出了创新、协调、绿色、开放、共享的发展理念，《省政府关于加快推进建筑产业现代化促进建筑产业转型升级的若干意见》和《江苏省绿色建筑发展条例》，要求按照建设环境友好型、资源节约型转变，以科技进步和技术创新为动力，坚持做到"五大转变"，逐步实现"四个现代化"即：建筑产业现代化、管控手段现代化、施工方式现代化、职工队伍建设现代化。特别是《江苏建造2025行动纲要》的颁布和实施，提出江苏建筑业今后一段时期工程建造方式，要向精细化、信息化、绿色化、工业化"四化"融合方向发展，大力推动精益建造、数字建造、绿色建造、装配式建造四种新型建造方式，逐步在房屋建筑和市政基础设施工程等重点领域推广应用，吹响了向建筑产业现代化进军的号角。这是一场转变工程建造方式的重大革命，是告别传统建造方式的行动宣誓，是把过去的"漫步爬坡"、"弯道超车"直接变为"换道超车"。要想实现产业现代化，必须解决人的现代化，用人的现代化统领产业现代化。用思想"变道"推动发展"超车"。一是要加大对四种建造方式的普及宣传力度。以"四化"融合为核心的四种建造方式，不仅是一场建造方式的革命，更是一场对传统习惯和思想的革命，要利用各种机会，采取多样化的方法，在全行业进行科学知识的普及和重大意义的教育宣传，让全行业的人员认识到四种建造方式不仅是大势所趋，而是势在必行，没有退路可走。二是要科学建立四种建造方式的标准体系，严格用标准化指导行业开展四种建造方式的建造，节约成本，减少浪费，提高质量，赢得客户，拓展市场，让广大企业和员工，尽快尝到四种建造方式带来的快乐和喜悦。三是要迅速建立四种建造方式的培训体系（基地），要深入研究四种建造方式各自的个性和共性特点，开展好有针对性、成效性的培训；要建立起各级、各类像传统建筑业培训机构那样的全覆盖培训网络。要深入挖掘并迅速培养人才，组织专家，编著四种建造方式的培训材料。四是要高层次地建立四种建造方式的技术支撑和专家评估体系，要站在高质量发展的新起点上，培养好一批能够担当建筑业高质量发展的新铁军。

（二）坚持以绿色管理为带动，实现由粗放式管理向精细化管理转变

绿色管理是指针对绿色施工、绿色建造、绿色建筑的全过程管理理念与方法。过去的建筑业粗放式发展突出，是由一系列粗放式管理造成的。现在党中央把绿色发展作为基本国策提出来。随着建筑施工人员的年龄越来越老年化，资源和环境的约束越来越大，绿色建造的要求越来越严格，特别是"低碳经济"、"可持续发展"已成为国际共识，欧美发达国家已将绿色环保纳入市场准入标

准的考核指标。美国建造者和承包商协会推出的绿色承包商认证，其评价内容不仅包括承包商承建 LEED 情况，还涵盖承包商绿色建造与企业绿色管理情况。这些无形中形成的绿色壁垒，给我国建筑企业的国际化造成了很大影响，使我国建筑业企业在争夺国际市场时面临更大的压力和挑战。因此，坚持绿色管理，推行绿色建造，建造绿色建筑产品，提升建筑企业绿色建造能力，是打破发达国家绿色贸易壁垒，使我国建筑业与国际接轨，进入国际市场、赢得国际竞争的必要条件。一是要建立有效的绿色管理激励机制，严格考核制度，鼓励业主推进绿色建造的行为，要求承包商对绿色建筑负重要责任，有利于质量责任的明晰。二是要以推行工程总承包为抓手，鼓励龙头建筑与工程设计企业做优做强，积极扶持大量专业特色鲜明的专业企业提升专业能力，做专做精做细做实。三是要构建绿色建造专业人才队伍，促使施工设计图设计向施工总承包方移位，工程承包方应逐步储备区域规划、工程项目设计和施工、物业运营等各类专业技术人才，形成工程项目施工图绿色设计和绿色施工的人才队伍。四是要深入研究绿色建造技术，强化总承包企业的设计能力，提高集约化的绿色管理能力，特别是施工图纸设计能力，使绿色建造得以有效实施。五是要加强设计与施工双重能力培养，造就管理和技术复合型人才，创造一种人才成长的环境和培训机制，促使专业技术人员设计能力与施工能力的协同发展，造就技术与管理、设计与施工都在行的复合型人才，通过绿色管理带动和推进绿色建造的全面实现。

（三）坚持以诚信建设为联动，实现由国内市场为主向国内外市场的统筹转变

自 2012 年初，我省根据住建部的要求，在全省启动"三合一"评价系统，即："数据一个库，监督一张网，管理一条线"，已建成全省建筑市场监理信用平台，正式出台了《江苏省项目监理机构工作评价标准》、《江苏省建筑企业信用综合评价办法》等一系列企业诚信建设文件，特别强调，诚信体系建设，不但是推动建筑市场科学发展的有效规则，更是企业高质量发展的可靠保证。随着国家"一带一路"战略的实施和有效推动，我省越来越多的建筑施工企业，从走出省外到走向国外。诚信，不仅是一个企业走进市场的名片和通行证，更是代表中国走进国际市场的名片和通行证，它不仅代表了企业的形象，更代表了国家的形象。坚持以诚信建设为联动，是我省建筑施工企业实现由国内市场为主向国际市场进军的绿色通行证。诚实守信，履约履信，既是一个企业的道德行为，也是一个企业的法律行为，更是一个企业的行为基石（底线）。一是要进一步深化企业内部改革，建立健全股权流转机制，完善法人治理结构。二是要用心

打造诚信文化,每个企业从董事长到员工要深入进行诚信教育,要使大家明白守信就是守约,守约就是守法。每个施工企业要积极打造好"四个度"即:企业与员工之间双向的忠诚度,企业与合作伙伴的诚信度,企业在行业内正能量的知名度,企业对终端客户的满意度。三是要科学构建诚信体系,借鉴学习国内外的优秀企业诚信建设的做法和经验。企业要从实际出发,有针对性地制定诚信手册,规范诚信行为,让守信者一路绿灯,失信者处处受限。真正做到违信必纠,违约必罚。四是要大力宣传诚信标兵、诚信典型,营造诚信建设的氛围,丰富诚信文化的内涵,打牢员工对企业的忠诚度,提升企业在社会的美誉度。让诚信文化在员工与员工之间,员工与企业之间,企业与企业之间,企业与社会之间,国内市场与国际市场之间实现良性的联动。

(四)坚持以品牌打造为拉动,实现由量的扩张向量质并举提升转变

品牌建设是引领高质量发展的成功之道。早在 2014 年 5 月,习近平总书记在济南考察时强调:要"推动中国制造向中国创造转变,中国速度向中国质量转变,中国产品向中国品质转变"。现代化市场条件下品牌的内涵有质量、创新、信誉、文化等内容,要成就品牌,一个关键的因素就是提高质量。今年的国家《政府工作报告》明确提出"全面开展质量提升,弘扬工匠精神,来一场中国建造的品质革命"。从一定意义上讲,品牌就是国家名片。自 1992 年以来,江苏建筑之乡就伴随着江苏建筑业的发展和壮大,而闻名全国。至今已发展到如南通市近 8000 亿产值,海门市超过 2000 亿元产值,全省列入统计观察的 64 个县(市、区),建筑业营业额超 200 亿元的达到 37 个,突破千亿元关口的有 5 个。29 个建筑之乡建筑业营业额占全省总产值 73.5%,建筑之乡以其骄人的业绩,成为全省乃至全国的名乡。新时代要有新作为,站在历史新的起点上,我省建筑业要由量的扩张向质的提升转变,从"追求规模数量"向"追求规模数量与质量效益并重"的转变,**从传统的依靠资源投入向投资支撑发展转到依靠科技进步和提高建造者素质支撑发展**,调整产业结构,注重品牌打造,建好优质工程,一方面用品牌工程拓展国内外的建筑市场,满足人民美好生活的需要,提升供给体系质量。另一方面,要通过品牌工程提高管理水平,提升建造者素质,培育工匠精神,培养出一批批工匠式人才,紧紧围绕名乡、名企、名品、名匠,奋力打造好"四名"工程,让名乡出更多的名企,名企出更多的名品,名品出更多的名匠。让"四名"工程成为我省建筑业发展中新时代的新名片、新起点。

(五)坚持以文化引领为互动,实现由重工程建设向同时重视文化建设转变

文化建设是企业发展的软实力和驱动力,不管是过去现在还是未来,都是

企业持续发展的灵魂。企业文化的重要性表现在其具有三个意识，即创新意识、导向意识和发展意识。企业文化具有导向作用，能够引导员工树立正确的价值取向，规范其行为举止，将员工的行为动机引导到企业发展目标上。发展意识即为企业文化能够促进生产经营的有序进行，协调员工之间的矛盾，提高员工合作的凝聚力，促进企业长远发展。企业文化的任务，就是要让员工与企业一起成长、一起奋斗、一起分享企业成功的硕果。树立榜样和典型，带动团队中每个员工有争先创优的拼劲，有相互学习，取长补短的爱心，老匠人要把经得起推敲的成熟技术与经验传承下去，新一代年轻人要把网络化、信息化、现代化的思维方式发展开来，把新老两股力量通过互动，汇聚并融入文化中来，运用到工程建设和企业管理中去。成功的企业文化可以给企业和员工造梦、追梦和圆梦，培育企业和员工的人生观、价值观和世界观，让企业和员工有理想可追求，有目标可攀登。高质量的发展需要有高素质的人才引领，造就高素质的人才团队。为了实现高质量的发展，每一个企业都要牢固树立作品意识，企业主要负责人，只有把自己当作品，才会把员工培育成作品，员工就会把项目当作品。优秀的文化引领，成功的文化互动，不但能增强企业的凝聚力、驱动力，更能激发全体员工内在的潜动力。新经济形态下建筑企业的文化建设要不断创新，注意互动。用文化建设引领工程建设，让工程建设展示文化建设的成果，用优秀的团队建造出一流的优质工程。真正展现出新时代中华民族精神和建筑行业的精神文化，提升中国建造的内涵和品质，树立世界级品牌。

（六）坚持以"三跟服务"为推动，实现行业主管部门领导方式和协会工作方法的转变

思想是行动的先导，作风是行动的保证，前进路上没有思想的破冰，良好作风的保证，就没有行动的突围，更不可能有行动的成功。江苏建筑业企业随着"三走"战略的逐步实施，不但从省内走出省外，从国内走向世界，而且凭借各自的实力和文化，正在坚定决心，走出去，走进去，走上去。作为建筑企业的行政主管部门和行业协会，必须坚定信心，伴随施工企业做好全方位的贴身服务工作，跟出去，跟进去，跟上去。按照党的十九大提出的新时代、新理念、新作为的任务和要求，以《国务院办公厅关于促进建筑业持续健康发展的意见》和《省政府关于促进建筑业持续健康发展的意见》及省住建厅《江苏建造——2025行动纲要》为指导方针，紧紧围绕建筑企业的建筑业转型和高质量发展，实施"六轮行动"，实现"六个转变"，以"发展"为目标，以"研究"为方法，以"调研"为手段，创新"三跟"服务的理念、思路和文化。拓展"三跟"服务的内容、方法和途径；提高"三跟"服务的能力、素质和水平。通过"三跟"

服务，总结提炼推广一批高质量发展的好经验、好模式；研究探索推荐一套高质量发展的好路径、好举措；合力搭建打造一个江苏建筑业发达地区行业主管部门和行业协会相互交流、相互学习、相互促进的高端平台。充分发挥政府的行政推动作用和协会、研究会的协调推动作用，用良好的服务理念、服务作风和服务质量，共同营造有利于建筑业高质量发展的良好环境，为江苏建筑业高质量的发展插上智慧的翅膀。

铁军向前进，经济长一寸，加强组织性，无往而不胜。实施六轮行动，实现六大转变，这是江苏建筑之乡和建筑行业高质量发展的必由之路。我们要积极行动起来，用思想"变道"，推动发展"超车"，就一定能赢得江苏建筑业的更大成就，更大胜利。

常州市建筑工人现状调研报告

芮永昇　朱俊毅　李　婷　恽　波　方沛琪　吕伟利　张　霞　柳叶青

一、背景

改革开放以来，随着我国工业化、城镇化进程加快，越来越多的农村富余劳动力转移到城市（镇）和乡镇企业就业。在这个过程中，形成了一个特殊的社会群体，这就是被称为农民工的我国现代化建设的一支新型劳动大军。他们就业流动性强，有的在农闲季节外出务工、亦工亦农；也有部分长期在城市居住、生活和工作。他们为社会创造了财富，为农村增加了收入，为城乡发展注入了活力，为国家现代化建设做出了重大贡献。据国家统计局的数据，2017年农民工总量达到28652万人，其中在建筑业的农民工为5450万人。建筑业自改革开放近40年来得到了迅猛发展，是我国经济发展的支柱产业之一，建筑工人作为建筑业主体，他们用自己的辛勤劳动，为经济增长与城市建设做出了非凡的贡献。但同时也存在着建筑工人流动性大、老龄化严重、技能素质低、合法权益得不到有效保障、用工市场混乱、企业招工难等问题，这些问题已经严重制约了建筑业可持续发展。当前，建筑业的改革发展步入了一个新阶段，其中一项重要内容就是推进建筑劳务用工制度改革，培育现代化建筑产业工人。十九大报告中提出的"建设知识型、技能型、创新型劳动者大军，弘扬劳模精神和工匠精神，营造劳动光荣的社会风尚和精益求精的敬业风气"，为新时代的产业工人如何发展指明了方向。对建筑业而言，农民工是行业健康、持续发展的基石，是今后一段时期建筑业改革发展的重中之重。2017年10月住房和城乡建设部发布了《关于培育新时期建筑产业工人的指导意见（征求意见稿）》，2018年5月，住建部发布关于征求《建筑工人实名制管理办法（征求意见稿）》，对改革建筑劳务用工制度、培育产业工人、开展建筑工人实名制管理等方面提出了明确的要求，从国家和行业主管部门的一系列政策以及建筑业改革举措的快速落地来看，国家有关部门已经描绘了农民工向产业工人转型发展的蓝图，尽管方向和路径已经清晰，但前进的道路上依然充满了挑战。为了解常州市建筑工人目前的基本现状和农民工向产业工人转化中存在的问题作基础调研，以点带面为企业和有关部门在制定农民工向产业工人转化发展改革措施时有所启发或借鉴。

二、调研组织工作

按照省建协"关于开展常州市建筑工人现状调研活动"的要求，我会成立了"常州市建筑行业建筑工人现状调研组"，制定了调研方案和调研工作计划，编制了"企业和个人"两种调查问卷，从5月初开始，采取集中座谈调研、企业个别交流、工地现场调研、问卷调查相结合的方式，共调研走访21家企业，其中总承包特级2家、一级12家、二级4家，专业承包企业3家，劳务企业2家，有6家企业针对目前我市建筑工人现状分析及相关建议提交书面材料。本次调研共收到企业调查问卷24份，个人调查问卷735份。个人调查问卷中，除了现场组织的235份调查问卷外，由企业自行组织的个人问卷调查中，大部分企业比较认真，由企业总部的质量、安全部门或者负责劳务的人员赴工地进行调研，为减少对工人工作的影响，利用6月公司或项目部组织的"安全生产月"活动进行个人问卷调查。但从回收的调查问卷中我们也发现有个别企业组织的个人问卷调查存在敷衍情况，对于这部分不具有代表性的个人调查问卷，调研组不予以统计。对于回答问题不满20个的个人调查问卷调研组也不予统计，故本次有效的个人调查问卷共计607份。为确保调查问卷的真实性，调研组赴7个工地现场，在企业自行组织的调查问卷中随机抽取了47名工人进行座谈和回访交流，回访情况基本符合要求。

三、建筑工人的基本状况

常州地区目前有在建工地2300多个，从事建筑业一线的工人为9.91万人，其中90%以上都是没有取得城市常住户口的农村外来务工人员即农民工。我们向一线工人发放的调查问卷涵盖了年龄、性别、来源地、文化程度、婚姻与家庭状况、技能状况、培训信息、工种、收入、养老保险、合同签订、劳动保护、生活环境、工作时长、流动信息等30个方面，以便对常州地区建筑工人有一个基本的了解。

（一）建筑工人的性别及年龄结构

在607份有效问卷中，522名为男性，85名为女性。本次调查显示（图1），25岁以下、25～35岁、35～45岁年龄段的群体所占比例分别为3.96%、

10.9%和20.3%，35岁以下的建筑工人不到15%，45岁以上的工人占到了65%以上。这说明建筑工人老龄化十分严重。相对于制造、服务业的工作生活环境，建筑工人的工作生活环境具有完全不同的特征，新生代的农民工不太愿意从事建筑业，从调查的数据看25岁以下工人占不到4%。从工地现场与工人面对面座谈中反馈的信息来看，新生代农民工认为建筑业工作代表脏、乱、累，工作时间长，无固定节假日，社会地位低下，他们宁愿在工厂拿2000～3000元工资，也不愿意进入建筑行业拿高收入。从常州企业座谈及走访中了解到，不仅仅是施工一线工人招工难，目前企业在招聘技术、管理人员也遇到了困难。多个企业反映这两年招聘大学生及职校生遇到了很大的困难，我市一家知名咨询企业去年计划招聘30名应届毕业生，最后签约成功只有3名。另一家施工企业计划招聘25名应届毕业生，在多个院校招聘共有50多人签了意向协议，但真正成功签约只有4名。如何吸引新生代从事建筑行业，是全行业、全社会需要思考和解决的问题。

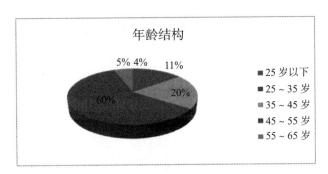

图1　建筑工人年龄结构分析图

（二）受教育程度

建筑工人群体的文化程度普遍不高，抽样调查统计显示初中及以下文化程度的群体比例超过80%。通过比较各个年龄段群体的文化程度，我们发现35岁以下的建筑工的文化程度明显高于35岁以上的群体，新生代建筑工人中高中及以上文化程度的比例达三分之一以上，新生代农民工的受教育水平高于老一代农民工（表1）。

建筑工人的文化程度　　　　　　　　　　　　　　　　表1

学历	小学及以下	初中	高中	中专	技校	大专及以上
人数	117	365	51	35	24	10
比例	19.44%	60.63%	8.47%	5.81%	3.99%	1.66%

（三）家庭结构及婚姻状况

如表 2 所示，已婚的建筑工群体占总体的绝大多数。已婚的建筑工占比 93.51%，未婚仅占 5.82%。在已婚的建筑工人中，其中，家庭人口数在 4 人及以上的占到近 70%，三口之家为 25% 左右。从统计数据来看，多数已婚建筑工人家庭有两个或两个以上的孩子，由父母在家赡养，显示了他们有比较重的家庭负担。同时我们询问了已婚建筑工人的爱人是否也在外打工的情况，已婚建筑工人中，大部分的工人表示爱人在家，或者在老家工厂打工，这种情况与各地区妇女的外出打工传统会有较大的关系。据我们了解，在贵州、云南等山区的省份，已婚妇女仍以在家照顾小孩老人与农业生产为主。而在四川、安徽、江苏等省份，由于农村人均耕地面积偏少，已婚妇女随丈夫一起外出，或者在本地工厂打工。总体来看，大多数成家的建筑工人是家里的经济支柱，需要用打工收入维持整个家庭的运转。

建筑工人婚姻及家庭人口状况　　　　　　表 2

婚姻状况	人数	比例 %	家庭人口	人数	比例 %
未婚	35	5.82	2 人及以下	35	5.82
已婚无子女	42	6.99	3 人	151	25.12
已婚有子女	522	86.52	4 人	206	34.28
其他	4	0.67	5 人及以上	209	34.78

（四）抽样调查工种分布情况

本次抽样调查主要针对一线用工量比较大的木工、砌筑、混凝土、电工、钢筋工等建筑主要用工（图 2），受时间、工种类别较多以及工程施工特点等影响，未能涵盖全面，但也基本反映出用工现状。

（五）劳动合同签订现状

本次调研的数据显示，目前建筑工人的合同签订率普遍较低；从回收的 607 份卷中回答该问题的共有 595 人，其中没有签订的有 305 人，包工头代签的有 113 人，自己签的有 180 人。从图 3 中可以看出，自己签订了劳动合同的只有 30%，大部分是由企业或者是包工头代签的。

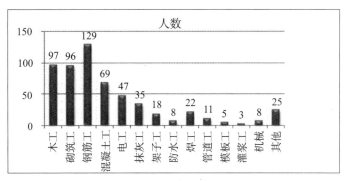

图 2　抽样调查工种分布情况

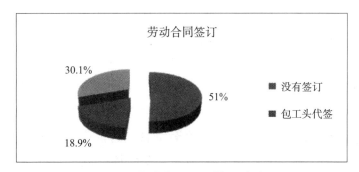

图 3　劳动合同签订情况统计

在不签订劳务合同的原因分析调查中，回答企业不愿意签的有 47 人，合同烦琐、看不懂的有 106 人，觉得自己签了之后不自由的有 85 人，认为签了也没用的有 26 人，没有考虑这件事的有 331 人。从图 4 中可以看出没有考虑要签合同的占了统计人数的一半以上。

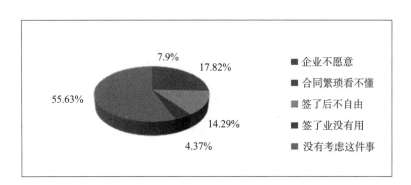

图 4　没有签订合同的原因分布图

劳动合同签约率低的原因有总包单位及劳务分包单位管理混乱等主观因素，但是建筑工人自身保护意识薄弱是其中的主要原因。从数据分析中可以看出工人回答企业不愿意签订的只有8%左右,自身原因的占了92%左右,其原因除了向建筑工人法律宣传不足外,与建筑业用工的特点、及承发包关系密切相关。一是建筑业与制造业、服务业等其他广泛使用农民工的行业不同,目前建筑行业的基本用工形式是总包企业很少有自有工人,工程项目的劳务用工绝大多数是分包给劳务作业企业,而劳务企业出于成本考虑,很少与工人签订长期劳动合同,大量招收的劳务作业工人是以短期用工形式,采取的是以需求工种为基础、班组为单位的包工制管理模式,日常管理、考勤记工、工资发放由带班或包工头负责。总承包企业结算给劳务企业的工程款项,劳务企业按照完成的工作量结算给包工头或班组,包工头或班组按照出勤情况、工程量完成情况发放到个人。二是很多建筑工人不是在工作所在地,而是在老家确立雇佣关系,这种传统的社会关系重口头承诺,轻契约证据。往往工人出门之前,带工人出来的包工头就和他们讲好工价、什么时候发工资,有时候甚至不讲工价,只有一个模糊的承诺。这种约定是口头的,大部分没有书面协议,他的存在完全建立在乡土社会的熟人信任基础上。工人认为给他们发放工资的包工头自然是他们的老板。由此可见建筑工人没有劳动合同并非单个建筑工人法律意识不强的问题,而是一个结构性的问题,需要一个整体的制度解决。

(六)养老保险缴纳现状

据回收的607份有效调查问卷,回答该问题的有603人中,其中没有缴纳的有189人,缴纳的有143人,不清楚要缴纳的有312人。根据我们在工地现场抽样调查中发现,这部分缴纳养老保险的工人大部分是企业的自有职工,劳务公司派遣的工人很少缴纳养老保险(图5)。

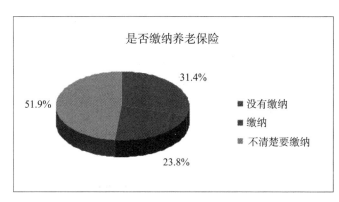

图5 是否缴纳养老保险统计图

养老保险缴纳低原因分析:有农保的有358人(占总调查人数59.47%),

不愿意缴纳的只有15人（占总数的2.49%），不清楚要缴纳的有212人（占总调查人数35.22%），其他方面原因的有17人（占总调查人数2.82%）（图6）。

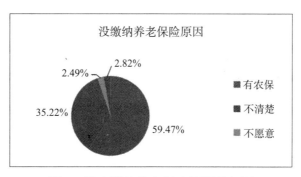

图6　没有缴纳养老保险原因分析图

我们在与企业座谈及工地现场实地调研中了解到养老保险缴纳率低的主要原因是：

1. 现行养老保险有关政策与农民工的特点不相适应

目前我国的企业养老保险以省、市为统筹单位，各省、市对农民工养老保险的缴费基数、比例都不一致；有的建个人账户，有的不建个人账户，建个人账户的规模也不一样；待遇支付办法和标准也不统一，有的年老时一次性支付，有的纳入城镇职工基本养老保险制度框架中。建筑工人以农民工为主体，特点是就业不稳定，流动性大。而按照目前我国企业养老保险金以省为统筹单位的区域统筹政策和只转个人账户，养老金不转统筹金的养老保险关系转移政策，单位和个人参保缴费后，工人在流动时，特别是在不同统筹地区流动时，养老保险关系难以转移和接续。这是建筑工人不愿参保的一个主要原因。

2. 企业为降低成本，赚取更大利润，不为农民工缴纳养老保险费

建筑企业特别是劳务企业之所以大量招用农民工，一个主要原因就是不为农民工缴纳养老保险等社会保险费用，仅此一项就可以使企业的人工成本大大降低，从而降低工程造价，提高其在市场中的竞争力，以获得更大利润。在与企业调研中也反映，目前建筑市场竞争激烈，市场利润空间比较小，企业为项目所有工人缴纳养老保险支出成本比较大。特别是在目前承发包关系中，总包企业认为施工作业是分包给劳务公司，工人是劳务公司派遣，应当由劳务公司负责缴纳社会保险。而劳务公司大量采用的是短期用工形式，劳务企业认为工人流动性比较大，单位缴纳的统筹部分个人也无法得益，且工人也不愿意缴纳，企业缴纳成本比较大。基于这些原因，建筑业企业主动为工人缴纳养老保险等社会保险的积极性不高。

3. 农民工对养老保险制度缺乏认识，参保意识不强

因为宣传力度不够，一些农民工对参加养老保险的意义缺乏了解。再加上绝大部分农民工家住农村，目前我国农村大部分地区都实现了农保政策，他们认为有了农保就可以了，调研数据也显示有近60%的人这样认为。对于在城镇就业个人缴纳的养老保险部分可以转移到农保、城镇养老保险，跨地区就业可以转移等政策了解不多。他们大部分人只想年轻时在外打工能多积攒一些钱，老了以后回乡靠自己年轻时的积蓄、农保和儿女的赡养来养老，没有打算在城市打一辈子工，更不敢想在城市参加养老保险，老了按月领取养老金。

（七）培训情况

企业普遍反映现在工人的技能水平差、老龄化严重、流动性大、安全意识薄弱、管理难度大、未经系统培训就上岗作业等问题。业内普遍对由于建筑业高水平、高技能工人的严重缺失而影响工程质量的现状充满担忧和无奈。座谈中一些企业回忆：在国有企业大量改制的九十年代以前，工人都是正式职工，特别技术工人如木工、瓦工、焊工等都是以师傅带徒弟的形式存在，作为徒弟不仅仅是要眼勤手快、吃苦耐劳学习技术，还要照顾师傅的日常生活，作为徒弟没有2-3年的跟从学习是不能出师单独作业的。这种传、帮、带的模式培育了一大批技术过硬和具备良好传统道德品德的技术工人队伍。在1984年国务院《关于改革建筑业和基本建设管理体制若干问题的暂行规定》中明确提出，国有企业除必需的技术骨干外，原则上不再招收固定职工，这一政策加快了用工制度改革。同年10月，经国务院批准，劳动人事部和城乡建设环境保护部门联合颁布了《国营建筑企业招用农民合同制工人和使用农民建筑队的暂行办法》，固化劳务用工制度被打破，形成了多元化用工方式，用工体制显现出突破，开辟农村劳动力参加城乡建设的途径。由此大量的农村剩余劳动力，以农民合同制工人、组建农民建筑队及以包工头带队的形式进入建筑行业。2001年建设部颁布《建筑业企业资质管理规定》及相关文件，设置了施工总承包、专业分包、劳务分包企业三个层次，提出了劳务分包企业的概念。将建筑劳务人员的合法权益、上岗培训等保障工作全部移交给了劳务企业来承担，让劳务公司代表建筑业农民工，其培训、保障将会增加其相应的成本。这一用工制度诞生了一大批徒有空架子的劳务企业，工人像流水一样来了就走，职业技能培训自然无从谈起。

我们从"是否参加企业岗位培训，多长时间"调研数据（表1-3）可以看出：没有参加的有124人，半天的有98人，1~2天的有246人，3~5天的有70人，5天以上的36人。参加一天及以下培训超过60%，从现场回访中了解到，这些培训时间基本上是从参加公司组织的三级教育或"安全生产月"等系列活

动中累计起来的。经过系统岗位技能培训的工人占很少部分。在调研中了解到建筑行业的农民工大部分人思维比较单一，生活水平也相对较低，使他们对于新鲜事物的求知欲不高，安于现有的生活状况，对于生活质量的要求也不高，进城打工对于他们来讲只是为了赚口饭钱，并没有远大的理想和抱负，简单的体力劳动就能满足他们的需求。从另一方面来讲，现有社会制度下的很多社会福利享受不到，他们本身存在着严重的守旧和自卑心理，也不愿意去接受新鲜的职业培训。即使不存在自卑心理，很多农民工也会考虑到时间的浪费，参加培训需要的交通费等很多开销，而选择放弃参加培训。

从获得岗位技能证书情况统计（表3）可以看出，有62.9%的人没有获得岗位技能证书，初级占32.3%，中级占4.49%。高级占0.52%，这与建设部提出到2025年中级以上建筑工人要达到1000万，按照全国现有5000万建筑工人计算，拥有中级以上技术工人的比例要达到20%以上。到2025年实现拥有中级技能证书的建筑工人1000万的目标任重道远。我们从这部分经过培训且获得初级以上技能证书的人员所从事的工种来分析，属于国家规定的特种作业人员的电工、焊工、架子工、机械操作工占调查总数的21.2%，他们基本上都参加了职业培训，90%以上都取得了初级及以上职业技能证书；防水、管道、注浆等技术含量较高的工种（占3.6%）经过企业或者社会专业机构培训的比例也达到80%以上，但行业用工量最大的木工、砌筑工、钢筋工、抹灰工、油漆工、混凝土工等占调查总数的60%以上，经过系统职业培训不足10%，其取得职业技能的证书不足20%。

参加岗位培训情况及拥有技能证书情况表　　　　表3

是否参加企业岗位培训，多长时间			岗位技能证书		
	人数	比例%		人数	比例%
没有参加	123	21.6	没有	363	62.69
半天	98	17.07	初级	187	32.3
1天	190	33.1	中级	26	4.49
2天	56	9.76	高级	3	0.52
3~5天	70	12.2			
5天以上	36	6.27			

（八）对工地居住环境满意程度

我们在对建筑工人个人调查问卷中设置了对工地环境满意程度问题以及对

工地的宿舍、食堂、洗浴、厕所等居住设施改善建议。据调查 65% 以上是居住在施工现场的集体宿舍，单位提供固定宿舍占 12%，自己租房占 17%。

工地环境满意度调查统计表　　　　　　　　　　表 4

工地环境满意度			需要改善的设施（多选）		
	人数	比例 %		人数	比例 %
不满意	25	4.19	宿舍条件	182	30.1
基本满意	234	39.2	伙食或食堂环境	265	43.8
满意	33	59.61	洗涤设施	335	55.4
			厕所	287	47.5
			其他	25	4.1

从表 4 中可以看出工人对居住环境满意度高达 95% 以上。说明近些年无论是政府主管部门还是企业在加强建筑工地安全文明标准化、绿色施工、生态环保建设等方面取得了长足的进步，特别是我市从 2010 年创建国家文明城市开始，我市建设行政主管部门结合安全文明标准化工地考核、绿色施工考评等措施，工地工人居住的临时设施大幅度改善。现在建筑工地居住环境不再是传统脏、乱、差的代名词。绝大多数企业非常重视工地工人居住环境建设，工人宿舍防火板房加空调是标配，有些工地还专门设置了工人活动中心、集中洗衣房、集中小灶厨房，部分工地还专门设置了夫妻房。但从工人提出需要改善的设施如洗浴设施方面，有 30% 的提出宿舍条件需要改善，有 44% 的人提出要改善食堂环境或者伙食，有 46% 的提出要对厕所卫生状况提出要保持整洁卫生，超过 55% 的人对工地的淋浴设施提出要改善。说明随着生活水平不断提高，工人对居住环境的要求也越来越高，我们在与工人聊天时他们也反映，工人每天工作要在 8～10 个小时以上，劳动强度大，如果没有好的伙食和睡眠很难保障明天的工作，有时候精神不集中还容易发生安全事故。特别是在夏天高温下施工，工人希望回到宿舍后能够痛痛快快洗个热水澡，有些工地即使配备了太阳能热水器，由于用水量大，很难保障每个工人都能洗上热水澡；有些工地食堂伙食单一、口味不适合；部分工地厕所专人打扫频率太低，不能保持经常性整洁；工地无法满足工人业余生活需求等问题。调研发现，一半以上的建筑工人下班后通常待宿舍里睡觉、看电视，其余是出去溜达、串门聊天、打牌。可见建筑工人的业余生活比较单调。大规模的建筑工地一般分布在较偏僻的城

乡接合部，建筑工人的工作生活本身又较封闭。很多工人表示每天十小时的高强度劳动后就没有精力再出去玩了，加上他们没有正常的休假，所以工人的生活基本就是工地、宿舍两点一线。这些问题说明建筑工地在生活设施管理方面加大力度，比如防暑降温、卫生管理和伙食改善等，同时还要关注工人业余生活需求。

（九）劳动保护用品

按照国家行业标准《建筑施工作业劳动保护用品配备及使用标准》（JGJ184-2009）规定：从事建筑施工的企业应当按照标准为从业人员配备相应劳动保护用品，使其免遭或减轻事故伤害或职业危害。调查的数据显示工地发放安全帽96.85%，工作服16.23%，手套63.08%，工作鞋21.36%，安全带19.7%。从数据中可以看出安全帽发放比例超过了90%，仅安全帽成为工地工人防护用品的标准配备，在调研中工人认为企业发放劳动保护用品的比例为96.68%，在回访中工人普遍认为安全帽就是劳动保护用品，对于企业根据规定应当发放的工作服、工作鞋等劳动保护用品基本上认识很少，电工等特种作业人员需要发放绝缘鞋的认识比例比较高，达到70%以上，安全带作为高处作业生命最后防线，发放比例未超过20%，特别是高处作业架子工、木工等安全带发放比例未超过50%。尽管国家有规定，企业有制度，监管部门有日常监管措施，但目前建筑行业对工人个人防护制度落实普遍缺失，其主要原因：一是企业为了追求经济利益，没有按照规定要求为工人配备应有的个人防护用品，有些企业对部分员工发放了工作服，主要是为了企业文化建设的需要，或者参加一些活动提升企业形象，发放对象是企业的正式员工，没有真正落实工人劳动防护的需求。一些企业对高处作业工人发放了安全带，仅仅停留在发放环节，没有从制度上严格落实工人正确佩戴及上岗作业必须使用，这也是近年来伤亡事故中高处坠落居高不下的主要原因之一。二是工人对企业为其配备劳动防护用品的规定不了解、自身的安全防护意识及维权意识薄弱等原因。从数据统计可以看出工人对个人防护用品关注度停留在安全帽上，对其他应发放的防护用品很少关注。有些工人对正确佩戴安全帽、安全带随意性比较大。在2013年、2014年发生的三起高处坠落安全事故，在事故调查中发现公司已经按照规定发放了安全带，工人进入施工现场也随身携带了，但是都没有按照规定佩戴，仅仅放在作业区。在现场询问其他作业工人反映佩戴比较麻烦、影响作业效率、工地现场挂戴设施不全等原因是工人不愿意佩戴安全带作业的主要原因。三是政府监管部门需要加大力度，按照有关法律法规及规范对工人劳动用品的发放及使用进行日常监督。

(十)工人流动性

相较于制造、服务等行业，建筑工人高流动性是建筑业的主要特点，工程建设项目存在施工周期短、专业分工多、阶段性短期用工量大等特点，是造成建筑行业用工分散、流动性大主要原因。一般工人在一个项目上工作时间超过6个月的仅占30%，1个月以下的占了24%。

建筑工人在企业、项目工作时长统计表　　表5

雇佣企业		在一个公司工作时间			在一个项目上多长时间更换项目		
企业类别	人数	比例%	时间	人数	比例%	时间	人数	比例%
总承包	207	35.81	半年内	108	18.52	15天内	33	5.5
专业分包	132	22.84	半年~1年	128	21.96	15~30天	112	18.67
劳务分包	204	35.29	1~3年	195	33.45	1~3个月	139	23.17
其他	35	6.06	3年以上	152	26.07	3~6个月	137	22.83
						6个月以上	178	29.67

建筑木工、钢筋工、砌筑工、抹灰工、架子工等用量大的工种在工地施工周期比较短，工序完成后便转移到另一个工程项目。相对电工、焊工、机械操作工等在一个项目上工作时间较长，这部分工人相对固定在一个项目上。

(十一)工资水平情况

本次调查显示（表6），建筑业农民工月收入水平大多集中在4000~6000元/月的水平，占比68%，4000元/月以下的为20%左右，6000~8000元/月为10%左右，8000元/月的高收入人群很少。工资结算方式计酬制比例高达55%，计件制比例仅占18%，基本工资+计件制方式占24%，这与工种及承发包关系相关，一般情况下电工、焊工、架子工、模板工、管道工、机械操作员等工种工资结算方式是按照出勤工时计算，而砌筑工、抹灰工、钢筋工、装修木工等结算方式比较多样，有些是总包企业按照劳务合同根据完成工作量结算给劳务分包企业，劳务分包抽取管理费用后再按照工作量结算给班组或包工头，班组或包工头结算给个人有些是按照出勤时间结算，有些是按照完成工作量结算，有些是发放基本生活费后，按照出勤工日或者工作量结算。总包企业结算给自由的技术工人一般是按照出勤工日结算，有少量企业按照基本工资+计件+奖金的方式结算。据了解建筑行业基本工资一般在250~280元/天左右，点工 300 元左右，有些技术水平较高装修木工最高可以达到 500 ~ 800 元/天；据调研统计工人每周工作时间平均在 5 ~ 6 天的占 60% 左右，7 天的占 30% 左右。从调研的数据可以看出，建筑行业工人工资平均水平并不像外界所传月收入在万元以上，大部分工人月收入在 4000 ~ 6000 元左右，高收入人群占的比例很少，这部分高收入的工人大都是拥有较高的技能且吃苦耐劳的群体。总体来看建筑工人收入略高于制造及服务行业，但相对于建筑行业的工作环境、劳动强度来看，其收入水平仍然偏低。在工资发放方式方面，用现金的占 62%，银行卡支付的占 37%，而用微信或支付宝等非传统方式支付的不到 1%。我们在调研中了解到，工人还是喜欢用现金支付，他们认为现金拿到手的感觉与其他方式不一样，比较踏实。这与他们的年龄、文化层次及认知能力关系比较大。

建筑工人收入、结算、发放方式情况统计　　　　　　　　　　表6

月收入			工资计算方式			工资发放方式		
元/月	人数	比例%	方式	人数	比例%		人数	比例%
3000 ~ 4000	102	18.35	计件制	102	18.31	银行卡	222	37.06
4000 ~ 5000	203	36.51	计酬制	307	55.12	现金	372	62.1
5000 ~ 6000	175	31.47	基本工资 + 计件	131	23.52	支付宝	2	0.33
6000 ~ 8000	61	10.97	基本工资 + 计件 + 奖金	10	1.8	微信	3	0.5
8000 以上	11	1.98	其他	7	1.26			

（十二）其他方面

我们还对工人的"目前生活上遇到的困难"、"从事建筑施工的时间""从事建筑施工的原因"、"每天工作的时间"等问题作了调研。

生活困难方面：26% 的人选择了家庭生活条件困难，49% 的人选择了子女教育问题，22% 的人选择了住房问题，23% 的人选择了医疗问题，只有 7% 的选择了工友关系，其他原因有 13% 的人。从事建筑施工的时间：3 年以下的有 53 人，3 ~ 5 年的有 93 人，5 ~ 10 年的有 147 人，10 ~ 15 年的有 205 人，15 年以上的有 98 人。从事该工作的原因：有 36% 的人是亲戚朋友介绍从事该项工作，有 31% 的人主要是除了务农没有其他一技之长才从事建筑施工。而选择学以致用和兴趣爱好的占了 28%，说明建筑行业是务农之外倒数第二选项，由此可见从事建筑行业的工人的社会地位。

四、企业对建筑工人产业化发展的认识

我们针对农民工如何向建筑产业工人转化的建议以及企业对劳务工人管理中存在的问题制作了企业调查问卷。

1. 调研企业的基本信息：调研的24家企业中建筑业产值50亿元以上的2家，10亿~50亿元的9家，1亿~9亿元的8家，1亿元以下的4家。劳务企业的22家施工企业中有20家企业或多或少保留了部分自有工人，但人数都很少一般没有超过企业员工总数的10%。22家总包、专业分包企业中有一半的企业自己成立了劳务公司。

2. 对于如何推动我市建筑工人向产业化发展，简单描述就是农民工向建筑产业工人转化，对此调研组制定了"推动农民工向建筑产业工人转化的特征描述及实现难易程度"专题问卷见表7。

推动建筑业农民工向产业工人转化的特征描述及实现程度　　表7

序号	对农民工转换为产业工人特征描述		实现的难易程度			
		非常难	难	一般	容易	非常容易
1	工作稳定	13	2	11	5	1	1
2	社会保障完善	21	1	7	9	3	
3	技能素质好	15	0	7	10	2	
4	工资支付保障	16	0	2	12	6	1
5	工作、生活环境适宜	7	2	3	9	7	
6	有职业发展空间	3	1	5	7	6	
7	上下班时间保障	7	2	5	6	6	
8	经过职业化培训	17	0	6	7	7	1
9	有岗位证书	11	0	5	9	5	1
10	社会地位公平公正	11	1	5	7	6	
11	劳动强度适中	4	0	6	12	2	
12	劳动保护完备	10	0	1	10	9	2

从企业在工作稳定、社会保障、技能素质等12个方面选择的情况来看，大部分企业认为对农民工转化为产业工人主要特征反映在社会保障完善、工作相对稳定、经过职业化培训有一定的技能水平、取得岗位技能证书、劳动保护相对完备以及社会地位得到了较大的提高等方面。对于有良好的生活、工作环

境、有职业发展空间、上下班时间固定、劳动强度适中等方面认可度不高。对于实现这些向产业工人转化特征的容易程度，企业在这些问题上的认识比较分散。但对于工作相对稳定方面企业普遍不认可，大部分企业认为即使大部分农民工转化为建筑产业工人也很难根本上改变当前建筑业工人流动性大的问题，只能相对有所改善，因为这是由建筑行业特征所决定的，不是转变农民工身份就能解决的。在能够有效完善农民工社会保障方面认为实现的难度也比较大，这涉及国家对社会保障制度的变革、跨地区跨部门联动、企业和个人的认识等一系列问题。在上下班时间方面大部分企业认为很难保障，建筑施工与制造、服务行业有明显区别，建筑施工受到季节、气候、工序、进度等影响很难固定建筑工人的上下班时间。农民工实现成为产业工人后大部分企业认为工作生活环境改变不大，能够提升职业发展空间作用不大。相对于强化职业培训、提高职业技能、拥有相应的岗位技能证书方面大多数企业认为措施得当比较容易实现，效果也会比较明显。对于农民工转化为建筑产业工人能够有效提升他们的社会地位一些企业认为不是身份简单转化就能实现，这与建筑业在整个国家产业链中的地位、社会对建筑工人认可度以及建筑行业工作环境密切相关，较难达到预期目标（表8）。

3. 农民工向建筑产业工人转化的主要顾虑及带来的好处（表8）

向建筑产业工人转化的主要顾虑及好处　　　　　表8

向建筑产业工人转化的主要顾虑		建筑产业化工人的好处	
农民工素质不高	15	提高工人素质	16
劳动成本进一步上升	14	提升企业竞争力	8
管理难度加大	12	节约成本	5
临时用工困难	6	便于管理	16
业务不稳定，长期雇工负担大	13	提高工程质量	14
项目进程慢，用工量不均衡	5	缩短工期	2
其他	2	提高生产效率	11
		施工安全有保障	12

我们在与企业座谈及企业填写调查问卷中提出了如果在不长的未来一段时间内随着建筑业发展改革的需求，农民工将逐步转化为建筑产业工人，在这个过程中企业的主要顾虑或者担忧，有些企业认为目前农民工存在着总体文化水平低、老龄化严重、新生代农民不愿意从事建筑施工工作等问题是目前建筑行业存在的最大的问题，在短时期内很难解决。我们在座谈中了解到大部分施工

企业希望拥有自有建筑工人作为骨干,与其建立相对稳定的劳动关系,特别是培育以特殊工种、高级技工为主的自有建筑工人队伍,作为技术骨干承担施工现场作业带班或监督等工作,或者在工期紧、技术含量高的工程项目上起到突击队的作用,但由于目前招投标市场的竞争比较激烈、中标价格低、利润空间小、定额中人工单价低、业务工作量不稳定等原因,企业如果保有较高比例的自有工人队伍,企业在目前地市场条件下如何管理和稳定队伍难度很大,企业将承担高成本和高风险。

但同时,大部分企业也认为在一定的时期内,如果农民工有效转化为建筑产业工人,对于提升工人的技能水平、保障工程安全、提高工程质量等方面将起到较大的作用,也有利于施工现场的管理及劳动生产率的提高。

4. 推动农民工向产业工人转化的主要措施

在如何加快推进农民工向建筑产业工人转化方面,我们征求了相关企业的意见,特别是在用工制度改革、推进装配式建筑、强化政府监管、完善保障体系、优惠政策扶持、信息化管理等六个方面进行问卷调查(表9)。

推动的产业工人转化的主要措施 表9

序号	推动的农民工向产业工人转化的主要措施	
1	政府研究出台用工制度改革政策,推进建筑业农民工向产业工人转变	20
2	加快推进装配式建筑发展,减少施工现场用工量	11
3	加强对企业用工监管,提倡劳动合同签订率	7
4	政府完善社会保障体系(户口、住房、子女教育、医疗等)	14
5	支持建立专业作业企业,政府出台税务、工商等优惠政策	9
6	建立健全全市建筑工人管理信息服务平台	7

调查显示,企业最关注的是政府尽快出台系列配套完善的新用工制度,加大力度改革目前的用工体系。去年的《意见》(征求意见稿)为建筑农民工向产业工人队伍转型设计了一张美丽的蓝图。这张"蓝图"的问世,是建筑业新时代改革转型的内在要求,也是行业主管部门响应国家号召主动作为的有力之举,大部分企业希望尽快修改完善并正式公布。同时,企业对加快有序推进装配式建筑和希望政府建立完善社会保障体系关注度较高。

5. 装配式建筑对产业工人影响

近年来,装配式建筑得到迅速推广,这一方面是因为我国新型城镇化发展的要求,另一方面则是人口红利压力下不得不为的改革。自1996年开始,我国建造成本中人工费的比重从 5% 逐步攀升到目前的 25% 左右，之前依靠低廉人工成本优势的局面不再出现。而装配式建筑的优势之一就是节约劳动力，降低人工费。尽管目前我国在推进装配式建筑过程中出现了不同的声音，主要原因是目前装配式建筑存在成熟适宜的技术体系不多、未形成完善的标准规范体系、集成设计能力不足、装配化施工整体水平不高存在一定的质量隐患、监管机制与手段相对滞后、建造价格较高、装配式人才紧缺、宣传力度不足导致社会接受度存在误区等问题。装配式建筑相对于我国的建筑业来讲可以算作一个新生的事物。任何新生事物都有一个成长、发展、成熟过程，都不会一帆风顺的，但总体方向是不会改变的（表10）。

装配式建筑对产业工人影响　　　　　　　　　　　表10

序号	是否参与或承接了装配式项目		装配式建筑对推动产业工人的作用	
1	是	8	减少现有用工量	15
2	否	16	吸引技术化农民工	7
3			满足产业工人特征	12
4			提高劳动生产率	14
5			没用	1
6			其他	1

我省近几年在推进装配式方面出台了一系列的政策性文件，加大力度推进装配式建筑，在《江苏省建筑业发展改革意见》中指出要加快完善装配式建筑技术标准体系、市场推广体系、质量监管体系和监测评价体系，大力发展装配式建筑至 2020 年，全省装配式建筑占新建建筑面积比例达 30%。常州市政府在 2015 年的《市政府加快推进建筑产业化发展的实施意见》中明确了试点期（2015-2017 年）、推广发展期（2018-2020）年、普及应用期（2021-2025 年）三个阶段发展目标。到 2025 年我市的装配式建筑达到同期新开工面积的 50%。目前我市在建的装配式建筑有近 300 万 m^2，主要是大力推广三板，框架、剪力墙装配体系应用较少。装配式建筑对传统用工模式冲击比较大，成熟的装配体系大量减少现场用工，装配预制率越高现场用工量越少。在用工方式上，大量的木工、钢筋工、砌筑工、抹灰工、混凝土工、架子工等传统的现场工种将大幅度减少，而焊工、吊装工、灌浆工、机械操作工将大幅度增加。这些用工模式的改变有利于为农民工向建筑产业工人转变创造有利的条件，也将推动建筑业的发展改革。

6. 培训的主要问题及建议措施和方式

建筑业工人尤其是农民工的综合素养已经成为制约建筑业健康发展主要瓶颈之一。因此，提高建筑业农民工的综合素养，进行适当的职业培训成为近年来的热门话题，社会各界也越来越重视农民工队伍的职业培训。但由于存在企业及农民工本身积极性不高、培训体系不健全、培训质量不高、工人流动性大等一系列问题，从企业反馈的情况来看，大部分企业认为农民工文化水平太低、年龄偏大、流动性高等原因造成培训效果不理想、企业自主培训积极性不高的主要原因。但企业同时也认为目前的培训体系比较混乱，很多培训机构不能做到专业性培训，只能对如何找工作进行笼统的讲解，有些培训机构仅仅对一些理论知识进行简单讲解，对于一些实务操作技能并不能进行专业性的培训，使农民工们觉得收获不大，无法应用到实际工作中去，而有些热门岗位缺乏专业性的教师，导致整体培训效果也不好。甚至有一些社会上的培训机构都会打着职业培训的名号，只要报名交钱就可以发培训证书，借机牟利，政府对这些培训机构的缺乏有效监管措施（表11）。

建筑工人培训的问题、原因及方式　　表11

序号	培训的主要问题		培训效果不好的原因		提高培训的主要措施		培训采用方式	
1	农民工文化水平不高	16	农民工流动性比较大	20	推行全员持证上岗，并加强监管	13	经认证的优秀企业可以自主培训	11
2	企业积极性不高	7	企业对临时雇佣工人没有培训责任	11	允许优秀企业把自有工人自主培训作为技能认证的基础	10	委托专业机构培训	8
3	培训效果不理想	10	培训性价比不高	11	对于临时用工的培训，政府应对企业加以经费支持	14	委托院校组织培训	5
4	经费落实不到位	4	企业对农民工培训的自主不够	3	建立专业培训机构，增强培训效果	12	委托行业组织培训	13
5	没有专业培训机构	16	培训支出比较大	8	其他	1	其他	
6	企业没有师资力量	10	农民工素质太低，培训没有效果	7				
7	其他	1	其他					

在如何增强培训效果、提升建筑工人职业技能方面，大部分企业认为省、市建设主管部门应当加大政策扶持力度和建立健全监管机制。在建议采取的培

训方式上大部分企业比较认可的是有条件的企业建立自主培训和没有条件的企业委托相关行业组织相结合方式，对于委托社会培训机构及院校进行培训企业认可度不高。

五、建议

新时期，我国经济已由高速增长阶段转向高质量发展阶段，在"创新、协调、绿色、开放、共享"五大理念指引下，建筑业粗放型发展模式正在向精细化发展。在即将到来的高质量发展时代，建筑业向工业化转型将成为主要方向，这要求建筑工人必须由"低小散"向"高精尖"转变。"人口红利"逐步消失，逼迫建筑业必须改变发展方式、改变基层人员结构。当前建筑业发展改革进入了关键时期，国务院、建设部以及省政府密集出台了推动建筑业发展改革相关政策，省、市建设行政主管部门及相关行业协会目前也在积极研究、落实和推动建筑业发展改革的具体措施。有关建议：

（一）加快推进建筑业用工制度改革，规范建筑用工市场

国务院办公厅《关于促进建筑业持续健康发展的意见》（国办发〔2017〕19号）提出：推动建筑业劳务企业转型，大力发展专业作业企业，促进建筑业农民工向技术工人转型，着力稳定和扩大建筑业农民工就业创业；建立全国建筑工人管理服务信息平台，开展建筑工人实名制管理并逐步实现全覆盖的目标。2017年江苏省政府《促进建筑业改革发展的意见》苏政发（2017）151号文提出：改革建筑用工制度，推进建筑劳务企业向具有稳定劳动关系的专业化作业企业转型。全面推行建筑工人实名制和信息化管理，统筹搭建互联互通的建筑工人管理信息服务平台，引导人力资源向市场需求有序转移、劳动报酬向紧缺高标准高技能岗位转移的目标。从这两个文件中可以看出其主要关键词是：劳务企业转型、扶持专业作业企业、全面推行实名制并建立信息平台。

1.建立健全劳务作业企业配套政策及措施。取消劳务资质审批将其改为备案制，目的是鼓励和引导现有劳务班组成立以作业为主的专业公司，可以让隐形的包工头成为真正的工程参与主体。但是取消劳务资质不等于立即取消劳务公司和取消劳务工人。由于建筑业生产需要，与总承包企业长期协作的劳务公司和施工队及施工班组必然要存在一段时期。在这时期内，现有劳务企业应研究探索转型发展之路，走小微型化、专业施工作业化之路的同时拓展业务渠道；建筑总承包企业在坚持以长期合作、市场诚信优良的劳务企业作为用工来源之

外，应积极探索建立和发展自有劳务企业、施工作业企业和自有工人，在自有工人队伍建设中，应当坚持发展适应建筑现代化施工生产的高素质技工班组，优先招收和培育高水平、高技能及适应装配式施工工种的自有合同制工人，作为技术骨干带班作业或者组建工种配套的专业装配作业班组，承担重点施工任务和高技术含量工程，改变总承包企业完全丧失自行作业能力的局面。随着劳务资质取消的政策实施，很快将出现大量的小微专业作业企业进入建筑施工市场，若何规范这些企业的市场行为、真正调动务工人员内在的积极性，建议政府有关部门及时研究制定规范小型专业作业企业的配套管理政策和措施，同时社会各界须积极引导专业作业企业遵纪守法、诚信经营，采取劳动保护、社会保障、人员培训等方面的有效措施。

2. 积极鼓励和扶持有条件的地区建立劳务基地。根据目前劳务用工的现状，在有条件的地区试点建筑工人集中居住模式，以政府引导、企业参与、结合市场实际稳步推进，条件成熟时逐步形成城市统筹规划、多点辐射、系统管理的建设者之家的劳务基地，实现对建筑劳务从组织、培训、输出、输入、使用、分配、回归等全过程的系统管理。这样可以合理组织培训，定向流动和输出，提高管理效率，更有利于管控和疏导；减少土地等资源浪费，减少临设等重复投资；整合公共资源，丰富工人业余生活，减少社会矛盾，促进社会安定和文明和谐；提升建筑工人队伍的综合素质；提高工人的居住环境和生活品质，增加工人的归属感；吸引并培养更多的高素质高技能新生力量。建筑劳务基地的建设，可以成为沟通总承包企业、劳务企业、小型专业作业企业的重要纽带。

3. 统筹规划建设实名制信息化平台。今年6月，住建部公布《建筑工人实名制管理办法》（征求意见稿），以下简称《办法》，广泛向社会征求意见，《办法》明确了国家、省、市以及企业和项目部的职责，建立了建筑工人管理服务信息平台系统，包括了承包企业管理、作业企业管理、项目现场管理、云筑劳务APP等信息系统，实时记录建筑工人的实名信息、从业记录、技能水平、进出工地、出勤等信息，借助平台建立工资专户实现银行代发等功能，该系统去年5月上线，目前记录了251万工人信息、173万现场施工工人、6900多个工程项目，5万多个企业的基本信息。通过信息化技术充分发挥大数据的优势可以加强用工管理，有效规范建筑市场用工秩序，维护企业和个人的合法权益，减少拖欠工人工资或恶意讨薪现象。《办法》指出信息平台由国家、省、市、和企业各级实名制管理信息系统和建筑工人个人客户端组成。建议各级信息平台建设应当遵循统筹规划、需求合理、分级管理模式规划建设，国家层面尽快制定和发布统一的数据格式和接口标准，按照管理的需求分国家、省、市以及企业和项目部各级信息的录入统一标准，避免多头研发建设、重复投资、重复录入等问题，同时开放公布接口标准形成互联互通、信息共享机制，规避信息孤岛现象。

（二）建立健全培训体系，提高建筑工人技能水平

国家及有关部门近年来相继出台了一系列加强农民工职业培训的政策：国务院办公厅《关于进一步做好农民工培训工作的指导意见》（国发〔2010〕11号）、住房与城乡建设部《关于加强建筑工人职业培训工作的指导意见》（建人〔2015〕43号）、《关于印发住房城乡建设行业职业工种目录的通知》（建办人〔2017〕76号）都提出要健全职业技能培训，突出企业培训主体责任，不断提升职业能力和素质，将符合条件的建筑产业工人技能培训纳入现有职业技能培训、鉴定补贴范围，对涉及质量安全的岗位严格执行先培训后上岗。拓宽职业技能多元化评价方式，建立健全鉴定体系，支持有条件的企业自主培训、自主评价，促进建筑产业工人职业化的目标。要实现这个目标须针对当前建筑行业培训中的突出问题，创新培训体制机制、增加工人培训热情、增强培训效果、规范培训机构行为。一是大力宣传职业培训的优势，由政府主导、行业联动、企业参与宣传农民工职业技术培训的好处，充分调动农民工的积极性，让他们从思想上认识到职业培训的重要性，以及职业技术培训对他们的利益。扩大宣传力度，在全社会树立良好的培训理念，激发农民工的培训热情。二是加大政府支持力度，职业培训需要很大一部分资金来运转，政府加大财政资金投入，制定规范系统的财政培训补贴政策。三是建立政府主导，行业、企业、院校、社会力量共同参与的建筑工人职业教育培训体系，完善用工制度改革，明确企业培训主体责任，解决"总包企业无自有工人，没有培训对象；劳务企业无实力、无时间培训；劳务工人流动性大，没有培训动力"等问题。引导有条件的企业建立自主培训机构，没有条件的企业委托行业协会、社会机构培训或校企合作模式。四是建立企业自主培训机构的考核办法、健全并公布各专业培训大纲、完善修订目前各工种的教育培训教材、实行考培分离等有效措施。五是制定有效措施落实建设部《关于加强建筑工人职业培训工作指导意见》，建立健全对社会培训机构监管机制，加大监管力度、逐步推行全员培训、持证上岗制度。六是建立依托大中型项目或者装配式产业基地开展技能实务操作培训和技能鉴定工作，将实际工程生产与考核鉴定相结合的机制。

（三）保障工人的合法权益，解决建筑工人后顾之忧

1.切实提高建筑行业农民工的社会保障。按照《国务院关于解决农民工问题的若干意见》"要抓紧研究低费率、广覆盖、可转移，并能够与现行养老保

险制度相衔接的农民工养老保险办法"的要求，各地都在研究制定或完善农民工养老保险办法，并将农民工参加养老保险作为今后企业养老保险扩面的一个重点。从目前我们所了解到的各地已出台的农民工养老保险办法、调研的数据和我市的实际执行情况来看，政府和劳动保障部门需要进一步完善农民工养老保险制度，建议国家、省、市有关部门在以下几个方面推进农民工养老保险工作：一是从统筹城乡、建设和谐社会的发展战略看，应该建立适应城镇化、老龄化的农民工养老保险制度。取消户籍限制和年龄限制。对参加养老保险的农民工不再要求本地城镇户籍，无论户口是否在当地，是否在城镇，凡在当地城镇从业就业的都可以无障碍参保。对以个人身份参保的人员，凡在劳动年龄之内不再限制参保。二是应在全国建立统一的农民工养老保险制度。要统一缴费基数和比例，统一个人账户规模、统一退休条件和基本养老保险待遇。三是应规定农民工在同一统筹地区流动时，只转个人账户养老金；在不同统筹地区流动时不仅要转个人账户养老金还要转统筹金。农民工达到退休年龄时在最后一个统筹地区或户籍所在地享受基本养老待遇。这样可以解决农民工在不同统筹地区流动时，养老保险关系难以转移和接续的问题。四是加大对宣传力度，提高农民工的参保意识，利用各种新闻媒体向农民工广泛宣传参加养老保险的重要意义，普及养老保险知识，让每个农民工都知道参加养老保险是其老有所养的最好办法，提高农民工参加养老保险的积极性。

2. 采取有效措施提高合同签订率。政府及企业加强劳动法律、法规和劳动合同管理重要性的宣传和教育，引导建筑工人和企业各级管理人员，转变思想观念，增强法制意识，使建筑从业人员增强依据劳动合同来维护自身合法权益的自觉性。总包企业加强对劳务分包队伍和作业队伍的劳动合同审核和监督，政府相关部门建立联络机制，创新督查方式，利用信息化手段强化劳动合同的监督管理。在即将推行的实名制系统中增设劳动合同管理模块，企业负责日常管理和运行，政府在日常监管中加强监督抽查，运用生物识别技术手段等措施提高合同签订率，避免代签等现象。

（四）大力发展装配式建筑，加速推动建筑工人产业化进程

装配式建筑改变了传统钢筋混凝土现浇作业建造方式，可以让更多传统建筑工人变成产业工人，工人作业环境和施工安全条件也能得到大幅度改善，可以利用装配式工厂培养更多的技术型工人。随着装配式建筑的不断发展和推广，建筑工人一部分在装配式建筑生产基地固定生产环境工作，一部分转化为安装技术工人，随着这部分工人工作方式的变化可以有效解决流动性问题。建造方式的改变促使建筑行业发生根本性的改变，也能有效改变目前建筑工人的技能

水平低、社会保障不完善、劳动保护不到位等一系列问题。他们在现代化工厂，相对稳定的工作、薪水，一定的技术能力和社会保障，使相当一部分农民工留在城市作为新市民成为可能。虽然当前装配式建筑存在很多问题，但随着时代进步，技术水平不断进步，配套标准规范的不断完善，各级政府的大力推动装配式建筑，既是在主动求变，适应时代需求，也是在倒逼农民工提高自身技术水平。建议有关部门研究制定装配式建筑主要技术工人技能标准，明确划分技能等级和考核鉴定内容，指导和培育装配式建筑技术工人，推进建筑产业工人队伍建设进程。

（五）积极弘扬工匠精神，培育高技术人才队伍

无论技术发展到什么水平，都离不开人这一最核心的生产要素。在我国建筑业已经进入新时代，正在大力推行转型升级、提质增效、打造企业竞争优势和走出去战略的大背景下，更需要大力弘扬和倡导工匠精神，只有这样才能逐步培育和彰显我国建筑业的品牌效应。而要培养这样一批领军人才，一是企业要加强人才培养，塑造人才支撑。建立与技术工人技能等级相结合的收入分配制度，提高技术岗位工人工资水平；打通技术工人职业发展通道，通过企业制度、文化、经济相结合手段留住高技术工人，吸引新生代农民工加入建筑工人队伍。二是强化职业教育，各类职校、技校大力培育建筑技工人员，职业教育的人才培养中，既要重视理论素养更要重视实际操作能力，拓展校企合作模式，使理论与应用更好地结合，注重技校学生在锤炼技能的同时培养爱岗敬业、精益求精的精神，引导学生树立正确的择业观和就业观。三是完善的农民工技能培育体系，促进农民工在实现自我转型的同时，引导其逐步成长为具有一流技能、一流素质、一流品质的建筑工匠。四是建立优秀建筑技工的上升通道，完善技能人才的评价机制与优秀技能人才奖励制度，大力评选表彰杰出技能人才，树立工匠精神先进示范点。五是在社会层面组织各种技能大赛，大力弘扬劳模精神和工匠精神，引导全社会尊重劳动、尊重知识、尊重技术、尊重创新，促进形成"崇尚一技之长、不唯学历凭能力"的人才观念。

六、结束语

虽然农民工向产业工人队伍转型之路依然不平坦，但在国家和行业主管部门推动下、在全行业企业的努力下，从国家和行业主管部门的一系列政策以及建筑业改革举措的快速落地来看，建筑业农民工向产业工人的转变已经是不言自明的大趋势。在这种情况下，建筑业未来不仅面临着用工形式的改变，更重

要的是行业发展方式也将迎来重大变革。这种变革，是行业快速发展的内外在要求与行业落后的生产方式之间矛盾推动的结果，国家和各级行业主管部门的各项政策落地，将起到引领和支撑的重要作用。

（芮永昇　常州市建筑行业协会会长，朱俊毅　秘书长，李婷　副秘书长，恽波　质量部副部长；方沛琪　江苏天启建设有限公司董事长，吕伟利　副总经理，张霞　工程部经理，柳叶青　安全部经理）

数字建造技术在南京建工集团的应用情况

朱承胜　鲁开明　苏斌　毛羽楠　姚昌慧

数字建造，是指结合 BIM 技术、大数据、物联网等新型信息化技术，依托各项信息管理平台，实现建造过程的数字化。建筑工程业内，数字建造的理解就是以计算机软件平台为基础，实现对建筑物的虚拟建造，其最主要的特征是利用具有建筑信息集成功能的软件建立起建筑信息模型。由于该建造过程是在虚拟环境中进行操作，因此数字建造技术具有高效率、可模拟和可调整的特性，能够对实际的建造过程进行预演，提前发现相关问题并及时采取解决措施，避免不必要的返工和成本损耗。

一、集团数字建造技术应用情况

南京建工集团时刻紧密关注建筑行业新技术动态，积极响应政府号召进行改革创新，率先于 2013 年 6 月在南京建工集团青奥体育公园项目成立 BIM 工作室，并在集团总部成立 BIM 技术中心。同时，结合 Autodesk BIM 技术平台以及 3D 打印技术，将数字建造技术应用于我公司内部及施工项目管理过程中，并实践探索《基于 BIM 的工程专项施工方案管理》、《基于 BIM 的大型复杂工程进度管理方法优化及应用》等课题。我公司推进数字建造技术涉及层面及现状具体如下：

1. 鼓励数字建造技术有关科研成果文章的发表。我公司注重新技术的发展动态，推进新技术与施工的有机结合，收集分析数字建造技术在施工各阶段的运用状况，作为论文、QC、工法等编写素材并整理成文，取得了一些荣誉。

2. 积极响应国家号召，加强数字建造技术于企业招投标的运用。住房和城乡建设部在第 1535 号公告《建设项目工程总承包管理规范》国家标准（编号为 GB/T50358-2017）中提及 BIM 在招投标中的应用并设置加分项。我公司对此十分重视，并专门分派 BIM 技术人员配合投标方案编写人员完成相关投标工作。BIM 技术的应用涵盖集团招投标以及工程项目协同管理，并与集团多个职能部门建立工作联系，形成了一套较为成熟的管理流程，BIM 中心以此制定了企业级 BIM 实施标准，构建和积累了各专业 BIM 族库。

3. 加强数字建造技术在超高层建筑施工中的推广运用。钰龙广场项目是我公司在武汉的一个商住结合的超高层施工工程，基坑施工的同时BIM技术人员开始驻场进行技术配合。从现场平面布置、大体积混凝土浇筑施工动画模拟、支撑拆除施工模拟等到后期转换层的钢筋优化排布，BIM技术为现场解决了很多技术难题，以三维模拟的方式使较为复杂的工序简而易懂。

4. 扩展数字建造技术运用的专业领域。我公司不仅将数字建造技术运用于工程的建筑结构专业，在机电、装饰等专业领域也有所推广。在武汉的艺术大厦工程，集团分派BIM技术人员前往该项目进行BIM技术服务。涉及工作主要是机电专业的管线排布建模及后期的优化完善，还对该项目的样板间进行BIM装饰渲染出图并取得了业主的认可。

5. 加大数字建造技术在施工工程中的应用深度，凸显技术的价值。为充分推广技术的运用，我公司在青奥体育公园项目及天隆寺上盖物业项目进行了重点试点运用。模型建立是基本工作，在保证精度的同时加强节点的细部模拟。主要涉及高支模模型建立、钢结构吊装施工模拟、复杂异形节点的三维交底以及施工复杂的各类泵房模型建立等工作，通过BIM技术生成的三维模型，辅以文字说明进行技术交底。在此基础上，BIM技术的应用陆续获得了中国建筑业建筑信息模型大赛二等奖及第三届江苏省安装行业BIM技术创新应用大赛三等奖。

6. 推进数字建造技术在装配式结构中的运用。我公司位于江心洲的G06地块工程是装配整体式剪力墙结构，在施工过程中遇到叠合主次梁、叠合梁与板等构件与构件之间钢筋排布碰撞问题，通过BIM技术的预先建模优化，避免了类似问题的出现。同时，在预制构件吊装方案上，通过BIM技术的动画模拟，解决了吊装工序问题。借此，我公司积累了一定的装配式建筑项目BIM技术实施经验，并逐步向EPC、PPP项目推广应用。

二、集团数字建造技术应用存在的问题

当前，虽然数字建造技术已在建筑行业各个领域中有所应用，也取得了一定的成绩，同时也推动着建筑企业数字建造技术的前进，但总体推进还存在一定的问题。以下为我公司在推进数字建造技术应用方面存在的问题：

1. 我公司企业管理层对于BIM技术推行力度尚缺，加上国家仅出台相关推荐性条文，以使企业基层对基于BIM技术的数字建造技术推进工作缺乏一定的重视态度。同时，BIM技术所依赖的软、硬件设备价格不菲，加上平台的介入，导致引进BIM技术的投入过大，而短期内技术应用所带来的经济效益

普遍低于前期投入。

2. BIM 技术应用发展缓慢，技术水平、应用深度有待提高。我公司虽组建 BIM 专业团队较早，但由于各方面原因，技术的应用深度尚浅，各方面的应用经验不足，还须经过深度的探索、研究和积累。例如，基于 BIM 技术招投标运用不够完善，从模型到完成技术标 BIM 应用内容尚有可提升空间；分专业建模因没有固定的模板和标准导致模型粗细程度不一；效果图的制作因缺乏 3D Max 等高端渲染软件的操作基础使得图像不能充分反映建筑的形、质、光、影。

3. BIM 技术从业人员缺乏工程相关专业知识，尤其表现在机电、装饰等非土建专业。我公司作为施工企业，BIM 从业人员多以精通土建专业为主，少许涉及其他专业。他们缺乏施工经验及专业知识，对于 BIM 技术应用了解不全面，从而不能将 BIM 技术与实际施工有效结合。另外，施工现场缺少相关专业对接人员，建模人员在应用过程中需要对所建模型进行多次修改优化，而施工现场管理人员对于 BIM 技术知之甚微，多因工作忙碌而无暇学习和交底对接。在施工中遇到问题习惯性地通过传统方式解决，对于新技术不够重视，加大 BIM 技术在施工现场推行难度。

4. BIM 技术应用组织管理流程过长，各组织单元间联系单一，实施效率较低。我公司的 BIM 技术应用以贯穿于施工全过程为目标，然而从设计院二维图纸到形成三维信息模型，通过层层交底到达各劳务班组人员，程序烦琐，交底工作多而复杂，无形中加大了工作量，在实际施工中推进进度缓慢，见效甚微。

5. 没有引进适应我公司自身需求的技术平台。BIM 技术的应用注重对信息的集成和管理，而随着建造过程的不断深入，不同阶段逐步加载的数据信息庞大，为达到协同共享目的需要足够强大的平台体系支撑。而目前对于 BIM 技术信息平台，我公司进行了大量的市场跟踪调查，发现不同的技术平台所搭载的信息管理功能不同却又具有一定的关联性，导致我公司在平台引入方面抉择不定，使得我公司在发展企业级 BIM 信息协同管理中处于瓶颈状态。

6. BIM 技术难以渗透到专业分包队伍中。我公司施工管理人员所分管的各专业队伍不能形成协调性的工作链，不能按照数字建造统筹规划施工。项目管理人员不愿意将过多的时间花在 BIM 技术的模拟施工策划上，作业人员为赶施工进度，多数安装队伍甚至出现先进场先作业的情况，先占领工作面不管后续作业程序，导致现场施工出现大量返工，有悖数字建造应用的初衷。

7. 基于 BIM 技术的工程量统计等重要技术不够完善。我公司基于 BIM 模型所统计的工程量，数值误差虽在有效范围内，但其数值的确定过于单一，不能综合考虑到施工中不可避免的损耗。加上数值的统计过于依赖软件操作人员的技术水平和经验，因此数字建造技术暂时仅为我公司施工管理提供参考依据。

8. 我公司主要着重于基于 BIM 技术的数字建造技术的推广应用，对于大数据、物联网等新型信息化技术重视程度尚缺。这不仅由于大数据、物联网等新型信息化技术与我等施工企业的联系不够紧密，更是由于投入与收效不成比例的现实问题。

三、加强集团数字建造技术应用的对策及建议

目前，国有建筑企业在数字化建造实施中处于领先地位，这不仅源于国家大力推广应用信息技术，更是因为领导层的重视和大力投入，在前期投入和长远效益中做出了正确的选择。普通企业应当积极引进并发展 BIM 技术，逐步改进传统施工管理方式，克服推广中遇到的难题，紧跟时代的步伐。对上述中企业内部遇到的各方面问题，我公司制定改进措施，并坚信在企业管理层及数字化建造实施人员的努力下一定能够加以逐步解决。相关建议如下：

1. 积极响应江苏省住房和城乡建设厅关于《江苏建造 2025 行动纲要》的通知，加快数字建造技术的推进。根据我公司自身实际情况，加大对相关软、硬件和人员的投入，力求到 2020 年，BIM 技术在我公司所承接大中型项目应用占比 30%，初步推广基于 BIM 的项目管理信息系统应用；到 2025 年，BIM 技术在我公司所承接大中型项目应用占比 70%，基于 BIM 的项目管理信息系统得到普遍应用，努力做到 50% 以上的在建项目实现"数字工地"，基本实现工程建造全过程的数字交付。

2. 注重 BIM 技术应用过程资料的积累和成果总结。对不同的工程项目和不同的专业，BIM 技术的应用必定是多样的，BIM 技术的成熟应用离不开不断的积累。我公司须定期对各专业 BIM 模型族库进行补充更新、不同领域的 BIM 应用成果进行整理，打造自身的建模模板，形成我企业特有的 BIM 技术应用标准。

3. 不断拓展 BIM 技术在各领域中的应用，经常性组织相关人员进行学习交流。引进专业 BIM 技术人才，扩充团队的整体实力。我公司定期指派技术人员到项目现场提供技术服务，同时积累现场施工经验及专业知识。以培养技术运用到现场施作全面性人才为目标，提升 BIM 团队及现场管理人员的综合能力。另我公司相关职能部门制定相关技术人员考核制度和一定的激励政策，促进项目管理人员对 BIM 技术的学习和应用。

4. 加大数字建造技术应用标准的执行力度，并结合现场施工形成一套有效的施工管理体系。在我公司的施工管理中，严格执行相应程序，交底工作环环相扣，有条不紊展开工作，使数字建造技术有效贯穿施工每一个环节。

5. 加大 BIM 技术平台引进工作的推动力度。我公司应明确自身需求，根据自身的企业性质有针对性地去筛选目前市场被广泛采用的技术平台系统。加强对各大平台体系的了解，收集统计分析各大建筑公司使用平台后的成果，为企业引进并大力推广 BIM 技术平台做好充分准备。

6. 加强对各专业分包队伍的协调管控力度。我公司的项目管理人员应积极运用基于 BIM 技术的数字建造技术管控现场施工，并对现场分包人员强化技术运用理念意识。对现场人员定期进行工序三维交底，明确作业开展顺序，加强现场实际操作的过程监管，增强施作人员的责任意识和执行力。

7. 密切关注软、硬件的更新动态，经常性的进行数据库的增加、定额参数的完善。我公司须定期组织技术人员进行基于 BIM 的数字建造技术学习交流。通过技术的学习，提高操作人员的软件使用水平和技术应用经验，同时结合现场实际，统计出更加符合现场管理的工程量。

8. 通过相当程度的人力、资金的持续投入，我公司已经初步建立了以 BIM、信息化管理平台为主的数字建造技术系统应用体系，积累了宝贵的经验，也取得了一定的成绩，但是相对投入而言，效益略显不足，需要更进一步分析原因，寻找突破口。为此，我公司应进一步加强和拓宽数字化技术在项目上的落地导向应用，融入项目管理全过程，摸索出一套成熟的创优增效的应用流程，大胆创新和实践，以期不断提高我公司的综合实力。

（朱承胜　江苏省建筑行业协会副会长、南京建工集团有限公司董事长；鲁开明　南京建工集团有限公司总工程师，苏斌　总工办副主任，毛羽楠　BIM 工程师，姚昌慧　BIM 工程师）

关于盐城市装配式建筑发展情况的调研报告

刘训浪　张阿龙　徐中华　童　军

为贯彻落实《国务院办公厅关于大力发展装配式建筑的指导意见》、《江苏省政府关于促进建筑业改革发展的意见》等政策文件精神，促进盐城市装配式建筑发展，推动建筑建材工业供给侧结构性改革，研究探索装配式建筑的发展思路，根据江苏省建筑行业协会的安排，本人于 2018 年 6 月开展了针对盐城市装配式建筑发展情况的调研活动，此次调研得到了盐城市城乡和建设局、阜宁县住建局等主管部门以及部分建筑企业的大力支持，详细地了解了盐城市装配式建筑发展的基本情况、经验做法以及存在的有关问题，认真听取了地方主管部门和企业的意见建议，收集整理了比较全面、真实的调研资料。下面我把调研情况汇报如下：

一、盐城市装配式建筑发展的基本情况

（一）建筑产业现代化基地初具规模

为加快我市建筑业转型升级和供给侧结构性改革，盐城市各级政府及建设主管部门积极引导和支持建筑产业现代化基地和产业园区的建设发展，通过示范引路、市场调节，逐步形成产业集聚效应。全市现有 7 个装配式混凝土预制构件生产基地在建，设计产能达 186 万 m^3/年，已投产 38 万 m^3/年；6 个装配式钢结构建筑生产基地在建，设计产能达 11.5 万 t/年；1 个装配式木结构建筑生产基地在建，设计产能达 10 万 m^3/年，2 个集成卫生间、厨卫部品生产基地在建，设计产能分别达 2 万套/年、30 万 m^2/年。其中江苏金贸建设集团有限公司预制混凝土构件生产基地，年产能力 10 万 m^3/年，已为市高新技术区提供约 2 公里预制混凝土地下管廊；江苏晟功三一筑工有限公司装配预制混凝土构件生产基地，年产能力达 30 万 m^3/年，已经为阜宁县德惠尚书府项目工地提供预制构件。

（二）试点示范工作初见成效

盐城市阜宁县成功申报了省级建筑产业现代化示范城市，江苏金贸建设集

团、江苏晟功三一筑工有限公司、盐城市建筑设计研究院3个企业被评为省级建筑产业现代化示范基地，阜宁县德惠尚书府39号、40号楼、盐城市公投公司商务楼共3个房屋建筑项目被评为省级装配式建筑示范项目。

（三）装配式建筑项目及指标快速落地

2018年以来，盐城市开始严格执行《关于加快推进装配式建筑发展的实施意见》，从土地招拍挂、建设用地规划条件入手，严格落实新建项目的装配式建筑、成品住房比率和单体预制装配率等指标，仅盐城市区已有17个地块（建筑面积约170万 m^2）在用地规划条件中明确了3个主要控制指标，即装配式建筑比例不低于45%、单位预制装配率不低于45%、成品住房比例不低于40%。阜宁县作为建筑产业现代化示范城市，积极推进装配式建筑发展，今年已有6个地块明确了装配式建筑要求，大丰区也有2个地块明确了装配式建筑要求。今年我市将新开工装配式建筑约100万 m^2，成品住房97.7万 m^2（其中市区61.7万 m^2，东台市、大丰区新开工36万 m^2），目前装配式建筑已竣工约20万 m^2（以钢结构、木结构为主）；成品住房已竣工10万 m^2。

（四）阜宁绿色智慧产业园建设初具规模

阜宁绿色智慧建筑产业园是盐城市重点打造的以装配式建筑为主体，新型智慧化为引领，绿色建材、智能家居为主线，充分体现绿色智慧的建筑产业特色小镇。园区规划面积5000亩，计划投资30亿元，分为物流仓储片区、绿色生产（装配式建筑生产）片区、综合服务片区三大片区，是一个集规划、咨询、研发、设计、生产、施工、运维全产业链全功能的建筑产业现代化园区，规划产能覆盖苏北地区绿色建筑、智慧城市的发展，与国家、省、市、县相关政策导向相一致，被阜宁县委、县政府定性为和阜宁经济开发区、阜宁高新区等同等地位的核心发展经济区。

目前，园区基础建设已经全面展开，港池、码头、园区一路、园区一路绿化配套、管道燃气等已经完工，项目建设水、电得到基本保障；晟功三一筑工PC装配式建筑项目已经开始试生产，恒建杭萧钢构钢管束装配式建筑项目主体厂房封顶且正在附属配套，同方泰德集成建筑项目已经开始土地平整和行政审批，新奥控股集团分布式能源泛能网项目已经签约，上海开装装配式建筑一体化智能家居装修项目即将签约，苏州铃木电梯生产线、木塑装饰材料项目正在跟踪之中，一批全产业链项目相继进驻园区，形成重钢、轻钢、PC结构项目遥相呼应、相互补充，装配式部品部件生产和智能家居装修一体化同步发展、齐头并进，科技研发、项目孵化、产品输出三者融合新格局。该园区的建设将全面助推我市建筑产业化的发展。

（五）企业逐渐发挥主体作用

经过政府扶持，示范引路，盐城市大部分建筑企业已充分认识到装配式建筑未来的发展趋势，从政府要求做转变为企业主动做。部分企业已联合部品构件生产企业在盐城共同投资生产基地，2017年3月，盐城市30多家企业还联合发起成立了盐城市装配式建筑产业联合会，该联合会是由企业自愿组成的非营利性社会组织，以高校、科研院所为技术依托，以国内产业龙头企业为伙伴，以产品升级需求为导向，以形成产业核心竞争力为目标，共同致力于装配式设计、装备制造与施工中关键技术的攻关与研发，解决装配式模式装备制造及零部件加工发展中的共性及关键技术问题，有效提升装配式制造业的整体创新能力和市场竞争力。

二、盐城市政府和建筑主管部门推进装配式建筑发展的主要举措

（一）加强政策引导，完善政策扶持体系

从2015年开始，市政府先后出台了《盐城市人民政府关于推进建筑产业现代化促进和扶持建筑业发展加快建筑强市的意见》、《关于加快推进装配式建筑发展的实施意见》等若干政策文件，引导和支持我市建筑产业现代化发展；最近，市建设局正在以市政府办公室名义起草《关于进一步贯彻落实〈盐城市人民政府关于加快推进装配式建筑发展的实施意见〉的通知》，待市政府法制办审核后下发，该文件进一步明确目标任务、工作重点、工作措施和保障措施，对贯彻落实市政府文件和全市装配式建筑发展提出了更加具体的、更具针对性和可操作性的意见，加快推动全市建筑产业现代化发展。

（二）研究制定全年装配式建筑推进工作计划

按照住建部、省住建厅总体工作部署，结合我市装配式建筑推进工作实际，本着积极稳妥原则，我市及时研究制定下发了《2018年全市装配式建筑推进工作计划》，对2018年全市装配式建筑发展工作进行全面部署，提出了具体的规划和要求，进一步目标责任和工作方向。

（三）发挥专项资金引导作用

为扶持建筑企业建筑产业现代化、转型升级、创优夺杯、科技进步和创新等工作，根据《盐城市人民政府关于推进建筑产业现代化促进和扶持建

业发展加快建筑强市的意见》、《盐城市建筑业发展和建筑产业现代化引导资金使用管理办法》（盐财规〔2016〕7号），加强与财政部门沟通协调，做好资金计划跟踪，积极引导各相关企业和项目主体申报专项引导资金。完成我市2017年第二次专项资金兑现工作，共奖补38个项目约340万元，申请2018年财政预算，落实建筑业发展专项资金和建筑产业现代化引导资金计划500万元。

三、盐城市在发展装配式建筑方面存在的困难和问题

发展装配式建筑作为建造方式的重大变革，是一项系统工程，上下游产业链长，涉及面广，不仅涉及从设计、生产、运输、安装和运行维护等生命周期内实施方式、技术标准体系的配套完善，还涉及监管程序、竣工验收方法等各个环节的技术业务和工作流程再造，工作任务十分繁杂，需要各方责任主体有一个技术基础积累的过程。总体来看，我市在建筑产业化及装配式建筑发展方面做了一些基础性工作，但与国家、省、市要求比，与省内先进城市比，还有一定差距，存在一些问题，主要体现在：

（一）各地区发展不平衡、推动力度有差异

盐城市区和阜宁等地部分项目已按照装配式建筑要求规划设计和施工，但全市大部分地区仍在观望徘徊，进展不快；全市新建装配式建筑和成品房建设总量和比例，对照全市年度目标任务还有一定差距。

（二）供给和需求之间没有形成很好的衔接，市场功能未充分发挥

一是有效需求不足。我市建筑产业现代化正处于起步阶段，市场有效需求不足，龙头企业没有形成规模及品牌效应，缺乏成本优势及市场认可。二是市场认可度不高。由于装配式建筑仍处于发展初期，建设单位及社会公众对装配式产品在质量、安全等方面存在认识误区，加之成本比传统建筑略高，市场认可度不高。三是产业技术研发投入不足。新型装配式结构体系的前期研究需要花费大量研究经费，一般企业难以支撑，因此，掌握建筑产业现代化核心技术的企业较少，核心竞争力不强。四是产业发展不均衡、产业链不健全。建筑产业现代化涉及研发设计、部品部件生产、机械装备、房地产开发、施工安装、工程管理、质量检验检测等全产业链要素，需要合理配置生产要素，引导产业集聚发展，急需培育一批涉及全产业链的骨干龙头企业。这些因素都严重制约了我市建筑产业现代化的整体推进步伐。

（三）建设和管理模式亟待变革

建筑产业现代化推动进程中新技术、新材料、新工艺、新设备的应用通常需要设计与施工紧密互动，在目前设计和施工相对独立的传统建设模式下，各参与方都容易思维固化，缺乏变革和创新的意识与动力，建设和管理模式亟待变革。需通过推行装配式建筑项目总承包制度，完善质量保证体系，完善工程招投标办法，为建筑产业现代化可持续发展提供保障。

（四）建筑产业现代化专业人才缺乏

建筑产业现代化的发展主要靠科技创新和人才支撑，但目前我市的建筑产业人才队伍仍难支撑建筑产业现代化的健康发展。主要表现在，一是缺乏建筑产业现代化的领军人才。二是缺乏高素质经营管理人才。三是缺乏专业化技术人员。四是缺乏一批熟练的产业工人队伍。

四、关于盐城市装配式建筑发展的有关建议和意见

（一）继续强化政策支持

从市一级政府层面督促各县（市）区政府出台装配式建筑推进政策文件，细化目标任务，明确重点推进区域、重点推进建筑、建筑规模、预制装配率、成品房等指标，落实奖励政策和保障措施，建立健全组织推进机构，明确各责任部门工作职责和监管程序，加大督查考核和力度，积极开展各项建筑产业化标准和技能培训，大力培育建筑产业化管理队伍和产业化工人，为推进本地区装配式建筑提供组织、政策、技术、资金保障。以"政府引导，企业主导，示范推广，整体推进"为基本原则，制定产业发展规划，完善标准技术体系，培育市场实施主体。从土地供应、税收减免、容积率奖励、工程总承包建设、财政补贴、绿色审批、信贷支持等方面研究制定产业扶持政策，给予大力度支持。

（二）大力促进新建装配式建筑项目落地

按照全年目标，从源头抓起，加强与规划、国土、发改等部门沟通衔接，建立协同把关机制，确保在建设用地规划条件、立项文件、土地出让合同或划拨协议中载明新建装配式建筑、成品住房比例和单体预制装配率，确保新建装配式建筑和成品住房控制指标生根落地，确保各县（市、区）新建装配式建筑实现零的突破。

（三）推广先进成熟适用技术

一方面在房屋建筑中强制推广应用"三板"（即预制内外墙板、预制楼梯板、预制楼板），将"三板"推广应用作为我市装配式建筑发展突破口和发力点，积极稳妥推进装配式建筑。另一方面大力推广成熟适用技术。在大型公共建筑、工业厂房中重点推广装配式钢结构建筑；在园林景观、旅游景点、特色小镇建筑中重点推广装配式木结构建筑。大力推进住房设计、施工和装修一体化，推广标准化、集成化、模块化和干法作业的装配化装修，促进标准化窗、整体厨卫、轻质隔墙和设备管线集成化技术应用，提高装配化装修水平；推广菜单式全装修，满足消费者个性化需求。

（四）装配式建筑项目招标应推行设计施工总承包

预制装配式建筑的建设管理过程具有"技术前移、管理前置"的特点，一个好的预制建筑应该是从开始的出发点定位就是"预制"，从构件生产工艺和施工安装方法来考量。推动设计施工总承包可以减少设计单位和施工企业之间技术交底和沟通方面产生的信息过滤，所以建筑产业化的发展，应该重点培养同时具备设计、生产、施工能力的企业，实行设计施工总承包的管理模式，促进行业健康发展。

（五）继续加大各类试点示范力度

支持亭湖区中鹰国际装配式建筑科技产业园申报省级建筑产业现代化示范基地，做好盐城市市政公用投资公司商务楼等拟申报省级装配式建筑示范的项目对接落实，将其打造成全市装配式建筑和"三板"应用观摩样板；做好阜宁县建筑产业现代化示范城市、绿色智慧建筑产业园示范基地和惠尚书府四期39号、40号楼建筑产业现代化示范项目创建工作跟踪指导服务。通过试点示范，总结推广成功经验，发挥示范引领作用，为在全市域内全面普及推广装配式建筑打下坚实基础。

（六）完善装配式建筑质量安全监管体系

一是探索建立装配式建筑设计方案专家论证制度，加强装配式建筑技术可行性和安全性把关。二是执行装配式建筑专项审查制度，督促指导各施工图审查机构提高审查质量，重点核查施工图设计报审表、专项设计说明、计算书中"三板"强制推广应用比例、新建装配式建筑比例、新建成品房比例、单体建筑预制装配率等相关控制指标的一致性，对不符合控制指标要求的，不得出具施工图审查报告和合格证。三是强化生产和施工环节质量安全监管，督促各地建设主管部门和质量安全监督机构严格执行《省住建厅关于加强装配式混凝土结构建筑工程质量安全管理的通知》（苏建质安〔2016〕664）、《装配式结构工程施工质量验收规程》和《装配式混凝土结构建筑工程施工安全管理导则》等文件要求，完善装配式建筑工程质量安全管理制度，健全质量安全责任体系，严格落实质量安全各方主体责任，加强全过程监管，强化装配式构件生产、安装、检验等重点环节监督，对违法违规责任主体依法予以严肃查处。

（七）积极争取上级支持

一是建议省级建筑产业化专项引导资金向苏北产业化基础较弱的城市适度倾斜，加大对苏北的扶持力度，发挥专项资金引导作用，扩大装配式建筑试点示范项目和效应，加快苏北建筑产业化现代化发展。二是建议加大建筑产业化技术培训力度。制定全省建筑产业化管理人才、产业化工人培训规划，在各市设立实训基地，发挥全省建设系统技术优势，提供师资力量，加大对各地技术培训力度。将建筑产业化人才培训费用纳入省级财政专项经费，实施免费或低成本培训，从根本上解决企业建筑产业化人才培训成本高的问题，为早日形成全省建筑产业化技术保障体系、促进建筑产业化高质量发展打下坚实基础。

（刘训浪　江苏省建筑业行业协会副会长、中科建工集团有限公司总经理；张阿龙　盐城市城乡建设局建筑业处副处长；徐中华　阜宁县建筑业管理局副局长；童军　中科建工集团有限公司总经理助理）

抱团发展凝聚合力　构建互利共生平台

王　宏

近年来，江苏省华建建设股份有限公司（以下简称江苏华建）通过持续创新经营模式，拓展上下游产业链，做大做强产业联盟，走联盟联合之路，实现了企业多元融合发展，在竞争激烈的建筑业红海中寻出一条出路，取得了良好的经营效益。现将江苏华建建立产业联盟，实现抱团发展的情况报告如下：

一、华建联盟的基本情况

（一）华建联盟成立的缘起与意义

随着市场经济的深入发展和建筑产业的日趋成熟，施工企业的竞争环境、经营策略、发展定位都发生了变化，我们也发现，有些企业发展的思维定式严重，没有把握产业发展走势，跳不出原有圈子；有些企业无力有效利用各种资源，始终打不开局面；有的企业自我封闭，自我设限，错失了发展机遇。针对这些问题，我们认识到传统单一模式的发展模式，已越来越不适应现代企业发展的要求，必须以开放包容的心态和抱团成长的高度来谋划企业的未来，走联盟联合之路。江苏华建酝酿组建产业联盟的工作从2010年开始，经历了提出设想、调查论证、决策实施三个阶段。2011年11月，江苏华建作为主要发起人，联合来自全国各地的15家建筑业上下游企业在成都共同组建了"江苏华建品牌发展与协作联盟"（以下简称华建联盟）。华建联盟的成立，将一批想干大事业、谋大发展的企业和企业家聚集到了一起。目前，华建联盟已发展正式成员单位25家、观察员单位7家，联盟成员中既包括扬建、邗建、江建、扬州市政等扬州骨干企业，也包括泰兴一建、大江建设、中程建筑、正裕建安等省内骨干企业，以及宜昌焦点、岳阳华腾、深圳为海集团等省外关联企业，不同规模、不同阶段、不同追求的企业和团队基于相同的创业感悟、价值取向和目标追求，形成了利益共享、风险共担、文化共建的联合体，在联盟这个"生态圈"中互生共长，在共赢中发展。

华建联盟的成立，为成员单位搭建了互利多赢、共同成长的宽广平台。华建联盟破解了业务和资金两大难题。建筑业门类众多，单个企业不可能涵盖所有建筑工程专业和门类。华建联盟通过自己的品牌和影响力，吸纳了众多专业的建筑企业加盟，产业链有效拉长，形成建筑产业的"航母战斗群"。多种专业公司相互合作，就拥有了多种资源，带动业务协同增长，承接项目的实力更强、获得业务的概率更大、抗击市场风浪的能力也大大增加。同时，在联盟内部成立了独立运营的投资管理公司，建立健全了一整套联盟经营发展的机构和机制。联盟投资管理公司专注于联盟成员内部的项目投资，使小投入撬动大项目成为可能。在华建联盟，企业需要资金，可以获取投资额的双倍借款，而超过这一数额，联盟与银行也搭建了融资平台，也可通过商业化运作帮助解决。对合作开发的项目，联盟与成员之间、成员与成员之间充分发挥市场机制的效能，由联盟成员共同投入资金，抱团承接业务，共同参与项目建设，形成一个风险共担、利益共享的"利益链"。

华建联盟的成立，是江苏华建探索新机制新模式，打造有别于对手的竞争新优势的成功实践。在华建联盟这个平台上，江苏华建与成员单位相互依存、相互促进，以共享华建品牌为核心，共举华建大旗，共同开拓市场、承建项目，形成优势叠加、特长互补、互生共赢的良性局面。一方面，江苏华建通过联盟合作新模式，将资本、品牌、技术、信息、管理等方面的优势进一步提炼、融合，成为联盟成员共创共享的公共资源和财富，发挥其更大的价值；另一方面，通过华建联盟平台，联盟成员单位不仅通过多形式、多层次、多领域的专业交流活动共享信息、分享联盟成果，提升成员单位各层级人员的思想境界、认识和判断能力，还可以在激烈的市场竞争中发挥规模和品牌优势，让优势叠加，形成几何级数效应，拓展施工领域，在减少风险的同时取得良好的经济效益和社会效益。

（二）华建联盟的组织架构与运作模式

华建联盟的宗旨是"联盟协作，互生共赢"。性质是以华建品牌为依托，以资源整合、优势互补、利益共享为目的，以联合经营、投融资互助、品牌协作为合作形式，由参加联盟的企业或团队本着自愿互利的原则，以合法的协议方式共同构建的、旨在提高华建和成员单位品牌竞争力、加强成员单位之间相互协作的行业性、策略性利益共同体，也是成员单位企业家和相关人士联合组织教育培训、合作开展文化建设、共同实现自我价值的荣誉共同体和精神共同体。愿景是打造成业内有成就、有影响、有话语权、有号召力的联盟品牌，为全体成员单位的做大做强、为建筑行业的可持续发展作出应有的贡献。

华建联盟的组织架构：联盟的最高权力和决策机构是联盟主席团，联盟主席团由全体成员单位法定代表人（主要负责人）和江苏华建推荐的不超过3名其他人员组成。联盟主席团的主要职责是制定或修改华建联盟章程、共同协议，决定联盟专业委员会人选、决定联盟的一切重大事宜。联盟主席团会议每个成员享有一份投票权。联盟主席团会议每年至少举行一次。联盟主席团下设战略决策咨询委员会，每届任期3年，在主席团闭会期间决定联盟重大事宜。战略决策咨询委员会的主要职能：（1）决定联盟发展方向与策略；（2）提出联盟投资管理公司董事会、监事会成员建议人选；（3）领导和指导联盟秘书处、各专业委员会的工作；（4）决定联盟投资管理公司发展战略，指导和监督联盟投资管理公司董事会、监事会的工作；（5）决定联盟成员、观察员的加入与退出事宜；（6）对联盟的发展提出建议；（7）对联盟内的相关纠纷予以仲裁；（8）其他联盟重要事宜。华建联盟设主席一名，主席人员由江苏华建董事长担任。联盟主席负责召集联盟主席团和战略决策咨询委员会会议，拟定会议主题。华建联盟设项目管理委员会、投融资管理委员会等专业委员会。项目管理委员会具体负责联盟项目交易平台的有关决策和运行，投融资管理委员会负责联盟投融资合作平台的有关决策和运行。专业委员会同时负责专业培训、集体考察、联合采购、联合招商、资源整合、同业交流等工作。华建联盟的常设机构为华建联盟秘书处。秘书处主要职责是组织联盟内的各项会议、活动；牵头做好联盟成员、观察员单位的考察和发展工作；统筹、协调、配合各专业委员会的工作；承担与新闻媒体、社会各界及建筑业关联性产业的联络等工作，作为华建联盟对外发声的日常渠道。秘书处设秘书长1人，秘书长日常工作对联盟主席负责。

华建联盟成员的加入与退出：华建联盟实行成员推荐制。需符合下列条件方进入入盟考察程序：（1）江苏华建区域公司或其他分支机构推荐，或两位以上成员企业家联名推荐。（2）注册资本或自有资金1000万元以上，并具有施工总承包或专业承包资质等级的企业法人；个人资产1000万元以上，从事建筑施工5年以上，专业技术和经营管理力量相对稳定的经营团队；净资产1000万元以上，从事勘察设计、建材销售、建机销售租赁、检测检验、劳务分包等与建筑施工关联业务的企业或团队。（3）与江苏华建已经开展业务合作一年以上并正在开展。（4）企业或团队制度健全、管理严格、守法诚信、质态良好，有较好的商业信誉，无其他不良信用记录。认同华建品牌、承认并遵守联盟章程。华建联盟同时实行特别成员邀请制，邀请权归华建联盟主席。特别成员需要有创新精神、省内行业排名靠前、有与华建联盟成员企业合作共赢的潜力。

加盟程序。加入观察员程序：（1）符合成员基本资格，向联盟秘书处提出申请，并提交单位基本信息调查表。（2）推荐单位同时向联盟秘书处出具推荐函。（3）必要时由联盟秘书处牵头进行企业现场考察。（4）联盟秘书处向联盟战略决策咨询委员会委员发放《征求意见函》，所有委员一致同意方可提交联盟主席团会议研究。(5)联盟主席团会议五分之四以上参会正式成员表决通过,同意吸纳为联盟观察员。(6)联盟观察员的观察期一般为一年,最长不超过三年。观察期内不符合转正条件的,予以劝退。(7)联盟观察员除没有表决权和联盟主席团成员、联盟投资公司股东应享有的权利外,可以参加联盟组织的活动。(8)联盟观察员不发任何证书或牌匾。申请加入华建联盟的企业或团队,可以提前参加联盟组织的培训、考察等活动,但需按比例缴纳活动全部费用。

加入正式成员程序:(1)经过一年及以上联盟观察员期考察,与江苏华建或成员企业合作良好,无不良反映。(2)提前一个月向联盟秘书处提出转正申请,并由原推荐单位出具同意转正的建议函。(3)联盟秘书处向联盟战略决策咨询委员会委员发放《征求意见函》,所有委员一致同意方可提交联盟主席团会议研究。(4)联盟主席团会议五分之四以上参会正式成员表决通过,同意吸纳为联盟成员。(5)联盟主席与新加盟成员签署《共同协议》,并向其授予成员证书或牌匾。(6)新加盟成员必须在签署《共同协议》后的两个月内,按规定足额缴纳联盟基金后,方可成为正式成员。

华建联盟正式成员的权利:(1)成员不分入盟前后,享有平等的权利。(2)有权利参加华建联盟组织的各项活动。(3)取得优先与华建公司开展合作的资格,并享受华建公司规定的相关优惠条件。(4)优先享有与联盟内成员相互协作的权利。(5)获得联盟基金投资权并优先获得联盟融资协助,优先参与联盟及其成员的项目投资。(6)享有在华建联盟平台发送企业广告、项目信息和招商咨询、查询、共享联盟内部信息资源等权利。(7)委派代表参加专业委员会和联盟秘书处的工作,参与讨论和决定联盟的重大事宜,对联盟工作进行监督。

华建联盟成员的义务:(1)遵守联盟和联盟投资公司章程及各项规章制度。(2)积极参加联盟组织的各项活动。(3)将自身资源在符合自身利益时与联盟共享。(4)积极承办华建联盟的各项活动。(5)按时足额缴纳有关费用。

退出机制:(1)华建联盟观察员在观察期内只要通知联盟秘书处就可自行退出,超过三年观察期仍未转正的,视为自动失去入盟资格,至少三年以后方可再次申请加盟。现有的观察员单位,经原推荐单位继续推荐,可自章程通过之日起重新计算。(2)主动要求退出华建联盟的正式成员,需提出书面报告。(3)成员单位法定代表人(主要负责人)连续三次不参加应参加的会议活动者视为自动退出。(4)成员企业和团队经营不善,社会信誉极差,联盟有权劝退或停止其成员资格。对华建联盟声誉、利益造成损害者,有权要求其退出。特殊情况,联盟战略决策咨询委员会有权力酌情保留其成员资格。(5)退出华建联盟的成员、观察员单位,不得再以华建联盟成员或观察员单位名义对外进行宣传和经营活动。

华建联盟的主要运作模式： 华建联盟着力打造联盟内部项目交易的平台、投资合作的平台、融资互助的平台、信息资源共享的平台，具体运作模式包括：

（1）搭建项目交易的平台。华建与联盟成员以联盟为载体、以项目为纽带、以互利共赢为目的，开展规模项目、重大项目的施工合作。在华建品牌下，联盟成员可以针对某个具体项目，按项目股份制模式进行运作。

（2）搭建投资合作的平台。华建和联盟成员共同集聚资金、市场、管理、人才等方面的资源，共同开展BT、BOT、房地产等关联产业的投资合作，华建的投资机会优先向联盟成员开放，联盟成员的投资项目华建优先考虑参与，形成联合投资的资源优势和规模优势。投资合作严格按现代企业制度规范运作，利益共享，风险共担，股权结构、治理结构等根据项目具体情况和合作方意愿协调确定。

（3）搭建融资互助的平台。华建与联盟成员之间通过循环担保、短期拆借等多种形式相互提供融资协助。联盟制定成员单位综合能力评价机制和项目风险评估机制，并建立相应的融资审核体系，从而保证融资互助的顺利实施和联盟运行的高效顺畅。

（4）搭建信息共享的平台。联盟广泛开展建筑市场和建筑业发展的专题研究，并实现研究成果和信息资源的共享。积极探索联合投标、联合采购、联合培训等合作机制和模式，推进联盟内部经营融合与品牌协作，积极发挥联盟联合的力量。组织开展高端培训、参访、研讨、论坛等专题活动，共同提高联盟成员企业家和高管团队的水平、能力和境界。

合作原则：（1）联盟成员在与华建各区域公司合作时，可参照华建股东单位，享受相关待遇；（2）区域公司与联盟成员之间以及联盟成员之间内部合作必须完全实行市场化运作；（3）本着互相尊重、互相信任的原则，坚持内部矛盾协调解决，建立和保持畅通的高层互信互通联络协调机制。

华建联盟设立联盟基金。联盟基金是由联盟成员认缴的、以投融资互助为目的的、独立封闭运作的专项基金。联盟基金在联盟成员中募集，联盟基金按份认缴，每份100万元（后加盟成员按溢价后的价值计），最少认缴5份、最多认缴20份，一次缴付到位。联盟基金的主要用途为：（1）拓宽联盟成员投资渠道，为联盟成员提供一条稳定、长期、可靠的投资渠道；（2）集中一定规模的资金共同开拓市场、开发项目，追求资金规模效益；（3）搭建内部融资平台，为联盟成员提供一定额度的融资互助。为确保联盟基金的独立封闭运作，成立"江苏华建联盟投资管理有限公司"（简称"联盟投资"），股东为认缴联盟基金的全体联盟成员，注册资本为实际募集的联盟基金数额。联盟投资严格按照公司制规范运作，独立经营，自负盈亏；联盟成员依联盟投资公司章程享受权利、承担义务。联盟投资以资本运作为经营重点，主要是在联盟成员内部开展股权投资、债权投资、信托投资等投融资业务，以及联盟外部相关重大项目的投融资业务。联盟投资聘请专业投融资管理职业经理人和精英团队进行经营，实行风险抵押承包，确保资本回报率达到一定比例，超额分成，严格奖惩。

华建联盟强调联盟协作、互生共赢。华建向联盟成员开放包括主业拓展和多元经营的广阔领域，协调和促进联盟成员之间双边和多边合作，在市场开拓和主业拓展方面实现品牌协作、资源共享、优势互补。建立联盟基金，开展投融资互助，为成员企业投资理财搭建平台，为实施多元经营提供资金支持。探索联合投标、联合采购、联合培训等合作机制和模式，推进联盟内部经营融合与品牌协作，积极发挥联盟联合的力量。组织开展高端培训、参访、研讨、论坛等专题活动，共同提高联盟成员企业家和相关高层次人士的水平、能力和境界，为将联盟打造成利益共同体、荣誉共同体和精神共同体奠定基础。成员开展项目与资金合作严格遵循市场化的运作模式。目前，华建联盟在地产项目联合开发、施工项目与BT、PPP项目投资合作、破解中小建筑企业融资困难、人员业务培训等等方面发挥了重要作用，成功推进合作经营产值超100亿元。通过与政府、甲方形成利益共享、风险共担的合作伙伴关系，拓展了新的发展空间，加快推进企业向工程承包商、投资商、运营商为一体的大型集团化企业转变。一是采取投资合作经营模式与朗诗地产、三盛宏业等上市公司在上海、苏州、成都、天津等地合作10个项目、100多万平方米，为经营模式转变积累了经验；二是2014年在邓小平家乡广安投资30亿元建设官盛新区BT项目，涵盖市政道路、防洪和安置小区等工程；三是2016年初中标广安岳池城东新区PPP项目，该项目集棚户区改造、道路及地下管廊建设、河道整治及防洪工程、智慧城市和海绵城市建设于一体，总投资额35亿元，成立SPV公司，以独立的第三方负责该项目开发，使施工、投资独立运作、互不干预；四是2016年在深圳承建56万平方米，总造价20.34亿元的深圳龙岗EPC项目，从施工总承包向工程总承包转型迈出了坚实的一步。

二、存在的问题

华建联盟成立以后，总体运行良好，联盟协作、共生共赢的力量不断增强。但对照联盟长远战略目标，还应当努力克服运行过程中存在的问题和不足：

（一）联盟结构有待优化

一是成员单位实力参差不齐，互补性不强。联盟现有的25家正式成员单位和7家观察员单位中,既有华建公司、扬建集团、邗建集团等年产值突破100亿元的大企业,也有年产值10亿左右的小企业,成员之间实力较为悬殊,不利于权力的制衡。联盟成员在价值链中所处的位置大致相同,不利于形成优质资源互补。

二是联盟开放度不够。华建联盟成员以工程施工为主,主营业务相对单一,上游供应商、下游房地产企业以及金融机构较少,没有高校科研机构的加入。随着建筑业工业化、信息化和金融化时代的来临,华建公司应当积极动员合作关系良好的供应商、金融机构、房地产企业、建筑科研单位参与到华建联盟中来,让联盟的外延更加开放、内涵更加丰富。

三是工作机构不够健全。华建联盟5个主要机构中,相对于战略决策咨询委员会、秘书处和联盟投资公司,投融资委员会和项目管理委员会两个机构还没有真正建立,因此也没有明确的职责分工。在实际运作过程中,投融资委员会的职能被联盟投资公司所代替,这种运作模式存在一定的弊端,因为联盟投资公司主要负责具体投资项目的运作,属于实际操作层面,而投融资委员会应当属于更高层面的决策层面,负责对联盟投资公司下达工作目标,并对公司运作进行考核评估。因此,投融资委员会的缺位,导致联盟投资公司既管决策又管经营,造成边界不清。而由于项目管理委员会的缺位,联盟内部在项目合作方面缺少"指挥官",导致联盟内部成员的项目合作缺乏统筹,合力没有得到充分发挥。

(二)合作潜力有待挖掘

一是资源整合力度不够。虽然华建联盟在推动资源整合、抱团发展方面开展了诸多尝试,也在一些具体项目上也有成功的案例,但总体上看距离预期还有较大差距。比如,在联合竞标超大型建筑项目、品牌与专业资质合作等方面尚未形成重大突破,在共同采购、协作担保等领域还缺乏实质性的运作。

二是核心竞争力互补不够明显。华建联盟成员单位在产业链上所处的位置不同、业务专长不同,所拥有的核心能力也有所区别。比如,相对于华建公司的综合竞争优势,华宇装饰在扬州装饰装潢行业、扬州市政在道路和管道施工领域都拥有明显的技术优势和较好的品牌知名度,通过合作,完全可以实现核心能力的互补。但是,截至目前,它们之间实质性的项目合作并不多。

三是合作伙伴类型单一。华建联盟现有的25家正式成员和7家观察员单位均为建筑产业链内企业,极少有与建筑行业密切相关的地产、金融、建筑科研等企业单位的加入。这在一定程度上制约了联盟及联盟成员单位业态的多元化发展,也不利于节约融资、培训等资源成本。

四是资本能力不强。以联盟投资公司投资情况为例,联盟投资公司在投资对象上,主要以联盟内投资为主,占比达到66%;在投资领域上,主要以债权投资为主,超过80%。这说明,联盟公司投资的主要目的还是用于支持联盟成员单位项目建设,投资渠道相对单一,股权投资和基金投资规模较小,通过市场化运作的项目较少,创新性业务拓展不足。与此同时,联盟投资公司现有专业化人才数量不足,培养机制和激励机制等不完善,也限制了公司的发展。

(三)联盟稳定性有待增强

一是核心价值理念需要进一步强化。由于联盟是一种特定的合作伙伴关系,成员单位在合作的同时保持着各自的独立性和组织的松散性,成员企业具有各自的特殊利益。华建联盟运行过程中,就曾经发生过因为成员单位公司理念与联盟优势互补、共生共赢、利益共享的核心价值理念不符,而被劝退。此外,在某一具体项目竞争过程中,成员单位之间为了争夺项目,也偶尔有非理性竞争行为的发生。这些都说明,华建联盟在打造核心价值理念方面还需付出更多的努力,将成员单位真正团结在江苏华建和华建联盟这面大旗之下。

二是问题协调机制尚未成型。比如,《共同协议》规定成员单位优先享有与联盟内成员相互协作的权利,那么究竟享有哪些方面的相互协作的权力?比如,当联盟内部成员单位之间就某一问题存在争议时,如何化解纠纷,由谁化解?又比如,对于联盟举办的活动,每次在规定名额之外要求参加的人数越来越多,对此,华建联盟还没有明确的机构和机制负责调处这样的矛盾。

三、有关意见建议

华建联盟上述问题的存在,主要因为是对企业战略联盟合作伙伴和合作模式选择及运行和管理机制的理论认识不清。华建公司若要实现联盟战略目标,推动华建公司及华建联盟的可持续发展,必须以战略联盟相关理论为指导,完善和优化现行运行机制和模式,建立起一套行之有效的联盟运行机制。有关意见建议:

(一)优化联盟成员结构

一方面,为了保持联盟的活力和联盟的发展壮大,华建联盟应当秉持"既积极又慎重"的态度,坚持好中选优,适时把理念先进、实力雄厚、互补性强的企业吸收进来,以提高联盟的发展层次。新加入企业的选择,在行业上,应当是在建筑业某一细分行业(建材、勘察设计、建筑施工、检验检测、劳务分包等)或关联行业(房地产、银行、证券公司、基金公司、高校、科研机构等)具有一定优势或经验的企业;在资格条件上,应当满足《共同协议》规定的公司实力、公司制度、公司质态、商业信誉等方面的硬性条件。

另一方面,为了保持联盟的整体质态,应当对达不到联盟要求的成员企业做劝退处理。要严格按照《共同协议》的成员退出机制,对联盟运行期间,成员单位现状不符合联盟成员资格条件并经一段时间整改仍不能符合的,予以劝退。以下两类成员企业应当及时劝退:一是企业因自身经营等方面的原因陷入困境,已不符合成员资格条件;二是企业在公司理念上和执行联盟决议上出现了问题。通过这种有针对性地"减",将一批不符合条件的企业淘汰出局,从而实现联盟自我净化,提高联盟的质态和竞争力。

(二)健全联盟组织机构

一方面,应明确投融资委员会和项目管理委员会的职责。目前,华建联盟由于这两个专业委员会的缺位,导致联盟机构边界不够明晰,影响了联盟整体功能的发挥。因此,应尽快完成这两个专业委员会的搭建,明确其相应的工作职责。建议:投融资委员会负责对统筹研究重大投资融资方案并提出建议,对联盟重大项目运作、资本运作、资产经营项目进行研究并提出建议;对联盟投资公司运作实施监督和检查;项目管理委员会负责制定项目运作制度规范,负责联盟内部以及联盟与其他合作方具体合作项目的协调和管理。

另一方面,应强化组织机构的顶层设计。科学合理的联盟专业管理机构是实施联盟管理的前提。华建联盟现有的组织机构不应是一成不变的,而应当根据形势变化和联盟发展的需要,进行必要的取舍和适时的增减。具体应当遵循以下原则:一是机构的设置,应当以寻求华建联盟成员单位一致利益为原则,以减少各方之间的矛盾为基础;二是必须明确各机构的责、权、利,从而使得各机构清晰在联盟中所处的位置、应当承担的责任和义务,避免引起工作混乱和推诿扯皮;三是对机构要充分授权。比如,华建联盟要保持联盟管理公司的独立性,按照现在公司治理机制和市场化方式独立运作,联盟对其不应过多干预。

(三)加强品牌合作

华建公司是国内建筑业知名品牌,跻身"中国建筑施工企业百强""中国承包商80强""中国建筑业竞争力百强企业"行列,多次被评为"全国建筑业先进企业""全国优秀施工企业"等荣誉称号。建议以华建为龙头和主导,将联盟其他成员单位团结在华建公司周围,通过品牌合作,组建华建航母舰队,抱团抢占市场，达到 1+1>2 的效果。

品牌合作的具体内容可以包括：扩大华建公司与联盟成员企业之间的互惠合作，向联盟成员开放包括主业拓展和多元经营的广阔领域，提供便捷、高效、深入、优惠的服务，实现华建品牌价值的最大化；协调和促进联盟成员之间双边和多边合作，在市场开拓和主业拓展方面实现品牌协作、资源共享、优势互补。

（四）加强技术研发合作

华建公司科技创新较强，在新技术应用方面成绩突出，先后被表彰为"全国建筑业技术创新先进单位""全国建筑业科技进步与技术创新先进企业""中国施工企业管理协会科学技术奖技术创新先进企业"。华建公司可以依托强大的研发能力，为联盟成员项目施工提供技术支持和服务。

（五）加强专业资质协作

建筑行业专业资质协作是指，建筑企业一方提供设备、劳力资料，另一方具备实体经营活动的资质条件，共同完成项目工程。目前，华建联盟中，江苏华建、扬建、邗建等实力较大的企业已经具备施工总承包特级资质以及多项专业承包一级资质，但也有不少规模较小、实力较弱的联盟成员企业资质级别较低，在承揽项目工程时受到限制。为了帮助联盟内部小企业解决这一问题，可以探讨在联盟内部开展专业资质合作。资质协作不同于资质挂靠，资质协作要求资质方负责签订项目建筑合同，对项目的施工和质量负责，接受资质一方必须严格按照施工要求和用料规格，具备资质一方全程参与建设、监督和管理。目前，这种合作方式是法律允许的。

（六）发挥华建学院优势

2014 年成立的华建学院是承担对华建内部、华建联盟成员单位员工的二次教育的主要阵地，主要任务是支持行业内部员工的能力素质提升，构建完善的领导力培养体系，推动员工成长与职业发展。华建学院成立以来，在开展相关专业知识和技能培训，促进联盟成员企业能力提升方面发挥了一定的作用。

华建公司和华建联盟应将华建学院定位为联盟成员单位学习交流的主平台和高端培训的主战场，推动华建学院在促进华建自身员工职业发展、帮助组织实现绩效和战略以外，在联盟内部强化业务伙伴关系，通过开设高端精品课程，帮助联盟单位推动战略变革，提升组织能力，解决业务绩效问题，营造良好的企业文化。

华建学院应当秉持务实、专业、管用的原则，在课程开发和设置方面突出华建和联盟单位实际需求，重点开办二级建造师继续教育培训、职称评审材料申报业务培训、BIM技术应用研讨会、新图集宣贯培训、建设领域专业人员岗位培训考试、装配整体式混凝土结构讲座等课程，从而促进联盟成员单位的人才培养和能力提升。

（七）扩大项目和资本合作

1. 开展联合投标。大型建筑工程具有资金投入量大、工程任务量大、施工技术难度大的特点，需要建筑企业具有较强的经济实力、技术实力和抗风险的能力，中小企业一般不敢轻易试水。华建公司虽然是业内实力较强的企业，但由于业务遍及国内大部分区域和东南亚地区，在个别时段的个别重大工程项目招标时，存在资源捉襟见肘的现象也在所难免。而联盟内其他成员单位由于规模较小，面对"大块头"的工程项目和大型建筑企业的竞争，也时常有心无力。为了解决重大工程投标时，当个别时段华建公司资源捉襟见肘和联盟小企业有心无力的矛盾，华建公司及华建联盟应当在时机恰当的情况下，探索围绕某一个具体工程项目，组建内部投标联合体，集中整合内部成员单位力量，携起手来共同参与项目投标竞争。比如，华建公司可以联合国际市场开拓经验丰富的江苏恒远等公司共同参与巴基斯坦、老挝、哈萨克斯坦"一带一路"沿线国家建筑工程项目。

2. 开展联合采购。由于建筑施工采购类别繁杂、采购时段不稳定、施工地点分散，建筑企业在采购产品时，通常习惯于分散式采购。建筑企业分散式采购存在一定的弊端：一是由于企业规模小、实力弱，导致谈判和议价能力弱；二是难以获取集团大客户采购价和相应的特权服务；三是供货质量稳定性不强、货源采购渠道不稳定、项目售后服务问题多，不利于工程项目的市场竞争及项目维护。为了增强内部成员单位采购谈判能力，节约采购成本，华建联盟应当将联合采购也作为联盟内部合作的重要内容之一，帮助成员单位降低采购价格、节约管理费用、节省前期投入。

3. 强化资本运作。联盟投资公司是华建联盟开展资本运作的主平台。针对投资渠道相对单一，市场化运作项目较少，创新性业务拓展不足等问题，联盟投资公司下一步应当努力丰富公司产品、拓展投资渠道，积极为了联盟成员单位谋取更多的投资收益。

一要积极转换公司职能。联盟公司应制定发展规划，健全规章制度建设，完善人才队伍建设和市场化运作制度，健全金融产业布局，完善金融机构体系建设。坚持整体性、市场化、合作共赢的原则，由单纯的资金拆借职能向贷款、担保、理财、中间业务等综合性金融服务平台公司过渡。

二要拓宽公司融资渠道、增强资本运作实力。应当加强与各类银行、证券、基金公司等合作，扩大贷款融资占比；创新融资思路，通过运作基金公司，积极吸收民间委托资金、单位委托资金，建立融资基金专用账户，用活存量、管好增量，控制风险，增强资本运作实力。

三要开发新的产品，丰富公司产品线。利用投资公司和基金公司两个平台，发挥协同效力，针对不同的风险爱好者，开发相对应的结构化产品。投资公司或基金公司未来产品端应当逐步涉及 PE 或 VC，互联网金融，私募债，证券类金融，地产基金等各类领域。

四要强化风险管控，建立风险内控制度。积极利用综合化经营带来的业务互补和业务创新优势，在集团公司与公司之间建立"防火墙"制度，有效隔离风险，避免局部风险系统化。强化风险管理和内控制度，建立风险控制文化，构建独立、权威性的风险监督、评价管理体系；建立完善的内部控制制度，明确相关部门内控职责，理顺内控运行程序，设立独立的内部审计部门，对内控系统进行综合性审计与评价。

（八）优化利益分配机制

1. 要明确利益分配原则。不管是华建联盟成员之间的项目合作，还是联盟投资公司的资本运作，在利益分配方面，都要坚持以下原则：

一是互利共赢。互利共赢是华建公司联合伙伴企业成立华建联盟最主要的目的，也是华建联盟内部成员之间利益分配必须坚持的首要原则。华建联盟的利益分配设计应当体现互利共赢的理念，使每个联盟成员企业都可以从中获益。否则，就会影响成员企业的积极性，导致联盟关系的破裂和合作的失败。

二是结构利益最优。就是从华建联盟组建和运行的实际情况出发，充分考虑各种因素，合理确定利益分配的最优比例，从而充分调动成员企业的积极性。

三是市场化运作。华建联盟及联盟投资公司要重视联盟内部市场化机制的建立和运用，联盟与成员、成员与成员之间应当做到"分得清楚、合得愉快"。

四是投入与收益相对称。就是在制定利益分配方案时，应当充分考虑联盟成员企业所投入的资金、技术、人才等要素资源的多少，充分体现公平、公正的原则。

2. 要开展利益分配制度设计。联盟投资管理公司作为华建联盟独立的法律实体，是完全按照公司化运作的，《公司章程》对利润分配办法有明文规定，实践过程中也比较规范。但目前的联盟《共同协议》对联盟成员之间合作的利益分配没有做出明确规定，因此，华建联盟应当修改《共同协议》，增加关于联盟利益分配的制度设计，或是单独制定联盟利益分配方案。

一是确定联盟可分配利益。华建公司和华建联盟应当对期望的收益进行合理估算，然后确定利益形成所需要的资源投入，包括资金、品牌、信息、技术、资质等。在此基础上，明确资源投入和任务完成后，联盟可供分配的利益，比如项目分红、投资信息、市场机会等。

二是确定利益分配原则。华建联盟在利益分配时，应当突出互利共赢、结构利益优化、市场化运作、投入与收益相对称这四条原则，同时，还必须考虑联盟成员企业在联盟运作过程中所承担的风险，比如投资风险、技术风险等，这些都应在收益中得到补偿。

三是确定利益分配方式。首先，华建联盟应当根据联盟运行情况和联盟成员企业的需求，灵活地确定利益分配方式，提出多样化的分配方案，由联盟决策机构研究决定。其次，按照联盟及联盟成员企业的投入和产出，比如，资金、人才、技术、资质以及合作风险，通过建模、测量等评估手段，对贡献、效益、风险进行评估，并在此基础上确定利益分配的比例。

（九）重视问题协调解决

1.要强化信任机制。信任是企业合作和联盟生存的基础。华建联盟成员之间只有彼此信任，才会愿意将自己的核心资源拿出来与其他成员共享。华建联盟成立初期，成员之间由于相互了解不足，彼此信任度较低，这属于正常现象。但随着时间的推移，华建联盟应当把增加成员之间彼此信任作为一项重要工作，潜移默化、循序渐进地建立和强化联盟信任机制。可以采取以下措施：

一是华建公司作为联盟的"龙头"，要充分发挥表率作用，在模范遵守《共同协议》、自觉履行联盟成员责任的同时，通过各种具体的行为和行动不断地表现出对联盟其他成员的信任，舍得将自己的市场、品牌、技术、管理经验等核心竞争力拿出来与其他成员分享。通过这些表现信任的行为，可以反过来激励联盟其他成员也采取相应的信任措施。

二是通过召开联盟会议、组织交流（信息交流、人员交流等）、开展互惠共赢的项目合作等形式，培育联盟成员的"利他"思维。成员之间的合作应当"义"、"利"结合，"义"字当先，多分一杯羹给别人，最后得到的将会是数倍的汇报。因此，要引导联盟成员单位认识到，联盟单位之间的合作，不能过多地关心自己的利益而不考虑合作方的利益，而是将利润最大化作为双方或多方一致对外的追求目标。

三是畅通信息交流渠道。很多情况下，联盟出现信任危机是由于信息沟通不畅所引起的。因此，建立有效的信息交流渠道，是促进联盟成员之间信任建立的有效手段。因此，华建联盟应当继续开展好现有的联盟暨投资公司年会、董事长沙龙、内部交流培训等活动，继续办好线上线下的信息交流平台，通过这些正式和非正式的沟通渠道提高行为的透明度，从而增进联盟成员单位之间的互信。

2. 要强化调处机制。由于联盟成员单位之间存在相互独立性和竞争性，因此各方在合作中很难做到责、权、利绝对均衡，存在各种矛盾也在所难免。因此，华建联盟应当建立科学的问题协调机制，妥善解决成员之间的矛盾和冲突，引导联盟成员将主要精力用在合作共赢上，而非用在内耗之中。为了有效化解矛盾纠纷，华建联盟应当加强顶层设计，建立联盟协调委员会或工作组，负责统一协调解决联盟内部成员之间产生的矛盾和冲突。协调委员会或工作组成员应当时为人正直、办事公道，且应当由联盟成员单位选举产生。在调解矛盾冲突过程中，协调委员会或工作组应秉持公正、公开、透明的原则，以《共同协议》为基本遵循和准绳，秉公处置矛盾冲突，并将处置结果在一定范围内向联盟内部成员公示，接受成员单位的监督。

（十）促进联盟文化协同

良好的联盟品牌形象有助于增强联盟的凝聚力和对外影响力。华建联盟组建以来，逐渐得到了各界的认可与肯定，要求加盟的单位也越来越多。下一步，应从以下五个方面加大力度，进一步扩大开放影响力，提高联盟的社会形象：

一是把好发展成员的关口。应坚持既积极又慎重的原则，真正把理念先进、实力雄厚、互补性强的企业吸引进来，以提高联盟的发展层次。

二是推动企业文化的融合。战略联盟能否顺利实施，很大程度上取决了联盟成员企业的企业文化是否融合。华建联盟应当通过举办董事长沙龙、办好《盟友》刊物、组织内部参加交流等形式，实现成员单位之间的信息沟通，逐步形成和传递共同的价值理念，使企业之间的文化相互适应、相互协调。

三是要打造联盟的品牌特色。一方面，利用产业链优势以联盟品牌对外经营承接城市综合体项目。另一方面，要像万科城、碧桂园一样打造联盟独特的特色产品。

四是规范必要的行为准则。比如联盟单位的企业形象和员工行为应当符合华建文化的基本标准，产品品质应当达到华建公司的基本要求等。

五是推动联盟成员单位积极履行企业的社会责任，反哺社会。为了展现联盟的大爱精神，华建联盟专门成立了爱心基金会，向受灾地区和扬州市慈善总会捐款近50万元，同时积极开展爱心助学活动，资助了四个乡镇中心小学共100名贫困家庭的学生。这些爱心行动，向社会传递了华建联盟的正能量，类似的公益活动今后应当持续开展下去。

华建联盟的成立，为江苏华建乃至全行业提供了可借鉴、可复制、可推广的经验模式。企业强强联合、强弱联合，凭借各自的资产、资源、资本优势形成深度合作，是将来企业、行业发展的趋势。未来，华建联盟将进一步解放思想，立足于打造价值链合作平台，构建业务物流大体系，推动建筑业向高层次、高质量发展，为实现中华民族伟大复兴的中国梦做出更大贡献。

（王宏　江苏省建筑行业协会副会长、江苏省华建建设股份有限公司董事长）

关于弘扬建筑工匠精神的调研报告

陈迪安 郭颖飞 朱恩重

江苏省人民政府《关于促进建筑业改革发展的意见》下发后，公司立即进行了转发，让大家尽快学习贯彻文件精神。省协会关于开展系列调研的函件下发后，集团专门研究制定了调研方案，下发了专项调研通知，成立了以董事长陈迪安为组长专题调研工作领导小组和实施小组，有计划有步骤地进行了学习调研。截至6月底，集团共收到6个分公司的调研报告，9个分公司的统计报表，2个部门的论文和方案。在此基础上，形成了本调研报告。

一、基本做法

江苏建工诞生于20世纪80年代末九十年代初的改革开放初始阶段。公司一成立，就面向全省吸纳能工巧匠，在北京市场和全国各地建筑市场逐步展现才华，获得了良好的声誉。经过20多年的探索拼搏，逐步发展为以总承包为主，包括各类专业和劳务在内的建筑工程特级企业。正是因为有了一大批能工巧匠，我们才取得了省内唯一既总承包了奥运会项目、又总承包了世博会项目的骄人业绩。党的十八大以来特别是近两年来，集团把培养工匠、弘扬工匠精神作为企业建设的系统工程来抓，主要采取了以下措施：

（一）在潜移默化的企业文化建设中不断灌输工匠精神

"工匠精神"是一种职业精神，它是职业道德、职业能力、职业品质的体现，是从业者的一种职业价值取向和行为表现。"工匠精神"的基本内涵包括敬业、精益、专注、创新等方面的内容，这与社会主义核心价值观和江苏建工企业理念是一脉相承的。

从2002年公司改制以来，集团就以社会主义核心价值观为指导，逐步建立起包括"以人为本"的企业哲学、"诚信、团结、敬业、创新"的企业精神、"科学管理、精益求精、持续改进、追求卓越"的质量安全环境方针等九个方面的江苏建工企业理念体系。从2004年起，集团每年3月开展企业文化月活动，2017年又将企业文化月活动改为每年2月至5月的江苏建工文化之春活动。每年的企业文化活动都紧跟党和国家的部署,明确一个主题,开展丰富多彩的系列活动,并注意将工匠精神的学习宣传融入系列的企业文化活动中,从而为弘扬工匠精神营造了良好的氛围。

(二)在持之以恒的贯标培训中不断提升工匠的操作技能

优秀的工匠都是相关工程建设标准的熟练掌握者。从 2000 年开始,江苏建工就开始了质量体系认证,之后又逐步发展为质量安全环境三位一体认证。至今,集团的质量安全环境手册已经是第 6 版,与之配套的还有项目施工管理办法、职业健康安全环境管理制度等一系列规章。以贯标为抓手深入开展质量提升行动,每年集团都召开现场质量观摩会,交流管理经验;举办各类施工管理人员培训班,组织学习新标准、新技术、新工艺;在各项目施工现场通过农民工业余学校、施工作业交底等途径组织施工人员学习操作规程,不断提升一线工人的操作技能。

(三)在互帮互学的师带徒中实现工匠精神的传承

师傅带徒弟,是建筑业技能传承的传统做法。在集团的许多施工现场,这一传统做法得到了保留。总承包五公司在新员工报到经过入职培训后,就由公司和项目部挑选综合素质好、业务能力强、既有责任心又具亲和力的老员工与新聘员工签订"导师带徒"协议,要求每个导师必须从业务知识、管理能力、与人沟通等方面给新员工实施正确的引导,将新员工的进步程度作为对老员工考核的一项重要指标。在"导师带徒"协议期满之时,师傅还要根据平时对徒弟的兴趣、爱好、性格特征以及综合素质的了解,向公司提出使用建议,以便更好地发挥新员工传承匠德匠艺的作用。

(四)在永不停顿的技术创新中发挥工匠的聪明才智

随着新技术新材料的不断出现,建筑工程新工艺也随之产生。只有不断进行技术创新,才能满足新的工程建设的需要。集团嘉兴乐高项目部把 BIM 技术应用到项目施工中,通过建模和视频监控来规范管道安装及各个关节点的施工,不仅有效地提升了工程的施工质量,而且缩短了工期,节省了大量成本。该工程从施工至竣工,共创新各项技术工艺 30 余项,改变既有现场管理办法 20 多条。上海公司工程部经理张传界有着近二十年的现场施工经验,他经常深入工地一线与工人师傅交流,结合施工实践不断进行技术创新。如今,他已经拥有 15 项实用新型专利、9 项 QC 成果、2 项省级工法,2 篇论文在省级刊物上发表,先后获得"全国优秀建造师"、"上海市工程建设质量管理小组活动优秀推进者"、"上海市工程质量管理先进工作者"等诸多荣誉。

(五) 在不断优化的工资分配中调动工匠的工作积极性

集团劳务西安分公司副总经理周正飞坚持按质量抽检结果来核定每个劳务班组的薪酬等级,凡是质量抽检一直优秀的班组,除薪酬比一般班组高20%以外,还另有奖励。低于良好等次的则相应按原定薪资标准下浮5%~10%。他们团队的劳务人员年平均薪酬要比其他建企的劳务人员高15%~20%。正面教育引导加薪酬激励,促使一线操作员工用工匠精神将每道工序做成样品、精品。目前该劳务分公司常年施工劳务人员多达3000人,年承接大型项目10多个、产值超5亿。中建一局、西安市住建委和江苏省住建厅驻西北办事处都先后在他们负责施工的多个项目部召开过安全文明及治理质量通病的现场观摩会。中建一局还将他们列入优秀合作方名录,赋予他们优先选择施工项目的特权。

(六) 在大张旗鼓的表彰先进中激发工匠的创优激情

集团每年年初都要召开一次表彰大会,表彰一批弘扬工匠精神好的先进项目部、优秀项目经理和质量安全工作取得明显成绩的先进个人。上海分公司项目经理狄爱芝加入江苏建工十多年,参建和独立负责承建的大小项目30个,其中5000万元以上的较大项目工程20个,先后获得国家优质工程"鲁班奖"和14项省级优质工程,被各级评为"文明工地"、"示范标准化工地"更是高达80%。集团先后两次给他颁发突出贡献奖。

(七) 在公平公正的合理用人中增强企业对工匠的吸引力

总承包五公司在选配项目管理班子和各关键环节的工长时,向所有具备能力的新员工敞开大门,其中就有2名项目负责人和8名工长是进入公司时间不长的新员工。12名表现优异的员工越级上调工资,有的员工的工资在一年内上涨了四级。当年招聘的应届毕业生中,有11名表现优秀者提前转正。有1名工龄不满两年的新员工,在获悉自己被公司委派为项目负责人后感动地说:"公司这样重用我们,我们唯有加倍努力,创造一流业绩,才能对得起公司的信任和重托"。

(八) 在密切配合的党群联手中打造良好的生态环境

良好的政治生态环境,对弘扬工匠精神至关重要。公司党委要求,凡是有3名以上党员的单位和项目部都要建立党组织,所有单位和项目部都要建立工会组织和共青团组织,党员、团员和工会积极分子要带头弘扬工匠精神。项目部临时工会和团支部组织工会成员和青年工人参加农民工业余学校培训，联手工程部门组织工匠开展技术创新、劳动竞赛和安康杯竞赛活动。在公司网站上开设学习园地，在公司平台上设立知识地图，为大家学习提供方便。公司建立移动办公平台和各类微信群，给大家工作、沟通和交流提供了方便。

二、主要收获

（一）提高了工程质量

工匠精神的弘扬，激发了广大施工人员按规操作的自觉性和争创优质工程的积极性。2016年和2017年集团竣工的所有工程全部一次性通过合格验收，这两年集团取得市级以上优质工程、优质结构奖28项，获新技术应用（绿色施工）示范工程验收6项、立项16项，产学研课题获省级科学技术成果国内先进水平鉴定6项，优秀质量管理小组28项，获省级工法5项、国家专利4项、学术论文获奖12篇。2018年7月，集团公司被中国施工企业管理协会评为"2018年度工程建设质量管理小组活动优秀企业"。无锡分公司自2012年初起，因为质量过硬，已连续3次在万科公司竞标中夺魁。合肥万科森林城C3和A3两个项目在万科多达百余次的"飞行抽检"考核中，每次得分都位居前茅，累计获万科总部现金奖励60余万元，其中A3项目因住宅工程质量控制和施工质量管理标准化方面做法独特、效果显著，国家住建部质量安全司组织参加住宅工程质量常见问题专项会议的18省市的代表，专门到该项目工地进行现场观摩。

（二）保证了施工安全

党的十八大以来，特别是近两年多年，集团扎扎实实地抓施工人员综合素质提高的同时，及时签订各级安全生产责任书，及时抓好三类人员的安全培训，及时召开集团安全生产例会，及时组织综合大检查通报检查情况，及时运用多媒体工具箱抓好三级安全教育，从而有效地避免了较大安全事故的发生。两年来，共获安全文明（标准化）工地43项。

（三）推进了企业发展

近几年来，在国家投资减少、建筑业施工任务急剧下降的情况下，集团仍然保持了平稳发展的态势。2017年度圆满完成生产经营各项指标。计划新签合同额132.70亿元，实际签订合同额252.85亿元，占比190.54%；计划完成施工产值128.40亿元，实际完成施工产值144.99亿元，占比112.92%；计划实现工程结算收入105.20亿元，实际完成工程结算收入122.80亿元。经济指标创历史新高，今年一季度江苏建工在建工程施工额约 420 亿元。

（四）提升了品牌价值

近年来集团公司在保持以往荣誉的基础上，继续荣获了全国守合同重信用企业、中国工程建设企业信用 AAA 级企业、全国优秀施工企业、中国建筑业竞争力百强企业、中国人民建设银行总行级 AAA 级重点客户等荣誉称号，《江苏建工》期刊先后获得全国精品期刊、优秀期刊和江苏省建筑行业协会优秀期刊，有效扩大了江苏建工品牌的影响力。

三、存在问题

在这次专题调研中，通过制作统计报表进行普遍摸底和派出专人进行现场调查，发现当前施工队伍中存在诸多问题，不利于工匠精神的弘扬。

（一）高技能人才比例较低

集团参与统计的工程技术管理人员中，有职称人员约占 25%；部分工程师和高级工程师虽然持有证书，但实际能力与之有很大的差距。建筑工程类建造师占建造师总数的 88.2%。据现场管理人员反映，目前有一些现场持有一级建造师证书的项目经理是进公司不久通过考试取得证书的大学生或机关人员。这些人平时不在施工现场，只是在上级检查时临时赶到现场应付检查。平时在施工现场的执行经理虽有管理经验，但因考试通过不了却没有证书。

集团参与统计的一线操作工人中，持有证书人数约为 11.4%，高级工（含）以上持证人数约占持证总人数的 5.44%。随着精准建造、数字建造、绿色建造、装配式建造的逐步发展，技能人才掌握的传统技能难以适应发展需要，这方面的技能人才短缺的矛盾将会更加突出。

（二）教育培训形式单一

集团参与统计的工程技术管理人员中，小学以下文化约占 2.96%，初中文化约占 12.04%，高中文化约占 21.37%，大专文化约占 32.61%，本科以上约占 31%。据了解，现有工程技术管理人员中只有少数人利用业余时间参加自学考试。

集团参与统计的一线操作工人中，小学以下文化约占 9.8%，初中文化约占 48.1%，高中文化约占 29.9%，大专文化约占 10.6%，本科文化约占 1.66%。目前，多数单位的培训形式比较单一。不按规定提取教育培训经费，不愿加大培训教育的投入，是培训形式单一的重要原因。

（三）人才流失现象频发

在建筑市场疲软的大背景下，一些经营责任人承接不到施工任务，原有的技能人才只好另谋出路。有些高技能人才，在企业工资福利不能满足其要求时，也采取了辞职走人的办法。此次调研发现，项目人才流失现象最为严重，有的项目流失率能够达到60%～70%。如何留住对企业长远发展有着直接影响的技能人才，是弘扬工匠精神急需研究解决的问题。

（四）技术等级评定不及时

据现场管理人员反映，目前在现场施工的工人中，大多数虽然无执业资格证书，但实际操作能力已经具备初级工、中级工或高级工，少数已经达到技师水平。但由于这些年来没有人安排他们申报资格证书，致使大多数操作工人无执业资格证书。这对下一步全国实行人员实名制管理造成了极大的障碍。

（五）技术创新活动不普遍

在经营责任人对工程项目进行承包经营的体制下，加上项目垫资量大，不少经营责任人只求工程项目能够正常运转下去，保证项目竣工验收合格、经济上不亏本就行。对于项目创优、技术创新不想有大的投入，一些最新的施工技术如装配式混凝土结构施工技术、基于BIM的施工技术、组合铝合金模板施工技术、3D打印技术等还未引起普遍关注。尽管集团设立了创优基金、下达了技术创新任务、对创优和技术创新成绩突出者进行了奖励，但仍难调动经营责任者的积极性，广大工匠的积极性就更难调动。全集团工程创优和技术创新成果与先进单位相比仍有较大的差距。

（六）劳动竞赛活动不广泛

开展社会主义劳动竞赛，能够激发广大工匠的劳动热情，各级政府部门和工会系统都有要求，竞赛经费上也有开支渠道，集团也建立了劳动竞赛的组织，但除了一些项目上自发地组织了一些劳动竞赛活动，集团层面没有具体规划和部署，致使劳动竞赛活动还没有在全集团范围内普遍开展起来。

（七）师带徒组织不力

师傅带徒弟是技能传承行之有效的方式。但由于集团层面主要与分公司经理、经营责任人接触较多，施工任务主要由经营责任人具体组织实施，集团对师带徒这项工作还没有提到议事日程，没有制定师带徒的实施办法，加之施工人员流动性大，师徒关系不易确定，师带徒的工作还没有普遍开展起来。

（八）工资分配向高技能人才倾斜不够

在工资分配上，虽有一些项目经理注意向高技能人才倾斜，但从集团层面上，只注重了管理人员的绩效考核制度的制订和薪酬体系的确定，而对高技能人才的工资分配问题，还没有进行广泛的调查研究，未能形成具体的实施办法，对一线操作工人学技术用技术未能起到有效的激励作用。

（九）先进典型发现宣传不及时

集团虽然每年都召开表彰大会，表彰了一大批先进单位、先进工作者、先进项目部和优秀项目经理，但对一线操作工人中的高技能人才还没有进行过专门的表彰，对他们中先进事迹、先进人物关注不够，宣传不够。

四、改进意见

（一）不断提高认识，从战略全局高度充分认清弘扬工匠精神的重大意义

从 2016 年 3 月《政府工作报告》首次提出"培育精益求精的工匠精神"至今已经两年多了，虽然绝大多数人员对"工匠精神"这一词语已经不感陌生，但相当一部分人员对新时代弘扬工匠精神的重大意义并没有真正认清，只是停留在喊喊口号上，并没有将工匠精神融入企业建设和个人工作中去。提高思想认识，是弘扬工匠精神首先要解决的问题。

一是要从贯彻落实党的十九大精神、实现中华民族伟大复兴的中国梦的高度上认清新时代弘扬工匠精神的重要性。党的十九大报告明确要求"建设知识型、技能型、创新型劳动者大军，弘扬劳模精神和工匠精神，营造劳动光荣的社会风尚和精益求精的敬业风气。"今年 6 月，中共中央、国务院又印发了《新时期产业工人队伍建设改革方案》，明确提出：要造就一支有理想守信念、懂技术会创新、敢担当讲奉献的宏大的产业工人队伍。各级领导同志务必认清，抓好工匠精神的培养和弘扬，就是以实际行动响应党的十九大号召，为实现高质量发展夯实基础，必须以高度的政治责任感将这项工作摆上重要的议事日程。

二是要从当前和今后一个时期建筑业改革发展面临的形势和任务上认清新时代弘扬工匠精神的必要性。去年 2 月，国务院办公厅印发了《关于促进建筑业持续健康发展的意见》，12 月江苏省人民政府也印发了《关于促进建筑业改革发展的意见》。大力弘扬工匠精神，培养高素质建筑工人，促进建筑产业工人职业化，既是意见中的重要内容，也对完成其他各项任务起到至关重要的作

用。如果不从提高从业人员素质入手，其他改革发展的举措都会落空。我们一定要用系统的思维方式，以培养和弘扬工匠精神为突破口带动其他各项工作的落实。

三是要从企业转型升级、提高核心竞争力过程中出现的矛盾和问题上认清新时代弘扬工匠精神的紧迫性。应当看到，改革开放以来，江苏建工快速发展，建造能力不断增强，经营规模不断扩大，但我们企业仍然大而不强、工程建设组织方式依然落后、企业潜在风险不少、核心竞争力不强、工人技能素质偏低等问题较为突出。解决诸多问题，还是要从提高从业人员素质入手。我们一定要有高度的紧迫感，以只争朝夕、久久为功的精神抓好培养和弘扬工匠精神这一触类旁通的重要工作。

（二）不断加强和改进一线工人队伍思想政治建设，提高劳动者践行工匠精神的自觉性和主动性

从参与统计的工程技术人员和一线工人的情况来看，现有共产党员约占总人数的1.5%，所占比例太小；共青团员约占总人数的2.6%；40岁以下的人员约占总人数的50.8%，这是一支非常重要的生力军；女职工人数约占总人数的10.8%，所占比例并不小。各级党组织要加强党的发展工作，提高党组织和党的工作的覆盖率，用习近平新时代中国特色社会主义思想统一认识、凝聚力量。各级工会组织加大会员发展工作，提高工会组织和工会工作的覆盖率。共青团组织要在组织青年、引导青年、服务青年上多下功夫，团结带领团员青年在大学习中刻苦钻研科学文化知识和业务技能、在生产经营实践中发挥生力军作用。女职工委员会要组织开展巾帼建功活动，为企业改革发展作出应有贡献。

（三）不断加强培训教育，构建产业工人技能形成体系

认真贯彻国务院《关于推行终身职业技能培训制度的意见》（国发〔2018〕11号），以就业技能培训、岗位技能提升培训和创业创新培训为主要形式，构建资源充足、布局合理、结构优化、载体多元、方式科学的培训组织实施体系。根据企业发展、人才发展总体规划，制定中长期职业技能培训规划，依法足额提取教育培训经费。建立由人力资源部管辖的企业培训中心，由培训中心全面负责全集团的培训工作。建立集团工程技术人员和高技能人才信息数据库，选拔适合人员担任企业培训中心兼职教员，加强职业技能培训教学资源建设。探索与职业院校（含技工院校）、本科高校共同开发教学资源和培训项目、与职业院校（含技工院校）、本科高校、职业培训机构合作建设现代化产业人才培

养培训基地（中心），重点培训工程总承包、装配式建筑、精益建造、数字建造、绿色建造等急需要的高技能人才。全面推行企业新型学徒制度，安排有文凭、有职称、有执业资格、缺少实践经验的年轻工程技术人员与有实践经验、无文凭、无职称、无执业资格的中年工程技术人员结对子，互帮互学，取长补短，共同提高。

（四）不断提高技术工人待遇，创新技能导向的激励机制

认真贯彻中办国办《关于提高技术工人待遇的意见》，实现技高者多得、多劳者多得，增强技术工人获得感、自豪感、荣誉感，是进一步弘扬工匠精神的关键。

一是要建立不唯学历和资历基于岗位价值、能力素质、业绩贡献的工资分配机制。强化工资收入分配的技能价值激励导向，在工资结构中设置体现技术技能价值的工资单元，或对关键技术岗位、关键工序和紧缺急需的技术工人实行协议工资、项目工资、年薪制等分配形式，提高技术工人工资待遇。

二是要建立技术工人工资正常增长机制。建立健全反映劳动力市场供求关系和企业经济效益的工资决定及正常增长机制，积极推进工资集体协商，科学确定技术工人工资水平并实现合理增长。高技能人才人均工资增幅应不低于本单位管理人员人均工资增幅。

三是要制定企业技术工人技能要素和创新成果按贡献参与分配的办法。对高技能人才实行技术创新成果入股、岗位分红和股权期权等激励方式，鼓励凭技能创造财富、增加收入。支持用人单位对聘用的高级工、技师、高级技师，比照相应层级工程技术人员确定其待遇。

（五）不断增强法制观念，形成有利于技能人才发展的制度体系和企业环境

加强法制建设，增强法制观念，形成有法必依、违法必究的法制环境，是进一步弘扬工匠精神的法制保障。

一是要针对目前部分工程技术人员签订劳动合同不及时，大部分一线操作工人签订劳动合同流于形式的现状，加大对劳动合同法的宣传力度，让劳动合同法人人皆知、劳动合同应签皆签。对于不及时签订劳动合同的单位给予必要的处罚。

二是要针对目前部分工程技术人员办理社会保险不及时，大部分一线操作工人没有办理合适的单位相关保险的意识，加大对社会保险法的宣传力度，让社会保险法人人皆知、有关保险应办皆办。对于不及时办理相关保险的给予必要的处罚。

（六）不断推进信息化建设，运用互联网促进技能人才队伍建设

大力推广"互联网＋职业培训"模式，学习运用云计算、大数据、移动智能终端等信息网络技术在职业技能培训领域的应用，提高培训便利度和可及性。支持弹性学习，建立学习成果积累和转换制度，促进职业技能培训与学历教育沟通衔接。注意利用国家基本职业培训包制度，促进职业技能培训规范化发展。

认真贯彻住房城乡建设部即将颁布实施的《建筑工人实名制管理办法》，建立企业实名制管理信息系统和建筑工人个人客户端，在施工项目部配备专（兼）职建筑工人实名制管理员，确保进入施工现场从事建筑作业的建筑工人经过基本安全培训，并在全国建筑工人管理服务信息平台上登记。

（七）不断强化评价使用工作，畅通技术工人成长成才通道

健全以职业能力为导向、以工作业绩为重点、注重工匠精神培育和职业道德养成的技能人才评价体系。建立与国家职业资格制度相衔接、与终身职业技能培训制度相适应的职业技能等级制度。完善职业资格评价、职业技能等级认定、专项职业能力考核等多元化评价方式，促进评价结果有机衔接。健全技术工人评价选拔制度，突破年龄、学历、资历、身份等限制，促进优秀技术工人脱颖而出。完善职业技能等级认定政策，积极争取集团自主开展技能评价并落实待遇。探索设立技能专家、首席技师、特级技师等岗位，拓宽技术工人晋升通道。按照职业资格、职业技能等级与相应职称比照认定制度，落实高技能人才参加工程技术人才职称评审或认定的政策。鼓励各单位对在聘的高级工、技师、高级技师在学习进修、岗位聘任、职务职级晋升等方面，比照相应层级工程技术人员享受同等待遇。

（八）不断加大劳动和技能竞赛，增强培养选拔技术工人工作力度

按照全总下发《2016-2020年劳动和技能竞赛规划》，将劳动和技能竞赛作为提高职工素质、弘扬工匠精神的重要途径。以提升职工技能素质、推动企业技术创新为重点，广泛开展"践行新理念、建功'十三五'"主题竞赛，谱写新时代的劳动者之歌。开展职工技术创新活动，推动大众创业、万众创新；提升职工技能素质，建设知识型、技术型、创新型职工队伍；推动职工节能减排活动，促进生态文明建设；深化"安康杯"竞赛活动，保障职工安全健康权益；争创"工人先锋号"，提高班组建设水平；弘扬劳模精神、劳动精神、工匠精神，为实现中国梦汇聚正能量；加大工作力度，推动竞赛活动向广度和深度发展等方面。制定出台集团职业技能竞赛管理办法，加大劳动和技能竞赛培养选拔技

术工人工作力度。围绕重大工程、重大项目,组织开展劳动和技能竞赛。支持工会、共青团、妇联等群团组织在职业技能竞赛工作中积极发挥作用。

(九)不断增强维权意识,切实保障技能人才各项权益

努力形成企业和职工利益共享机制,建立和谐劳动关系,依法保障职工政治权益、经济权益、文化权益、劳动权益,坚持和完善以职工代表大会为基本形式的民主管理制度,建立和完善职工董事、职工监事制度,实行企务公开,组织职工参与民主管理,建立健全利益协调机制、诉求表达机制、矛盾调处机制、权益保障机制、职工工资正常增长和支付保障机制,确保企业改革发展成果惠及全体职工。立足企业长远发展,结合职工个人实际,帮助职工做好职业生涯规划,为职工发挥聪明才智创造条件,实现职工与企业共同发展。

(十)不断发现培养先进典型,广泛宣传技术工人劳动成果和创造价值

要进一步弘扬劳模精神和工匠精神,发现和推广生产经营一线涌现出的先进典型,充分发挥模范人物的示范带动作用。组织形式多样的宣传活动,展示优秀技术工人风采。集团开展表彰江苏建工杰出工匠活动,鼓励各单位大力开展技术工人表彰活动。做好"五一"国际劳动节、世界青年技能日、职业教育活动周、高技能人才评选表彰等集中宣传工作,积极参与"技能中国行"、"中国大能手"等品牌活动和"大国工匠"系列专题宣传,营造劳动光荣、技能宝贵、创造伟大的企业氛围,使技术工人获得更多职业荣誉感,不断提高技术工人社会地位。

五、几点建议

(一)政府对技能人才培训补助的政策如何落实到每一个企业和工人

《国务院关于推行终身职业技能培训制度的意见》(国发〔2018〕11号)要求:"地方各级人民政府要加大投入力度,落实职业技能培训补贴政策,发挥好政府资金的引导和撬动作用。"苏办151号文件也提出"将符合条件的建筑产业工人技能培训纳入现有职业技能培训、鉴定补贴范围"。建议政府有关部门将职业技能培训补贴具体政策整理出来,并加大宣传力度,让每一个企业和每一名企业员工都能知晓,以调动企业组织培训和员工参加培训的积极性。

(二)在校企协作培训人才方面政府怎样做好牵线搭桥工作

校企合作,政府已经说了多年,但还有不少企业依然没有入门。建议政府

有关部门适时召开有校企双方参加的研讨会、座谈会，为企业与学校的合作牵好线、搭好桥。"建立基于互联网的职业技能培训公共服务平台"、"建立国家基本职业培训包制度，促进职业技能培训规范化发展"（国办19号）都是好办法，问题是这个平台、培训包何时能建起来，又怎样动员企业运用好这一平台和培训包。

（三）在技能人才技术等级评定方面能否提供更加便捷的通道

国办19号文件提出："健全建筑业职业技能标准体系，全面实施建筑业技术工人职业技能鉴定制度。发展一批建筑工人技能鉴定机构，开展建筑工人技能评价工作。"苏办151号文件提出："拓宽职业技能多元化评价方式，建立健全鉴定体系，支持有条件的企业自主培训、自主评价。"

集团参与统计的一线操作工人中，需要办理技能证书人数约占一线操作工人总数的88.6%，外省籍约占82.4%。面对面广量大需要鉴定办证的建筑工人，单凭政府有关部门去鉴定确实难以做到。企业对建筑工人技能情况最清楚，从工程质量考虑企业也不会让不符合条件的人员通过鉴定取证。建议有关部门加快研究实施办法，让企业尽快开展鉴定工作，让工人尽快取得技能岗位执业资格证书。

国办19号文件提出："推进建设领域执业资格国际互认。"目前当务之急是怎样实现国内各省市建设领域执业资格互认。79.8%的外省籍工人的技能证书，如果回本地办能否办下来？如果由企业分公司负责鉴定、所在地政府有关部门发证，到了其他地方，会不会承认？如果不能互认，拿到证似乎也没有什么作用。

（四）建筑业劳务企业转型需要在试点的基础上逐步推进

国办19号文件提出："推动建筑业劳务企业转型，大力发展木工、电工、砌筑、钢筋制作等以作业为主的专业企业。以专业企业为建筑工人的主要载体，逐步实现建筑工人公司化、专业化管理。鼓励现有专业企业进一步做专做精，增强竞争力，推动形成一批以作业为主的建筑业专业企业。促进建筑业农民工向技术工人转型。""建立全国建筑工人管理服务信息平台，开展建筑工人实名制管理，记录建筑工人的身份信息、培训情况、职业技能、从业记录等信息，逐步实现全覆盖。""全面落实劳动合同制度，加大监察力度，督促施工单位与招用的建筑工人依法签订劳动合同，到2020年基本实现劳动合同全覆盖。""健全工资支付保障制度，按照谁用工谁负责和总承包负总责的原则，落实企业工资支付责任，依法按月足额发放工人工资""建立健全与建筑业相适应的社会保险参保缴费方式，大力推进建筑施工单位参加工伤保险。"苏办151号文件已经明确:"取消劳务企业资质,实行专业作业企业备案管理制度。"

全国建筑业外出农民工四千多万,约占建筑业从业总人数的80%,约占建筑业一线人员的90%。建筑劳务企业转型,涉及企业重组、组织结构调整、建筑工人实名制管理、劳动合同签订、社会保险办理、工资按月足额发放等诸多问题,取消劳务企业资质后,原有劳务企业可能分立为众多专业公司,这些专业公司能否在较短的时间建立起来?专业公司建立之后,又如何尽快调整好组织结构,配备好管理人员,搞好实名制管理、签订好劳动合同、办理好有关社会保险、落实好工资按月足额发放,这不是短时间内就能很快完成的事,建议政府部门在搞好调查研究、抓好试点取得经验后稳步推进。否则,可能会欲速则不达。

对于成立时间长、用工规模大、施工业绩多的劳务公司,在劳务资质取消后,是否可以考虑进行资产重组,成立劳务集团,分设各专业子公司。这样,既能为总承包保留好的劳务队伍,又能为专业公司承接劳务项目提供品牌支持。

(五)政府在推进建筑企业新技术运用、职工学习掌握新技术上应加大投入

国办19号文件提出:"加快推进建筑信息模型(BIM)技术在规划、勘察、设计、施工和运营维护全过程的集成应用,实现工程建设项目全生命周期数据共享和信息化管理,为项目方案优化和科学决策提供依据,促进建筑业提质增效。"实践证明,BIM技术确实是一项非常实用、有效的新技术,但目前使用这项新技术的成本较高,在建筑企业经济效益不景气的情况下很难拿出费用进行投入。建议政府有关部门组织力量攻关,出台相关政策,减轻企业使用新技术的成本,以便让更多施工企业用得起新技术,让更多工人学得起新技术,让工匠精神在新时代运用新技术的过程中得到更好的弘扬。

(陈迪安 江苏省建筑行业协会副会长、江苏省建工集团有限公司董事长;郭颖飞 江苏省建工集团有限公司党群系文化管理中心副主任,朱恩重 党群文化管理中心顾问主任)

关于金螳螂改革创新发展的调研与分析

朱兴良　汪元元　姜　瑞　俞钰卿

2017年11月，江苏省政府下发了《关于促进建筑业改革发展的意见》（简称《意见》），12月又召开了全省建筑业改革发展工作会议，从深化建筑业"放管服"改革、围绕建筑产业转型升级、提升工程品质、打造"江苏建造"品牌等方面提出了20条具体措施，对江苏建筑业的持续健康发展提出了新要求、明确了新目标。为贯彻落实省政府、省建筑行业协会要求，金螳螂就近年来的改革创新发展开展了调研活动，并形成了报告，具体如下。

一、公司发展概况

苏州金螳螂建筑装饰股份有限公司（以下简称"金螳螂"）成立于1993年，是中国装饰行业首家上市公司，连续14年被评为中国装饰百强企业第一名，累计获得鲁班奖95项、全国装饰奖320项，连续三年被美国福布斯杂志授予亚太地区上市公司50强。

多年来，金螳螂坚持深耕于装饰产业，业务已遍及全国及部分海外市场，具备室内装饰、幕墙、景观、家具、软装等全产业链设计施工服务能力，为业主提供"一次性委托、全方位服务"的一站式服务。

近年来，科技文化的进步给人们的生活方式带来了一些改变，市场对建筑装饰行业提出了更高的要求，立足新起点，踏上新征程，金螳螂将如何深化改革、转型发展，演绎自己全新的角色定位？金螳螂将从四个方面探讨公司的改革创新之路。

二、"四个创新"引领公司高速发展的具体做法

（一）商业模式创新带来巨大优势

2015年，随着市场的转型升级，金螳螂在公装主业取得良好建树的基础上，将目光转向了家装市场，针对不同消费人群设立金螳螂·家、品宅、定制精装三大业务块。

互联网时代家装竞争中，金螳螂家装板块拥有四大优势：

一是品牌优势。金螳螂作为公装行业的领导企业，为金螳螂·家提供了强而有力的品牌支撑。

二是模式优势。金螳螂·家门店由金螳螂直营控股、经营团队参股，充分调动门店努力工作的积极性。

三是资源优势。首先，供应量方面，金螳螂·家站在金螳螂"巨人"的肩膀上，借助母公司强大的供应链体系，整合国内外一线品牌，满足各类消费者品质需求；其次，设计方面，金螳螂6000余人的设计师团队，为金螳螂·家提供了海量设计案例和丰富的设计经验；第三，系统开发方面，金螳螂·家从客户需求出发，自主研发Qu+云设计及VR系统，可以实现一键创建户型、一键渲染、一键VR等功能，进一步提升了设计效率，消费者可以通过沉浸式体验，对方案提出优化建议，所见即所得；第四，产品方面，金螳螂·家基于消费者的需求，研发出3+1+N模式：3即基准包、厨房包、卫浴包，1为个性包，N是家居智能产品包、家居健康产品包等。这也是金螳螂·家坚持的"标准化中体现个性化、个性化中融合标准化"原则的体现。金螳螂·家给消费者提供是包含家庭装修（硬装）、家居装饰（软装）、家居智能系统、家居健康系统、家居舒适系统等5大系统的可拓展性的家居全生命周期的整装解决方案。

四是管理优势。每个家装项目如同一个小的公装项目，金螳螂·家秉承金螳螂"不挂靠、不转包"的原则，坚持直营，每个项目配有"工程管家"帮助消费者把关，每个项目都有施工APP实时监控文明施工、进度、质量、安全等。

到目前为止，金螳螂·家在全国已经有160家门店，2018年的目标是超过200家。目前，除新疆、西藏、海南和港澳台外，金螳螂·家在全国各省市及直辖市均设有门店，累计服务的客户已超过20000家。金螳螂家装板块计划通过三到五年的努力，在中国家装行业率先突破百亿规模，成为中国家装行业第一品牌，致力于成为中国最具影响力的品质家居综合服务商。

（二）科技创新推动技术进步

金螳螂重视科技创新，坚持打造行业内领先的技术优势，目前已获得授权专利1095项，其中发明专利300余项，拥有8项计算机软件著作权。公司打造的上海中心、南京青奥会议中心，是国内装饰行业首先完整运用建筑信息模型（BIM）的项目。

集团针对公装行业，成立了慧筑科技子公司，专注于公装行业的BIM研发和应用，推出针对公共建筑的BIM管理系统——慧筑云工程协同应用系统，旨在解决当前建筑行业管理粗放、资源浪费严重的问题。针对行业管理痛点，慧筑云系统结合云计算、大数据、移动应用、物联网等技术对公司现有管理流程进行了优化和整合，将最新技术充分融入设计协同、成本控制、物料加工、现场管理等企业管理的核心环节中。实现工程信息的云端同步，逐步打破企业总部与项目部现场之间、各专业之间、产业上下游之间的信息隔阂，从根本上提升企业管理效率，推进公司工业化、信息化转型进程。

集团针对家装行业，成立了三维软件科技子公司，经过两年多的潜心研发，推出了自主研发的家装 BIM 和 VR 系统——趣加 BIM 和趣加 VR。该系统包含前期营销展示，设计师移动量房，在线方案设计，一键生成效果图，一键导出施工图，快速选品报价下单等功能，贯穿了整个家装流程。该系统已在金螳螂家全国 100 多家门店全面使用，在增强客户体验感的同时也让营销人员和设计师的工作效率提升数倍。

同时，公司启动了信息化管理大平台的升级、整合，启用了全新的项目指挥中心，将其打造成让一线和总部互相沟通支撑的平台、项目数据采集工期质量监控的平台、财务指标预警领导决策的平台，做到了管理数据化、规范化，进一步提升了公司对项目的管控能力。

（三）管理创新提升核心竞争力

面对市场变化和行业变革，金螳螂迅速反应，率先对设计、施工条线进行专业化创新。在施工领域，为提升项目品质管理，进一步优化各部门条线及施工过程管理的工作模块与思路，公司对原"50/80 质量管理体系"进行优化升级，修订为"20/80 管理体系"，从而实现提前预警、过程控制、降低风险的管理目标。

在设计条线，公司顺应市场变革，从依靠规模、人数优势向依靠技术实力、专业能力转变，专项评估专业化的类别、评估各设计团队的专业化方向，通过整合资源应对酒店、办公、医疗、商业、住宅、轨道交通、体育场馆等各个细分市场，聚焦设计创新，提升设计品质，争创精品项目，全面提升金螳螂设计的核心竞争力。

目前，金螳螂设计院正在实施具体的专业化发展改革措施，首批成立医疗、豪宅、宗教、文化观演、文旅小镇、教育 6 大专业事业部。对于这些专业化团队，公司将优先在团队建设、业务信息、品牌宣传、技术支持等方面提供大力度的资源与服务，全力以赴支撑专业事业部工作，扶持专业化团队在各自领域做深、做精、做大、做强，未来金螳螂设计院将成立超高层、精品酒店、商业空间、轨道交通等专业事业部，争取在各细分领域都达到行业领先，力争打造中国装饰设计第一品牌。

（四）绿色实践带动可持续发展

一直以来，金螳螂倡导绿色装饰，坚持绿色设计，推进绿色施工，使用绿色材料，早在 2012 年就设立建筑绿色装饰装修工程技术研究中心。金螳螂在环保方面有一套完整的把控体系，一是参考厂商自己通过检测机构所做的报告，二是金螳螂对引入的原材料进行检测。

2016 年，金螳螂与研发出 WELL 建筑标准的美国 Delos ™公司达成战略共识，双方强强联合，于 2017 年成立得乐室（苏州）健康科技有限公司，从家居环境最能影响健康的五个概念着手，共同推出从 A 到 Z 的 By Delos ™健康家居解决方案，围绕住宅里空气与水、灯光、睡眠、智能化等对人体健康影响最大的五个领域进行规划、设计并落地，提供系统化方案，健康家居的咨询、设计及落地服务，全方位改善家居健康状况，带来更加健康的生活方式。

三、进一步加快改革、推进创新的未来发展战略

（一）互联网战略

通过"互联网+"改变传统商业模式，基于"金螳螂·家"为主的互联网家装，完成 O2O、F2C、C2B 布局，把大规模生产、大规模定制和消费者综合服务等相结合，以消费者体验为载体，搭建可以向消费者交付整体解决方案的一体化综合服务平台。同时，探索互联网家装消费金融业务，通过家装贷款方式助力"金螳螂·家"业务做大做强。

（二）科技战略

金螳螂坚持打造行业内领先的技术优势。针对行业发展趋势，集团先后成立了慧筑科技公司、三维软件公司，分别专注于公装行业和家装行业的 BIM 研发和应用，并推出了自主研发的 BIM 和 VR 系统——趣加云设计和趣加 VR。同时，公司还设立了"管理驾驶舱"，注重信息化管理大平台的升级，进一步提升公司对项目的管控能力。

（三）国际化战略

积极走出去，抓住"一带一路"发展战略带来的机遇，开拓海外市场，打造全球顶尖的装饰品牌。金螳螂在斯里兰卡、越南、菲律宾、缅甸都有在建项目，也都在当地成立了子公司。未来，金螳螂将紧跟"一带一路"倡议指引的方向，在海外持续开拓大型公共建筑、高档精装、商业办公等装饰领域，大踏步"走

出去",力争在不远的将来,开创"国际化"的新天地。

(四)可持续发展战略

多年来,金螳螂始终倡导"绿色健康、节能环保"的装饰概念,早在2012年就设立建筑绿色装饰装修工程技术研究中心,形成了一套绿色装饰建造管理体系。

经过二十多年的发展,金螳螂积淀了自己的企业文化,坚持"以客户为中心、以奋斗者为本、长期坚持艰苦奋斗、批评与自我批评、终身学习"的价值观,以及"致力于改善人居环境"的企业使命。金螳螂坚持"只有客户成功,我们才能成功"的经营理念,以专业技术、专业服务为客户实现价值增值,努力把公司打造成为"客户首选、员工自豪、同行尊重、社会认可的公司"。

(朱兴良　江苏省建筑行业协会副会长、苏州金螳螂控股有限公司董事长；汪元元　苏州金螳螂建筑装饰股份有限公司总经理助理；姜瑞　企划中心主管,俞钰卿　企划中心主管　)

正太集团推进 EPC 工程总承包的调研报告

范宏甫

一、前言

近年来,随着我国建筑行业的不断发展,一些新的建筑承包模式不断涌现,比如业主将建筑项目全部的设计和施工委托给建筑承包单位的模式,即 EPC 总承包模式。与传统的工程承包管理模式相比,EPC 工程总承包的优势主要表现为缩短建设工期、降低交易费用、消除项目实施各环节之间的冲突、降低业主的建设风险等,成为国际建筑市场的主流工程承包模式,得到了国家、省、市行业主管部门的大力政策扶持,并在一些工程项目中大量运用。

正太集团有限公司始创于 1995 年,经过 20 多年的发展,已成为在业内拥有一定品牌和规模优势的建筑强企,公司的经营模式随着市场的变化,也在不断进行着调整和优化,现已形成了建筑业为核心,建筑施工、房地产开发、对外投资等三业为主、多元发展的经营格局。近年来,我公司将推行 EPC 工程总承包模式作为企业转型升级的重点发展战略,无论是内部管理体系的变革还是外部经营方式的转变,都在积极探索和尝试,不断为企业持续、快速、健康发展开辟新的路径。

二、公司简介

正太集团有限公司现已形成集科研设计、工程总承包、房地产开发、投资运营于一体的综合性现代企业集团。

公司注册资本 3.06 亿元,拥有各类技经人员 5800 多名,在行业内率先通过了 GB/T19001 质量管理体系、GB/T24001 环境管理体系、GB/T28001 职业健康安全管理体系认证。公司拥有广泛的社会影响力和综合竞争力,拥有建筑工程施工总承包特级资质和建筑行业甲级设计资质,市政公用工程、地基基础工程、装修装饰工程、机电设备安装、钢结构工程、消防设施工程六个一级资质,公路工程、桥梁工程、电子与智能化工程、建筑幕墙工程等二级资质,拥有对外工程承包经营权及援外工程施工总承包资质,经营地域覆盖全国 20 多个省、市、自治区及博茨瓦纳、纳米比亚、赞比亚、塞内加尔、坦桑尼亚、冈比亚、毛里塔尼亚等多个国际市场。

长期以来，公司大力实施"集约化、专业化、国际化、信息化"发展战略，秉承"敬业、善学、尊重、创新"的企业精神和"质量立业、市场拓业、科技兴业、精诚创业"的经营理念，以承接高层、大体量工程为主，不断有精品工程获鲁班奖、国优奖、钢结构金奖、省优奖，其中博茨瓦纳大学450床位教学医院，获2014～2015年度江苏省首个境外鲁班奖；中国文昌航天发射场，获2016～2017年度国优金奖、钢结构金奖；泰州民俗文化展示中心，获2016～2017年国优奖。公司紧跟国家发展战略步伐，发展装配式建筑，并购水利公司，承接EPC、PPP、城市基础设施项目，扩展海外市场，实现转型升级和跨越式发展。公司连续多年被授予"中国建筑业竞争力200强企业"、"全国优秀施工企业"、"全国守合同重信用企业"、"全国质量管理先进企业"、"中国最大企业集团500强"、"中国民营企业500强"、"中国承包商60强"、"江苏建筑业企业综合实力30强"。在房地产板块，公司近几年开发了泰州周山汇水、镇江悠然居、扬州西郡188花园、南京正太中心等楼盘，获得"最佳品质示范楼盘"、"年度记忆最具影响力品牌楼盘"、"消费者放心品牌楼盘"等荣誉称号。

创业伊始，公司一直将"回报社会、造福桑梓"作为企业应尽的社会责任，积极参与社会公益活动和体育事业，如援建希望小学，帮扶贫困村和社会弱势群体，赞助"正太杯"江苏省桥牌等级赛、中国溱潼会船节等，累计捐赠数千万元。

站在新的历史起点上，公司将坚持生产经营和企业文化协调发展，各产业板块齐头并进，形成健康、稳定、持续发展的产业生态圈，为社会和广大客户提供更多精品工程和优质服务。

三、EPC项目概况

（一）公司EPC项目情况

1. 德庆县孔子学校（孔子小学、孔子初中）建设项目勘察设计施工

（1）中标时间：2017年9月22日。

（2）中标总价：2.89亿元。

（3）中标形式：联合体中标。

（4）项目概况：总建设面积52400m^2，其中教学楼四层4幢19600m^2；综合楼五层1幢4600m^2；功能楼五层1幢3500平方米；连廊五层1000m^2；学生宿舍六层2幢10400m^2；食堂2层1幢3750m^2；游泳馆1座2750m^2；单身教工宿舍楼六层 4 幢 6800m²；400m 环形塑料跑道运动场 16000m²。

（5）项目进展：土方施工基本完成。

2.南京华侨城大型文化旅游综合项目娱乐康体配套建筑工程 EPC 总承包标段一

（1）中标时间：2018 年 4 月 17 日。

（2）中标总价：7307 万元。

（3）中标形式：联合体中标。

（4）项目概况：总建设面积 31000m²，其中：地上建筑面积为 21000m²，地下建筑面积为 10000m²。本基地内的民用建筑包括水公园游客服务行政用房、水公园游客服务用房、水公园淋浴更衣房、游客餐厅和公共卫生间等。本次设计涉及基地内的水公园游客服行政用房，建筑高度为小于 35m，建筑面积为 1570.21m²，建筑体积为 9436m³。本建筑共两层，一层为游客服务中心、售票窗口及补票室、行李寄存中心等，二层为演艺用房和员工办公室等；陆公园包括矿山车仓库、二级仓库、动感影院、老车站鬼屋、朋克餐厅、餐厅 7+ 商店 8、1-16 水处理机房、海洋馆、嬉雪馆、办公楼、海盗餐厅、魔幻餐厅、互动脱口秀、警长餐厅、4D 影院等。

（5）项目进展：水公园游客服务用房主体已施工结束、行政服务用房基础已施工结束、淋浴更衣室基础已施工结束、3 号机房主体已施工结束、4 号机房主体已施工结束、7 号机房主体已施工结束、8 号机房基础钢筋已绑扎结束、9 号机房地下一层外墙已施工结束；陆公园矿山区垫层已完成 80%、动感影院一层排架已施工结束、老车站鬼屋主体结构已施工结束、朋克餐厅一层排架已施工结束、餐厅 7+ 商店 8 主体结构已施工结束、1～16 水处理机房地下一层模板已施工结束。

（二）公司实施 EPC 工程总承包相关举措

1.收购福建建科设计院，获得建筑设计甲级资质

EPC 总承包模式中的 E、P、C 分别为设计、采购和施工英文的缩写。在工程项目管理工作中，设计、采购和施工几乎包含了建筑工程项目中的所有关键工作。我公司通过全资收购福建建科设计院，获得建筑设计甲级资质，该甲级资质在对外经营特别是在一些项目设计和招投标过程中作用发挥了重要作用，为公司实施以设计为主导的 EPC 项目扫清资质准入障碍。

2.通过实施集约化经营，强化项目直营，不断向 EPC 进军

公司通过集约化经营，特别是强化项目直营，使企业逐步由单一承包制向承包直营制双轨转变。通过推行投资与建设一体化、设计与施工一体化，运

用基建加金融、基建加担保、基建加运营等手段，不断向 EPC 等领域进军。2017 年 10 月，我公司成功中标广东德庆县孔子学校（孔子小学、孔子初级中学）建设项目勘察设计施工总承包项目，建筑面积 5.24m²，签约合同金额 2.89 亿元，该项目是我公司在广东省中标的首个 EPC 工程总承包项目。2018 年 3 月，我公司又成功中标南京华侨城娱乐康体配套建筑工程 EPC 总承包项目，建筑面积 3.1 万平方米，合同造价 7307 万元，为我公司在江苏省中标的首个 EPC 工程总承包项目。通过实施这些 EPC 项目，将会极大地提升公司的设计管理能力、合同管理能力、项目管理能力，在完善公司的管理体制、积累项目管理经验、锤炼人才队伍等诸方面将带来深远影响，发挥着积极的推动作用。

3. 通过实施 BIM 等现代化技术，为发展 EPC 提供科技支撑

当前，建筑业正处在向产业现代化、信息化、工业化不断转型升级的关键时期，以三维数字技术为基础的 BIM 建筑信息模型技术已在工程项目中得到实际运用。正太集团 BIM 中心已完成人员组建、BIM 实战培训及相关设备的采购，BIM 技术已在南京正太中心大厦项目落地，公司力争尽快在典型工程中更好地实现 BIM 应用解决设计碰撞和渲染演示，以及对施工进度和成本核算实时控制。在拓展建筑产业现代化应用方面，公司经过较长时间的调研和论证，对建筑产业现代化的实施已做好了充分准备，将与全国钢结构领军企业携手，打造本地区以装配式钢结构为主，混凝土部品、部件为辅的示范工程和产业化集群，目前相关工作正在稳步推进中。

四、项目实施体会

目前 EPC 工程总承包这种项目管理模式还处于发展期，可供借鉴的经验不多，我们也是在实践中不断学习和总结经验，相关体会如下：

1. 首先要积极向业主贯彻 EPC 工程总承包的意义。由总承包方负责整个项目的实施过程，有利于整个项目的统筹规划和协同运作，有效解决设计与施工的衔接，减少采购与施工的环节，解决实施过程中的实用性、技术性、安全性之间的矛盾，从而将业主从具体事务中解放出来，让业主有更多的精力关注影响项目的重大因素，确保项目管理大方向，最终圆满实现项目总目标。

2. 事前尽可能的提前介入，尽可能对项目进行全面了解，对项目策划、方案、成本、工期、采购、质量、功能等有深入细致的认识。

3. 积极与业主沟通，最大限度发挥总承包优势，提升项目总承包方策划能力和谈判能力，能给业主提供项目实施最佳方案，特别是项目规划、方案、成本、工期等方面能得到业主的认可。

4. 与业主和招标公司提前编制招标文件内容，在招标文件设定与己方有利的条件，投标时力求业主能主导专家意见。

5. 总承包方应提高工程总承包意识，建立健全项目总承包相关制度，将项目方案、设计、施工、采购、质量、安全等融合管理，提升设计阶段在工程总承包过程中的核心作用，摆脱工程总承包过程由施工总承包主导的思想，制订协调配合管理流程。

6. 重视 BIM 技术在工程总承包管理上的应用。在项目设计阶段应通过 BIM 技术来完善优化设计和施工的配合，降低施工过程的复杂程度，避免重复施工和整改变更，努力做到降低工程成本，保证项目工期和质量。

7. 大力引进、培养、培训工程总承包复合型人才，完善项目管理组织，制定考核和激励措施，明确责、权、利关系，从而保证项目总目标实现。

五、项目实施中的问题

1. 工程总承包法律地位不明确。《建筑法》、《招投标法》和《建筑工程质量管理条例》等法规只对勘察、设计、施工、监理、招标代理有具体规定，对工程总承包还缺少相关规定。《建设项目工程总承包管理规范》在许多方面还缺乏与实际操作直接相关的规范，没有对工程总承包方面的税收和融资的政策和支持。

2. 业主忽视前期的运作，方案设计不规范不到位，对工期不合理压缩，导致成本增加和质量隐患，总承包方介入时间晚，对项目缺少全面了解，缺乏对项目的统筹安排。

3. 业主项目管理人才缺乏业务能力，引起与总承包方的扯皮，业主意见往往产生重要和关键性影响，尤其是前期和工程谈判阶段。

4. 目前工程总承包项目仍然有业主组织乙方（施工单位）承建、丙方（设计单位）设计、丁方（监理单位）监督的"工程指挥部"管理模式，造成施工过程中脱节多、协调量大、责任主体不明确、投资增加、工期延误、质量不高的弊端。特别是政府投资和国有投资业主，没有充分认识到工程总承包的积极作用和显著效益，不愿意放弃工程管理的权力，干涉工程建设，干涉过程中的分包，习惯支配肢解分包，导致采购与施工脱节、成本增大、工期延长。

5. 风险转嫁给总承包方，总承包方责任大、风险高，总承包方管理能力和造价水平有待提高。

6. 总包方内部运行机制不合理。没有对工程总承包进行深入研究，没有真正理解和把握运行规律，加上原项目组织方式和习惯势力的影响和制约，企业在经营方式、项目管理理念、现代化管理方法和多形式承包模式等方面没有发生全面、全过程、全方位根本性变化。

在总承包内部运行模式上仍使用施工总承包方式运行,使工程总承包优越性难以充分发挥。设计、采购、施工未形成有机整体,内部业务链相互脱节,优化设计缺乏条件和动力,采购与设计意图不能全面把握,造成采购不及时或者错误,违背工程总承包的初衷。

7. 总承包方组织和体系不健全,总包功能不匹配,设计企业在施工管理和项目管理上缺乏经验,施工企业原来仅仅"按图施工",一般都局限于深化设计、施工和采购施工模式,在组织、服务功能等方面不能满足总承包要求,加上技术开发和应用能力不足,与总承包要求相差更远。

8. 总承包方基础管理薄弱,数据库不完善,有的甚至空缺。受国内实行的统一定额管理体系的影响,企业价格数据库缺失不健全,产生极大的经营风险。

9. 总承包方缺乏复合型工程总承包管理人才,能掌握现代项目管理知识的项目经理、商务经理、建筑师和造价师、合同、融资及法律等管理人员比较缺乏。

六、相关建议

1. 应尽快修订、充实、完善现行相关法规,增加有关工程总承包条款,明确 EPC 总承包工程相关规定,允许总承包方融资投资总包工程,对垫资带资工程,应降低利息和延长偿还期限,降低总承包方资金风险。同时制定工程总承包相应的取费方式与标准,推行履约保函与工程保险制度,同时要尽快出台严密的符合国际惯例的总承包管理办法、合同文本、招投标管理等相关制度,特别要加强对业主肢解分包进行明确规范,培育工程总承包市场,创造良好的市场环境,强化法规执行力度,切实推动 EPC 总承包管理发展。

2. 解决工程总承包市场准入资质转换问题,通过改造和重组,调整勘察、设计、施工、监理企业融合,建立企业集团化、管理集约化、经营综合化、产业国际化的体制。

3. 改革招标程序,实行以扩初设计和技术规范、标准为基础的招投标机制,尽快使施工图设计进入市场竞争领域,发挥企业总承包的优势,为总承包方优化施工图设计和施工技术方案提供空间。

4. 对业主项目管理人才进行知识培养,灌输、落实国家投资项目业主责任制,增强业主进行 EPC 总承包的内存动力,明确业主主管人员的上岗资格。

5. 提升现有设计和施工企业的总承包功能,提升风险意识,加强内部风险防范和控制体系的建立,加强内部定额和价格数据库的建立,使之具有设计、采购、施工综合功能。

6.总承包方应加大培养复合型人才培养,针对企业现状和工程特点,组织学习内外先进管理方式和标准,提高管理人员的素质和水平。

(范宏甫　江苏省建筑行业协会副会长、正太集团有限公司董事长)

江宁区建筑产业拓展和多元化发展情况调研

朱本根　董善勤　宋守君　俞小静

随着企业多元化战略的推行，多元化经营战略为企业提供了更大的发展空间，为企业的发展开辟一条新路，一度被认为是企业发展到一定阶段的必由之路。从目前看存在两种截然不同的观点，一种认为利用现有资源，开展多元化经营，可以规避风险，实现资源共享产生 1+1>2 的效果，是现代企业发展的必由之路。另一种认为企业开展多元化经营会造成人、财、物等资源分散，管理难度增加，效率下降。总之，多元化管理是一把双刃剑，在给企业带来众多好处的同时也会给企业带来风险。

一、江宁区建筑业基本现状

江宁区 2017 年全年建筑业完成总产值 710 亿元，同比增长 13%；施工面积 2300 万平方米，同比增长 2%；实现建筑业税收 22 亿元。指导本区建筑企业晋升施工总承包特级资质 1 项、一级资质 1 项、二级资质 22 项。宏亚集团、海通集团荣获中国建筑业 2016 年度最具竞争力 200 强企业；润盛集团、明麓建筑公司、华致建设公司荣获中国建筑业 2016 年度最具成长性 200 强企业，宏亚集团和天茂装饰受到了省政府的表彰，标志着江宁建筑业发展整体实力稳步提升。

二、江宁区建筑业多元化产业链结构调整分析

（一）江宁区政府以及主管部对建筑业十分重视和支持，相继出台了建筑相关政策

1. 紧紧围绕国家重点投资方向支持建筑企业拓展业务结构。江宁区政府为了促进建筑业多元化发展，制定了江宁区扶持建筑业发展实施意见，支持本地大中型建筑企业，加快业务结构调整，拓宽业务范围，积极进入主营施工业务以外的房屋建筑、公路、水利、市政、铁路、机场、地铁、轻轨、港口、码头、电力等基础设施，以及营利较好的高端建筑施工领域，帮助这些企业做大做强。

2. 大力培育龙头骨干企业，提高行业带动作用。江宁区建筑工程局牵头，出台了相关鼓励政策，推动企业做大做强、集约发展，鼓励有实力的建筑企业跨地区、跨行业兼并或参股外地或外行业企业。鼓励中小型建筑企业以产权为纽带，进行联合重组，组建企业集团，扩大企业规模，提高市场竞争力。在这过程中形成了以宏亚建设集团特级资质的建筑龙头企业；以润盛集团为龙头的市政集团企业；以金中建为龙头的装饰企业；基本形成了江宁区建筑企业的集群产业拓展优势。

（二）江宁区建筑业深化结构调整初步形成多元化产业格局

江宁区建筑企业在原主业的基础之上，分别根据企业的自身专业特点，调整产业结构，拓展经营领域，大力发展多元经济，向科研技术、市政园林、钢构、装饰、建材投资，商贸、房地产开发、建筑产业化等高附加值专业领域发展。宏亚建设集团的建筑产业化装配式工厂；润华集团的磁鼓科技公司；金九的乡村旅游与酒店服务；大才集团的房地产开发；明麓公司与海通建设集团的海外建筑市场；富达公司的电力产业拓展；经过近几年的不断拓展与发展，江宁建筑企业已初步形成了，各具特色的集团多元化经济发展格局。

1. 强化精品意识，实施"质量兴业"和"品牌企业"战略

质量是企业的生命，企业的竞争最终体现在产品和服务质量上。江宁建筑企业始终把提高工程质量水平作为企业发展的永恒主题，强化精品意识，走"质量兴业"之路。对每一项工程，在建设过程中都要求做到精心建造，坚持安全、适用、美观和节能、节水、节材、节地和环境保护，强化质量管理上台阶，技术管理有创新，施工管理上水平。一级及以上企业，都要力争每一项工程建成后，其功能或产能达到或优于设计要求，主要技术经济指标处于同类工程先进水平，成为工程建设中的精品和样板。

江宁区建筑企业在多元化产业链拓展，深化建筑企业结构调整过程，大力实施"品牌企业"战略，以质量创优和精品工程提升企业的品牌效应，在创优过程中，注重并坚持"全员参与、精细管理、全程监控、阶段考核、持续改进"的做法，切实做到"设计精益求精、施工精耕细作、装饰精雕细琢"，把质量管控和建筑节能、环境保护与技术创新，贯穿于设计、施工、材料设备采购的全过程。

2. 加强企业诚信建设，大力推行企业诚信经营

随着市场经济不断完善，诚信越来越成为企业参与市场竞争，赢得市场的重要途径。江宁建筑企业十分高度重视诚信建设，并把诚信建设作为决定企业长远发展的一项重要内容，坚持以诚立信，以信立誉，努力提高企业的社会诚信度和美誉度。一是将诚信建设与增强企业法制观念相结合。在生产经营活动中，严格贯彻执行国家和省有关法律、法规和政策规定，依法经营，依法从业。在企业内部组织职工开展信用知识和行为规范培训，提高企业职工全员诚信水平。二是将诚信建设与企业文化建设相结合。坚持"立诚、立信、立行"和"以诚取信、用户至上、业主第一、服务为本"的企业理念，加大诚信的推行塑造力度，把诚信意识融入企业文化建设中，并转化为企业员工的自觉行为，不断提高企业的社会形象。三是将诚信建设与加强企业管理相结合。按照诚信经营的原则，把"面向用户，以诚取信"的经营理念有效融入企业经营方略、日常管理及各项规章制度中，使企业和员工各种经营和从业行为都能符合诚信的准则。同时，努力通过树立企业品牌、创建名牌工程等，进一步展示提升企业诚信形象。

3. 高度重视人才培养，提高从业人员素质

人才是科技和知识的载体，人才资源是第一资源。企业之间的竞争归根到底是人才的竞争。建筑企业要想实现转型升级，必须树立"人才兴业"意识，把人才管理与培养作为企业发展的核心战略。企业家是企业发展的领导者，企业家的素质决定了企业的发展理念、价值理念、经营水平和发展潜力。企业能否搞好，关键在企业家，因而企业家提升自身素质是建筑企业转型升级的核心内容。江宁区建筑企业培养一批懂经营、善管理、有魅力和战略眼光的企业家，并形成能够带领企业高效运营的高级管理人才队伍。

三、建筑产业多元化发展中存在的问题与建议

（一）建筑产业多元化发展存在问题

1. 跨行业经营增大风险

多元化经营企业大多在原来的主业领域有强大的竞争优势，并且拥有较多的富余资源，但是可能由于在新进领域利用其原有企业能力和优势的困难，使之无法发挥成本分摊和技能转移作用，而引致新进领域生产经营的低效率甚至亏损。因为现代市场经济的社会分工日益细化，行业间差距日渐扩大，即所谓的"隔行如隔山"。跨行业经营因不熟悉情况，效率的降低在所难免。在某行业的竞争优势可能成为另外某行业的劣势，新进领域不仅没能成为企业新的利润增长点，反而成为吞没企业资金的"黑洞"，把整个企业拖入"泥潭"。

2. 分散企业资源

分散企业资源削弱竞争优势多元化经营必将导致企业将其有限的资源分散于其开拓的每一个领域，从而可能使每个意欲发展的领域都难以得到充分的资

源支持，有时甚至无法维持其在某一领域中的最低投资规模和竞争能力，结果导致在与相应的一元化经营的竞争对手的竞争中失去优势。企业为了维持并增强其在新进领域的竞争能力，只能挪用其主业资本增加新进领域的投入，由此导致"副业"侵蚀主业，不利于企业集中资源发展其自身的核心专长和竞争优势，最终导致总体竞争实力的降低和经济效益的下降。事实上，各方出击必将扰乱企业主业。如果没有了主力军，那么任何一处的失误或失败都会带来波及性的连带后果，从而扩大经营风险。

3. 运作成本过大、管理效率降低

企业由一元化经营转向多元化经营涉足众多陌生的产业领域，必将增加企业的整体经营运作成本。这表现在：一是进入新产业领域需要支付高额的学习费用和基本建设投资，或者说克服进入障碍比较困难。进入壁垒来自多方面，主要包括：显著的规模经济、最低资本需要量、关键性资源的拥有权、专利和许可证、广告、产品差异等。另外，还需招募或培训雇员、新建营销系统；二是面对多种产品和市场的多元化经营必将增加企业管理的复杂性，削弱企业系统内部各部分之间的有机联系，造成协调和沟通的困难，导致企业总体管理费用的增加和经营效率的降低。

4. 难以形成特色经营

难以形成特色经营由于关联效应，多种行业和产品及业务聚集于同一企业中不利于形成富有特色和统一的企业形象。企业在某一领域的失败会殃及企业的其他业务，由此增大企业商誉受损的可能性。

（二）建筑产业多元化发展建议

1. 构建合理的投资组合及产业组合：施工企业多元化发展的第一关，也是最重要的一关，就是要管好投资组合及产业组合。投资组合是产业组合的试验、先导、优化的手段。构建合理的产业组合首先要明确施工企业的多元化的核心目标是什么：是迅速做大规模还是提高企业盈利能力？是规避行业周期，还是提升企业发展平台？是希望提升建筑施工主业还是希望借此转型其他产业。都需要通过研讨和研究及早确定。基于这个基本的目标，企业的投资组合及产业组合的确定就有了方向。企业可以选择的方向很多，包括重在提升盈利能力的建筑施工和房产业务的二元化发展；包括重在产业整合，提升基于产业链的整合服务，提供从策划、规划、设计、招标代理、勘察、施工、采购、监理、装修、建成运营等全过程或某几个流程价值点整合的阶段性服务；包括重在烫平产业发展周期，实现企业发展转型的非相关多元化。

2. 施工企业的投资组合及产业组合，要注重研究产业间的相互关联和整合效果。对备选的投资组合/产业组合进行全面梳理，分清优劣利弊，有所为有所不为。

3. 充分考虑施工企业目前的资源和能力，构建短期、中期、长期的投资组合及产业组合升级路径，切忌好大喜功，头脑发热式的投资行为。形成一个资源逐步积累，分步投资，稳健发展，提升效率的良性发展之道。

4. 施工企业集团多元化发展的关键是人才。不同产业、不同地域、不同发展阶段的子公司，需要大量高素质人才进行管理。这些人才从何而来，可以通过猎头的手段空降，但这不能成为一个系统的解决办法，必须在企业内部打造一个系统、有序、成熟的集团管理人才梯队，从根本上满足多元化发展子公司高管层的选聘问题。

5. 对于子公司的日常经营，集团可通过明确的管控权责划分，明确哪些权责是必须集团掌握的，子公司只有建议权，集团公司统筹决策。对于明确下放到子公司的，也绝对不是撒手不管，而是应该进行有效监控。归子公司决策范畴内的事件，子公司也必须按相关规定决策，决策后及时通过信息系统上报备案。这样母公司可以进行有效的监控。同时，通过定期的经营分析会，述职等手段，可以进一步加强对于高管层的监控。

6. 通过薪酬和绩效管理体系，进一步强化子公司高管层按照集团战略的统一部署经营管理，按照集团管控的权责界面谨慎决策，积极沟通，鼓励创新和价值创造，鼓励长期价值的实现，杜绝短期行为。并通过严格的离任审计和配套措施，进一步加强相关制度的约束性。

总之，在现实社会，部分企业盲目追求多元化经营，搞过度的多元化，这种做法是不妥的。企业的战线拉得越长，力量就越分散，控制力就越弱。步入市场经济时代后，企业间的竞争越来越激烈了，为了寻找更好的发展机会，扩展发展空间，因此企业必须对多元化经营战略进行周密仔细的一个全方位思考，合理定位确定合适自己企业的多元化发展道路才是最有效的。

（朱本根　江苏省建筑行业协会副会长、南京宏亚建设集团有限公司董事长；董善勤　海通建设集团有限公司总经理、江宁区建筑业协会秘书长，宋守君　副秘书长，俞小静　办公室主任）

关于连云港市建设工程担保和保险制度情况的调研报告

丁绍文　罗军勇　许　乾

2017年11月,江苏省政府下发了《关于促进建筑业改革发展的意见》(苏政发〔2017〕151号),12月又召开了全省建筑业改革发展工作会议,从深化建筑业"放管服"改革,围绕建筑产业转型升级、提升工程品质、打造"江苏建造"品牌等方面提出了20条具体意见和措施。

根据省协会的部署,市建筑行业协会会长丁绍文同志亲率调研组在6月21日至6月27日期间,对全市具有代表性的15家大中型建筑企业进行走访调研,现就我市建筑业工程担保和保险制度推广情况、存在问题和解决思路从四个部分进行汇报。

一、工程担保与保险的发展趋势

目前,工程担保和保险制度在国外一直受到各国重视并得到极为迅速的发展。在发展过程中形成一个相对独立的行业体系,并建立了一套比较完善的行业运作和管理机制。国际上,提供工程担保的主体主要是银行、保险公司或担保公司。银行保函多为无条件保函,有条件保函则以美国为代表,且担保主体为保险公司,由保险公司出具的保函即为保证保险。随着近年来国际金融局势的动荡,各国银行业遭受巨大的冲击,使得保险公司逐渐成为主要保证主体。从目前国际工程建设的发展趋势来看,有条件的工程合同保证将成为主流。"建筑工程行业引入保险机制,在国际上已经被广泛使用。但就国内来讲,还属于新鲜事物。构建全方位建设工程保险制度将充分依托保险行业的风险管理机制,有效防范和化解工程各个环节的责任风险,把政府从保证金'管理员'角色中解放出来,集中资源开展事中事后监管,提升社会治理水平。"这不仅意味着建筑企业不用大量垫资保证金,不用到银行办理复杂的担保手续,更是建立与国际接轨的建设工程保险制度,发挥保险在事前风险预防、事中风险控制、事后理赔服务等方面的功能优势,减轻建筑企业担保金负担,促进我市建筑行业持续健康发展。

二、我市保险担保现状

当前我市建筑领域存在诸多问题，如工程防风险能力不强、履约纠纷频发、工程款拖欠、欠薪屡禁不止等问题，这些问题背后都是与承发包合同违约有着密切关系，已经造成了一部分烂尾工程，对此主要是采用工程合同履约保证制度来解决这一问题。目前我市传统和现行的工程合同履约保证通常为两种方式：一是缴纳现金保证金；二是开具银行保函。保险公司的保险在我市尚未展开，与这两种保证方式相比，由保险公司提供履约保证保险在成本、手续和时间上都具有明显优势。"保险保函的成本对于建设单位来说应该是最低的。"市建工集团公司负责人算了一笔账：以一个造价为1000万元的工程为例，如果按照传统方式缴纳现金保证金，需向项目业主缴纳100万元保证金；如果采用银行保函的方式，不仅需向银行缴纳保证金，还会占用银行对企业的贷款授信，造成资金周转困难。"不光是钱的问题，授信审批链条过长也会导致工程进场时间延后，造成工期紧张。"该负责人说。目前我市建筑工程履约担保和保险工作推行较为缓慢，据了解，工程担保90%都为现金担保（保证金），10%为银行保函及担保公司保函。

实践证明，建筑工程履约类保证金占用时间过长，资金利用效率不高，存在业主不能及时退回的现象，有的质保金时间跨度很长，拖到好多年都不能将资金退回，导致资金成本偏高，影响了项目利润，影响了施工企业的发展。而且，即便用保函来担保依然还有很多问题，银行和担保公司保函需施工方在银行授信、提供抵押物或反担保措施，程序较为烦琐，时间也较长，一份保函一般需10天以上时间才能办好。对于施工企业信誉和经营状况不佳的，银行和担保公司不愿意为其担保，这些企业则依靠借民间高利贷缴纳保证金，给企业的经营埋下了极大的隐患。提起工程各类保证金，大部分建筑企业老板都痛苦不堪，几十万、数百万的现金被"冻结"所带来的压力，一般企业是难以承受的。

三、当前存在问题

（一）法律法规体系不完善，仅仅停留在部门规章，且有章不循

2017年下发了《国务院办公厅关于促进建筑业持续健康发展的意见》（国办发〔2017〕19号）、《国务院办公厅关于开展工程建设项目审批制度改革试点的通知》（国办发〔2018〕33号）文件，强调"要进一步优化营商环境，强化事中事后监管，保障工程建设各方主体的合法权益。"2017年11月24日，

江苏省政府印发《省政府关于促进建筑业改革发展的意见》（苏政发〔2017〕151号），提出"建立以银行保函、专业担保公司担保或综合保险为主的投标担保、工程款支付担保、承包履约担保、建筑工人工资担保和质量保修担保制度"，"对房地产开发项目实行工程质量保险制度，将保险费用列入工程造价。提交工程质量保修担保或工程质量保险的工程项目，不再预留工程质量保证金"；国家、省政府都已经出台相关政策，但是我市还没有出台细化的配套政策，因此这一政策未能真正落地执行。

（二）建筑市场不规范，各方主体信用缺失，急需保险介入

目前，我市建筑市场乱象丛生，低价中标、围标串标、挂靠施工的不规范行为依然存在，企业信用体系不健全，评标标准不统一，违约失信成本低廉，企业信用缺失等情况普遍，造成了银行、担保公司和保险公司不愿意为建筑企业提供担保。长期以来，在招标活动中，保证金制度备受施工企业的诟病。保证金被占用、挪用等，施工企业的痛无处诉说。被调研的15家企业都存在这一问题。企业因缴纳投标和完工履约等保证金，资金长期被占用，负担重，已严重制约了建筑企业特别是中小企业的发展。

（三）业主利用货币担保形式占用施工企业资金、"双担保"制度落实难

目前，我市建筑市场主体地位不平等的问题非常突出，业主凭借其强势地位，在招标文件中设置苛刻的条件，甚至要求投标人必须用现金担保，在调研中：（1）所有施工企业反映没有一次拿到过业主方出具的工程款支付担保（保函）或者有银行出具的建设资金到位证明。使工程合同成为变相的承包商垫资。大多数业主要施工企业缴纳履约保证金，其主要意图是将保证金长期占用，再以工程款名义支付给施工单位。还有的施工企业在中标后，业主（甲方）施加给施工企业或明或暗的不平等条款，这些实际上形成了在工程担保（保险）方面新的不平等。同时又加重了施工企业的财务负担。（2）根据公平对等的原则，让施工单位提交履约担保的，建设单位也应当提供工程款支付担保。但是现实是大多数建设单位无施工启动资金，没有底气出工程款支付保函。因此"双保函"制度应强制施行。（3）如若建设单位不能提供工程款担保，那么建筑工人工资的担保就成了施工企业新的"枷锁"。原因是：①缴了履约保证金（现金形式）占用了大量资金；②建设方不出工程款保函，在工程进度款无保障情况下，又让施工企业对工人工资发放作出承诺，加重了企业负担。拖欠的源头是建设方，让施工企业承担责任是有失公平的。目前，市场上对建设单位的约束基本是没有的，招标文件的不合理、不规范，政府也无力干预。

（四）担保机构出具的保函不统一

调研中有企业反映担保机构出具的保函格式不统一，或多或少的存在担保额度、担保期限、保证责任等内容不全面的情况，不同银行又有不同的规格，不同地区的银行也有不同的要求。如一企业反映，同一家银行在江苏与上海的要求也不统一，因此给企业办理手续带来诸多不便。同时，作为主要担保人的银行出具的保函基本属于"见索即付"式的，与担保公司出具的保函责任条款不一致。由于保函格式不统一，建设单位、施工企业、担保方及相关内部部门需要多次沟通协调，客观上延长了手续办理的时间。此外，还有建设方选择银行让施工企业办保函，实质是刁难施工企业。

四、几点建议

调研中，施工企业普遍渴望用保函取代保证金制度。他们纷纷认为这是利好之事，如能真正落实到位，对施工企业而言摆脱枷锁，对市场而言是规范化的运行。与保证金制度相比，履约保险保函只需要企业交纳少量的履约保证保险费，不需要占用企业大量的资金，大大减轻了企业的负担，实践证明，用保函取代保证金，构建全方位建设工程担保与保险制度是一条成熟的可行的制度，对施工企业是一个福音。原来实行的保证金制度已经暴露出了极大的弊端，让很多施工企业不堪承受，当前最急需解决的事情是在我市乃至全省建立并推行用保函取代保证金和"双担保"制度。目标是到 2020 年，各类保证金的保函替代率提升到 50%。具体理由和建议如下：

（一）对业主行为加强监管，有制约措施

推行工程担保与保险制度离不开业主的配合。在现实工作中对业主虽有监管，但对无视监管的业主，行业主管部门无约束手段。担保与保险制度的设立需明确规范业主，不得用现金形式要求施工企业缴纳各种保证金，业主不得指定银行或保险机构出具保函与担保；不得以任何借口拒绝提交"双担保"；凡业主要求施工企业提供履约保函的，同时必须向施工企业提交工程款支付担保。

2017 年 11 月 24 日，江苏省政府印发《省政府关于促进建筑业改革发展的意见》（苏政发 [2017]151 号），明确要求"任何单位不得拒绝建筑企业以保证保险形式提交的工程投标保证金、工程履约保证金、工程质量保证金"，该文件的下发，为省内建设工程保证保险的使用提供了有力的政策保障。

对变更较大的工程，业主应及时调整工程款支付数额，不得以调增项为名

变相占用施工企业资金。如帝都建设公司项目经理反映，以往采用现金保证的方式，由于没有第三方居中协调缓冲，甲乙双方容易激化矛盾诉诸法院，造成项目停摆。保险公司作为第三方介入项目并承担违约的经济责任，就会主动在事前运用专业经验审视风险，并居中参与承保项目建设过程中甲乙双方的分歧协调，确保工程如期保质完成。

以工程质量保证保险为例，此前在工程建设领域主要的保证方式是采用保证金或银行保函，即建筑行业通过缴纳一定数额的保证金或开具银行保函，用来规范招投标行为、确保合同履约、解决农民工工资拖欠，以此增加违约成本，防范风险。今后，保险公司所提供的保险合同或者保险单将成为工程担保的形式之一，与现金、银行保函相比具有明显优势，更重要的是不占用企业的银行授信额度，降低企业的资金成本。

（二）为施工企业和业主方提供风险保障

与现行的工程合同履约诸多保证方式相比，保证保险有着成本更低、办理更便捷等优势，对建筑企业的减负优势明显，对于缓解建筑工程纠纷和风险也有很强的风险保障作用。在工程施工时，为防止建筑企业因转包、违法分包、设备材料不合规、工程质量不符合要求以及工期延误等未按照施工合同的约定对业主方造成损失，引入工程质量保证保险后，能为施工企业和业主方带来风险保障。此外，建筑企业未能及时支付农民工工资、拖欠供应商以及施工承包人的材料款、工程款、劳务款等费用，一直是建筑行业的主要风险之一。通过引入保证保险，上述原因对业主方造成的损失，也将得到保险公司的风险保障和及时赔偿。

在本月我市中粟建设公司中标大庆市监察委业务用房工程，已支付219万保证金，后在中国人保财险连云港市分公司办理219万保函后，大庆市监察委认可后，将219万现金退还给了中粟公司，保险保函费用约占保证金的1.5%，便宜、快捷、便利，极大减轻了施工企业的负担和压力。

（三）行业主管部门做好前期准备工作

我市建筑业应按照市委、市政府"高质发展、后发先至"的部署，借鉴发达国家和地区的成熟经验，尽快吸收引进先进地区工程担保和保险制度。为此应提前做好以下保障准备：

1. 积极开展工程担保和保险制度的宣传培训和人才储备工作

建立和推行工程担保和保险制度，必须大力开展宣传和培训工作，普及工程担保和保险知识，使业主和施工方认识到保险对自身利益的重要意义，增强市场主体的保险意识，从而推动工程担保和保险制度在工程上逐步实施。建议国有投资项目管理公司及房地产开发公司，要结合加入WTO后与世界接轨的新形势，大力宣传；同时，要在这两个领域积极进行试点，强制推行工程担保和保险制度，并结合实际情况，经常性地由住建局或建筑业协会举办研讨会，在建筑业界普及工程担保和保险知识。建议现有国家注册监理工程师、一级建造师考试中，提高工程担保和保险知识内容所占比例；建议由建设行政主管部门牵头，对现有政府管理部门、监理咨询企业、施工企业中高级管理人员进行分批培训。

2. 推进"双担保"制度执行，加强立法管理

建设主管部门在起草或制订有关合同示范文本时，应注意参照工程担保和保险的国际惯例，再结合当地建筑业的实际情况，制定有关工程担保和保险的条款外，还应抓紧研究制订工程担保和保险的系列合同示范文本。同时要大力推行工程履约"双担保"制度落地执行，必须有法律法规作保障，目前这一制度还仅仅停留在部门规章文件层面，尚没有上升到国家法律层面，要通过一段时间试点后总结经验教训，再推动人大修改完善"建筑法"，在法律层面构建全方位建设工程担保制度，用司法的形式来保障这一制度在建筑市场上强力推行。

3. 加强统筹推进，采取强制和自愿相结合的实施方式

我市建设工程履约类保险包括工程投标保证保险、建设合同履约保证保险、业主合同款支付保证保险、建设工程质量保证保险、建筑业企业人工工资支付保证保险5个险种，鼓励开展预付款支付保证保险、分包合同履约保证保险等符合连云港市建筑市场需要的其他类型的工程保证险种。针对最低价中标工程需要投标单位提供高额担保或者保险，工程保函费用可计入工程造价。

欧美发达国家对公共工程均强制性工程质量担保，而对非公共工程则采用非强制担保。我市工程质量保险的实施，建议采用强制和自愿相结合的实施方式。工程质量担保和保险制度实施规定可有效结合现有的招标法及配套法规，因为工程质量担保和保险制度与招标制度都属于工程交易的管理制度，采用相同的强制标准合乎逻辑且便于监督实施。在政府投资项目和房地产项目中需要强制实施工程质量保险制度。

4. 加强与人保财险公司合作、完善工程履约保险市场

中国人民财产保险股份有限公司是老牌国有保险企业，底子厚、信誉好，且于2016年向保监会备案、报批了《投标保证保险条款》、《建设工程完工履约保证保险条款》、《农民工工资支付履约保证保险条款》、《建设工程合同款支付保证保险条款》和《建设工程质量保证保险条款》，已经是具有经营建筑

行业资质的保险公司,并已在全国多地开展了建筑工程履约类保险业务,他们有着丰富的承保经验和明显的先发优势,应优先考虑作为与建筑行业试点合作对象。

5. 各方树立正确的风险意识,共同推进诚信体系建设

企业在有风险的市场中谋生存、趋利避害的竞争行为,通过市场这只看不见的手实现了社会资源的有效配置。工程担保和保险制度是以市场手段来帮助在市场中识别到的风险,帮助建筑企业转移和规避风险的有效工具,一旦我市的市场参与各方具有强烈的市场主体意识,工程担保和保险就成了一种自身的需求。企业树立正确的风险意识,将大大提高企业领导的决策水平,降低资源的浪费。

近年来,我市正加大基础设施和重大项目建设,建筑工程行业空间更加广阔。随着今后建设工程履约保证保险试点的逐步落地,将保险的风险保障作用引入到建筑工程领域,推动工程建设顺利进行,必将为助力建设幸福美丽港城做出新的贡献。

(丁绍文 连云港市建筑行业协会会长,罗军勇 副会长;许乾 中国人财保险连云港分公司重要客户部副总经理)

中亿丰建设集团 PPP 业务创新探索、规范运作情况

宫长义 莫吕群 刘 扬

政府和社会资本合作（Public Private Partnership，简称为"PPP"）模式是指政府与社会资本方在基础设施及公共服务领域建立的一种长期合作关系。PPP 项目运作中，通常由社会资本方承担设计、建设、运营、维护基础设施的大部分工作，获得合理投资回报；政府部门负责监管项目产出（公共产品和服务），保证公共利益最大化。

2013 年 11 月，十八届三中全会提出"允许社会资本通过特许经营等方式参与城市基础设施投资和运营领域"，一时风起云涌，PPP 行业呈现出爆发式的繁荣景象。直至 2017 年 11 月，《关于规范政府和社会资本合作（PPP）综合信息平台项目库管理的通知》（财办金〔2017〕92 号）重磅发布，标志着以 2017 年成为起点，国内 PPP 行业正式进入"规范"发展新阶段。

一、中亿丰 PPP 业务探索、运作情况

中亿丰建设集团自 1952 年成立伊始，坚守建筑领域深耕细作，不断延伸建筑产业链，致力于为国内外城市化建设及综合运营提供一流服务；始终保持市场敏感性，敏锐捕捉到 PPP 行业发展态势，迅速反应，调整企业宏观发展战略，在 2014 年 8 月率先增设 PPP 业务板块、做好顶层设计，2015 年 2 月正式成立 PPP 业务归口管理部门——PPP 研究中心，探索业务新模式、创立企业新格局、谋划发展新优势，开启 PPP 新征程。同年，入选江苏省政府与社会资本（PPP）首批合作伙伴。

对中亿丰建设集团而言，进入 PPP 领域是带动主营业务、突破性进入部分国有垄断性行业或领域、拓展外埠市场、推动实现企业升级转型的良好机遇。现将中亿丰建设集团 PPP 业务现状作详细梳理与总结。

（一）落实顶层设计，动态完善运作机制

作为全国首家非上市民营企业 PPP 研究平台，中亿丰建设集团 PPP 研究

中心率先发挥先发优势，深入开展PPP模式理论与政策研究，与主营业务板块协调、对接，最终实现集团PPP业务"市场营销—尽调—风险评估—投资可行性分析—资源拓展与积累—响应采购—谈判与合同签署—项目公司组建与治理—融资落实—投后管理—项目建设运营管理—过程及最终评价—移交"全生命周期运作统筹策划、推进落实、协调管理职能。

（二）积极开展课题研究，加强成果交流

中亿丰建设集团PPP研究中心除自行启动项目风险、融资、绩效考核管理等课题外，参与中国建筑业协会"PPP模式与建筑企业转型升级研究"研究课题并形成专著协助央企开展"企业商业模式创新研究——PPP、BOT及BOOT、F+EPC"研究课题。自2015年起，PPP研究中心汇总理论研究成果与实践经验，在国家级、省级期刊发表17篇论文，并应邀于中国施工企业管理协会主办的《施工企业管理》期刊开辟2017年度"PPP模式下建筑企业的竞合之道"专栏，加大观点分享力度，与建筑行业协会、企业良好互动。

（三）加强项目实践，提升业务能力

中亿丰建设集团已落地苏州高铁新城北河泾景观和蠡太路改造PPP项目（苏州首例落地的基础设施类PPP项目，计划总投资约5.6亿元）、泰州市医药高新区体育文创中心建设项目（计划总投资约12亿元）、云南省宜良县一厂三网PPP项目（计划总投资约3.3亿元），积极推进规范化运作；同时作为顾问服务方，每年参与近300个项目评估服务与探索，项目横跨苏州、南昌、西安、沈阳等地，覆盖城市基础设施、保障房、教育、体育、旅游等多个领域，积累实践经验，重点加强项目风险识别与评价、投资评估、运营管理等核心能力。

（四）塑造、提升专业性，承担社会责任

中亿丰建设集团积极成为财政部下属中国财政学会公私合作研究专业委员会委员；团队成员已入选浙江省、四川省、合肥市PPP专家库，成为中国建筑业协会、中国施工企业管理协会特聘专家，入席"中国PPP名人"，得到行业认可、专业认证。承担苏州市建筑行业协会会长单位职责，中亿丰建设集团PPP研究中心成为协会PPP咨询专业委员会主要始创单位，以协会平台为本地建筑企业提供PPP培训、咨询、项目嫁接等服务，促进企业间交流、协作、资源共享，助力本地建筑行业健康发展。

（五）完善、提升施工资质资格，优化产业结构，拓展运维领域

1. 作为江苏省知名大型建筑承包商，中亿丰建设集团脚踏实地、修炼内功、务实创新，于2017年11月成功获批市政公用工程施工总承包特级资质，成为江苏省唯一一家拥有双特级总承包资质的建筑企业，同时响应"建筑师负责制"要求，提升勘察设计能力，获评建筑行业（建筑工程）、市政行业、工程勘察专业类岩土工程（勘察、设计）专业三项甲级资质，全力打响"中亿丰建设"品牌；关注行业发展热点，成立EPC总承包公司及地下工程、隧道、绿色建筑等专业公司，推动"设计-施工-采购"联动，提高总承包管理水平，提升重点领域施工技术水平，切实提升主营业务综合实力。

2. 2018年2月，《江苏省住房城乡建设厅关于公布全过程工程咨询试点企业和试点项目的通知》正式发布，中亿丰入选首批全过程工程咨询试点企业，也是苏州市唯一一家入选的工程总承包商，具有很强的示范意义。中亿丰建设集团创新探索全过程工程咨询业务模式，已申报苏州市住建局"全过程工程咨询实施"科技课题，发挥PPP项目中项目公司"甲方"角色积累宝贵经验优势，参与项目前期投资决策、模式策划、造价控制、建设管理，培养建设项目全过程服务能力，实现产业多元化发展。

3. 现阶段，我国强调PPP项目运营服务、绩效与回报挂钩等基本属性。因此，PPP研究中心积极拓展运营运维领域，组建专业团队，应对于苏州市地下综合管廊良好的发展契机，发挥中亿丰建设集团管廊设计、施工等前期积累优势，成功承接城北路（市级）、城阳路运维项目，与主管部门共同探索建立管廊运维标准，厘清管理界面，为后期探索管廊PPP项目全生命周期统筹管理奠定基础。同时，PPP研究中心联合申报省级地方标准"城市地下综合管廊运维规程"，将实操经验整合、提炼、转化，发挥标准、精准的指导功能。

4. 此外，应对于进入运营领域的需求，PPP研究中心还牵头发起镇污水处理厂运营、城市运营管理等研究课题，对标典型企业，掌握市场规模，分析技术要点，坚实基础、蓄势待发。

（六）塑造核心竞争力，智慧化管理，提质增效

通过PPP研究中心深度研究与专业实践、内部协调配合，中亿丰建设集团坚持从PPP本质出发，强化PPP投资思维，严格遵循国家、地方政府流程及管理制度要求，规范实施，实现良好的"投融资-建设-运营"一体化运作模式，形成PPP核心竞争力。另外，中亿丰建设集团着力打造PPP业务板块运作及项目管理平台，增加BIM智慧管理化管理手段，串联项目全生命周期建设、

运营管理环节，逐步搭建大数据库，发挥数据价值，支撑企业优势、健康发展。

二、中亿丰PPP实践中所遭遇的问题

（一）宏观层面

1. PPP立法缺失，无法可依。PPP项目投资大、合作期长，全生命周期内风险难以完全评估与有效把控。近年来，国务院、财政部、发改委、各对口部委及各省地市政府频频出台PPP相关政策，但效力等级低。

在缺乏法律保障的情况下，中亿丰建设集团参与PPP项目信心不足，因此非常谨慎，设置严格的项目筛选机制，对当地政府财政实力、履约情况进行深层了解、细致评估，在一定程度上降低政府信用风险。

应中国施工企业协会要求，中亿丰建设集团PPP研究中心于2017年8月提交《关于基础设施和公共服务领域政府和社会资本合作条例（征求意见稿）的相关建议》报告，从社会资本方实践角度出发，进言献策，尽力为PPP行业健康发展添砖加瓦。

2. 系列配套政策亟待完善。在项目实践中，还遇到很多没有依据、无法解决的实际问题，如营改增后概（预）算体系如何调整、政府补贴与购买服务税额如何计算等，将对PPP项目收益产生很大的影响。尤其是税务认定事宜，中亿丰建设集团已遇到实际问题，正联合本地税务部门、税务师事务所进行沟通与协商。

（二）地方政府层面

1. 地方政府职能、思路尚未转变，强势主导PPP项目操作。由于一些地方政府对PPP模式认知不到位，存在地方政府未转变职能，仍依照传统项目思路强势主导PPP项目的情况，如设置苛刻采购要求或不合理的项目运作模式，过度压缩社会资本方合理利润空间，如采用建设成本和投资收益率最低报价为比重大的评分条件，但未限制报价下限，缺乏约束机制，导致企业恶性竞争，违背PPP项目"合理收益"的原则；把项目公司当作融资平台，变相融资等；过多干预项目公司正常生产经营活动，仍强调"业主"管理职能等。社会资本方仍处于弱势，没有真正实现与政府良好可持续的合作关系。

2. 地方政府偿债履约意愿不强、契约精神淡薄。部分地方政府将社会资本方视作施工单位，购买服务的款项视作工程款，履约情况不容乐观；履约精神淡薄，行政换届更增大政府信用风险。地方政府违约情况的仲裁和诉讼法律依据模糊，这对于PPP项目十年以上的合作缺少保障。

3. 地方政府部门间权责划分不清，衔接不到位，效率低。地方政府部门权责划分不清，多方衔接不到位，导致PPP项目审批程序复杂、耗时长，项目决策、管理和实施效率低下。

4. 政府保障难落实。对于非经营性、准经营性项目，政府应将PPP项目支付纳入财政预算并通过人大决议，但在实际项目运作中政府往往很难落实，直接影响到落实项目融资，银行转而要求社会资本方进行担保，对企业自身正常运作造成影响。

5. PPP项目退库后后续项目模式缺少政策指导与支撑，协商难。随着92号文掀起的PPP清查热潮，不少PPP项目因不合规、不宜采用PPP模式等原因被要求整改，甚至强制退库。退库项目该何去何从，国家部委均无指导意见，社会资本方沟通意向强烈但谈判推进难，权益难以保障。

（三）环境层面

1. 金融机构对民营企业信心不足。政府引导基金、社保、商业保险、信托等资金回报要求较高，进入PPP项目较难实现。民营企业融资渠道单一，向银行为主的金融机构贷款仍为主流方式。金融机构风险评估机制复杂，承担风险意愿偏低，对于民营企业更是要求严苛，中亿丰在事件中遭遇很多困难，当项目缺少必要的政府保障条件，融资则更难以落实。

2. 项目退出的机制有待建立。政府出于保护公共利益，极大地限制社会资本方在项目运营期内退出。同时因融资合同的股权变更限制较多、合同体系之间的交叉性较强等原因，社会资本方退出不畅。

3. 国有资本对民营资本的挤出效应突显，地方民营企业生存空间进一步恶化。由于近年来传统业务断崖式下降，市场化非常竞争激烈。类似中亿丰这样的非上市民企在信用、融资成本等方面劣势明显，导致竞争力不足，造成很大的冲击。

4. 项目参与各方鱼龙混杂，不规范，缺乏监督体系。咨询公司、招标代理公司、社会资本方、金融机构、设计公司等参与方众多，水平参差不齐。尤其是，为地方政府、企业提供PPP项目运作指导协助的咨询公司、培训机构鱼龙混杂，没有起到助推PPP项目规范落地的责任；部分招标代理机构未厘清PPP项目所采取政府采购形式与传统公共工程招投标形式之间的差异。

5. 咨询服务公司难以协助项目落地。地方政府需聘请咨询机构完成PPP项目物有所值评价、财政承受能力论证报告及实施方案，协助项目入库，指导政府规范运作PPP项目。但目前来看，咨询机构从业人员项目评估、风险把控水平有限，行业深度不足，欠缺PPP项目实操经验，所设计的条件难以被社会资本方接受，难以推动项目落地。

（四）企业层面

1. 纯民营属性企业劣势明显。地方政府对民营企业信心不足，对企业抗风险能力、项目公司管理能力、履约精神存疑，担心无法保证长期合作。所以政府在前期沟通、筛选社会资本方时，对央企、地方国企更为偏重，民营企业因自身"本源"属性就不具优势。

自去年年底国资委出台《关于加强中央企业 PPP 业务风险管控的通知》后，央企由过度承揽转向谨慎行动、控制规模。以今年 7 月份为例，全国央企 PPP 项目总成交量为 44 个，同比下降 49%；从前 7 个月的情况来看，央企参与 PPP 项目总成交量 417 个，同比减少 17%，但民营企业仍难与之抗衡。

PPP 项目合作期长，风险大，现金流压力大，资金体量要求较大。而建筑企业由于行业特征，资金回笼周期较长，效益微薄，导致自有资金有限。

2. 项目合作期长，风险难以把控。现阶段 PPP 项目合作期限一般为 10～30 年，风险影响因素难以掌握，尤其是经营性项目，风险评估与投资测算更为复杂，建筑企业很难对市场形势作较为精确地判断。

3. 部分领域运营团队缺失。中亿丰建设集团在传统业务中也积累了基础设施维护、绿化与河道养护等经验，也在管廊运维、商业体经营等方面不断探索，但是对于养老、旅游、体育等公用事业缺乏长期运营能力及经验，很难参与到上述领域的 PPP 项目之中去。

三、推进 PPP 模式规范、良好运作的对策及建议

（一）政府部门

1. 政策理论层面向实施落地层面转变。建议加快立法进程；进一步明确、完善、细化 PPP 相关系列配套政策，切实维护 PPP 市场秩序，指导 PPP 项目规范运作。

2. 调整 PPP 项目规模和比例，创新模式。建议控制非经营性项目、准经营性项目的规模和比例，加大发起经营性项目；将盈利能力强的产业与无盈力能力或盈利能力差的项目进行组合，增大项目总体获得稳定现金流的预期。

3. 建立 PPP 项目全过程监督、评价体系和机制。建议地方政府 PPP 主管部门建立项目全过程监督、评价体系，健全机制、明确职责，监督项目长期规范化运作，确保公共产品及服务达到绩效标准。

4. 建立 PPP 项目纠纷协商、解决机制。PPP 模式逐渐发展成熟，前期项目

操作较为粗糙、不规范。建议地方政府 PPP 主管部门建立 PPP 项目纠纷协商、解决专项机制，解决 PPP 项目在长期合作中产生的纠纷问题。

5. 推动建立第三方 PPP 专业评估机构。建议推动建立第三方 PPP 专业评估机构，在项目数十年执行过程中进行全面的经济技术指标再论证和评价、风险的提示与纠偏，为项目公司规范化运作提供规范化意见和建议。

6. 推动项目融资渠道拓宽与模式创新，加强监管。建议部委针对以银行为主的金融机构出台文件，开放政策性银行提供金融支持，推动实现无需企业担保的无限追索项目融资；推动、促进 PPP 项目资产证券化。

7. 项目退出机制的建立与完善。建议国资委就 PPP 项目社会资本方退出专项设立的股权、资产交易平台，建立、完善 PPP 项目退出机制。

8. 建议完善股权退出机制，探讨由上市公司收购社会资本所持项目公司股份的可行性或通过资产证券化等方式，实现社会资本方的股权退出；设计合理的金融产品，提升债权流动性。

（二）行业协会

1. 建议省建筑行业平台搭建企业与政府对接的省级平台，打通政府、企业之间的信息与业务通道，促进各方有效对接与合作，推动 PPP 项目顺利落地。

2. 建议省建筑行业协会牵头组织市级协会，搭建、串联不同层级、规模的企业交流平台，尤其是推动央企、地方国企与民企交流 PPP 运作经验；搭建合作平台，融合各方力量，推动资源整合、合作共赢，从而促进建筑企业转型发展，推动建筑行业良好、健康发展。

（宫长义　江苏省建筑行业协会副会长、中亿丰建设集团股份有限公司董事长；莫吕群　中亿丰建设集团股份有限公司 PPP 研究中心主任，刘扬　PPP 研究中心主任助理）

搭载"一带一路"快车 加速"走出去"步伐
——江苏省建集团借助"一带一路"走出去发展调研报告

陈正华 仇天青 戴 萍 李跃清

江苏省建筑工程集团有限公司简称"江苏省建"、"江苏省建集团"。公司成立于1956年,是新中国建筑安装行业的开拓者,原系江苏省住建厅直属企业,现为世界500强——绿地集团成员企业。

集团公司总部位于古都南京,注册资本10.0658亿元,现有员工8000多人,其中中高级技术职称2600余人,一、二级建造师1400余人,并有180余名被评为全国或省市优秀项目经理(建造师)。

作为行业内的"航母"型企业,江苏省建现拥有江苏省交通工程集团有限公司、南京同力建设集团股份有限公司、北京京西建设集团有限责任公司、江苏省城投建设有限公司等60余家分(子)公司。

集团为房建总承包特级资质企业,共拥有8项施工总承包资质、9项专业承包资质,系建筑行业甲级设计企业和房地产开发一级企业,是对外援助成套项目总承包企业,享有独立在世界各地承揽工程的对外签约权。在60年的风雨历程中,江苏省建逐步发展为一个拥有建筑施工、基础设施、海外业务、地产开发和绿色智造五大产业格局的现代化企业。

近年来,在世界经济依旧低迷之际,江苏省建的"成绩单"却令人欣慰,新签合同、营业收入、利润等各项指标继续保持近50%的增长速度。海外业务作为江苏省建改革发展中的最大亮点,自实施"走出去"战略以来,经过20多年的顽强拼搏,江苏省建已发展为江苏省为数不多的施工总承包特级资质、援外总承包实施企业和中国对外承包工程商会认定的AAA级企业,连续多年获得中国建筑业竞争力百强、中国工程承包商80强、江苏省建筑业综合实力十强、江苏省建筑外经三强企业等称号,为我国援外事业做出了积极贡献。

目前,江苏省建的业务覆盖全球30多个国家和地区,在全球各地承建了一大批富有影响的工程和标志性建筑,为经济全球化的推进作出了重要贡献。

围绕"一带一路"战略，江苏省建主动适应新常态，在发展国内市场的同时，依托港股上市公司"均安控股"平台优势，不断加快"走出去"实施步伐，坚定当好中国建筑业"走出去"的中坚力量，不断推进海外事业的发展。

一、江苏省建集团"走出去"发展经验举措

（一）借助政策支持，全力发展海外市场

在20多年的海外业务发展过程中，江苏省建在"走出去"政策的引领下，内部实行海外战略优先政策，不断描绘海外板块的美好蓝图。

一是与时俱进，紧跟国家战略步伐。自20世纪90年代以来，在商务部、省委省政府的关心下，在省商务厅、省住建厅的帮扶下，江苏省建不断加快"走出去"实施步伐，积极响应国家"一带一路"倡议，取得了较为迅猛的发展。在此期间，国家、省市出台的有关建筑业企业"走出去"发展的红利政策，特别是省政府办公厅[2016]25号《关于加快推进全省建筑企业"走出去"发展的实施意见》文件的出台，对江苏省建进一步发展海外市场指明了方向，增添了信心。

二是全员重视，优先发展海外业务。2007年，提出了"举集团之力发展海外"，把优先发展海外业务放在关系整个集团前途命运的位置上强势推进，坚持把稀缺优质资源优先向海外配置，在人才、资金、薪酬、经营等一系列工作中实行了政策倾斜，推动了江苏省建海外业务突飞猛进的发展。

目前，江苏省建在海外市场承建了500多项援外项目和国际承包工程，连续多年获得江苏省建筑外经第一名的称号，以业绩稳健、专业负责的企业形象闻名业内，备受社会各界赞誉。

（二）依托援外战略，全力推进外经市场开拓

早在2007年，江苏省建就提出了"立足援外，做大外经和外贸"的经营思路。一方面，以援外项目为切入点，通过援外培养了队伍，了解了市场，积聚了资源，为外经的发展打下了基础。特别是近年来，江苏省建承建了援刚果（布）新议会大厦、援利比里亚政府办公楼、援安哥拉国际关系学院、援冈比亚国际会议中心等一批重点工程，援外业务承接量位居中国建筑企业前三强。同时，利用援外项目的政治影响力来提升江苏建筑"铁军"的品牌形象，集团援外专家受到了十几个受援国元首的亲切接见。2017年4月28日、5月24日和9月14日，利比里亚、刚果（布）、冈比亚三国总统先后出席了江苏省建承建该国援外项目的奠基仪式；2018年7月，利比里亚总统向江苏省建授予利比里亚国家"金

像奖",以肯定江苏省建为利比里亚的建设发展所做出的重大贡献。

另一方面,通过援外,积极发展外经市场。近年来江苏省建在外经和外贸市场开拓上成果显著,目前在15个国家有在建项目,业务领域已拓展到市政设施、地铁、港航、建材、农业等方面。值得一提的是,2017年7月,江苏省建与马来西亚政府签署了80亿元马来西亚人民福利房项目,这也是江苏建筑企业在"一带一路"沿线国家最大单笔合作项目;签订了菲律宾马尼拉(马卡蒂市)地铁项目谅解备忘录,总投资近70亿元。此外,在省发改委和商务厅的支持下,成功控股香港上市公司均安控股(01559),成为该公司第一大股东。均安控股主要在香港从事水务和市政工程等业务。它的收购,拉长了江苏省建的产业链,为江苏省建加快"走出去"步伐,进一步实施"一带一路"发展战略,将发挥重要的作用。

(三)全力念好"三本经",提升项目管理能力

俗话说:"海外无小事。"江苏省建积极在提升海外业务管理能力上下功夫,重点抓好"后勤服务经,现场管理经、人才培养经"。

做好后勤服务,主要是指材料的供应和人员的调配,后勤服务积极考虑时效性,在时间上确保前方,组织的货源要在数量上和质量上有保证,同时要使成本最低化。

二是抓好现场管理,海外项目每个问题都是国际问题,都有可能影响到中国政府的形象,要求我们的海外人员素质要高,要注重形象和信誉。

三是在加大人才培养上不断下功夫,积极培养一批懂外语、懂业务的复合型市场经营人才。同时,选拔一些英语水平比较高的,送出去,利用2~3年的时间培养他们,形成有效的海外人才梯队。

(四)深度耕耘强化整合,努力打好"阵地战"

为了进一步做大海外市场,江苏省建因地制宜,不断创新经营措施。一是实行属地化管理。首先,江苏省建充分利用在东道国已形成的良好资源,在海外项目公司的管理上,实行国际化运作、本土化经营和属地化管理。其次,在所有国外项目公司成立党支部,组织开展党建工作和企业文化建设,积极参与当地社会的公益活动。2015年3月14日,瓦努阿图遭热带风暴"帕姆"来袭,造成维拉港90%的房屋受损,江苏省建也在飓风中遭受重大损失。项目公司广大党员干部一方面坚持灾后自救,一方面积极向瓦受灾民众施以援手,提供紧急救灾物资,受到当地政府和百姓的高度赞扬。

二是坚持资源整合、强化"抱团出海"的经营理念。积极发展有实力、有

资源的合作伙伴。2018年上半年，江苏省建与中国糖业协会携手合作，利用中非产能合作契机，在非洲区域市场积极推进刚果（布）、坦桑尼亚、加纳甘蔗种植和建设蔗糖加工产业园 EPC 项目，计划分别在三国建设年产 30 万 t 蔗糖加工园区，并各配套五万公顷甘蔗种植，争取实现更高一层的海外产能合作升级。

三是优化市场结构，主攻重点区域。从 20 世纪 90 年代开始实施伊拉克阿玛拉医院、巴格达机修厂、美国关岛皇宫大酒店，到新世纪一跃跨上了国际工程总承包的台阶，江苏省建不断优化和调整市场结构，努力打好"阵地战"，逐步形成了非洲、南太平洋和东南亚三个区域中心市场，经历了"跨国包工头"到国际承包商的蜕变，唱响了省建海外品牌。20 多年来，江苏省建所承建的项目从未有过一次质量、安全事故，得到了我驻外使领馆、商务部和众多受援国的高度称赞。

2018 年度美国《工程新闻纪录（ENR）》"全球最大 250 家国际承包商"榜单公布，中国企业共有 69 家入围，江苏省建集团凭借雄厚的综合实力荣耀上榜，位列第 126 名。

如今面对当前复杂多变的经济形势，江苏省建实现跨国经营的道路依然任重道远，将继续坚定不移地实施"走出去"战略，牢牢把握机遇，筑梦"一带一路"，确保尽快实现千亿目标，全面开创发展新局面。

二、"走出去"存在的问题和困难

当前，"一带一路"倡议和"构建人类命运共同体"理念正逐步成为重要的国际共识，从理念变为行动，从愿景成为现实，国际社会对中国引领经济全球化新方向充满期待。作为"走出去"企业必须选对路径方向，踏准步点节奏。行业也在经历深刻演变，改革在不断深化，江苏省建在海外的发展也面临诸多挑战。

（一）"走出去"：发展机遇与风险并存

目前发展中国家的基础建设项目竞争激烈，建筑行业均有从基础建设类企业向城市开发投资类企业转变的趋势。而大型房建项目对建筑企业自身资金的要求越来越高。我们一方面要争取多元化、具有广泛影响力的大型综合项目，一方面要充分考虑资金投入、收益测算、投资风险因素和风险防范措施。如何在这看似矛盾的两个问题中找到平衡点，这是摆在我们面前的重要课题。对此，在我们对外开展合作的过程中，希望能够提供更多的经验、渠道和保障，特别是在"一带一路"框架内的经贸合作、双边多边互联互通的投融资支持,这样也有助于企业在"走出去"建设过程中做好风险防范工作。

(二)"走进去":资金外汇有难度

国际承包工程在生产过程中,往往需要国内总部提供资金支持。但是目前合理的外汇途径较少,希望能够和同行业企业一起商讨探索更多合理的外汇渠道,及时解决项目现场问题,进一步促进"走进去"企业的发展和壮大。

(三)"走上去":高端市场挑战多

企业"走出去"实现国际化经营的过程中,必须拓展国际化视野,持续提升企业品牌形象和影响力。通过对一个个承建项目的科学论证、精心实施,展现科技"硬实力"、树立品牌"软实力",从而进入主流市场、高端市场;通过持续开展品牌形象和影响力建设,提升企业在国际市场美誉度和话语权。

我们在美国塞班岛的花园度假村酒店项目是海外首个PC构建项目,项目的设备物资采购要求和验收标准均采取当地行业标准,在设计、采购和实施技术方面均面临挑战。在人员方面,近两年美国工作签证政策紧收,劳务外派需准备多个备选方案才能满足项目需求。所以我们企业要从"走进去"到"走上去",必须苦练内功,形成在高端市场发展的无形动力和核心竞争力。

(四)"融进去":属地化管理要求高

我们在"走出去"过程中,必须面对文化差异带来的各种问题。我们"走出去"的企业都在积极探索可持续发展路径,要实现可持续"融出去",必须将属地化管理、本土化经营落地生根。这对我们配置国际资源的能力、面对国际市场的适应能力提出了更高的要求。在人员方面,我们的劳动力老化问题日趋严重,在属地国开展劳务培训工作,建立人才培训基地是发展趋势;在市场适应方面,除了要吃透当地法律法规、政策要求、交易习惯和文化传统,还必须能够应对政局动荡和自然灾害。我们常驻非洲和东南亚地区,常年要应对疟疾、登革热等疫情的肆虐,在一定程度上影响了生产和经营工作。

(五)"可持续":新兴业务亟待开拓

市场经营是企业求生存、谋发展的根本所系,必须牢固树立"围着市场转""顾客是上帝"的理念,向市场要空间、向竞争要增量。

我们企业一要紧跟国家战略和政策变化,形成先发优势,前瞻布局,抢占先机。二要积极研究全球经济环境,捕捉市场良机,抢抓发展机遇。三要实现从单一业务到产业链、到价值链、再到价值网络体系的商业模式升级，顺应市场发展新需求，突破属地化可持续发展难题。在江苏省建"融进去"的三个传统市场，工程企业的发展空间逐渐饱和、竞争却日益激烈，我们必须将战略布局、市场培育、业务拓展执行落实到位，积极开拓有潜力的新兴市场，多措并举，多元发展，从点到面实现属地化"可持续"发展。

三、关于推进实施海外战略的几点体会和建议

1. "一带一路"战略为建筑业企业"走出去"提供了进一步发展机遇。以建筑行业为例，"一带一路"战略有近100多个国家参与支持，有50多个国家明确表示愿意参与"一带一路"战略。特别是"一带一路"沿线国家反响强烈，普遍希望扩大与我国经贸往来，搭乘我国经济发展快车，合作愿望日益增强，一些国家正在着手将本国发展战略与"一带一路"建设进行有效对接，有的合作项目正陆续开花结果。

同时，"一带一路"沿线一些国家基础设施较落后，大型项目较多，发展空间较大。据测算未来十年每年亚洲基础设施的投资资金规模约8000亿美元，这为建筑业企业打开了一个巨大的市场空间，给参与企业转型升级，提升运作大型一体化项目能力提供了难得的机遇。

2. 正确看待建筑业企业在"走出去"过程中遇到的困难和障碍。我国企业开展国际工程承包遇到的困难和障碍主要有：一是技术壁垒和市场准入障碍；二是政治和安全风险；三是资金短缺；四是人才匮乏。这些困难和障碍是企业开展国际化市场运作必须要面对的，必须正视这些困难和障碍，坚定"走出去"的信心，积极应对前进中的问题，才能逐步形成自身的参与国际市场的竞争优势，推动企业形成可持续发展能力。

3. 积极引进培育国际化人才。人才是实施海外发展的主导力量。为进一步强化江苏省建海外发展的人才优势，我们积极着手建立海外人才培养通道，人力资源部门每年都从高校发掘一批有潜质的人才，建立了强大的海外人才发展梯队。

高端成熟人才短缺也将会严重影响企业做大做强。我们海外业务在高端人才战略上做足了功夫，未雨绸缪，采取多种途径和措施广纳海外精英人才，提供优厚的物质和生活待遇，从物质方面吸引各类人才；调整政策，建立高层次人才后勤保障体系，创造良好的发展条件和环境；不断完善用人机制，依靠感情凝聚人，建立员工职业生涯规划平台，依托浓郁的江苏省建企业文化吸引了众多的人才加盟省建大家庭。为充分调动人才积极性，集团还完善了收入分配

制度，分配标准向高精尖人才看齐，同时还提高了新员工的工资待遇，激发了职工的工作热情。

另外，江苏省建还积极发挥扎根当地发展的优势，招聘一批熟悉地区经营管理方式的当地优秀人才；通过定向培养，联合南太平洋、非洲有关国家，赞助一些地区学生来中国留学等方式，按照中国企业的管理标准对其进行培养，培养一批懂得中国管理标准的人才，提升江苏省建扎根当地发展的基础。

4.政府主管部门要大力支持我国企业"走出去"。一是建议加大对"走出去"企业参与"一带一路"建设的财税和资金政策支持。尤其在前期发展专项资金上要给予宽松政策，下大力鼓励扶植企业走出去。二是在企业资质、劳务输出等方面给予政策支持。三是充分利用出口信用保险完善重大国别风险防范机制，鼓励国家政策性金融机构为"走出去"企业提供国别和项目风险咨询服务牵线商业性保险机构为我们海外产业提供更多的特殊保险服务，以减少东道国政治动荡或自然灾害造成的经济损失。四是希望能够建立更强大的信息平台，针对国家和地区，为"走出去"的企业提供境外市场环境动态、劳务资源、行业发展、内外相关政策、风险预警等各类信息服务；引导企业寻求商机，建立境外承包企业不良信用记录，依法处罚境外承包工程违规行为。

（陈正华　江苏省建筑行业协会副会长、江苏省建筑工程集团有限公司董事长；仇天青　江苏省建筑工程集团有限公司总裁，戴萍　行政总监，李跃清　副主编）

关于宿迁市加快建筑市场信用体系建设的调研报告

王 媛 余丽平 章 瑾 刘 壮

信用是现代市场经济的生命,是企业从事生产经营活动的一个必备要素,也是企业竞争力的一个最重要的组成部分。近年来,我市加快建筑市场信用体系建设,极力打造"诚信宿迁"的建筑市场环境。近期,我会组织专人对宿迁建筑市场的信用建设情况进行了专题调研,并形成了调研报告,现将调研情况报告如下:

一、当前我市建筑市场信用体系建设现状

近年来,在市委、市政府的统一部署下,我市从加快宿迁建筑市场信用体系建设入手,修订并制定了相关制度办法,为我市的信用体系建设做出了不懈努力,取得了一定的成效,主要表现在以下几个方面:

(一)完善的信用法律体系,增强各方主体的信用意识

近年来,我市先后修订《宿迁市建设市场信用管理办法》、制定《宿迁市建设市场信用"红黑名单"管理办法》等相关制度,建立切合行业特点的信用评价机制,积极开展行业信用评价工作。同时,对本市行政区域内建设市场各方主体进行信用管理信用"红黑名单"的发布及奖惩,对列入对外发布的诚实守信"红名单"的市场主体,采取激励措施,对列入严重失信"黑名单"的市场主体,采取惩戒措施。

在建筑市场运行中,对各类失信行为的企业法人和自然人,根据违法违规性质和社会影响程度,分别采取不同措施,实施信用分类管理。定期在建设信息网上发布全市建设市场企业和个人不良行为记录信息,及时在市场准入、招投标、日常监管、专项监察和评先评优等重点环节对失信企业进行联动监管,今年以来,共清出宿迁建筑市场的企业3家,记不良记录的企业24家,记个

人不良记录22人，被通报批评企业4家。

（二）建立五项机制，实现我市建筑市场的公平、公正

我市建立了联席会议机制、责任追究机制、信用核验机制、联动机制、奖惩机制五个机制。每月定期组织各县（区）建设主管部门及局属各职能单位、处室召开信用管理联席会议，共同商讨对建设市场各方主体信用行为的处理，形成建设市场主体一处失信，处处受制的联动管理局面。并对相关部门、单位信用管理工作进行考评，将考评结果进行通报。同时要求建设市场各方主体进入本市建设市场（包括县、区）的，必须通过市住建局的信用核验，信用核验不合格或未经江苏省建设厅备案的不得进入本市建设市场。严重失信的企业和人员，将被列入不诚信名单清出宿迁建筑市场。另外，加强奖惩管理，对失信企业不允许其参加企业及承建项目的评先评优，不允许参加招投标业务。对信用的好的企业实行重点培育，在承接业务、资质申报、评先评优等方面予以扶持。

（三）定期督查各县（区）建筑市场信用体系建设工作

近年来，我市每年至少两次对各县区建筑市场信用体系建设进行督查并通报，对县区的行政处罚以及不良行为事项是否上报至不良行为联席会议，是否采取有效措施积极推进行业信用建设，通过督查进一步提高各县区以及建筑业企业对信用建设的重视程度，提高信用建设在行业内的威望。

（四）制定统一评价标准，让评价结果更加客观、公正

我市每年至少两次组织各县区以及局属各职能部门对全市在建工程进行拉网式综合大检查，结合建筑业企业市场行为、工程现场情况、实体质量、工程业绩和奖惩情况形成建筑业企业信用评价分。通过精心准备，结合我市建筑市场实际，对全市在建工程进行拉网式大检查形成建筑企业的综合信用等进行打分。计分结果作为建筑施工招标投标"三合一"综合评标法中该企业的信用依据，"三合一"评标法中，信用分值占3~5分，评价结果在市、县级工程建设招投标领域中共用共享。

（五）周密部署安排，建立建筑市场信用平台数据库

一是开展新建工程项目登记工作。我市于2015年2月开始对新建工程项目进行基本信息登记，产生项目编码。从源头记录建设单位及其工程项目基本数据信息并赋予统一编码标识，并以此编码作为环节数据对接的唯一标识。二

是加快推进我市建筑市场信用管理平台、业务系统建设工作，要求工程项目实施过程中各个环节的相关单位，以项目编码作为通过各项审核的前提，达成采集、记录工程项目基本信息、施工图审查信息、招标投标信息、施工许可信息、合同备案信息以及信用评价信息等工程项目实施过程中各个环节的业务信息功能，实现"数据一个库、监管一张网、管理一条线"。

（六）切实将信息化成果运用于建筑市场监管工作

我市通过采集、记录工程项目基本信息、施工图、施工许可、合同备案、竣工验收备案、工程质量安全、信用评价等工程项目实施过程中各个环节的业务信息建立了数据库，并充分利用监管平台改变行政多重复登记同一信息的局面，实现系统内各部门数据信息共享，系统互联互通，部门间高效协作，切实将信息化成果运用于建筑市场监管工作当中，努力实现"让数据传输代替群众跑腿"的目标。

（七）利用大数据手段，严把信用核验准入关

为突破信用查询壁垒，我市委托第三方信用信息查询机构，依托大数据征信系统的技术开发、数据采集、信息核查等优势，全面客观真实地采集全国各省市县、各级行政部门的监管信息，突破了行业信用监管、区域信用监管的局限性，为拟进入宿迁市建筑市场的各类信息主体建立信用档案，并适时进行信用信息比对核查，为筛选信用良好的企业准入、限制有严重失信行为的企业禁入，截至目前，核查企业2392家，发现不良记录168起，质量安全事故58起，拖欠农民工工资集访事件71起，法院失信被执行人、严重失信行为62起，在招投标中弄虚作假的23起。并建立信用档案，对建设领域进入招投标市场的应用打下了坚实的基础。

（八）建立信用承诺制，强化事中事后监管

我市制定信用承诺书统一模板，在申请或办理行政审批（许可）、资质资格认定及年检、市场准入和评先评优的材料申请、资质审查、荣誉授予、职称评审以及施工图报审等手续中签订信用承诺书，如有违反，自愿按照《宿迁市建设市场信用管理办法》对其进行信用惩戒。

（九）完善失信修复机制，重塑法人和自然人良好信用

为进一步重塑失信企业的良好信用，我市制定出台《宿迁市住房和城乡建设局关于建设领域法人和自然人信用修复办法》，鼓励失信法人和自然人不断

完善自身信用,规范建设领域法人和自然人信用基础数据库失信记录的信用修复工作。在一定期限内主动纠正其失信行为,按照一定条件,经规定程序,获准停用或缩短失信行为记录使用期限,重建良好的信用。

二、当前我市建筑市场信用体系建设存在的问题

(一)信用信息管理缺乏统一标准

目前,全省对具体评价指标、评价标准、评价程序、信息收集、评价主体、评价结果应用等还未明确规定,虽然一些地方对企业和个人不良行为做了规定,但由于各地制定的不良行为标准不相同,评价方法也不一样,造成信用信息和评价结果不能互认,甚至形成相互抵触。

(二)不良信息共享的实效性不强

政府监管部门之间没有形成有效的市场监管联动机制。政府部门之间、同级建设主管部门之间、上下级建设主管部门之间,在投资与建设、招投标管理、市场违法违规查处、市场与现场、动态监管等方面还没有形成有效的联动管理机制。没有统一的管理标准和实施细则,处罚的手段没有统一的标准。

(三)对建设单位的惩戒手段较少

目前建筑市场信用体系管理中针对建筑施工企业的不良行为使用了大量的惩戒手段,但针对建设单位不诚信行为的惩戒手段和力度仍然不足。

三、我市建筑业企业诚信建设的建议

(一)稳步推进公共征信服务体系建设,防范建筑领域资产风险

加强与金融信用信息数据库、公共资源交易平台、公共信用信息服务平台、政府服务中心网上平台、市场监管信息平台等的数据交换共享,着力构建统一的企业征信服务平台。

(二)推进建筑市场信用信息数字化平台建设

建筑市场是一个开放系统,信息构成复杂,且散落在各处。单纯通过市场手段收集很困难,因此,建议对目前信用平台中的不良信息以及良好信息可以及时公开共享,以便于各级主管部门及时掌握企业的动态,更好的监管。

（三）加大诚信道德建设宣传力度

采取各种措施进行诚信道德宣传教育，例如在电视台开播公益广告、警示教育专题片，对市场从业人员进行诚信教育等，在上岗培训教育和继续教育课程中开设专门课程，不断提高从业人员的整体素质。通过信用观念的教育和灌输，增强从业人员在建筑市场活动中的自我约束意识，提高法律规则的效率。要全面综合行政、经济、法律、舆论等各种力量，营造强大的高压态势，收回诚实守信失地。

（王媛　宿迁市建筑业协会会长，余丽平　办公室主任，章瑾　发展科科长；刘壮　宿迁市住建局市场处办公室主任）

苏州嘉盛集团装配式建筑推进情况的调研报告

张全男　徐惠元　丁伟生　戴大力　曹　炜

2017年2月24日,国务院办公厅印发国办发〔2017〕19号文《关于促进建筑业持续健康发展的意见》(下称"意见"),《意见》规定,要求加快推行工程总承包,按照总承包负总责的原则,落实工程总承包单位在工程质量安全、进度控制、成本管理等方面的责任。

2017年3月29日住房城乡建设部印发《"十三五"装配式建筑行动方案》,到2020年,全国装配式建筑占新建建筑的比例达到15%以上,其中重点推进地区达到20%以上,积极推进地区达到15%以上,鼓励推进地区达到10%以上。鼓励各地制定更高的发展目标。建立健全装配式建筑政策体系、规划体系、标准体系、技术体系、产品体系和监管体系,形成一批装配式建筑设计、施工、部品部件规模化生产企业和工程总承包企业。

自2015年开始,苏州嘉盛集团就开启了对装配式建筑(混凝土结构)探索和实践的步伐。这三年里经历了对装配式建筑(混凝土结构)学习、了解、探索、实践和改进的过程,回顾这几年的装配式建筑践行之路,有经验、有教训,更有心得和体会,下面针对实践中获得的一些经验、碰到的一些困难、问题进行阐述,期望政府主管部门的帮助和指导,以便更顺利地推动地区装配式建筑发展及建筑企业的转型升级工作。

一、公司在装配式建筑推进方面经验做法

投资多个PC工厂建设的统筹布局,有利于PC构件生产供应的合理调配(见表1)。

自集团2016年投建第一家PC工厂(嘉盛远大)开始,至今已在苏锡常地区投建了5家装配式建筑PC工厂,其中苏州木渎和胥口工厂、无锡宜兴工厂、苏州吴江工厂已建成投产,常州工厂目前正处于筹建中,计划将于2019年投产,

PC 工厂建设布局　　　　　　　　　　　　　表 1

序号	PC 工厂	地理位置	占地	工厂规模	工厂产能	工厂状态
1	嘉盛远大	苏州市吴中区木渎镇	149 亩	5 条标准生产流水线 +3 条固定台模线	12 万 m³	已投产
2	宏盛构件	苏州市吴中区胥口镇	30 亩	3 条固定台模线	4 万 m³	已投产
3	嘉盛商远	无锡市宜兴和桥镇	124 亩	3 条标准生产流水线 +3 条固定台模线	10 万 m³	已投产
4	嘉盛万城	苏州市吴江区汾湖镇	154 亩	4 条标准生产流水线 +5 条固定台模线	15 万 m³	已投产
5	常州新北工厂	常州市新北区春江镇	176 亩	5 条标准生产流水线 +5 条固定台模线	18 万 m³	土地已获取，公司筹建中

届时嘉盛集团的 PC 工厂年总产能将达到 60 万 m³，年可供应 1200 万 m² 的装配式建筑的市场需求。

多个 PC 工厂的投产和筹建，一方面是满足苏南、上海、浙北市场需求；另一方面是，目前每个单位工程的 PC 构件均需按设计要求定制，品种较多（有楼梯板、叠合板、内隔墙板、带夹芯保温的外墙板、阳台板、飘窗板、剪力墙板）供应期限又在结构主体施工区间、供货时间比较急促，有了多厂供应后，我集团可以充分调度各 PC 厂的产能，做到调配生产，联合供货，消除了 PC 厂的产能不能满足工程建设需求的担忧。

（一）以 EPC 总承包方式承接装配式建筑项目业务，综合效果明显（表 2）

EPC 总承包方式承接的装配式建筑项目　　　　　表 2

序号	项目名称	项目位置	PC 构件体量	业务类型
1	苏州高铁新城苏地 2017-WG-15 地块	相城区	8000m³	EPC 总承包
2	苏州虎丘 C 定销房项目	苏州虎丘区	37000m³	EPC 总承包
3	常熟市金科集美院项目	常熟莘庄	6500m³	EPC 总承包

1. 一次招标，减少成本

对于项目业主来说，曾经需要的设计、采购、施工的多次招标被 EPC 模式的一次招标所替代。无论是交易的直接成本，还是人员成本，时间成本都大幅减少。

2. 业主管理清晰，责任明确

在传统的项目管理模式下，业主需要同时管理设计方、采购方、监理方、施工方，各方关系的协调对于不太专业的业主来说是一个挑战，在这种情况下很有可能延误工程进度。

而在EPC模式中，总承包商承担项目管理职责，业主负责过程控制及事后监督。建设工程中减少了不必要的扯皮和争端。

3. 有利于设计的优化

相比传统建筑，装配式建筑设计增加了PC部分。而PC构件的设计与其他设计内容的关联度极大。由于PC构件生产后，很难进行二次调整，因此在装配式建筑中，应尽可能避免变更。为了达到这个目的，必须进行强有力的协调。

目前设计院的瓶颈很明显，设计人员对各个设计环节无法全部了解。设计人员对生产、施工知之甚少。

对于装配式建筑需考虑的内容包括：

方案设计阶段：由于70%的造价应在方案阶段进行控制，因此方案设计阶段应充分考虑传统设计与装配式专项设计之间的关系。

施工图设计阶段：目前分为传统设计部分和建筑工业化设计部分。两者需密切配合，比如拆分范围、预制装配率控制、抗震设计等。

构件详图设计阶段：需考虑建筑设计本身包含的建筑、结构、水电暖专业，还包括装修设计、智能化设等。更需考虑模具的标准化、PC构件的生产方式、施工铝模板设计，施工挂架预留，拆分方案与吊装顺序、挂架爬架等脚手架设计等等。

还应考虑：设计与施工组织设计相结合，如堆场位置、塔吊设置、行车路线、脚手架选型等。

目前，各设计院还存在诸多瓶颈，按照传统发包模式，无法整合所有的设计过程。

在EPC模式中，设计、施工、采购技术人员都会参与项目设计阶段。因此，工程在设计的阶段不仅会考虑建筑、工艺流程等是否可行，同时还会从施工的难易程度、工程的成本以及功能的优劣等多方面进行衡量，这样的方案既满足了业主的要求又有利于施工，同时成本得到有效的控制，功能也不受影响。

4. 工期保证

在传统模式下，设计、生产、施工各自在取得发包合约后开展工作。各个发包又具有前后相扣的特点。因此，前期准备时间很长。同时，由于各个环节独立，造成后期变更多，返工多，进一步加剧了工期延长的可能。

在EPC模式下，设计、采购、施工各个阶段是相互搭接的，这样一来就减少了传统模式下三个阶段之间的时间空当，大大缩短了施工的工期。同时由于设计、采购、施工是由一家承包商独立完成，企业内部协调沟通效率较高，对于项目的工期可以有更合理的安排,从而可以保证项目在规定的工期内顺利完成。

5. 有利于转移项目业主风险

在 EPC 模式条件下,由于承包方的工作贯彻了建筑从设计开始的全过程,所有过程的风险也都由承包商承担,项目业主的风险就被大大降低了。

6. 有利于项目造价控制

传统建设项目的造价控制不利,主要来源于工程变更。由于设计院各专业工种之间、各专项设计之间缺乏整合,造成专业与专业之间碰撞、各专项设计之间矛盾频繁。由于设计院对施工工艺缺乏足够的了解,造成施工无法按照设计要求进展。诸如此类的原因,造成工程变更多,施工返工现象频繁。

在 EPC 项目,通过总包管理,各设计单位、生产、采购、施工都将工作提前到了必要的时候,并通过协调会的方式落实,因此变更少了,造价得到有效控制。

7. 有利于合同总目标的实现

EPC 总承包模式下由于承包商接项目较早,工期具有更大程度的确定性,设计与施工顺利地配合使工程在质量和投资上达到很好的协调,另外,设计和采购之间经常性地交流避免了采购中一些不必要的损失。EPC 模式融设计、采购、施工于一体,减少了项目各阶段的中间环节,使整个项目在统一的框架下展开运作,从而使目标一致、行动一致,能够保证项目目标的顺利实现。综上所述,虎丘 C 的 EPC 实践,在目前看来是具有突出成果的。使得工程建设具有技术互助、质量至上、团结合作、高效管理的特点。

(二)加强与高校的产学研合作推进、培养装配式建筑方面的专业人才、研发专利工法指导实践工作

嘉盛集团积极地与省内专业的机构院校(东南大学、苏州科技大学、盐城工学院等)展开广泛且深层次的产学研合作,针对装配式建筑设计、PC 生产及吊装中产生的技术、工艺及技法进行研究和改良改进,并进行相关新技术新工艺的课题研发。

同东南大学合作成立"东大嘉盛联合工程研发中心"2018 年度主要从事研究的课题"预制装配式关键技术"。

同苏州科技大学订立了"研发中心合作协议""产学研基地协议",主要目标研发装配式建筑方面的工法、专利并培养该方面技术管理团队。

同盐城工学院建立了"教育实践基地"培养学生的实践活动能力,使他们更快地适应装配式建筑施工现场管理工作。

二、存在的问题

(一) 建造成本居高不下

长三角地区的开发商追求住宅体系和户型的多样性和个性化,甚至各一线房企都自成技术体系,房型平面千变万化,立面造型也是纷繁复杂,无论是商品房还是保障房,建筑构件的模数化、标准化程度都比较低,通用构件使用较少,从而造成装配式建筑建造效率低、成本高,难以发挥工业化的优势。

除构件模数化因素外,构件厂的土地、厂房、设备折旧,以及人工、厂内短驳、仓储、运输等成本在目前装配式建筑市场规模不充分、标准化程度不高、设计与生产环节联系不紧密、施工队伍技术不成熟等因素影响下,建设成本居高不下。

结合我公司经过近一年生产实践,经统计公司共签约6个合同近10万 m^3 PC构件产品,其中模具成本占销售价格8%~12%,由于不同客户产品定制化,模具一次性使用完报废,无法再利用。公司全年销售额近4亿元(单价暂按4000元/m^3),其中模具费3200万元~4800万元,造成资源巨大浪费,同时生产厂家将模具成本转移给总包单位直至开发商,最终转移给购房者,急需政府相关部门主导协调相关设计单位制定省级PC产品通用图集,使产品生产标准化(固定模数),设计单位设计时只需要产品选型,不需要传统设计结束后再深化图纸,节约社会资源,可以为设计单位、生产企业、开发商和购房者节约巨大成本支出,真正实现住宅产业绿色环保。

(二) 地区行业管理制度不健全

在政府政策的鼓励下,构件生产企业亦如雨后春笋般增多,行业发展迅速,但行业管理跟不上步伐。目前大部分工厂只是粗放式的按图生产制作,管理人员素质和工人的专业技能远跟不上行业要求,对原材料及构件品质的管控缺失,造成目前市场上预制构件质量参差不齐,给装配式建筑的质量带来隐患,同时又因这些企业成本摊销低,低价中标项目,扰乱了正常的行业发展秩序,亦不利于行业技术的进步。

建筑产业升级由国家、省、市政府主导强制推广,速度快,力度大,但同时带来问题是相关产品标准及产品检测方法标准滞后,致使政府相关质量监测部门无法可依,无法对产品质量进行量化评价,只能采用视同现场施工管理,依据不充分,给监管带来难度,处于尴尬境地。急需政府相关部门主导牵头协调开发商、设计、生产、政府监管等部门共同参与制定国家或行业标准,作为执法依据，确保行业有序健康发展。

（三）缺乏行业信息指导价，价格乱象严重

目前苏州地区还没有权威性的信息指导价发布，PC构件的定价报价没有参考依据，市场缺乏指导及管理，价格乱象较重，再加上一些建设方对装配式建筑缺乏了解，对项目前期策划管理欠缺，也缺乏相应的技术支撑能力和工程实施经验，依旧按照传统现浇结构的最低价竞标理念来管理装配式项目，选择的承包商和构件加工厂不具备专业化技术和产业化实施能力，严重影响项目的质量提升。

此外，因为装配式建筑的价格须根据建筑深化详图测算，而市场上往往在构件招标时项目的设计方尚无法出具构件深化详图，故在没有地区行业信息指导价的前提下，构件厂无法对构件进行相对有效的报价。

（四）舆论宣传还不够全面准确，社会认知度不够

虽然政府推进装配式建筑发展的政策陆续出台，但是一些建设方、百姓市民甚至政府相关职能机构人员仍深受20世纪八九十年代"大模"、"大板"体系建筑以及传统现浇建筑的影响，对于装配式建筑的技术、质量、安全等方面仍疑虑较重，项目推进难的现象时有发生。

装配式从技术体系、工艺标准、安全性能、质量稳定性等方面，都比现浇建筑具有很多优势，对于像"积木"一样的不稳定性的认识，这是一种宣传上的误导。实际上，装配式建筑抗震性、PC安全性、防渗漏、外墙保温等，都已经达到了行业前沿水平。

（五）行业产业链人才短缺现象普遍，制约行业发展

装配式建筑行业的设计单位、建设单位、监理单位、PC生产企业、施工企业每个环节的专业人才短缺都较为普遍，行业发展之初各企业在转型中投入的人员和资源都比较少，对装配式建筑项目整体而言，从项目设计、统筹协调实施、PC生产和吊装施工各环节都遇到了人力资源瓶颈，严重制约了装配式建筑市场的发展。

1. 设计深化人员：国家已实行注册设计师考证制度，但装配式建筑中图纸深化设计师短缺，大部分是从传统设计人员经过短期培训转行过来，由于设计经验不足，导致产品设计拆分无法在工厂批量生产，产品建筑造型过分追求完美，导致PC构件产品从工业化产品变成"工艺品"，成本剧增到万元每立方，无法实现工业化生产。

2. **工艺人员**：工厂工艺技术员严重缺乏，由于装配式建筑配套 PC 构件需求大，全国各地积极响应政府号召加速建厂，带来工艺技术员极为缺乏，大部分技术员是从现场施工员转岗过来，缺少相关技术培训，给工厂化生产管理带来挑战，无法 100% 确保产品质量，期待政府相关部门成立培训机构批量培训相关人才，为工厂化生产提供人才培训基地。

3. **技术工人**：符合生产需要产业工人缺乏：传统建筑工地施工是粗放式，对建筑工人技能要求低，无门槛，但是 PC 工厂需要产业工人对技能要求高，工厂工人全部来源于传统工地，经工厂短期培训后上岗，实行优胜劣汰，工厂产业工人难招工，致使 PC 产品工业化生产效率低，目前全国平均日人均生产 $0.7m^3$，无法保证产品市场供货时间，未来 PC 构件工厂化生产需要大量技术工人，建议职业技术学院开设相关专业，招收学生为工厂批量输送合格技术工人，彻底解决技术工人资源不足问题。

4. **PC 高管团队**：工厂管理人员不足，尤其高管团队人员严重缺乏：由于 PC 行业为朝阳产业，社会资本快速建厂，对管理人员需求量大，尤其高管团队，懂技术和管理复合人才严重短缺，致使一些工厂快速建成后不能正常生产，即使勉强生产产品质量波动大，产品质量不稳定，对用户及社会带来安全隐患。需要相关大学组织人员培训提供优秀人才。

（六）设备资源不能满足装配式建筑发展的需要

1. **PC 构件设备生产企业**：国内主要有上市公司鞍重股份、三一重工、长沙远大、河北新大地等企业，多为翻版国外成套设备技术（德国艾巴维和西伟德等公司），缺少适合国情产品的自主研发设备，单条流水线年产 1 万～1.5 万 m^3 左右，价格偏低，一般单条流水线：500 万～700 万元，普遍设备生产效率低，日人均生产量 $0.7～1.0m^3$；国外（如德国艾巴维公司）生产双皮墙生产线自动化程度高，每条产线 10 人左右，年产量 10 万 m^3，日人均生产量 $30.0～35.0m^3$，价格偏高，一般单条自动化线：1000 万欧元（相当于 6000 万～7000 万元）左右，即使国内引进该设备生产产品，但由于国内双皮墙体系不成熟，市场用量不大。

2. **PC 构件生产配套模具急需产业化生产**：由于 PC 工厂化生产刚刚起步，市场需求量小，配套模具厂大部分是作坊式生产，无研发能力，生产出来模具无技术含量，严重缺乏模具研发人员，即使设计出来模具也是技术含量低，从而使工厂化生产效率低下，需要政府相关部门引导培训，最好由有实力的大企业规模化生产，既可以研发，又可批量生产，从而降低模具产品价格，主要是优化模具设计来提高产品生产效率，目前国内只有央企中国建筑集团下属海龙企业有自己模具研发团队，且开发模具简单实用，但不对外加工（主要出于知识产权保护考虑）。

三、建议

1. 从政府层面推动装配式建筑体系建设，从建筑技术、建筑功能、建筑材料、建筑形式全面推进体系性的建设。逐步提高建筑构件的模数化和标准化，推行通用构件，利用规模化效应提高装配式建筑 PC 构件的生产效率，更大发挥建筑工业化的优势。

2. 制定健全的行业管理制度，实行 PC 生产企业资格的备案制市场准入管理，由政府职能机构对行业进行管理或者引导行业自行建立产业联盟，实行自律管理，规范并监控构件厂的生产行为。

3. 由政府职能机构统一定期发布构件信息指导价，发布市场定价报价参考，规范市场价格秩序。

4. 政府及媒体加大宣传引导，转变社会公众理念，提高社会公众认识，提高社会认可度和可接受度。

5. 逐步建立装配式建筑职业技能标准，完善装配式教育各项实施标准，构建装配式建筑才培养标准和装配式建筑职业培训认证等相关体系。

6. 政府主导成立行业协会：生产企业参加政府主导行业协会，制定协会规章制度，实行行业协会备案制度和黑名单制度，提倡企业科学化、规范化、标准化组织生产，确保产品质量符合国家规范和标准要求，企业通过研发和技术创新来降低产品成本，增强企业核心竞争力的同时，也为客户和社会提供物美价廉产品。

7. 政府监管亟待加强：由于装配式行业为新兴产业，有很多法规和制度不完善，给政府监管带来难度，一些小企业可能钻政策漏洞，生产假冒伪劣产品，给装配式行业健康发展带来灾难，甚至会毁灭这个新兴行业，值得政府相关部门高度关注，毕竟住宅商品是特殊商品，使用寿命 70～100 年。在政府提倡简政放权同时，加强监管力度，确保行业健康发展。

8. 推广、发展建筑工程 EPC 总承包模式。

四、装配式建筑工程（虎丘 C 项目）实践中问题及解决思路

（一）方案设计业主独立委托问题

本项目方案设计时，外立面造型较复杂，飘窗悬挑长度及造型复杂，造成

构件拆分困难，构件尺寸及重量较大。后期我司组织设计院、构件生产商、施工方在不改变结构形式的前提下，合理采用部分现浇，部分预制的方法完成飘窗设计施工。装配式由于其施工工艺的特殊性，方案设计阶段可控制整体造价的 70%。方案设计中应尽量减少例如飘窗等悬挑结构，外立面造型宜通过颜色及外装饰完成，减少模具难度及构件复杂性。

（二）PC 拆分设计阶段各专业配合问题

PC 深化设计为装配式建筑中独立于方案设计、建筑设计、结构设计、安装的第五个专业设计。并有别于其他四个专业的个独立性较强，PC 深化设计是对其他四个专业的整合，PC 深化设计详图中包括建筑尺寸、结构配筋、水电预埋。同时与施工单位也要紧密配合，预制构件尺寸应根据塔吊布置，吊重及范围确定。同时预制构件重要考虑放线洞、挑架留洞、铝膜留洞。

装配式建筑是一个对多专业进行整合设计的科目，所以装配式建筑对 PC 设计的要求很高，PC 设计师要对各专业有很强的协调统筹能力。

本项目深化设计中我司考虑到此问题，总包方定期组织各专业设计人员召开协调会，包括建筑、结构、水电暖装修等各专业。并要求在 PC 构件生产前确定设计方案，由 PC 设计人员先汇总各专业设计人员方案，汇总后对干涉问题进行调整，再提交给各专业公司设计人员修改，最终确认无误后定稿，确保后期安装不出问题。

（三）构件干涉、碰撞问题

装配式建筑构件种类多，造型复杂，拼装节点尺寸不一，很容易造成构件与构件、钢筋与预埋件、预埋件与预埋件之间干涉问题。

我司通过 BIM 技术在设计阶段对管线、预埋、构件尺寸进行认真检查复核，从理论上避免生产加工和构件后期施工安装过程中出现干涉问题。同时我司为确保后期安装不出问题，建设一座所有户型样板房，基本涉及所有构件尺寸类型进行预拼装，在主体施工前发现问题。并在预拼装之后组织设计及各分包单位召开分析会议，解决预拼装中发现的问题，避免主体结构中出现同样问题。同时对工程项目质量、工期、成本起到了控制作用。

（四）施工工期短的处理方案

虎丘 C 项目由于是政府安置房项目，要求施工工期紧，且不可延误，项目中期需 17 栋楼同时施工，对施工单位和构件生产商造成极大生产压力。

我司通过与设计单位有效沟通,提前确认图纸,工厂开始预生产,提前备货,确保构件及时供应，不影响现场施工工期。

五、嘉盛集团的未来装配式建筑发展展望

（一）建立以现代企业管理特征的管理体制

集团产业链的延长、经营业务的拓展，需要现代企业管理人尽其才、物尽其用体制的建立。

（二）建立以技术促生产的发展方向，培育企业为高新技术企业，积极成为满足"江苏建造 2025"发展战略的建筑业企业

加强技术投资力度，以集团为主体，联合高校开展产学研项目研究。目的为取得发明专利、建筑工法，参与编制国家、行业和地方标准。加强装配式建筑研究，从施工难题入手，多方位学习各国各地先进经验，提出解决之道。

（三）继续延伸装配式建筑产业链

在目前建筑设计、PC 设计、PC 生产、PC 吊装、建筑施工的基础上，增加模具设计、模具生产、BIM 应用等方面。

（四）加强专业人才储备

集团的发展要高效高速，离不开人才的储备。无论是管理人员储备还是技术人员储备，无论是设计人员储备还是施工人员储备，只要有利于装配式建筑行业的发展，我公司必将全力去实施，装配式建筑作为建筑产业升级换代，造福子孙后代的朝阳产业，我公司有信心、有决心、有能力做强做大，形成集团化发展模式，为行业健康发展做出应有贡献。

（张全男　江苏省建筑行业协会副会长、苏州嘉盛集团有限公司董事长；徐惠元　苏州嘉盛建设工程有限公司常务副总经理、总工程师，丁伟生　总经理；戴大力　苏州嘉盛远大建筑工业公司总经理；曹炜　苏州东吴建筑设计院有限责任公司常务副院长）

南通三建控股集团
被动式超低能耗建筑技术发展调研报告

黄裕辉

当前,中国正经历人类历史上前所未有的城市化速度,预计未来 20 年,中国每年将建设 15 亿~ 25 亿 m² 的新建筑。建筑业是资源消耗较高,环境影响较大的产业。我国建筑业消耗了全国 40% 的能源和资源,45% 的水泥和 50% 以上的钢材,造成的建筑垃圾占全社会垃圾总量的 40% 左右,产生约 30% 的温室气体排放。总体而言,我国建筑业能耗仍然较高,水、地和建材资源利用不够集约,给环境保护带来了较大的压力,亟待转型升级。党的十九大报告明确提出,加快生态文明体制改革,建设美丽中国,要坚定不移地走"绿水青山就是金山银山"的绿色生态发展之路。

作为绿色建造的重要举措,被动式建筑是我国建筑节能发展的必然趋势。被动式建筑具有优异的节能降耗性能,可使建筑更加绿色、环保、生态、宜居、舒适。虽然被动式建筑优势明显,但由于各种因素影响,其发展推广受到一定程度的制约。本文拟结合南通三建在被动式建筑研发及项目开发实践,对被动式建筑的发展进行调研,并提出相应的意见和建议。

一、南通三建被动式建筑发展情况报告

近年来,南通三建积极把握国家产业导向,抓住建筑工业化契机,打造国家级绿色建筑品牌。南通三建被动式超低能耗绿色建筑产业园,以被动式建筑与装配式建筑的集成技术为支撑,依托大数据和云计算等前沿技术,致力于打造健康舒适、节能环保、生态宜居、充满智慧的"中国好房子",通过多年发展和实践,取得了积极的经济效益和社会效益。

1. **品牌影响突出**。2015 年,南通三建与德国能源技术署合作,在海门投资建立了全国首家国家级超低能耗绿色建筑产业园。这也是江苏首例采用德国被动式房屋标准设计、施工的建筑项目。2017 年,又与海门市政府共同规划建

设现代智慧建筑产业园、张謇建筑学院和绿色建筑产业研究院。"一园两院"将以绿色建筑、智能建筑和装配式建筑为三大核心产业,打造建筑工业化全产业链。

产业园的发展,得到了住房城乡建设部、江苏省和南通市各级领导的高度重视和支持。在各级党委和政府的关怀下,2016年以来,产业园先后被授予"南通市建筑节能之星"(2016)、"江苏省建筑产业现代化示范基地"(2017)、"江苏省建筑业现代化突出贡献单位"(2017)、"十三五国家重点研发计划绿色建筑及建筑工业化重点专项科技示范工程"(2018)等荣誉;2017年11月,获批国家首批"装配式建筑产业基地"。

2. 创新成果丰硕。南通三建集团高度重视科技创新工作,每年技术研发投入占销售额4%以上。近三年来,研发经费累计投入超过1.2亿,技改投入6800万元,并取得积极成效。仅产业园,便成功申请发明专利8项,使用新型专利4项,省级以上被动式工法超过10项。先后参与多项住房城乡建设部科学计划项目(2016~2018),参编《被动式低能耗图集》(2016),参编国家标准《近零能耗建筑技术标准》(2018),主编《夏热冬冷地区被动式导则》(2018)。

在加强研发的同时,积极与剑桥大学,清华大学、同济大学、德国能源署等国内外知名院校和科研机构开展技术交流与合作,向全社会推广示范被动式技术。2018年4月9日,中国工程院董石麟院士亲自为南通三建超低能耗绿色智慧建筑题字——"中国好房子";同年6月,中国工程院肖绪文院士专程造访产业园,对南通三建在推动建筑产业现代化进程中做出的突出贡献予以高度认可。

3. 转化效果显著。在发展过程中,南通三建坚持生产一代,储备一代,研制一代,积极将被动式超低能耗技术投入项目应用,在应用中实现技术升级,并取得了积极的转化效果和良好的经济效益。2017年,南通三建完成施工面积3670万 m^2,应用被动式技术的项目近10%。在工程总承包项目中,先后承接海门科教城、海门鸿麦家园,如皋龙游湖等超过十个项目,在建总面积达到10万 m^2。在海门科教城PPP项目等高品质项目的投标中,被动式超低能耗技术依托领先的技术优势、良好的市场前景获得了优质业主的青睐。

二、发展中遇到的问题及分析

当前,相对于普通节能(65%标准)而言,被动式建筑的建设成本和运营成本仍然较高,投资回收期不明确,导致社会认识不足,供给、消费动力较低,这是制约被动式住宅规模化发展的关键原因。

按生命周期划分,建筑成本包括建设成本和运行成本两方面。在建设成本方面，被动式超低能耗建筑成本一般包括主体工程、机电安装、外保温系统、外门窗系统、活动外遮阳、建筑物气密性处理、隔音处理和放热桥处理等土建工程成本以及安装、装修成本。按上述成本核算，南通三建某被动式超低能耗建筑在建设期的增量成本为 862 元 /m^2，建安成本增幅 31%。在 180 天（12月 15 日～2 月 25 日，7 月 12 日～9 月 19 日）统计周期内，超低能耗建筑机组用电功率为 5kW，耗电量为 5400 度；普通节能建筑 14kW，耗电量为 21168度，按 0.56 元 / 度的电费核算每年节省电费为 8830.08 元，增量成本回收年限为 12.7 年。另外，根据"十三五"国家重点研发计划项目科技支撑课题——"建筑工业化技术标准体系与标准化关键技术"（2016YFC0701600）研究，如果在建设期投入节水设备以及生活废水回收处理系统（其中废水回收处理系统占增量成本总额的 53.7%），包括节水设备和废水回收处理系统的年度运营成本（设备耗电及人力成本等），回收期将达到 17 年（均未考虑成本下降）。

因此，较高的增量成本和长达 13～17 年的回收周期，对被动式超低能耗建筑的应用和推广造成了诸多阻碍和限制。主要表现如下：

1. 推广力度不够。与装配式建筑比，顶层设计有待完善，发展目标管理不够明确；被动式建筑相关主体对被动式建筑的理解还不够深入，认可度和接受度依然较低。

2. 供需动力不足。较高的成本与较长的回收期，导致开发商开发供给动力不足，积极性不高；增量成本由需求方承担，导致房价升高，被动式建筑收益与被动式建筑增加的额外投资之间的平衡无法维持，缺乏有效的商业模式。

3. 市场竞争无序。在成本压力下，市场野蛮生长，产品质量良莠不齐。"低价中标"要求，出现"劣币驱逐良币"的现象。南通三建超低能耗绿色科技建筑产业园在发展的过程中发现，市场上部分不良开发商包装被动式超低能耗概念，以次充好，造成高端被动式产品滞销；同时，由于被动式和装配式构件运输成本较高，而地方保护主义盛行，也进一步限制了南通三建进入江苏或海门以外的市场，亟待破局，以做大产业规模，实现规模效益。

三、意见和建议

2016 年 11 月 4 日，《巴黎协定》正式生效。中国对全世界做出了庄严的节能减排承诺，体现了担当社会责任的大国形象。在绿色发展的大背景下，被动式建筑对于节能减排和可持续发展意义重大，影响深远。据报道，到 2020 年，欧盟国家将全部采用被动房标准建设，所有新建房屋如不能达到被动式建筑标准，将不予发放开工建设许可证。目前，欧洲的超低能耗的被动式房屋正以每年8%的速度递增。对此，结合南通三建被动式建筑发展现状，建议我国政府应加大对被动式建筑的支持力度，出台相应鼓励政策，同时创造被动式建筑健康发展的市场环境。具体建议如下：

（一）加强顶层设计，提高社会各界认知接受度

2016年，中共中央、国务院《关于进一步加强城市规划建设管理工作的若干意见》要求推进节能城市建设，发展被动式房屋等绿色节能建筑；发改委、住房城乡建设部《城市适应气候变化行动方案》要求提高城市建筑适应气候变化能力做好前瞻性布局，在新建建筑设计中充分考虑未来气候条件，积极发展被动式超低能耗绿色建筑。河北、山东和江苏等省份为推动超低能耗被动式建筑的发展，出台了很多补贴或奖励的政策。《北京市超低能耗建筑示范工程项目及奖励资金管理暂行办法》：按照800~1000元/平方米进行奖励。河北省从省级建筑节能专项资金中，专门安排资金用于奖补超低能耗建筑示范项目。对既有建筑改造成超低能耗建筑示范项目，每平方米补助600元。《河北省建筑节能与绿色建筑发展"十三五"规划》：建设被动式低能耗建筑100万m^2以上，推广被动式低能耗建筑。建议国家在此基础上，进行系统的梳理，在国务院和住房城乡建设部层面加强顶层设计，参考欧盟等先行发展国家的成功实践经验，将被动式建筑纳入十三五规划目标进行重点发展；针对我国建筑区域的不同气候特点以及南北方供暖需求差异等特点，有针对性地制定适合中国发展情况的被动式技术标准和规范。

（二）创新商业模式，调动市场主体参与积极性

探索绿证交易和碳交易制度在建筑节能中的扩展应用，强制推动煤电、水泥、钢铁等高能耗单位承担节能降耗责任，向全社会转移节能减排的财政补贴压力；积极推行建筑节能合同能源管理，探索市场化建筑节能运行与改造模式；鼓励节能服务商集成开发商、业主等相关主体形成节能生态平台，协同发展被动式、装配式、新能源、新材料以及精益制造、数字化等技术，整合资源，融合创新，发挥协同效应，积极挖掘被动式建筑的节能潜力；推动建筑节能与绿色建筑成为知名建筑开发企业的品牌，开工建设一批复合型示范项目；重点宣传雄安新区被动式建筑应用样板，提高被动式超低能耗建筑的示范效应，推动其更好更快发展。

（三）加强预期管理，引导被动式市场良性发展

建议尽快从政策支持，走向立法执行。设立建筑节能减排被动式发展专项

补贴，重点激励材料生产主体，通过补贴或奖励政策提高研发积极性和商业转化能力，推动关键材料国产化和成本的持续下降；对科研主体，加大科研成果奖励；对投资主体，在项目审批、土地供应、信贷、税收、城市规划、节能奖励等环节加强支持，实施免税或减税政策以及适时退出机制，以降低建设成本；对购房主体，通过降低首付比率、降低贷款利率等政策来提高其购买能力；同时，研究编制绿色建筑重点技术产品、厂家推广目录，在设立准入门槛，加强工程质量管理和市场监管的同时，要强化对被动式产业的引导，促进先进被动式建筑建材应用和产业升级。通过预期管理，鼓励引导被动式市场参与主体自主、自发加强研发和品质管理，提高产品质量和技术水平，推进被动式建筑规划、设计、咨询、施工、运营、物业及绿色建材相关产业链发展，为绿色建筑发展提供产业支撑。

（黄裕辉　江苏省建筑行业协会副会长、南通三建控股集团董事局主席）

镇江建筑业绿色施工推进情况的调研

王以进　王晓红　余暑安

绿色施工是指在保证工程建设质量、施工安全等基本要求的前提下，通过科学管理和技术进步，最大限度地节约资源与减少对环境负面影响的施工活动，有效实现四节一环保（节能、节地、节水、节材和环境保护）。而在全社会共同打响"蓝天保卫战"的现阶段，作为建筑业全面推进绿色施工，通过组织设计和规范运作，对减少施工现场及周边环境的扰动和破坏，防止土壤污染、大气污染和水污染，控制施工过程中的能源消耗，提高用能效率，确实具有十分重要的意义，也必将起到积极的实效作用。

近期，我协会根据省协会布置下达的调研课题，组织对我市部分建筑业企业和在建工地推进绿色施工的现状和存在问题进行了深入了解及分析研究，以期为切实提升绿色施工管理水平探寻着力点。

一、镇江建筑业绿色施工推进现状

应该讲，我市建筑业开展绿色施工工作是紧随省住建厅、省建筑行业协会的工作部署而逐步推进的，2012年下半年，省住建厅和省建筑行业协会先后制定下发了《关于开展江苏省绿色施工工程创建活动的通知》（苏建质［2012］433号）、《关于印发江苏省建筑工程绿色施工评价实施办法（试行）的通知》（苏建协［2012］第89号）和《关于开展江苏省绿色施工工程申报工作的通知》（苏建协［2012］第101号）等文件，要求全省各地建筑业要充分认清绿色施工的宽泛内涵、丰富内容，以及绿色施工强调施工过程中环境友好和资源节约这一特性，在落实节能减排、发展低碳经济、保护建设生态环境等方面做出成绩。

根据上述系列文件精神和具体工作要求，2012年年底，我们镇江建筑行业协会积极配合镇江市住建局研究制定并行文下发了《镇江市绿色施工工程创建活动实施方案》（镇政建［2012］216号）文件，在全市范围内全面动员和正式启动了绿色施工工程创建活动。

为了推进此项活动的深入开展并努力取得实效，2013年，我市在印发的《关于全面推进镇江市绿色建筑发展的实施意见》（镇政办发［2013］284号）文件中，明确将绿色施工作为发展绿色建筑的一项重要内容进行推进；2014 年，又在《关于加强我市绿色建筑管理工作的通知》(镇政建〔2014〕198 号)文件中进一步强调：施工单位应当根据施工图设计文件和绿色建筑标准，编制绿色施工方案并组织实施。

但是，通过两年多时间的实际运作，建筑业绿色施工的推进效果并不理想，由于大多数施工企业对绿色施工的内涵和特性要求理解不深，领会不透，故在工程日常施工过程中，对切实落实绿色施工保证措施、有效提高绿色施工管理水平工作方面基本处于"常规组织无针对性，具体实施欠深度性"的状况，使得这项工作推进的难度逐渐增大。因此，2015 年我市在《关于印发＜镇江市建筑施工标准化文明（示范）工地评审办法＞的通知》(镇政建〔2015〕5 号)文件中确定将绿色施工作为文明工地评选的重要内容之一，旨在加大对绿色施工工作的推进力度和注重施工过程的实际成效。

2015~2017 年，全市共考核授予 18 批次"镇江市建筑施工标准化文明示范（绿色施工示范）工地"和"镇江市建筑施工标准化文明（绿色施工）工地"，共计 392 项。

2016 年起，江苏省建筑行业协会在全省范围内开展江苏省建筑业绿色施工评价工作。我协会积极行动，广泛宣传，全面发动会员企业参加评价，在 2016 年、2017 年收到 2 批次共计 6 个项目的省绿色施工示范工程创建申报。但是与我市每年的建筑工程总量相比，创建申报项目数仍较偏少。

2016 年 11 月下旬，中国建筑业协会绿色建造与施工分会在无锡举办绿色施工及专家培训班，我协会组织全市主要企业的 36 人参加，其中有 15 人取得专家证书，并加入江苏省建筑行业协会绿色施工专业委员会专家库。这 15 位专家，大多数是我市主要建筑业企业的总工或者技术部门负责人，为我市推动建筑业绿色施工蓄积了人才力量。

二、现存主要问题

（一）推进力量较为分散

目前，我市建筑施工标准化文明示范（绿色施工示范）工地和建筑施工标准化文明（绿色施工）工地的考核授予工作由市建设工程管理处负责实施。江苏省绿色施工示范工程的组织申报及过程考评工作是由我协会负责实施。绿色建筑评价工作（含绿色施工的评价）由市住建局科研处负责实施。另外，我市还成立有镇江市绿色建筑与建筑产业化协会，负责开展与绿色建筑技术有关的教育、培训活动。

（二）政策支持力度有待提高

我市于 2014 年获批"江苏省绿色建筑示范城市"，制定有《镇江市建筑节能与绿色建筑专项引导资金管理办法》(镇财规〔2014〕6号),其中明确:获得绿色建筑设计评价标识二星级及以上的项目奖励10元/m^2,获得绿色建筑运行评价标识的项目,在绿色建筑设计标识奖励标准的基础上再奖励10元/m^2;对二星级绿色建筑项目最高奖励额度为50万元,三星级绿色建筑项目最高奖励额度为100万元。绿色建筑运行评价的其中一项内容是绿色施工。但是项目的专项引导资金奖励对象是建设单位,并且在评价过程中,对于绿色施工的内容往往不能够进行实际考核。因此施工单位并不能获得此项资金奖励。

《镇江市建筑施工标准化文明(示范)工地评审办法》中虽将绿色施工作为文明工地评选的重要内容之一,但是评审的标准与江苏省绿色施工示范工程和全国建筑业绿色施工示范工程也不尽相同。办法中第十四条规定:"镇江市建筑施工标准化文明(示范)工地的现场考核实行百分评分制。评分标准分安全管理、安全防护、临时用电和机械设备、绿色文明施工和平安创建五个部分,分别占总分的15%、15%、20%、40%、10%。"该办法将绿色施工与文明施工合并进行考核,使得绿色施工的重要性和系统性并没有得到体现。

《镇江市建筑业企业信用管理实施细则》中,对于各级优质工程奖、省级新技术应用示范工程、省级工法等获奖业绩均进行加分,因此,对于这些创建项目,施工单位的申报积极性很高。而江苏省绿色施工示范工程和全国建筑业绿色施工示范工程,是深入推进绿色施工的重要手段,由于不在我市信用分的加分项内,受到施工单位的冷遇,创建的积极性始终不高。

(三)参建各方对绿色施工重视程度不足

在实地调研中,有的参建人员对绿色施工并没有深入学习理解,简单地将封闭施工、控制扬尘、减少噪声扰民、在工地四周栽花种草以及一些文明施工措施等同于绿色施工,甚至将临时设施等外立面都用油漆刷成绿色。因此,很多企业认为开展绿色施工,就是增加投入。并且,由于工程预算中也没有绿色施工的专项措施费,所以参建各方对绿色施工就更加不够重视。

然而,绿色施工作为建筑全寿命周期中的一个重要阶段,是实现建筑领域资源节约和节能减排的关键环节。绿色施工所能实现的"四节一环保",是可持续发展理念在工程施工中全面应用的体现,涉及生态与环境保护、资源与能源节约利用、社会与经济的发展等重要方面。从宏观上看,开展绿色施工的投入,将产生巨大的社会和经济效益;从微观上看,开展绿色施工,也能促进建筑业企业提升管理和技术水平,增强综合市场竞争力。

三、建议推进措施

（一）构建全市绿色施工推进体系

根据《江苏2017年度建筑业发展报告》中的相关内容，省住房和城乡建设厅计划研究出台《绿色施工管理办法》，将绿色施工与安全文明标准化工地评选活动挂钩，全面系统地贯彻绿色施工理念。我市自2015年起已将绿色施工与文明工地的评选结合在一起，评审"镇江市建筑施工标准化文明示范（绿色施工示范）工地"和"镇江市建筑施工标准化文明（绿色施工）工地"，在推进绿色施工的方向上与省厅一致，形成坚实的政策基础。下一步，如能成立全市绿色建造推进领导小组或者明确牵头职能部门，协调和组织相关部门和行业协会，将可构建全市绿色施工推进体系，形成推进绿色施工的多方合力。

（二）增加政策支持

推进绿色施工离不开有力的政策支持，建议有：

1. 对获得绿色建筑运行评价标识的项目进行奖励时，按一定比例分配给开展绿色施工的施工单位。

2. 制定专门的《镇江市绿色施工（示范）工程评审办法》以及相应的实施细则，明确绿色施工的范围与考核内容。"镇江市绿色施工（示范）工程"的考核及评审放在"镇江市建筑施工标准化文明工地"考核及验收评审通过的基础上进行。这样既能避免一些评价项目重复考核，也能保证绿色施工（示范）工程的考核及评审更加规范。

3. 将绿色施工的相关获奖业绩，作为我市建筑业企业信用管理的加分项。

4. 将编制绿色施工的专项方案，作为招标项目技术标的组成内容，并作为评分项。工程开工前报审的施工组织设计中，也应要求编制绿色施工专项方案。

（三）广泛宣传、组织交流学习

绿色施工将整个施工过程作为一个微观系统进行科学的绿色施工组织设计。绿色施工技术涵盖"四节一环保"，也是在不断发展、创新中。掌握绿色施工的方法和技术，也不是一朝一夕可以实现的。因此需要广泛宣传绿色施工的理念与技术，培育和树立绿色施工示范典型，组织企业间的交流学习，形成全行业的绿色施工氛围，让施工企业自觉将绿色施工能力作为市场竞争力组成部分。

（王以进　镇江市建筑业协会会长，王晓红　秘书长，余暑安　副秘书长）

房建与市政领域工程总承包大有可为

陈宝智　陈俞蒙　常　江　沈立群　何　祥　姚俊杰

国务院办公厅《关于促进建筑业持续健康发展的意见》（国办发〔2017〕19号）明确提出要加快推行工程总承包，江苏省政府也发文要求推进工程总承包。在房建和市政领域如何加快推进工程总承包工作，笔者对中国核工业华兴建设有限公司（简称中核华兴）开展EPC的工作进行了调研，对房建和市政领域EPC总承包的经验和教训进行总结。

一、调研情况

（一）企业概况

中核华兴隶属于中央直属的中国核工业建设集团公司，是中国核工业建设股份有限公司（上市企业）的重点成员单位。

公司一直将打造一流的EPC承包商作为战略目标，在经营模式、商业模式等方面积极探索实践，对公司业务进行流程再造，使之适应EPC业务的需要。

收购并组建了甲级建筑设计研究院，公司具备了房建和市政领域设计和设计管理能力，并将优化设计和限额设计作为设计和设计管理工作的重点。在EPC项目实施时充分体现设计的龙头作用，为项目成本和质量控制奠定了基础。

组建了公司集中采购平台，与诸多供应商签订了合作框架协议，为项目物资供应提供了保证。

整合公司的施工资源，组建了核电工程事业部、国际工程事业部、投资建设事业部、基础设施事业部等四个事业部，对三十余家参控股子公司和专业公司进行资源整合，形成了强大的施工、施工管理和试运行管理能力。

通过多个EPC项目的实践，形成了比较完整的EPC项目的管理制度和工作流程，为规范化运作EPC项目奠定了基础。

（二）本次调研情况

为进一步规范公司EPC项目运作，总结经验和教训，公司组织对已经实施和正在实施的EPC项目进行了专题调研。

调研分两阶段进行，时间为 2018 年 7～8 月。

第一阶段查阅已经完成的 EPC 项目的项目总结和存档资料，重点梳理项目的成功经验和教训。这些项目包括：江苏仪化东丽聚酯薄膜有限公司 I 线 6000t/年电容膜，II 线 1.5 万 t/年 DFR 干膜，III 线 1500 吨/年电容膜，IV 线 6000t/年扩散膜，V 线 1.5 万 t/年 LCD 背板膜项目；安徽联合利华合肥物流中心新建项目；江苏日本活塞环株式会社仪征工厂一、二期工程；国核华清 CAP1400 非能动安全壳冷却系统综合性能实验台架 EPC 项目；南京欣网视讯研发大楼工程 EPC 项目等。

第二阶段对正在实施的 EPC 项目进行实地调研，重点调研公司现行制度和工作流程的适用性，搜集对现行制度和工作流程的完善建议，项目实施过程中的成功经验和教训等。这些项目包括：深圳南山安置房项目、湖南醴陵妇幼保健院项目、湖南醴陵双创中心、湖南醴陵新城中学、重庆巴南区巴桂苑安置房项目、抚顺新抚区粮栈街华安小区建设项目、江苏扬州铜山体育小镇项目、山东鄄城安置房项目等。

从调研情况看，公司承接的 EPC 项目，从节省投资、保证工期、确保质量和安全方面都取得了较好的成绩，取得了良好的社会效益。

二、房建和市政领域推行工程总承包的意义

（一）推进工程总承包模式是党中央"走出去"战略的需要

《国务院办公厅关于促进建筑业持续健康发展的意见》国办发〔2017〕19 号指出：按照适用、经济、安全、绿色、美观的要求，深化建筑业"放管服"改革，完善监管体制机制，优化市场环境，提升工程质量安全水平，强化队伍建设，增强企业核心竞争力，促进建筑业持续健康发展，打造"中国建造"品牌。EPC 模式是落实"走出去"战略的最佳途径。

（二）推进工程总承包模式是建筑业供给侧结构改革的需要

供给侧结构性改革旨在调整经济结构，使要素实现最优配置，提升经济增长的质量和数量。推行总承包工程总承包是发挥市场在资源配置中的决定性作用，进一步简政放权的重要举措。

（三）推行总承包是提升建设项目效益的需要

总承包工程在履约过程中，总承包人对工程项目的全过程负责，克服设计、采购、施工、试运行相互脱节的矛盾，使各个环节的工作有机地组织在一起，

有序衔接，合理交叉，能有效地对工程进度、建设资金、物资供应、工程质量等方面进行统筹安排和综合控制。同时，有利于协调各方关系，化解矛盾，提高工程建设管理水平，达到发包人所期望的最佳的项目建设目标。

（四）推进工程总承包模式是提升承包单位竞争力的需要

国务院办公厅《关于促进建筑业持续健康发展的意见》指出：建筑业仍然大而不强，监管体制机制不健全、工程建设组织方式落后、建筑设计水平有待提高、质量安全事故时有发生、市场违法违规行为较多、企业核心竞争力不强、工人技能素质偏低等问题较为突出。

推进工程总承包模式，能够促进建筑企业的改革，采用先进的项目管理模式，提高企业核心竞争力，是解决上述问题的重要途径。

三、中核华兴 EPC 项目建设的成功经验

（一）充分发挥设计的龙头作用

我们对福建南安污水处理项目和湖南醴陵双创中心项目进行了调研，前者是以专业公司为主导的 EPC 项目，后者是以建筑设计院为主导的 EPC 项目。

在对两个项目的调研过程中，我们抽取了含钢量与混凝土用量两个指标，分别与公司其他平行发包的同类项目进行了比较。比较后发现，福建南安污水处理项目两个指标基本与平行发包项目持平，而湖南醴陵双创中心项目的两个指标低于平行发包项目，且通过了图审中心的审查。

通过两个项目的对比发现，福建南安污水处理项目采用了委托设计的传统方式，对优化设计有约定但对优化设计的效果没有明确的评价指标；而湖南醴陵双创中心项目采用了限额设计方式，且在达到限额设计指标后做进一步的优化，整体建造成本控制较好。

同时，湖南醴陵双创中心在设计时主动邀请施工项目部技术人员参加设计，进行可施工性分析。施工项目部就大厅层高 8.2m 向设计提供了一些建议，设计院对设计局部进行了修改，使施工难度降低，加快了项目进展。

通过调研发现，在限额设计的基础上进行优化设计，对降低项目建造成本是有益的。

江苏日本活塞环株式会社仪征工厂二期工程 EPC 项目，原考虑采用管廊设计，但经过分析认为，该项目需要通过管廊的管线数量不大且管径较小，工程总承包项目部经过认真考虑和计算，在取得发包人同意后，取消了管廊，而采用利用钢结构厂房柱，采用悬臂的方式安装管道，满足管道安装的要求，同

时对节省的投资按照一定的比例与发包人进行分成，发包人和我方均获得了效益，是一个双赢的结果。

深圳南山安置房项目是装配式建筑，在可行性研究和建筑方案设计完成后进行招标，公司在进行初步设计时利用其全产业链的资源整合优势和多处安置房建设管理经验对总图交通及景观绿化方案、建筑方案、结构方案（重点是装配式结构方案）、给水排水方案（重点是热水、太阳能、中水回用、海锦城市方案）、电气方案（重点是高低压配电、节能控制方案）、弱电智能化方案（重点是智慧校园的集控平台、智慧教育、远程教育等）、暖通方案（重点是空调系统及节能控制方案）、装饰装修方案、绿色建筑策划方案进行多方案比选，在保证使用功能的前提下，保证方案技术的先进性，经济性，降低建设成本。在施工图设计阶段，充分利用限额设计、BIM技术应用，全面优化各专业技术经济指标，达到行业内较高水平。充分发挥设计、造价、施工于一体的优势，挖掘EPC的造价控制水平。在施工阶段发挥其项目管理、设计、造价、集采、全专业施工团队的资源优势，高效联动推进项目建设。该项目无论从质量，还是成本控制和工期方面都取得了成功，得到了业主和当地建设主管部门的认可。

（二）加强采购管理、节约采购成本

采购管理是工程总承包人的核心竞争力之一。经济效益是项目发包人推进工程总承包项目总承包的目标之一，也是工程总承包人愿意承担更多风险的源泉。在项目成本组成中，设备、材料成本约占项目工程成本的一半以上，工业项目甚至高达70%，加强采购管理对工程总承包项目而言至关重要。

目前，有不少的建筑企业唯价格采购，谁的价格低就采购谁的，形成不了稳定的供应关系，物资来源相对单一，就是依靠项目所在地的市场。我们认为，采购管理最重要的不是采购价格，与采购价格相比，货物来源和采购时机是最重要的。对大多数房建和市政工程来说，设备、材料多数为通用产品，价格相对于工业装置来说比较透明，通过招标采购，可以适当地降低采购价格，但在特殊时期（如2008年和2016年钢材价格飞涨时期）就变为不可能。

在公司层面，实行集中采购，注重与长期合作伙伴的合作，与相当多的产品供应商签订了长期合作协议，结成长期合作伙伴，形成稳定的供需关系。在产品紧张时，优先供应设备材料，在产品不紧张时，按市场价的一定折扣供应产品，既满足了工程总承包项目的物资需要，又产生一定的经济效益，同时，在与长期供应商采购时，往往会得到付款方面的优惠。

采购时机也非常重要，采购过早，会使资金使用成本增加，同时增加仓储成本；采购过迟，又有可能影响项目工期。公司在国核华清CAP1400非能动安全壳冷却系统综合性能实验台架EPC项目中，充分利用长期合作伙伴的资源优势，严格控制采购进度，使项目整体采购成本比预算降低了5%，取得了较好的经济效益。

（三）加强风险管理，确保风险可控

工程总承包模式下，承包人承担了大部分风险，风险控制是项目成功的关键因素之一。

EPC模式的本质是在价格固定的情况下按期向发包人提供合格的工程，其中设计、采购、施工和试运行的风险除不可抗力外均由EPC方承担。

公司为应对可能存在的风险，成立了风险控制的专门部门，从公司层面对工程总承包项目报价、合同签订方面对风险进行控制，同时指导工程总承包项目部进行风险管理和控制工作。

以扬州铜山体育小镇EPC项目为例，该项目为PPP+EPC合同，建设期长达5年。

EPC项目部成立后，从合同交底开始，就重视风险管理工作，会同公司相关部门进行风险识别和风险分析，制订风险应对计划和监控措施，编制完成了风险管理计划，并报公司风险管控部门进行确认。

经分析，该项目存在的风险大致可分为四类：

1. 技术、质量和安全方面的风险

该项目建设期长达5年，涉及的房屋建筑包括高校、体育设施、酒店、商业建筑等，还有道路、桥梁等市政工程，几乎涉及建筑工程的所有专业，技术、质量和安全方面的风险不可避免，EPC项目部根据单体工程分别分析这方面的风险，形成了风险清单，并从设计开始落实了应对措施，对相关风险采取风险自留和风险转移的方式予以应对。

2. 项目进度风险

本项目为PPP背景下的EPC，项目相关利益方众多，对项目的诉求也不一致，出于运营方面的考虑，进度计划的变更是常态，同时由于政府实施机构的干预，对一些基础设施的往往有提前完工的需求，如何避免项目进度风险，是项目伊始的难题。EPC项目部根据项目投资计划和总体工期要求，与项目相关方进行了充分沟通，并促使投资方召开了股东会和董事会，确认了项目总进度计划，并留有一定余地，让部分相关利益方的局部进度要求得到满足。在项目运行过程中，采用风险自留的方式，实施最严格的进度控制措施，避免进度风险。

3. 项目管理风险

该项目为PPP项目，项目公司人员来自于各投资方，代表的利益亦不相同，EPC运行时可能会得到关于项目建设的不同指令，为此，EPC项目部采用风险

自留的方式，要求项目公司书面授权合同代表，EPC 项目部仅接受该代表的指令，避免影响项目进展。

4. 资金风险

PPP 项目的融资进度直接影响项目进展，为避免此风险，考虑到项目背景，EPC 项目部采用风险自留的方式，主动编制年、季、月资金需求计划，寻求项目公司的支持。

5. 外部风险

主要是来自于不可抗力、社会矛盾和获取外部资源的风险，对这类风险主要采取了风险转移和加强沟通协调的方式。

通过对工程总承包项目的风险管理，目前该项目风险处于可控状态。

（四）建立服务客户思维

在总承包工程总承包模式中，价值是由企业和客户共同创造的。让客户满意是公司企业文化的精髓，在工程总承包项目中建立让客户满意的思维对于工程总承包项目的顺利实施至关重要。

工程总承包项目招标阶段，发包人的思维停留在可行性研究或初步设计阶段，对建筑的需求尚处于设想阶段。当项目真正实施时，需求的变化是肯定的，EPC 需要向发包人提交其满意的产品，这也是发包人采用工程总承包模式的动力之一。

在设计阶段，公司不断关注客户的需求和用户体验，将安全性、功能性、舒适性以及美观性的客户需求和个性化的用户体验贯穿在设计、施工建造的全过程。

在深圳南山保障房项目设计前，公司走访了不少保障房潜在用户，对户型、功能等方面与建设单位进行了多次沟通，部分建议得到了采纳。

（五）加强资源整合

小前端，大后台是公司选择的组织模式，其目的是保障前端有超强的作战能力。后台的作用是赋能而不是管控，是提供资源支持、技术支持和服务支持。

承包人之间的竞争已经演变为资源配置的竞争，谁拥有的资源满足项目的需要就能成为竞争的赢家。

工程总承包项目的创效点是"统筹和整合"，通过统筹实现标准化设计和标准化施工；通过整合实现设计、采购、施工等各阶段的无缝隙衔接。

（六）采用总价合同，控制项目投资

在该公司的 EPC 实践中，均采用总价合同模式，由于投资可预期，质量和工期可保证，建设单位更容易接受 EPC 模式。

在工程总承包建设模式下，总承包合同对合同价格条款有严格的规定，采用"总价合同"，建设单位都可将大部分造价风险有效转移给 EPC 承包商，除非由于业主原因发生的变更，EPC 承包商无法取得额外的价款；而 EPC 承包商通过内部的精细管理，可以创造更多的利润。

（七）发挥工程总承包优势，缩短建设工期

在工程总承包建设模式下，建设单位仅组织进行一次工程总承包项目招标，总承包人可采用相对灵活的方式进行必要的设计、施工分包，从而缩短传统自主建设模式各阶段的招标时间。

在实施过程中，EPC 可以充分利用设计、采购、施工一体化的优势，采取交叉设计、交叉施工的方式加快项目建设进度。

根据调研统计，采用 EPC 模式，比采用平行发包模式，工期可缩短 10% ~ 20%。

（八）发挥工程总承包优势，推行全生命周期质量责任

就建设单位而言，在传统自主建设模式下，由于参建项目的设计、供货和施工单位从合同角度仅承担"部分责任"，而且出现质量问题时都各有各的借口，建设单位很难划分责任，找到责任方，责任方承担的责任也很难弥补质量问题造成的损失。

而采用工程总承包建设模式后，一旦出现质量问题，总承包人就无法提出这样或那样的借口，因为无论是设计、产品供货还是施工调试哪个环节出问题，对建设单位而言都是总承包人的责任，即便是建设单位提供的前期基础资料出问题也不能免除总承包人的责任，除非这些资料是有经验的总承包商无法进行验证。

四、存在的问题

（一）房建和市政领域工程总承包发展缓慢

1984 年 9 月 18 日，国务院颁发的《关于改革建筑业和基本建设管理体制若干问题的暂行规定》，要求"建立工程承包公司，专门组织工业交通等生产性项目的建设。各部门、各地区都要组建若干个具有法人地位、独立经营、自负盈亏的工程承包公司，并使之逐步成为组织项目建设的主要形式。"提出要推动工程总承包。

然而，直到今天，工程总承包模式在化工、石化、电力等专业领域得到了较好发展。但在房建和市政领域，工程总承包模式的发展却步履迟缓。工程总

承包在提高工程建设管理水平、保证工程质量和投资效益等方面的众多优点是不争的事实，为什么在房建和市政领域推进困难呢？

1. 房建和市政工程工艺要求较低、承包人优势不明显

从国内工程总承包实践来看，工业项目承接工程总承包项目，一是主设备供应商以设备和工艺优势承接项目，如中国成套设备总公司、华为公司等；二是在工业领域大型设计院凭借成熟的工艺技术、成熟的试运行经验承接工程，如中国石化工程公司，中国成达工程公司等。而房建和市政工程领域仅能凭借设计、采购、施工管理的能力承接工程，相对工业项目而言，难度较大，其中发包人的信任和自身的能力成为承接总承包工程的关键。

2. 房建和市政工程发包人分散，倡导推动困难

石化、化工、电力领域是一个相对专业市场，发包人、设计单位、施工单位均从属于一个集团，集团领导有大力推进工程总承包模式、挺进国际市场的愿望，并且从集团层面上抽调各地精英成立了以骨干设计单位为龙头、具有竞争力的工程公司，如中石化成立了中国石油化工工程公司（SEI）、中石油成立了中国石油集团工程设计有限责任公司（CPE），借助于承发包一体化的优势，强推工程总承包模式的实施。房建和市政市场上发包人和施工方之间是纯粹的经济关系，双方没有共同的利益协调和信用担保机构。

3. 房建和市政工程总承包损害传统模式下既得的利益

由于中国特殊的"国情"，发包人需要照顾诸多关系户，传统模式肢解工程者更好地满足了既得利益的要求。工程总承包就是建设单位将勘察设计、设备材料供货、工程施工和调试交给一家总承包人去整体实施。而传统自主建设模式大多采用平行发包方式，建设单位分别将项目的设计、施工发包给多个单位，某些设备和主材由建设单位自主采购。因此工程总承包很难获得落实。

可见，要解决工程总承包在房建和市政领域发展缓慢的问题，就必须面对工程总承包目前面临的障碍，建议可以通过各地市强制试点、逐步在政府投资及国有资金投资项目中全面强制适用的办法有力推动工程总承包。

（二）培养复合型人才和优化组织架构是当务之急

在EPC的实践工作中，公司发现缺乏复合型的工程总承包管理人才，在工程总承包市场上竞争力薄弱。目前，公司施工经理和专业设计人才相对较多，但懂商务管理、工程造价、合同和法律管理、融资管理的人员还比较缺乏，极大地制约了工程总承包业务的开展。

工程总承包承包人的核心竞争力源于业务整合，效益来源主要在于规模化经营。在工程总承包项目实施过程中，设计部室和施工项目部均有各自的考量，

注重部门自身利益,而忽视了工程总承包项目的整合效应。

工程总承包项目在公司的业务框架下,大多实行矩阵制管理,项目经理的工作重点是整合公司所有资源为工程总承包项目服务,需要平衡公司内部各方面的关系,理顺内部各方利益关系,这就需要项目经理具有超强的协调能力,还需要公司领导的全力支持。目前,公司管理体制尚未按工程总承包模式进行设置,公司资源的整合并能高效运转尚需时日。

(三)总承包模式与现行法律制度之间的冲突

合理交叉施工即设计、采购和施工的合理交叉,缩短建设工期是发包人愿意采用工程总承包模式的重要因素之一,这就使"边设计、边施工"是工程总承包项目的常态。但目前的法律规定,项目监理和施工必须根据经过图审机构审查的图纸进行监理和施工,目前很多地方的图审机构图审时要求是全套施工图,这又使"边设计、边施工"这个国际惯例在国内无法实施。工程总承包模式变成了事实上的"E+P+C"。

五、建议

(一)市政工程与建筑工程招标阶段实行分类施策

根据《江苏省房屋建筑和市政基础设施项目工程总承包招标投标导则》(苏建招办〔2018〕3号)第五条的规定:招标人可根据项目特点,在可行性研究或者方案设计或者初步设计完成后,进行工程总承包招标。工程总承包应当优先选择在可行性研究完成即开展工程总承包招标。

市政工程可以在可行性研究完成后进行招标没有问题,但由于建筑工程的特殊性,可行性研究阶段往往没有考虑发包人对建筑方案的需求,仅是确定了建设范围、建设规模、功能需求、投资限额、工程质量、工程进度等要求。

房建项目与工业项目最大的不同点在于,可行性研究阶段工业项目的工艺流程已经确定,可以实行限额设计;房建项目在可行性研究阶段,建筑方案尚未确定,发包人的需求尚未最终确定,难以实行限额设计。

在工程总承包项目中,尽管承包人承担了设计、采购和施工管理的所有工作,但是,发包人仍然拥有对承包人的工程设计进行审核的权力。在过去的实践中,承包人的建筑方案虽然满足发包人的功能要求,但发包人审查方案时,往往在建筑风格、建筑外形等方面的意见难以统一,导致方案审核时间过长,影响项目建设的顺利进行。

在建筑方案没有确定的情况下,启动工程总承包招标程序,存在很大的不确定性，将会给工程总承包承包人带来较大的风险。

（二）规范评定分离、严禁两次评标

根据《江苏省房屋建筑和市政基础设施项目工程总承包招标投标导则》（苏建招办〔2018〕3号）第二十一条规定：工程总承包招标可以参照《评定分离操作导则》（苏建招办〔2017〕3号文），按照"评定分离"的程序和方法进行评标。确定中标人的方法应当在招标文件中明确。

评定分离的设置本身没有问题，但在实际操作中问题颇多。公司参加了一项政府项目工程总承包投标，规定采用"评定分离"方式，具体为评标委员会确定5名中标候选人，中标候选人确定后，由政府工作人员和使用单位的工作人员组成定标委员会。定标委员会根据二次报价占30%，现场答辩占70%，采用价格竞争定标法和票决定标法相结合的方法进行定标。

招标文件规定，中标候选人需进行二次报价，且必须低于第一次报价，这本身不符合《招标投标法》第二十九条的规定：投标人在招标文件要求提交投标文件的截止时间前，可以补充、修改或者撤回已提交的投标文件，并书面通知招标人。补充、修改的内容为投标文件的组成部分。且在所有中标候选人都知悉其他中标候选人报价的前提下进行二次报价，本身就不公平，留下了操作空间。

招标文件还规定，中标候选人可以组成不多于3人的答辩团队对设计、采购、施工、试运行方案进行介绍，并回答定标委员会的问题。这不符合"评定分离操作导则"的规定：招标人在定标会上可以介绍项目情况、招标情况、清标及对投标人或者项目负责人的考察、质询情况；招标人可以邀请评标专家代表介绍评标情况、专家评审意见及评标结论、提醒注意事项。定标委员会成员有疑问的，可以向招标人或者招标代理机构、评标专家提问。

本次招标直接向中标候选人提问，违背了《评定分离操作导则》的规定，实际上变成了两次评标，且以第二次评标为主。希望政府有关部门加强对招标文件的监督、管理。

综合所述，房建和市政领域推行EPC模式是国家政策的要求，也是企业自身的要求，通过调研，我们认为，在房建和市政领域推行EPC模式是大有可为的。

（陈宝智　江苏省建筑行业协会副会长、中国核工业华兴建设有限公司董事长、党委书记；陈俞蒙　中国核工业华兴建设有限公司规划运营部主任，常江　设计院院长，沈立群　设计院副院长，何祥　设计院SPV中心主任，姚俊杰　项目管理专业总工程师）

全装修成品住宅设计、施工和装修一体化的调研报告

陈祖新　何咸军　程岗　张豪

一、开展企业全装修成品住宅调研的背景

2017年4月26日住房城乡建设部发布《建筑业发展"十三五"规划》（建市[2017]98号）的通知，提出到2020年，新开工全装修成品住宅面积要达到30%。江苏省政府2017年11月发布的《关于促进建筑业改革发展的意见》（苏政发[2017]151号）中提出，到2020年，设区市新建商品房全装修比例达50%以上。

与毛坯房相比，全装修成品住宅能大大减少装修过程中的资源浪费、环境及噪声污染，有利于保证房屋结构安全，符合节能减排、绿色环保的要求，是建筑业的发展方向。但目前整个全装修成品住宅市场鱼龙混杂，开发商对装修品质虚假宣传，价格虚高，材料以次充好、土建装修肢解发包现象普遍，施工质量低劣，政府对开发商的监管难度也大，质量投诉率远高于毛坯房，市场接受度并不高。

二、龙信建设集团有限公司全装修成品房的经验做法

龙信建设集团有限公司始建于1958年，为房屋建筑工程施工总承包特级资质企业，拥有对外签约权。集团下设23个控股子公司，拥有一个工程类甲级设计院和一个建筑智能化系统集成专项工程甲级设计院。连续多年被评为中国企业500强、中国民营企业500强、中国建筑业竞争力百强、中国建筑工程承包商60强、全国优秀施工企业、全国建筑业AAA级信用企业、江苏省建筑业竞争力百强企业、江苏省五一劳动奖状、进沪施工企业20强等。"龙信"商标被认定为中国驰名商标，企业获评江苏省商标战略实施示范企业（金帆奖）。

2010~2013年，龙信建设集团有限公司组织技术人员，与住房城乡建设部住宅产业化促进中心一起主编了《住宅室内装饰装修工程质量验收规范》JGJ/T 304-2013，对新建全装修住宅的室内装饰装修工程质量验收制定了行业

规范,加快住宅产业化的进程。

龙信建设集团有限公司从1994年上海仁恒广场开始全装修住宅施工以来,一直坚持在全装修成品住宅进行开发和总承包施工。

龙信集团在全装修住宅总承包管理中,大力推行"建筑装修设计一体化、土建装修施工一体化、管理服务一体化"的生产经营模式,成为"全装修成品住宅整体服务商"。

(一)建筑装修设计一体化

在项目的规划设计阶段,就项目的定位、策划、开发、实施等进行系统设计,各专业设计师进行分工协作,装修、建筑、规划设计同步进行。通过实施"样板房"的方式,实现装修设计工作的前置,避免开始施工后交叉工种的打架和二次装修变更,对建筑结构、设备管线综合、装修的施工起到统一协调,为成品住宅建筑的顺利实施奠定基础。

装修设计工作的前置对于第一次开发的楼盘和成熟型楼盘的意义和作用是不同的。

对于第一次开发的楼盘,选择便捷合理位置,进行1∶1研发样板房的实物建造,给建设、设计和施工方一个真实的发挥平台。借用这个平台,无论是设计师反复揣摩的设计细节,还是施工过程中的土建、安装、装修三方的工序搭接,或是各种新材料、新工艺的大胆尝试,都可以在研发样板房中得到尽情发挥和真实体现。特别是经常困扰投资方和施工方的管线综合布局的问题,也可以在样板房中探索最佳的预埋方式,从而在根本上杜绝装修阶段对主体结构的频繁开凿所带来的安全隐患。通过装修设计的前置、优化,可以为投资方和施工方带来诸多效益,另外,1∶1样板房的施工还可以为整个装修工期的确立和装修材料的供应提供准确的数据,给以后装修的大面积开展提供帮助。

2009年,龙信集团在总部大楼内专门建了用于做研发样板房的房屋超市(包括二楼的1∶1研发样板房模型和一楼的装修部品件展示中心)。研发样板房采用轻质墙体,可以快速拆除并重新建造,装修面层材料采用胶粘工艺施工,取消湿作业工艺,实施过程环保高效,内部装修材料和部品件可以根据装修定位需要在部品件展示中心重新选型和更换,便于及时调整和确认。

对于成熟型的楼盘,样板房的施工、优化工作则通常是在结构做到6层后(以30层为例)开始,到结构封顶、装修大面积展开前完成。其主要作用是通过样板房进行楼盘展示,促进销售。同时,在展示阶段可以根据消费者的需求进行房型的个性化修改,实现房型和内部装饰的最佳配置。通过此阶段的设计前置,可以根据实际情况进一步发现问题,深化节点,避免日后大面积装修时的频繁更改，从而起到减少资源浪费，达到节约工期和成本的目的。

（二）土建装修施工一体化

在设计一体化前提下，项目施工时采用总包管理模式，即将业主方指定的相关分包单位全部交由总包管理。总包方整合各类资源，对工期、质量、安全、文明施工、成品保护等一管到底，直至保修期结束。

施工过程中，总包管理部对各装饰分包单位、机电设备供应商、家具厂、木门厂、橱柜厂、铝合金门窗厂等几十家单位进行统一管理，统一协调，详细做好工程从设计至竣工交付的整体施工计划，安排好各分包单位的进场时间、作业时间、材料、设备进场时间，并严格管控。

如何解决土建、安装、装修三方面的协调和各环节的质量控制是总承包现场管理中最实际的问题，尤其是在全装修住宅施工总承包管理中，三方的协调牵扯到更多层面，更多装修专业分包队伍，更多的施工环节。所以，在主体结构设计与施工中，需认真做好装修工程前的各项准备工作，及时完成装修图纸的深化设计和翻样设计，严格施工，确保主体结构的层高、开间、进深、预留洞口等尺寸符合标准，便于装修施工顺利开展。在施工过程中，现场管理人员加强对施工工序的检查，发现不按正常工序操作的行为，必须立即制止，以防对其他施工产品造成不必要的损坏，影响现场总体进度，增加施工成本。

施工时根据各阶段的需要，同步展开大规模的采购工作和工厂化加工运作；在结构施工时，做好水、电、暖气等管线、盒子预埋工作；始终坚持设计、采购、施工一体化，精心组织施工，确保工程质量一次成优，尽力避免因工序之间的穿插造成返工现象。

装修阶段的成品保护非常重要，龙信集团有限公司要求项目部对现场已做好的成品保护的工程进行巡视检查。装修成品采用多种方法保护。如厨卫间台盆、台面板、浴缸等用木板、木夹板等覆盖保护。大理石、釉面砖等墙面阳角部位采用铝合金角条保护；木门、家具表面采取纸板包裹保护。铝合金窗门窗扇应全部用塑料胶带纸粘贴保护等；墙面完成后不得将金属、木材、工具等靠在墙面上。

在墙面腻子、毛地板、木门等工程完成后，将设置专职人员对楼层进行看护，楼层钥匙由专人保管，以防室内成品人为损坏或丢失，同时做好必要的保洁工作，定期开启窗户保持空气流通，减少室内污染。室内看护人员必须做好各工种进入楼层的登记工作，每日进出人员记录在案，为以后出现意外情况提供追责依据。

（三）管理服务一体化

全装修住宅是商品，不可能没有问题，为保证工程保修期范围内的质量问题快速、高效的解决，龙信集团在 1996 年就组建了专门从事售后维修的部门，及时跟踪服务售后维修工作，第一时间解决工程质量瑕疵，减小双方损失，为开发商和施工企业奠定良好品牌形象。

售后管理服务与设计、施工同步，针对承包的内容及帮助甲方协调工程的参与各方，售后维修部配有一定数量的管理人员及维修技工，承担保修期范围内的售后服务工作，减少业主投诉的同时，做到与项目工程技术的互动，在前期方案阶段就参与到项目的设备和系统选型等产品定位工作中，把以往产品维修过程中发现的问题和合理化建议提前反馈到前期设计和施工环节，解决工程的质量缺陷问题，真正意义上做到 PDCA 的良性循环。

为了实现物业的全程化管理服务，专业维修部门积极配合物业管理公司，做好竣工小区的全程跟踪维护工作。作为工程施工方，在日常维护、维修的同时，既可以以最快的速度解决问题，又可以积累经验，为日后的质量通病防治提供事实依据。

（四）实施"一户一验"制度

龙信建设集团有限公司在 2002 年就制定了全装修住宅分户验收的企业标准，开始按企业标准实行"一户一验"制度。

在主体结构阶段，当结构完成后，由总包方公司、项目、栋号的质检人员组成检查组，对每栋楼房间的净高、开间、进深等尺寸，一一进行检查，做好验收资料，对结构上存在的不足交由项目技术部门和栋号负责人，制定相应的修改措施，保证后期的装修工作有个合格的起点。

到装修阶段，栋号质量员对每个房间的每道隐蔽工程，每个检验批的验收情况都做相应记录。对于主控项目，必须由栋号质量员和项目部质检科人员共同验收方可确认是否合格。

最后的交房阶段，以每套住宅工程的使用功能以及观感质量为重点，由甲方、监理和总包三方的专业人员组成的验收小组，根据国家、行业及企业标准，共同对每个房间的门窗、吊顶、墙面、地板、橱柜、卫浴、家具设备等各个环节进行验收，特别是对涉及人身健康及安全的项目和影响使用及装饰效果的项目，每个细节都进行全数检查，发现任何一点问题都及时处理，直到整改完毕，填写《验收移交手册》后，方可实现与物业部门的交接，进入后期的售后跟踪服务阶段。

三、全装修成品住宅目前存在的问题

（一）全装修成品住宅产业化程度不高

目前住宅在国家政策的引导下，逐渐从毛坯房开始向全装修成品房发展，但全装修行业的整个市场缺少交流、监控、保障措施和手段，缺少诚信和监管措施，同时很多已经成熟的住宅装修成套技术不能系统整合到住宅产品中，成品房装修品质良莠不齐，产业化程度不高。

（二）成品房开发的风险较大

一是全装修成品房对开发商的开发理念、开发能力、开发成本以及售后服务有很高的要求，开发风险比较大。二是成品房小业主投诉率远远高于毛坯房，售后服务及企业品牌形象压力大。

（三）成品房装修材质差

开发商为了利益的最大化，对于成本控制严格，常导致装修材料、设备质量差，施工质量也得不到保证，空鼓、开裂、渗水等质量问题比较普遍。

（四）装修阶段施工肢解发包严重

很多的开发商为了维护各种利益，对住宅装修阶段的门窗、空调、涂料、橱柜、洁具、管线安装等各类的专业承包商肢解发包情况严重，导致装修成品保护难、施工工期及质量扯皮现象严重，严重制约了全装修房的整体品质。

（五）建筑装修劳务市场优质工人稀缺

随着国内经济的持续发展，建筑装修劳务工人因为劳动强度大，导致逐年减少趋势明显，优质的劳务工人更是越来越少，整个劳务市场的供需失衡严重，各地都在抢优秀劳务人员，今年尤为明显，导致了劳务工作流动性非常大，管理难，施工质量无法控制。

（六）投资炒房盛行，市场需求度不高

目前国内保值增值的投资产品稀少，而房市在国家城镇化过程中成为最具有增值价值的产品，导致炒房客及众多有点闲钱的人投资炒房，住的功能被大大弱化，同时毛坯房价格又低，持有时维护成本低，所以炒房客都喜欢投资毛坯房，导致全装修成品房市场需求度不高。

（七）成品房装修风格单调

目前房地产开发商对全装修成品房开发时，为了便于管理及施工，同一种户型的装修风格一般都是一种，不能满足各类年龄段人群的不同需求。

四、全装修成品房推进工作有关建议

（一）建议分类制定成品房的激励政策

全装修成品住宅开发增加了开发成本，房屋总价提高，从而增加了开发商和消费者的税费负担。建议地方政府对鼓励政策细化，能够充分考虑对开发商和消费者的激励作用，针对成品住宅开发在产品性能和品质方面制定差异化的激励政策，对成品房开发、住宅性能认定等体现住宅品质的内容制定实施不同的奖励政策，调动开发企业开发出高品质高性能住宅产品的积极性，使全装修成品房真正实现大众化消费，为高品质成品房的推广普及奠定坚实的政策基础。

（二）建议推行全装修成品房 CSI 技术

随着装配式建筑在全国范围的推广，主体结构模块化设计是必然趋势。全装修成品住宅也应积极推进模块化设计及拼装式施工，龙信集团在龙信老年公寓楼探索应用的 CSI 住宅技术，将装配式主体结构支撑体与装修填充体完全分离设计施工，填充体具有可变性、可维修性，避免了后期维修改造对主体结构支撑体的破坏，在满足不同住户对住宅差异化使用要求的同时，有效保证了建筑物主体使用寿命。建议政府行业部门牵头有关科研院校和企业制订相关技术规范和标准，积极推动 CSI 住宅产业化。

（三）建议积极推行全装修成品住宅总承包管理模式

政府部位应积极推进对全装修成品住宅的施工总承包模式要求，充分利用施工总承包单位的施工管理能力，统一协调各类专业分包单位，减少施工中存在的各类扯皮现象，有效保证全装修成品住宅的施工工期、质量和安全。

（四）建议制定全装修成品房的菜单式装修要求

不同类型、不同年龄段人群对房型、装修风格要求均会有所不同，通过确定几种不同风格的装修类型，让购房者像菜单一样可以选择，即发挥了统一装修的优点，又满足了购房者多元化的需求。政府应制定相应的房地产开发政策要求，引导开发商推行菜单式装修，提供多样化的装修风格。

（陈祖新　江苏省建筑行业协会副会长、龙信建设集团有限公司董事长；何咸军　龙信建设集团有限公司副总经理兼董事会秘书，程岗　总工程师兼副总经理，张豪　施工技术部经理）

沪宁钢机在钢结构装配式住宅方面的经验做法、存在问题和有关意见建议

王晓波　杨文侠　李仁革　王欢　张翔宇

装配式钢结构建筑属于一种全新的建筑形式，主要是通过装配化的生产工艺来制作结构构件，采用工业化制造的方式来取代传统施工方法，进而减少工程造价，优化资源配置，缩短工程建设进度，提高工程施工的安全性和整体质量。

一、市场经营、技术策划、管理理念方面的经验总结

沪宁钢机积极响应国家及江苏省大力发展装配式建筑的政策，重点研发生产了装配式钢结构住宅成套体系，项目实施过程中取得了一定的经验：

（一）市场经营

目前的预制构件市场远未成熟，仅依靠政府推动远远不够，关键是要依靠一批有实力的企业进行全方位系列开发装配式建筑体系，扩大预制混凝土应用领域和使用范围，形成建筑构件和市政基础设施构件的同步协调发展、预制厂家与工程项目的设计施工紧密合作的局面。我国预制构件的市场开发要坚持多样化和专业化相结合的发展路径。

为加速融入该市场，积极研发和筹建装配式钢结构建筑产业化建设，我司投资7253.54万元，在宜兴环保科技工业园征地68亩，成立江苏沪宁装配式钢结构建筑工程有限公司作为装配式建筑技术研发基地，建造了1栋研发办公大楼，另拟建造2栋装配式生产线相关的新产品、新技术的加工车间。建成以"装配式组合钢板剪力墙结构建筑"为主打的装配式钢结构产业化基地，形成年产各类装配式钢结构产品30万t的生产能力。

我司主要将工作重点集中在装配式钢结构件与其配套三板部件的研发和推广方面。通过沪宁装配研发大楼、宜兴经济开发区展示中心、宜兴市文教创业中心（临溪点）等项目，充分展示了钢结构箱型钢板剪力墙体系、半外挂式

ALC维护结构体系、钢筋桁架楼承板组合楼板体系的优越性与创新性。目前获得了一项省级工法、一项科技创新成果；申请了16项专利；发表了若干篇技术性论文。

以宜兴市文教创业中心（临溪点）项目为参考，对新型组合箱形钢板剪力墙与ALC预制墙板集成建筑方案和传统现浇混凝土方案施工成本进行对比。两种建造方式的上部主体结构设计截面、主材用量及建造成本对比分采用预制装配式钢结构造价高于传统现浇混凝土框架结构，比传统现浇方式每平方米贵307.18元左右，已经基本能被市场接受。

（二）技术策划

对于预制装配式建筑，技术策划有着不可替代的重要作用，方案设计要仔细了解建筑项目的外部条件、成本限额、产业化目标、建设规模以及项目定位等内容，提高预制构件的规范化、标准化程序，加强和建设单位的沟通交流，最终确定合适的技术实施方案，为预制装配式建筑设计提供参考和依据。

装配式钢结构建筑是以钢结构为主体，与工业化楼板及内外预制墙系统集成的建筑体系，其装配率高，施工快、自重轻、节能环保，是最值得推广的装配式建筑之一，但因钢结构本身造价高，且现有墙板体系与钢结构主体之间协同配套方面仍有诸多问题尚待解决。

我司推广的新型组合箱形钢板剪力墙结构，巧妙结合钢材与混凝土材料特点，降低了钢材用量且施工效率快，舒适程度高，与轻质自保温的ALC预制墙板结合使用，不但可应用于大量工业建筑，而且可在高烈度区的高层超高层住宅中可以取得更好的经济效益。

全装配隐梁式箱形通腔组合钢板剪力墙结构由亚字形组合钢管混凝土柱、无横向加劲板的通腔式组合型箱形钢板剪力墙、与可隐藏于墙内的组合型H形窄梁组成；在设计技术方面：采用钢与混凝土的结合的组合式墙柱体系把两种材料的优势发挥到极致；结构体系为全钢结构，施工过程无须支模，多个作业面互相独立无干扰施工，施工工期快速；结构构件均在工厂完成，误差在2mm以内，出厂检验完备，隐蔽工程少，结构在使用阶段仍可进行无破损质量检测，结构质量易保证。在使用功能方面：空间优势明显，住宅可实现户内无结构墙柱，不同户型可方便转换。

半外挂式ALC墙板可以在完美解决建筑外保温的前提下，相对减少附件预埋工作量，对施工预制精度有较大的包容空间，容易达到成本质量目标。当外墙造型复杂、凹凸多变时可有限选用半外挂集成方式。整体集成式外墙具备外挂板得房率高的优点，墙板的拼缝数量少，产品质量高，当墙面较为常规，无复杂造型变化时，选用大板方案，施工快捷且经济美观。

（三）管理理念

随着世界领域科技的发展，企业之间的竞争越来越激烈，之前企业间一般都在产业增长速度、产品特色等方面竞争。在企业的产品具有一定特色，产业增长速度趋于稳定时，企业的管理者越来越将竞争方向转变到管理理念上来。企业的管理理念越科学越先进，在与其他企业的竞争中就越占优势。陈旧的企业管理理念限制了企业发展的脚步，先进科学的管理理念是企业制胜的法宝，因此企业管理者一定要在管理理念的创新上取得突破。

沪宁钢机非常重视将管理理念与时代的发展相结合，将管理理念与中国国情相结合，还考虑到中国的传统文化，在吸收国内外优秀管理方式的基础上，根据本企业的实际情况对管理理念进行不断地改造和创新，在企业管理理念创新的路上不断前行。以科技为引领，搞好战略创新，为企业明确发展方向。以理念创新为着力点，实现企业发展理念的与时俱进。坚持诚信和以人为本的管理思想、知识管理理念的创新、可持续发展的全面价值理念、制度创新与企业文化相结合。

二、存在问题

目前全国装配式结构的热点多集中在住宅市场，尤其是政策性保障房市场，由于各地政府成本控制比较严格，如果不能确立产业化建造的成品交房标准，提高装配式建筑的性价比和舒适度，短期内无论是装配式混凝结构还是钢结构还都无法和现浇结构竞争。

随着经济社会发展，我国保障房的市场会逐渐减少，实施产业化建造除了各地基础条件较差外，工程造价低成为实施产业化建造的主要障碍。商品房的装配式建筑体系还有很长的路要走，短期主要停留在经济性较好的标准化构配件层面市场需求。

我国公共建筑市场一直很少采用装配式混凝土结构方式建造，除了建筑个性化要求外，给工程标准化设计带来诸多障碍，导致其实施装配式建造难度大，成本高。多年来预制外墙挂板是公共建筑采用预制技术的主要成果，但与各种幕墙的用量相比显得微乎其微，未来的市场推广潜力很大。公共建筑主体结构构件的预制化是未来装配式结构的重点开发领域。

在全国范围内要从部分有条件的大中城市开展试点和示范入手，不断总结经验，培训人才，逐步再向中小城市推广。基于目前全国各地实施装配式建筑存在问题，与各地政府大力推广预制装配技术形成很强的反差，各地都需要对产业化的目标、路径、速度等指标进行系统的总结和反思，坚持实事求是的科学态度，放慢脚步，积累经验，走出一条本土化发展道路。

三、有关意见建议

在未来的发展中，为加快装配式钢结构体系的推广，更好地推进我省建筑工业化进程。特提出以下建议：

1. 对我省政府投资建设的各类装配式建筑的立项、建设等信息，通过与各地方主管部门之间的信息交流，定期在建筑产业化创新联盟发布，供省内装配式联盟企业共享与跟踪。

2. 目前我省无装配式钢结构建筑的定额，投资方与施工方没有一个统一的计价平台，在一定程度上限制了装配式钢结构建筑的发展，建议由省住建厅牵头组织各联盟企业共同编制科学、合理的定额标准，给投资方、施工方、审计部门等提供依据。

3. 加强顶层设计，出台支持省内装配式产业基地企业发展的政策文件，对政府投资类项目，优先鼓励有实力的装配式建筑企业采取直接发包或邀请招标的模式参与。

4. 我省装配式钢结构建筑发展缓慢，特别是住宅类项目，几乎没有。建议省里加大推行力度，以量化的方式明确各类装配式钢结构建筑的发展目标。

（王晓波　江苏省建筑行业协会副会长、江苏沪宁钢机股份有限公司总经理；杨文侠　江苏沪宁钢机股份有限公司副总工程师，李仁革　总经理助理，王欢　项目技术总工，张翔宇　副部长）

以联合体为基础　全面推进轨道交通建设
——关于苏州一建参与城市轨道交通建设的调研报告

武全勇　何新伟　严才明　潘云高

为了及时了解全省建筑企业贯彻落实省政府《关于促进建筑业改革发展的意见》和全省建筑业改革发展工作会议精神的情况，总结建筑企业改革发展的经验做法，了解建筑企业的诉求，及时向行业主管部门反映有关意见建议，促进江苏建筑业高质量、更稳健地改革发展，省建筑行业协会开展了系列调研活动。

本次调研为系列调研活动的一部分，调研内容为苏州第一建筑集团有限公司参与城市轨道交通建设的相关情况，调研时间为2018年4月至2018年7月。通过此次调研，了解苏州一建参与轨道交通建设的相关做法，总结实施经验，发现过程中存在的问题，并提出建议。

一、引言

建筑业是国民经济的支柱产业。改革开放以来，我国建筑业快速发展，对经济社会发展、城乡建设和民生改善做出了重要贡献。近年来，我国经济发展进入新常态，建筑业面临国内固定资产投资增速放缓、劳动力等资源要素成本上升、推行绿色建筑所形成的多重压力和困境，加之市场竞争日趋激烈，不少建筑企业感到生存空间日益缩小。建筑业企业要在新环境中生存并发展，转型升级成为寻求新生机、谋求新发展之路径。

2017年，国务院办公厅印发《关于促进建筑业持续健康发展的意见》（国办发[2017]19号），就进一步深化建筑业"放管服"改革、加快产业升级、促进建筑业持续健康发展等做出了相关规定。

江苏省政府2017年11月下发了《关于促进建筑业改革发展的意见》（苏政发[2017]151号），12月又召开了全省建筑业改革发展工作会议，从深化建筑业"放管服"改革、围绕建筑产业转型升级、提升工程品质、打造"江苏建造"品牌等方面提出了20条具体措施。"省政府建筑业20条"对江苏建筑业的持续健康发展提出了新要求、明确了新目标。《关于促进建筑业改革发展的意见》中指出:"改变我省建筑业企业以房屋建筑为主的市场结构,支持建筑业企业进入基础设施领域","鼓励骨干建筑业企业采用联合体投标方式参与轨道交通……等重大基础设施建设"。

根据省政府办公厅关于"开展省内建筑业企业参与城市轨道交通建设试点工作的通知"精神,苏州市住房和城乡建设局制定了《苏州市省内建筑业企业参与城市轨道交通建设试点工作的实施方案》。

在这样的环境背景下,苏州一建申报苏州市参与城市轨道交通建设试点企业获批。2017年初,苏州一建与中铁二局组建联合体,中标苏州市轨道交通5号线工程土建施工项目V-TS-11标,成为省内首批参与城市轨道交通建设试点的建筑业企业。

二、苏州一建企业概况

(一)企业情况介绍

苏州第一建筑集团有限公司(以下简称"苏州一建"),位于苏州工业园区东旺路28号,始建于1952年,具有建筑工程设计甲级、房屋建筑工程施工总承包特级、市政公用工程和机电安装工程总承包壹级以及钢结构、消防设施、地基与基础、建筑装修装饰工程专业承包壹级等资质,注册资本40880万元,主要从事各类房屋建筑设计和各类建筑工程、市政工程、机电安装工程总承包施工。

(二)企业管理体系

苏州一建自1999年开始运行ISO9001质量管理体系,2004年开始实施质量、环境、职业健康安全管理三合一体系,遵循"守约、保质、薄利、重义"的原则,贯彻"顾客的满意是我们持续改进和永恒追求的目标"的企业宗旨,发扬"敬业、互爱、求实、争先"的企业精神,按照经济规模化、经营多元化、技术现代化、管理科学化的方针,把业主满意、关爱员工、履行社会责任作为企业不懈追求的目标,并视信誉为企业的生命,严格履约,为业主和用户提供一流的服务。

(三)企业施工能力

多年来,苏州一建承建了各类屋建筑工程、市政工程、机电安装工程、装饰工程等一系列工程项目,足迹遍及了江苏、上海、安徽、山东、四川、河南、陕西、福建等省,以及肯尼亚、马拉维等东非国家。近年来,苏州一建积极参与城市轨道交通建设,先后承接了苏州市轨道交通1号线天平车辆段、苏州市轨道交通 2 号线太平车辆段和苏州市轨道交通 4 号线松陵车辆段等项目的土建、机电安装、装饰工程及跨线桥梁工程，承接了多个紧邻轨道线的深基坑施工及与轨道线接口的施工，以及地下管廊工程三个标段，总长 3.8km。目前，苏州一建集团年产值 80 余亿元人民币，房建工程年施工面积约 800 万 m^2。

（四）企业信誉荣誉

苏州一建先后获得鲁班奖、国家优质工程、国家级新技术应用示范工程、全国施工安全文明工地、全国建筑业绿色施工示范工程、中国安装之星、中国钢结构金奖等诸多国家级奖项，发布国家级行业标准 3 项，国家发明专利、实用新型专利 36 项，通过了省级研发中心的评定，5 项工法被评为国家级工法。并先后荣获全国五一劳动奖状、全国建筑业先进企业、中国建筑业企业竞争力百强企业、全国建筑业 AAA 级信用企业、全国"守信用重合同"企业、全国建筑业质量管理优秀企业、全国质量效益型先进企业、全国"安康杯"优胜企业、全国模范职工之家等多项全国性荣誉；被江苏省人民政府评为江苏省先进建筑业企业、江苏省建筑业优秀企业；荣获江苏省科技进步三等奖、江苏省建筑业科技成果二等奖；江苏省建设科技先进集体、江苏省建筑业最佳企业、江苏省建筑业综合实力 50 强、江苏省文明单位等多项荣誉称号。

三、苏州一建参与城市轨道交通建设的做法

（一）更新观念，积极应对

面对经济发展的新常态、宏观环境的日益严峻，苏州一建解放思想、更新观念，紧紧围绕转变企业体制、机制，以制度为保障、以规范为准则、以标准为指南、以创新为先行，深化改革，加大产业结构调整力度，加快经济发展方式根本转变，大力推进科技创新、认真谋划企业发展，重视人才培养和提高员工收入，努力形成可持续发展的体制机制。

在做精做强房屋建筑主业市场的前提下，苏州一建将集团下属专业公司向专业化、精细化发展，积极参与城市轨道交通、城市综合管廊等基础设施建设，大力发展多元化经营之路，实施"走出去"战略开拓外埠市场，积极探索实践 EPC 之路。

（二）注重实际，真抓实干

面对首次参与城市轨道交通建设试点这样的企业转型升级重要契机，苏州一建在管理体系、组织结构、财务资金、设备采购、专业人才引进等方面均作

出重大的举措。集团公司集聚工程管理和工程技术专业力量，成立了轨道交通工程事业部，由集团副董事长挂帅，并配备隧道工程、地下结构、地质、电气、测量和机电等专业人才。同时，成立由集团总工程师牵头、地下工程、地质专家、外部专家顾问和基础设施委员会委员为成员的专家组，指导轨道交通工程事业部和试点工程项目部各项工作开展。

为了开拓这一领域，苏州一建成立盾构采购领导小组，历经商务、技术、服务谈判交流、厂家考察、招标、开标、评标、合同谈判等过程，于2017年7月，签订了苏州一建第一台盾构机的采购合同。目前，盾构机正在监督制造过程中，并已进入总装阶段。

2016~2018年期间，苏州一建组织多批管理人员、技术人员，参加盾构施工专业知识和技能培训，并赴多个在建城市轨道交通工程现场学习、实地操练，为后续盾构施工培养和储备人才。

（三）开拓创新，稳步推进

在首次参与城市轨道交通建设过程中，苏州一建创新管理模式，实施多项举措，促进轨道交通工程稳步推进。

公司内部管理方面。由轨道交通工程事业部主导轨道交通工程建设的同时，苏州一建集公司旗下多专业优势，共同辅助和支持试点项目实施。如地基基础专业公司实施对深基坑的风险管控的支持，钢结构专业公司配合盾构始发平台、反力架等钢构件制作安装，设备专业公司组织大型设备采购、租赁及维修保养等，发挥优势力量。

与盾构厂家合作方面。充分发挥厂家技术力量、设备设施等方面优势，加快人才培养进度，降低过程风险，稳步推进盾构施工相关工作。如委托盾构厂家提供下井吊运服务、500m试掘进技术服务、激光导向系统技术服务、全程保驾服务、备品备件供应服务、现场技术服务、盾构组装调试指导、设备检查技术服务、设备保管及维修服务、理论和操作培训服务、技术咨询服务等。

在联合体管理方面。一是，管理为先，实效为本，集思广益探索联合体合作管理新模式。实施项目提出了"携手同行共创轨交新模式，并肩齐进打造地铁新亮点"的口号，确立"1+1>2""实效为本"的联合体管理目标，对联合体管理制度、方式、职责、分工等实施过程中遇到问题不断改进，完善组织机构、任务分解、工作流程，形成联合体管理制度40余项。

二是，务实党建，砥砺前行，凝心聚力开启联合体党建工作新征途。联合体成立党建共建基地，联合开展了如"七一党课""两先两优"表彰、两轮形势任务教育、"先锋大讲堂"务实党建成果展示视频会、"我来讲党课""创岗建区""两个看齐"等一系列党建主题活动，共同参加了由中铁二局华东片区党工委主办的"红歌唱响苏州，建设和谐地铁"红歌会、由苏州市住建局工会联合会主办的"庆祝建党96周年住建工会职工歌颂党文艺汇演"活动，并承办了苏州市建设局主办的"不忘初心跟党走，脚踏实地建新功——十九大精神进工地"现场推进会活动。通过一系列的党建活动，使十九大精神的学习宣传贯彻更进一步向基层项目一线党员、职工延伸，为项目建设凝聚"红色力量"，将政治宣传与企业文化、建设任务很好地融合起来，取得了良好的效果。

三是，同心同德，休戚与共，情同手足，共建联合体员工生活新家园。通过建立联合体职工书屋、文体活动室、职（民）工夜校，开展每季度联合体员工生日集体庆祝活动、每月项目管理人员聚餐、内外部篮球联谊赛等各种活动，增进了双方的感情联络，增加了团队的凝聚力，更有利于工作的协作配合。

（四）同心合力，共同发展

苏州一建作为省内首批参与轨道交通建设的建筑业企业，在自身参与轨道交通建设的同时，优先选择地方相关建筑业企业共同合作发展。如车站主体及附属结构施工，选择优秀房建施工劳务队伍，充分发挥房建施工劳务队伍工种分工细、技术水平高、人员调配方便的优势。发挥本地企业对当地土层充分了解、经验丰富的优势。采用大模板、盘扣支架等新技术，优先选择地方物资租赁、供应企业，发挥地方企业供货周期短的优势。这种合作模式，在发挥地方相关建筑业企业优势的同时，也带领地方相关企业共同跨入轨道交通建设领域，利于建筑业企业发展和转型升级。

四、存在问题

（一）轨道交通行业市场竞争激烈

轨道交通，一般分为铁路轨道交通、城际市域轨道交通和城市轨道交通三大类。进入21世纪，我国轨道交通尤其是高速铁路建设得到了快速发展，我国城市轨道交通建设发展特征和高速铁路类似，起步较晚、发展较快。伴随全球经济发展和工业复苏，轨道交通行业景气周期正处于新一轮上升阶段，国内轨道交通建设企业也快速发展成长。

但是，近年来，我国铁路投资额度增速放缓，国内铁路施工企业面临要"走出去"的压力，并有较多铁路施工企业向城市轨道交通建设方向转移。去年开始，随着国家放缓部分城市轨道交通建设项目的审批，城市轨道交通建设市场竞争日益激烈。

建筑业企业采用联合体投标方式参与轨道交通,促进了建筑业企业的转型升级和发展,但对于城市轨道交通建设行业,实则是加剧了市场竞争。建筑业企业如何能在日益激烈的行业市场中占得一席之地并稳定快速发展,是目前在实施建筑业企业参与城市轨道交通建设试点工作的最大问题。

(二)联合体模式实施过程中遇到的问题

目前,建筑业企业参与轨道交通建设,采用的是联合体投标方式,因联合体模式的特殊性,实施过程中遇到了一些问题。

比较突出的,一是涉及相关手续办理方面,大部分相关部门在管理平台系统中,项目施工方仅能体现一家单位,即联合体牵头方,导致办理相关手续存在沟通协调程序多、时间长等问题。如合同备案、工程保险缴纳、质安监备案、分包备案、民工实名制管理等。同时,各相关管理部门平台系统中仅体现联合体牵头方,对参与试点建设的建筑业企业的业绩证明,也产生了不利影响。

二是联合体相关各方的职责分工方面,政府部门和主管部门暂未制定相关规定,对联合体项目管理组织机构的配置、工作分工对接和机构高效运转造成一定困惑,也对主管部门实施统一管理造成一定困难。苏州市轨道交通集团有限公司在实施过程中已发现此问题,并颁发了《苏州轨道交通土建施工项目联合体管理办法(试行)》,值得其他地区借鉴学习。

(三)设备设施投入周转使用的问题

轨道交通建设工程专业性较强,涉及设备设施也较特殊,如盾构机及后配套设备、注浆搅拌设备、大型龙门吊、高压电缆、平板车轨道、隧道内走道板等配套设施等。这些设备设施,在建筑业企业一般都不会使用,一旦试点项目完成而未有后续轨道交通工程项目实施,将导致大量设备设施闲置,影响企业资金周转,也不利于资源的合理利用。

(四)人才引进与人才培养遇到的问题

轨道交通建设工程专业性较强,实施过程需要专业技术人才。苏州一建在轨道交通工程实施过程中,目前对专业人才需求实行"引进来"和"走出去"两种解决方式。"引进来"即从外部引进经验丰富的专业技术人才,"走出去"即从内部挑选人才进行学习培训。在人才引进过程中,遇到市场专业技术人才不多、引进后不稳定等问题。内部人才学习培养过程中,也遇到专业培训机构不多,尤其是理论和实践结合的培训平台少之又少的情况。这导致专业人才方面存在储备不足、培养过程周期长等问题。

五、建议

(一) 对建筑业企业参与城市轨道交通建设的政策支持

建筑业企业参与城市轨道交通建设，加剧了城市轨道交通建设行业的市场竞争。伴随全球轨道交通行业新一轮发展现状，建议政府层面，继续强化我国在国际轨道交通领域领先发展优势，加快轨道交通建设行业先进企业"走出去"步伐，提升国际竞争力，也为国内建筑业企业向轨道交通行业转型升级留出部分市场空间，减少内部同化竞争，实现共同发展。同时，建筑业企业能在激烈市场中占得一席之地并稳定发展，离不开试点建筑业企业的自身努力，发展阶段尤其是起步阶段，更离不开政府层面的政策倾斜和支持。

(二) 完善省内建筑业企业参与城市轨道交通建设业绩认定机制

建议对城市轨道交通建设主管部门和相关部门管理系统平台进行兼容，方便联合体模式实施过程中相关手续办理，并利于省内建筑业企业参与城市轨道交通建设业绩认定。

(三) 持续开展省内建筑业企业参与城市轨道交通建设试点工作

建筑业企业参与城市轨道交通重大基础设施建设，前期和过程设备设施和人才引进培养投入均较大，至发展成熟、可独立实施轨道交通工程的周期也较长。建议出台相关政策文件规定，长期持续开展省内建筑业企业参与城市轨道交通建设试点工作和实施联合体投标模式，鼓励省内企业积极参与轨道交通建设，解决参与城市轨道交通建设试点建筑业企业的后顾之忧。

(四) 构建并完善省内轨道交通建设专业人才培训平台

国内城市轨道交通建设快速发展，专业技术人才紧缺，建议加快省内轨道交通建设专业人才培训平台的建设，为参与城市轨道交通建设的企业培养输送和储备更多的人才。

（武全勇　江苏省建筑行业协会副会长、苏州第一建筑集团有限公司董事长；何新伟　苏州第一建筑集团有限公司副总经理，严才明　办公室主任，潘云高　轨道交通事业部副经理）

关于淮安市建筑业优化结构转型升级情况的调研报告

鲁国本　徐新华　黄亚明

为适应新形势发展，推进建筑业顺应历史变革，国务院办公厅出台了[2017]19号文，江苏省政府也出台了[2017]151号文，江苏省建筑行业协会结合文件精神，对全省建筑市场发展情况从各个角度组织了广泛的调研。按省协会要求，2018年5月至7月，我市建筑行业协会在鲁国本会长牵头下，成立专题调研小组，以进企业、看项目、听汇报、问员工等方式就淮安市建筑业优化产业结构调整加快转型升级进行了调研，摸清我市建筑业发展的基本情况和存在的问题，并归纳了几点加快我市建筑业优化结构、转型升级的建议。

一、我市建筑业发展的基本情况

我市地处苏北，农村劳动力资源丰富，2001年资质就位前，一直以劳务输出和分包为主，2001年以后，在政府的引导下，企业资质品牌意识逐渐增强，淮安建筑业企业由原来的2家一级房屋建筑总承包资质企业，发展到目前特级资质1家，一级资质企业78家。成为我市经济发展主要支柱产业之一，2017年全市实现建筑业总产值1667亿元，增加值440亿元，占全市GDP10%以上。

1. **企业规模不断增长**。我市建筑企业总数1348家，2017年建筑业总产值同比增长4.8%，2017年全市新增施工总承包特级资质1家，新增一级资质5家，新增二级资质24家，资质拓展68家。在国家固定资产投资放缓，建筑市场竞争日益激烈的大环境下，我市建筑业总体保持稳定并有所增长。

2. **产业结构日趋完善**。新形势下，大部分企业主动由传统的主业经营向多元化发展、延伸产业链，经营范围更宽，触角更广。在资质结构上，由原来几乎清一色以房屋建筑、市政道路为主不断向水利交通、机电消防、园林绿化、装饰装修、钢结构、轨道施工等领域拓展。涵盖了除铁路、矿山、冶金、隧道、核工业等专业工程以外的所有资质类别。产业结构上，逐步由施工向投资房地产开发、勘察设计、产品制造、装配式部件生产等方向转变。

3. 开拓能力不断增强。大部分企业在巩固本地市场的同时，放开眼界，积极走出去，稳步开拓外地市场，尤其是在"一带一路"大战略下，很多企业顺势而为，由省外转战到国外。2017年全市完成外出施工总产值1095亿元，占全年总产值的65%以上。

4. 紧跟形势加快转型。在建筑业向精细化、信息化、绿色化、工业化融合发展的新形势下，许多骨干企业积极顺应形势加快转型。一是向装配式建筑发展。我市在两年多的时间里，已形成四个装配式建筑产业基地，其中由江苏镇淮集团牵头联合组建的"凡之晟远大建筑工业有限公司"今年5月份一期占地153亩的5条PC生活线、1条钢筋生产线和1条管廊生产线已正式投产。金湖县"天工建筑科技有限公司"的装配式部件已经进入多个项目施工应用。二是积极探索BIM技术在招投标、审图和施工中的实际应用。BIM技术是建筑施工中的一次科技革命，大部分企业对未来建筑科技发展方向很敏锐，纷纷组织骨干技术人员参加培训学习，江苏镇淮集团、江苏鸿升集团等企业已经将BIM应用到生产实际，江苏开通公司组织开发的BIM技术精细化项目管理平台，入选《住房城乡建设部2018年科学技术项目计划》。三是精致建设品牌建设意识增强。2017年我市企业创"鲁班奖"参建项目2项，创国家优质工程16项。省、市优质工程100多项。四是中小企业不断向专业化方向发展。通过做专做精做优，充分发挥小企业的经验技术优势，以质量出精品抢占市场。

二、我市建筑业发展面临的主要问题

淮安近几年虽然有了一批高资质企业，但没有形成高质量的企业集群和具有行业引领带动作用的龙头企业。产业集中度不高，人才匮乏，技术力量不足，创新的意识和能力不强，筹融资能力弱，企业和工程的管理跟不上迅猛发展的信息技术和现代化管理手段，中小型民营企业的调整优化结构在、创新转型发展的意识和紧迫感不强。

我市没能在市场竞争中实现跨越发展，既有企业自身原因，也有外部环境因素。当前，我市建筑业转型发展面临的问题主要有以下几个方面：

1. 资质类似同质竞争现象突出。我市大部分中小企业没有明确的企业战略和定位，没有根据形势发展变化的大方向及时调整产业结构，转向高端化、专业化、信息化、品牌化，仍然以传统模式参与市场竞争，造成一个小项目动辄数百家企业参与投标，最终形成残酷压价，中标概率极低，且无论谁中标都无利润空间。如此恶性循环最终使一大批同类型企业粮饷不济面临停业。

2. **中小民营企业实力弱小发展后劲不足**。我市建筑企业中一级以上资质企业的占比仅为6%，缺少旗舰型知名大企业，而绝大部分为中小民营企业，普遍存在着资金实力不足、人才资源缺乏、创新能力不强、管理理念陈旧等现象。目前建筑市场发展形势，不管是PPP项目、装配式生产、BIM技术应用、EPC模式转型等都需要一定的企业实力作为基础和支撑。否则永远无法触及"高、大、难、新、特、尖"高端市场。因此，我市一大批企业在新形势下如果不能调整结构转型升级，面临的命运就是被市场无情的淘汰。

3. **管理模式陈旧缺乏活力和潜力**。在决策机制上绝大多数民营企业仍然采用过时的"家长式"管理，高度集权，董事会、监事会和股东的权利得不到发挥，难免会产生决策上的错误或失误。在经营模式上，中小民营建筑企业普遍存在"挂靠"现象，给企业留下很多潜在的隐患。在施工管理上，仍然靠传统的节约成本求利润，而不把目标放在创精品创品牌和以科技创新求发展上。

4. **人才匮乏影响企业进一步发展壮大**。人才、资金、市场是企业生存和发展的三个主要要素，而高端人才往往流向规模大实力强前景好的大企业中。对于一大批中小建筑企业从管理层到技术层，普遍存在人才匮乏问题，即使有少部分能人，往往因企业不能给予足够的重视和舞台或者待遇不理想而最终外流，所谓"良禽择木而栖"。众多看不到"希望"的中小民营企业在长期缺乏人才的苦撑中逐渐走向衰微。加之近年来的民工"用工荒"现象，形成从高端到低端都缺少人员的现象。

5. **外部环境对中小民营企业的发展压力巨大**。主要表现在以下几个方面：一是宏观上国家减少固定资产投资，工程业务减少；二是营改增给管理不规范的中小民营企业带来额外的税收支出；三是人工工资和材料价格逐年上涨，增加了成本支出压缩了利润空间；四是银行融资难，关键时刻抓不到救命稻草；五是市场信用缺失，拖欠工程款现象普遍，各种保证金、垫资给中小企业造成巨大的资金压力；六是国家对工程管理和标准要求日趋严格和提高。对于技术实力薄弱的企业很难达到技术标准和要求。

三、加快推进我市建筑业转型升级的几点建议

新时代新形势下，社会对建筑产品的要求在发生变化，新材料新工艺新科技在不断发展升级，企业管理理念和员工需求也在变化。在新的历史时期，如果企业还抱守传统思想、传统模式、传统技术不变，则必然被市场淘汰出局。唯有顺应形势需要，变革发展方式，不断改革创新，加快转型升级才是谋求长久发展的必由之路。

1. 加快观念转变，重视建筑业转型发展。思想决定行为，思路决定出路，管理者的思想理念直接影响着企业的发展未来。一要强化精品意识。建筑产品由能不能建的时代已经发展到比谁建得好的时代，由拼价格的时代逐步过渡到拼质量比服务的时代，由关系竞争迈入实力竞争的时代。建设单位也已不再满足于经济实用的合格工程，进而追求精致、美观、节能、环保等需求。因此，能不能精致建设创造品牌，在质量出精品的前提下能不能使产品环保美观、提升品位、功能更优、服务更好，已经逐渐成为企业能否在市场长久立足的基础。二要强化合作意识。企业靠单打独斗的时代逐步成为过去，尤其是中小企业家要抛弃各占山头的"山大王"思想，要有"资源共享、利益共赢、风险共担"的合作意识，诸如PPP项目、工程总承包、装配式建筑等新模式靠单独的一家中小企业实力是明显不够的，只有联合合作才能干大事、干成事。三要强化形势意识。企业家对国内国外政治经济形势的发展变化要有敏感性，现在是信息化高度发达的时代，许多方针政策和社会发展趋势都会直接间接地影响到企业。既要能低头拉车，更要会抬头望路，只有紧跟政策形势、顺应发展潮流、适应市场和科技变化、及时调整转型才是持久发展的动力。

2. 深化产权改革，加快建筑业结构调整。要完善企业法人治理结构，形成股东会、董事会、监事会、经理层责、权、利明晰，实现"适度集权、合理授权、系统可控"。根据企业发展战略适时调整和优化管理机制和股权结构，防止责权利不明，把精力消耗在内讧内斗上，影响团结和发展。要完善健全企业管理制度，使每一个人都能明确自己的权利和责任，要通过激励机制引导员工敬业团结、积极进取、敢于创新、乐于奉献，从而逐步提炼企业精神，形成具有特色的企业文化。要加强分支机构管理和项目管理，项目招标投标前要有评估，要选择资信好实力强的合作方，在建筑行业一个项目拖死一家企业的现象经常发生。尤其是中小民营企业长期没有业务时，往往"饥不择食"，结果因选择性错误形成资金链断裂，导致"不做等死，做了找死"，面对项目要保持冷静要有定性，宁愿饿死也不能饮鸩止渴。要改"挂靠"为"自建"，挂靠现象是建筑市场顽症，屡禁不止，而且普遍存在，由挂靠造成被挂靠公司的巨大损失和产生的官司比比皆是。挂靠人与公司其实只存在着上交少量管理费的义务，本质上与公司是二个独立平行的个体和管理体系，挂靠人不可能牺牲自己的利益为公司创品牌，挂靠人直接统管项目现场的人财物资源，公司的一整套管理制度无法贯彻落地。因此，为了收取少量挂靠管理费却给公司的工程质量、公司信誉、公司利益上都埋下了巨大的潜在风险。只有自我承揽管理工程项目，用自己的班子队伍，在公司的管理体系下施工，才能上下一盘棋，有效控制风险增加利润。即使是项目经理承包制，也不能以包代管，所有建设过程都必须在公司的管理控制下进行。

3. 优化结构调整,推动建筑业转型升级。 一是有实力的大企业要向高端行业发展。在产业结构上,向集团化、多元化方向发展,延长产业链,提升价值链,要主动向集勘察设计、采购、施工为一体的工程总承包和装配式生产等政府引导的方向过渡。在项目上要以应用BIM、互联网+为代表的一系列新技术,做到精致建筑、绿色建筑、智慧建筑,以自己的资金和技术优势争取大型基础设施、机场、码头、轨道、管廊等科技含量高利润空间大的项目。要重视品牌建设、科技创新、工法、专利等信誉和技术资产的积累。二要理智调整结构不能盲目转型扩张。企业转型是企业未来发展的大战略,一定要量力而行理智慎重,要根据企业的自身优势和实力,有方向性的稳步推进,不能一时冲动而盲目转型。要坚持稳增长、控风险、调结构、促发展的总思路,右倾和左倾同样要不得,有些企业在几个工程中积累了资金立即投入房地产,或者立即转型进入餐馆服务业,在资金和行业经验以及人才资源不足的情况,往往最终获得的是失败的教训。三要重视人才资源的培养和储备,尤其是管理层和核心技术层的高端人才。市场的竞争不是单单的资金实力竞争,更重要的是人才竞争,企业的战略方向和管理理论都是由人决定的,企业的产品质量和技术能力也是由人决定的。因此,企业间的竞争本质上是人才的竞争,尤其是高学历、高技术、高职称的"三高"人才。四要尽量避免同质恶性竞争,大部分中小民营建筑企业尽早跳出怪圈,政府在监管和服务中引导他们向专业化分流,向精细化发展变"小而全"为"专而精",从什么都能做什么也做不精转变到因为专一成就精品。企业根据自身资源选择专业化方向,变"同质竞争"为"各显所能"。

4. 坚持科技创新,支撑建筑业转型升级。 实现新时期转型升级最根本的是科技进步与管理创新。最关键的是增强企业自主创新能力。当前,企业要始终坚持把技术与管理创新两轮驱动作为企业领先发展的战略,加快科技投入,创新研发技术含量大、应用价值高的国家级工法和新产品。特别是要健全科技创新体系,加大建筑业"十项新技术"和BIM技术推广应用力度,依托"高、大、难"和"新、特、尖"的工程项目,重点研发解决复杂问题的关键技术。同时在工程建设实践中积极务实地推进建筑预制装配化,强化绿色施工的资源节约型、环境友好型城乡建设,促进经济循环发展和绿色建筑发展。

总之,就是要大力推进我市建筑产业现代化,加快转变建筑业发展方式,促进建筑业企业新一轮的转型升级。

5. 出台配套政策,保证建筑业转型升级。 针对我市建筑业发展的实际情况和制约我市建筑业转型升级的瓶颈问题,建议以政府名义,制定扶持我市建筑业企业做大做强的配套政策。有利于加快调整优化建筑业产业结构,改变房建产值比重过高局面。扩大新型建筑经济领域产值份额。形成多专业协调，均衡发展的产业格局；有利于促进建筑企业转型发展，辅助企业适应国家建设投资方向转换，着力提升在低碳、绿色、新能源领域的施工能力，加快技术装备升级，果断切入大型基础设施和科技含量高的工程领域，抢占高端建筑市场，有利于扶持骨干企业做强做优，鼓励骨干企业发挥本地资源优势，采取兼并收购、换股参股等方式进行企业重组，实施行业关联互补优势的战略合作，扩大资产规模，提高资质等级，增强市场竞争力。

随着国内国外形势日新月异的发展变化，中国特色社会主义已经步入新时代，社会经济、文化、科技都发生了深刻的变革，这些变化也深刻地影响着未来一段时期建筑业市场的结构调整和改革创新。淮安作为建筑强省中的建筑业弱市，在建筑业优化结构创新转型的发展之路上，我市建筑业企业还有很长的路要走，还会遇到很多的困难和挑战，只有坚持不懈，优化结构调整，加快转型升级，解放思想，埋头苦干，循序渐进，顺应新时代建筑业发展的形势，积跬步方能致千里。

（鲁国本　淮安市建筑行业协会会长，徐新华　副秘书长，黄亚明　副秘书长）

房屋建筑工程总承包项目实践与探索

杨晓东　俞雷　李新　顾闻

工程建设项目普遍具有建设周期长、投资规模大的特点，我国传统的基建模式是设计、咨询、施工各自独立，存在效率低、责任不清、项目投资及建设工期难以控制等弊病。工程总承包模式，把勘察设计、设备材料采购、施工、调试和试运行全部交给总承包商一个单位，促进设计与施工的紧密结合，克服了由于设计施工分离导致的投资增加和工期延长等弊病，同时对项目的质量、进度、安全、造价全面负责，从而减少了建设各方的推诿和大量的协调工作，有效的控制项目投资和建设周期。

为推动工程总承包模式的发展，住房和城乡建设部于 2005 年、2006 年分别颁布《建设项目工程总承包管理规范》《建设工程项目管理规范》，我公司顺应形势，积极进入工程总承包领域，近年来我公司承建的 EPC 项目包含住宅工程、厂房工程、仓储工程、市政道路工程、光伏电力工程，共 11 个项目，合同总额 34.25 亿元，目前已经竣工项目 10 项。本文以启东市士清村安置房工程为例，简述我们对工程总承包模式的实践和探索。

一、工程概况

启东市士清村安置房工程由启东市保障房建设投资有限公司投资建设，江苏南通二建集团有限公司为主牵头与一家设计院组合成联合体 EPC 工程总承包。该项目位于启东市士清村，由 16 幢小高层、配套服务中心、农贸市场、地下汽车库组成，总建筑面积 13.4 万 m^2。

二、项目特点

1. 项目工程量大，单体多，投资大，周期长。
2. 协调部门多，除业主、监理外，还要协调好规划、建设、消防、社区、分包商、设备供应商等各方关系，需要进行大量的沟通和协调。

3. 项目风险点多，包括技术、质量、安全、进度、资金、商务、市场环境及管理等风险。

鉴于上述特点，EPC 总承包项目对项目工程技术管理人员的素质提出了更高的要求，要求项目主要管理人员熟悉项目从勘察设计到施工验收的全过程流程，不仅懂技术，还要有丰富的项目管理经验和良好的沟通能力。

三、EPC 项目项目管理班子的组建

组建高效执行力的项目团队是项目成功的关键，项目中标后，公司即根据投标承诺，挑选具有丰富的项目管理经验、良好的沟通能力和技术专长的人员组建项目部。由项目经理负责项目的全面工作，项目部设项目副经理、项目总工程师、副总工程师，设置技术部、施工部、质量部、安全部、商务部、采购部等六个部门，并明确各部门的职责。

项目部主要岗位设置及职责见表1。

项目部主要岗位设置及职责　　　　　　　　　　　　　　表1

序号	部门岗位	人数	主要职责
1	项目经理	1	负责项目的全面管理，执行项目合同，对项目质量、安全、进度、造价全面负责
2	项目副经理	2	协助项目经理工作，分管施工部、质量部、安全部
3	项目总工	1	负责设计、采购、施工技术，项目技术管理，特别是设计与施工的协调，各专业的协调，分管技术部
4	项目副总工	1	协助总工工作
5	技术部	6	负责项目设计深化、施工现场技术支持以及采购支持、各种技术文件归档
6	施工部	3	负责项目施工管理，对施工进度、质量负责
7	质量部	2	负责项目质量检查，确保工程质量
8	安全部	3	负责项目安全检查，确保安全施工
9	商务部	2	负责项目预算、合约，控制项目成本
10	采购部	2	负责项目采购，协调供方关系

四、EPC 项目项目管理的要点

（一）项目总体策划

中标后，我们即联合设计院与业主进行了深入沟通，深入了解业主的意图

和目标，在此基础上，我们对投标文件的项目实施方案进行细化，进一步明确了设计、施工、竣工验收等各个进度节点要求，以及项目质量、安全、绿色文明、投资等具体目标。

（二）深化设计

虽然本项目的设计工作由联合体的另一方负责，但是因为设计工作是EPC项目实施的起点，设计工作是否满足业主意图，是否达到进度要求、是否节约投资，是项目成功的关键。因此从项目中标后，我们即与设计单位确定了详细的设计进度计划，并进行跟踪管理。同时我们安排技术人员，参与对设计图纸的会审，及时纠正风险设计差错，并对设计进行优化，减少不必要的浪费，节约工期，提高质量。

（三）施工策划

1. 项目开工前，我们对大型设备、交通组织、材料物资场地、钢筋加工棚、木工操作棚、临水、临电、现场办公室、生活区进行了科学合理安排。

2. 对土方工程、地下室、模板、脚手架、大型设备等重要分部分项工程施工，流水段划分进行了详细策划。从集团总结的技术质量安全创新课件中，优选适合本项目的课件规划使用，例如后浇带超前止水，八字口穿墙螺杆重复利用，深井封堵施工做法，脚手架拉结点采用工具式拉结点，木模小方钢体系、混凝土墙及砌体免抹灰技术等等。

3. 对主要分包、材料、设备、人员的进退场时间进行合理筹划。

4. 对项目总体进度计划进行了安排。

（四）采购管理

材料、设备占项目总成本的60%左右，采购管理对项目成本控制具有重要意义。本项目主要材料均采用招标采购和筑材网采购（筑材网是一个为采购商、供应商提供服务的互联网采购平台，本质也属于招标采购），通过招标采购，保证了项目采购到性价比最优的材料，既保证了质量，又降低了成本。

（五）资金管理

科学合理的使用资金，可以提高资金的使用效率，节约资金成本，本项目在开工前，即由经营预算、合约、财务、材料采购等人员，在项目负责人的组织下，根据承包合同、预算文件、项目进度计划、采购计划（专业分包、劳务分包、租赁计划、材料设备）编制项目月度资金流量预测表，对项目资金做出了整体规划，经集团审批后执行。通过项目现金流量表来控制资金有计划的使用，提高资金使用效率。

（六）沟通管理

根据前文所述的 EPC 项目的特点，做好项目建设各方的沟通，协调好项目建设各方的关系和利益，沟通的顺畅与否，关系到整个项目的实施。基于此我们在项目一开始，即利用微信群着手构建项目各方的沟通网络，明确各关系人的职责和权限，最大程度保障沟通顺畅，使得信息得到及时传递。

一是正确处理好与业主关系。EPC 项目实施的起点是设计，因此首先就要与业主进行充分的沟通，正确理解和切透业主的建设目的和要求，在设计过程中定期与业主沟通交流设计进展，在满足业主意图的情况下，提出我们的合理化建议，尽最大可能优化设计，在确保满足设计功能、使用功能的情况下，为业主节约投资。

二是正确处理好内部各部门各专业之间的关系。本项目为安置房工程，涉土建、给水排水、强弱电、智能化、消防、燃气等专业，协调好设计、施工、采购及各专业，保持内部沟通渠道的畅通和有效，是项目实施的关键。

五、EPC 总承包模式的重要意义

1. 设计施工总承包模式是建筑行业发展的必然趋势，有着十分巨大的经济效益和社会价值，是我国建设工程领域的一场革命，这场革命对工程建设管理体制施工组织方式乃至建设节约型社会都具有重大意义。

2. 设计施工总承包项目中，业主对最终设计的控制能力较弱，而总承包方出于自身利益的考虑，会积极行使对设计方案优化和施工工序及新技术应用，正是由于总承包方从初步设计阶段到施工图设计阶段，甚至在施工阶段，都拥有对设计进行优化的权利，设计优化方案经济合理。

3. 设计施工总承包模式是国内外一致公认的先进管理模式，能够避免以往单一性合同执行过程中的诸多不利因素。比如单价合同中，以往在实施过程中对变更索赔方面存在很大的人为可操作性，致使有些施工单位在施工中希望出现未预见的不利条件，不惜对此大量投入，在自己获利的同时为业主增加了大量的成本；而总承包项目若有此等情况出现，施工单位不会再像以往那样等、靠、要，而是积极拿出安全可靠、投入合理的变更处理方案，有效防止项目投资的不可控。

4. 设计施工总承包模式能够充分调动施工企业在项目实施过程中的主导作

用,以往由于设计理论有些与现场结合不是很紧密,往往造成了资源的浪费,发挥不出一些先进材料、设备、施工工艺的作用。总承包模式通过设计和施工的利益共享,可以迅速解决这些问题,使项目在具体实施时,能够采用非常合理的方案进行,最终达到安全风险小、工程质量优、工程成本合理的多赢局面,也克服了由于设计和施工不协调而影响工程进度的弊病。

5. 传统的设计、施工相分离的模式下,需要按部就班进行项目实施,项目的全部施工图设计文件审查通过,才能办理施工许可证,否则就属于违法施工。住建部《房屋建筑和市政基础设施项目工程总承包管理办法》征求意见稿的第二十五条规定:工程总承包项目按照法律法规规定应当进行施工图审查的,可以根据项目实施情况,分阶段审查施工图。分阶段审查施工图并办理施工许可证,有助于节约工期、成本控制,有利于工程质量管理。

六、EPC 总承包项目管理探索

1. 设计管理。本项目是我方与设计院联合体中标,实际上设计、施工还是相对独立,相互间存在着一定的壁垒,远没有达到设计施工的深度融合,严格来说,还不是真正意义上的工程总承包。由此,需要施工总承包单位抓紧培养自身的设计人员队伍,补上设计这块短板,同时逐步建立设计优化的技术经济评价体系,缩短设计优化时间,只有这样才能实现真正意义上的工程总承包。

2. 质量管理。质量管理在任何模式的工程项目管理中都具有决定性的意义,在设计施工总承包模式中就更有甚之,因为设计施工总承包模式中的设计是由总承包方完成,设计质量决定项目质量,因此,在设计总承包管理中,一是加强设计工作和过程中的实时监督,以保证设计质量;二是设计优化以满足功能要求和质量标准为前提,杜绝降低功能和质量要求的设计优化。

3. 成本管理。在设计施工总承包模式下,初步设计、施工图设计都由总承包方承担,而初步设计影响项目造价的可能性为 75%~95%,施工图设计影响项目造价的可能性为 5%~35%,由此可以看出设计是设计施工总承包成本控制的重点,因此,设计施工总承包的成本管理的深化也应从设计入手,一是行使设计优化权利,精简变更程序,确保设计优化的积极性和主动性;二是运用价值工程分析方法,优化设计方案,保证功能前提下节约成本;三是采用按预期成本限额设计的方法,从设计开始就降低施工成本。

4. 进度管理。缩短工程建设周期是设计施工总承包模式对业主的有利之处,而总承包方却因为要按照业主的要求承担设计、施工任务,因此工期方面总承包方承担了较大风险,所以,除通常的项目进度管理方法以外,我们认为设计施工总承包项目中进度管理还应做到，一是积极争取设计施工穿插进行，边设计、边施工，保证设计质量前提下，最大可能缩短工期；二是设计采用阶段性送审方案，先开工的先审，审完的先施工，有效地节省了工期；三是可在设计阶段就加入工期的计划安排，统筹规划施工顺序和资源调配，以指导施工节省工期。

（杨晓东　江苏省建筑行业协会副会长、江苏南通二建集团有限公司董事长；俞雷　江苏南通二建集团有限公司副总经理，李新　副总经理，顾闻　企业发展中心副主任）

中南建筑拓展全产业链的探索与实践

陈锦石

一、调研对象简介

江苏中南建筑产业集团有限责任公司,是江苏省最大的综合类上市公司之一,注册资本金80亿元,拥有国家房屋建筑施工总承包特级资质、建筑行业设计甲级资质、公路工程总承包、市政公用工程、建筑装修装饰、机电设备安装、隧道工程专业承包、地基与基础工程专业承包等多项一级资质,是被国家外经贸部批准为境外工程承包和派遣劳务输出的许可企业。

中南建筑凭借先进的管理方法,雄厚的技术优势,先后获鲁班奖、詹天佑奖等国家优质工程奖近40项,"泰山杯""扬子杯""长城杯""白玉兰杯"等省级优质工程奖数百项,并参与行业标准编制数十项。

经过30年的发展,中南建筑已成为江苏省建筑业的龙头企业,公司现有员工近50000余人,经营业务遍及全国26个省市,并先后涉足美国、新加坡、阿尔及利亚、日本、科威特和俄罗斯等国家和地区,赢得了一定的国际声誉。连续多年被各级政府和主管部门评为"全国优秀企业""竞争力百强企业""重合同、守信用企业"、科技先进和科技创新企业。

总结30年的发展,可以用"三个最""三个唯一"来概括中南建筑的成长史。首先,我司是最早同时获得国家特级总承包+行业设计甲级资质的民营企业;最早被评为建筑行业信息化示范单位,并连续两届获华夏科技进步奖;最早从国外引进预制装配技术并进行自主研发和建造实践的民营企业。其次,我司是唯一拥有产业工人的特一级企业,且规模已超50000名;是唯一通过自主创业+兼并收购发展的特一级企业;是唯一以建筑起步,形成建筑地产双主业驱动发展的主板上市企业。

二、中南建筑全产业链取得的成果

穷则变、变则通、通则久。

回顾过去30年的发展历程，中南建筑从仅有28人的劳务清包小队，发展至今拥有50000余人的大型房建企业，其始终围绕"谋、拼、变、升、强"五字方针，始终坚持调结构、促转型、抓改革的永恒主题，不断夯实企业发展、经营、管理、治理公司的基础，不断思考企业长治久安、不断探索企业健康平稳高速发展的实现路径，始终离不开"创新谋变"这一主题思想，中南建筑30年来健康稳定的发展，凝聚了几代中南人努力和拼搏的血与情。

（一）建筑行业的全产业链打造

随着时代的不断进步，行业的不断发展，传统的土建施工已无法满足企业自身发展的需要，更加不能适应行业改革、发展的趋势。

基于此，中南建筑与时俱进以敏锐的判断力和超强的捕捉机会的能力，不断完善自身产业链结构，向多专业领域进行延伸。2007年中南建筑收购天津金丰环球装饰有限责任公司，成立装饰装修板块并后续自主培养完善幕墙板块，同时完成装饰设计、幕墙设计甲级资质的培养匹配；同年，收购北京城建盾构公司，拥有了市政、隧道、轨道交通资质；2008年中南建筑产业集团通过国外先进施工技术的调研和学习，率先引进了预制装配技术，于2009年成立了NPC公司，并参与修订了国家《预制装配技术规范》，入围第一批"住宅产业化示范基地"单位，成为国内最早一批拥有预制装配技术的企业之一；2010年收购山东锦城钢结构有限责任公司，成立钢结构板块，并于2012年完成钢结构设计甲级资质的申报获取和匹配；2010年收购海门设计院，拥有了勘察专业甲级和设计专业甲级资质，并依托海门设计院原有的2个甲级资质，在2011年自主培养获取了建筑行业设计甲级资质；2017年为进一步完善战略布局、拓展业务领域，收购上海远东、无锡路桥，完成了向公路、桥梁领域的延伸；目前，中南建筑正在收购电力承试、承装、承修相关企业，继续拓宽业务领域，完善产业链。

现今，中南建筑产业集团拥有勘察、设计、土建施工、机电安装、建筑智能化、消防、防雷、装修装饰、幕墙、钢结构、海外业务、NPC、劳务、地基基础、城市道路照明、园林、轨道交通、垃圾填埋、污水处理、公路桥梁、检验检测、加固等板块。

一直以来，建筑产业集团通过传统房建施工带动机电安装，装饰装修、钢结构等多专业板块协同发展，通过资源整合，综合管理，实现了从深化设计、现场施工、机电安装、装饰装修、钢结构等全产业链的贯通和运营。为客户提供了以产品设计、结构施工、精装修、小区市政配套、交付及保修的全生命周期系统服务。

近年来，一方面中南建筑产业集团依托全产业链的预制装配技术、钢结构技术积极推动钢结构住宅项目向绿色建造领域进行延伸和转型。

昆山中南世纪城 21 号楼钢结构工程项目于 2017 年 3 月顺利竣工并通过验收，荣获第十二届第二批"中国建筑工程钢结构金奖"。

该工程为中南建筑依托全产业链优势自主研发、设计、建造的第一代钢结构住宅产品，也是江苏省首栋高层钢结构住宅，符合国家大力发展建筑工业化的新导向。项目占地面积 595m^2、建筑面积 15410.44m^2、建筑高度 96.65m，地下 2 层地上 33 层，为结构形式钢框架 - 中心支撑体系。本项目采用的钢结构住宅体系主要包括高频焊接方钢管混凝土柱、热扎 H 型钢梁、钢筋桁架楼承板、预制装配式墙面板。

相对于传统住宅，其具有 10 大优势：一是钢结构部件，前期采用工厂高精度生产制作，产品生产由高科技生产设备把控。二是现场施工由机械化操作，可降低人工作业误差，质量更有保障、施工更安全，而且施工效率提高 4～5 倍。三是得房率更高，使用面积更大。四是抗震性能更优越。五是工期加快，比传统建筑节省 3/4 的建筑工期。六是工厂化制作、装配化安装。85%～95% 的部品部件均可在工厂加工，比传统的建筑现场作业人数减少约 60%。七是绿色建造、节能减排。建筑垃圾不到常规建筑的 1%，能耗是传统建筑空调能耗的 1/5。八是优化减重，提高承载。与同面积的建筑楼层相比，钢结构住宅楼的重量可减轻近 30%。九是利用 BIM 技术，实现机电装配集成化，减少现场作业。十是内外墙体采用装配式板材，减少了现场砌筑时间、提高了工效。

一方面中南建筑产业集团内部与中南建投、SPV 公司协同合作，走"内部市场化"模式将业务承接延伸至投融资业务领域，并积极向工程总承包、投融资领域进行转型。一是从顶层设计的构建出发，中南建筑制定了《中南"十三五"战略规划》，就投资、建设、运营等一系列管理过程列出了较为详细的规划纲要，为企业参与重大项目提出了方向性的引领；二是重视提升项目管控和履约能力，重点拓宽融资渠道，健全风险应对机制、资金退出机制，为参与重大投融资项目提供充分的保障；三是注重高端人才的引进，大力实施人才战略；四是强调资源的优化配置，构建建设、投资、运营的良好生态圈，与业内顶尖的设计院、大型施工企业、上市公司和银行等建立战略合作关系，力图实现合作共赢。2018 年上半年中南建筑共获取投融资、PPP 类业务 124 亿元。

一方面中南建筑产业集团完善校企合作，通过技术研发、新型建筑材料的开发，积极向建筑节能领域拓展迈进，进一步拓宽并完善产业链。

（二）针对 PPP 开拓的全产业链打造

从中南建筑自身角度来说，民营建企只有不断提升自身的实力，才能在 PPP 发展大潮中写下属于自身的辉煌篇章。

2017 年 8 月份，在原有的资质基础上，中南建筑通过收购兼并的方式，完成市政一级总包资质就位，年底前通过收购完成一级公路、桥梁及水利一级资质的就位，同时加大相关新兴产业的兼并、收购工作，形成完整的全产业链，为各类业态的 PPP 业务独立承接打下了坚实的基石。

PPP 投融资项目，运营是关键，也是企业在 PPP 业务承接中的企业综合实力体现。中南一方面不断加强与国内知名的外部文旅运营集团、医疗养生专业团队、特色经营团队、设计团队联手合作，建立联合体，优势互补，形成从设计、建造、运营一体的强大团队，共同承接"高大精尖型"优质 PPP 项目。另一方面从自身做起，依靠企业自身实力，培植与培育内部的相关产业。到目前止，中南已经完成了以下产业落定：

1. 在产业园区运营管理方面

中南高科管理有限公司是中南控股集团成立并打造产城融合、产营结合领军企业，以实体产业园作为基础，复合住宅、商业、旅游、养生养老、休闲度假等全业态，统筹一、二级联动，在新区、郊区建设产业新城、特色小镇，实现综合开发、运营、规模发展。先后承接南京六合智慧谷产业综合体、南通通州湾滨海园区、杭州萧山钱江云谷产业园区等多个产业园区。

2. 在酒店管理方面

中南酒店管理有限公司隶属中南置业集团，以打造星级酒店管理为平台。目前成功运营了 4 家五星级酒店，在建五星级酒店 2 家，在运营的商务酒店有 12 家。

3. 在体育常规运营管理方面

南通中南文体产业有限公司是中南建设集团旗下专门致力于场馆自主运营和文体产业开发的全资子公司。目前正在运营管理南通奥体中心，始终处于盈利状态（全国盈利体育场馆仅 2 家）。在建的还有霍山体育中心。

4. 在教育运营管理方面

中南集团独立投资、建设、运营了海门东洲国际中学、中南学院等，同时在 PPP 领域学校运营有宁波大学科技学院、霍山中学等，积累了一定的教育运营经验。

5. 在设计方面

中南建筑拥有建筑行业甲级资质的设计院，为 EPC、PPP、投融资项目奠定了保障基础。

三、构建完善产业链的成熟经验

1. 制定战略、规划实施

在全行业深化改革大背景下,为更好地适应建筑业发展的大环境和新形势,需要企业从自身愿景出发,结合自我变革的需求制定详细的战略规划。一是合理构建并完善顶层设计;二是对战略进行细化,制定投资、建设、运营等一系列全过程管理的规划纲要;三是坚定不移的根据已制定的战略规划落实实施;四是结合不断变化的外部环境,阶段性对既有的战略规划实施情况进行评价、调整、完善,使其更符合企业"长治久安"发展的需要。

2. 建立体系,健全机制

建立完整的组织机构、管理体系与决策体系,健全标准化管控机制、责任分解机制、检查机制、业绩考核评价机制、激励机制。增强制度的约束力、提高风险预判应对的能力、提升企业对外的核心竞争力。

3. 整合资源、兼并收购

产业分散、规模小、业绩需要时间和机会的积累、资质等级低、队伍素质不高、整体竞争力不强等因素已成为当前形势下制约民营建筑施工企业的做大做强的主要原因。在这种情况下,通过战略性并购扩大企业规模,完善自身产业链,改善企业业绩,提高企业竞争力,完成业务转型,是建筑企业发展壮大的捷径。一是有纵向的兼并收购,对上下游企业的收购,如并购设计院、房地产企业、专业施工企业等;二是参与国有企业改制,作为投资主体,利用民营企业的运营机制、制度等优势,实现对改制国有企业的横向兼并购,形成良好的互补,提高整体竞争力;三是通过资本运作,运用资产重组、兼并、收购、参股、控股等多种资本运营方式进行扩张。

4. 补足短板,自主培养

一是加强资质管理,完善人才队伍建设,引进匹配资质的高素质专业性人才,为资质就位、自主培养升级做好人员储备;二是充分按照市场业务承接的游戏规则,完善战略布局,承接能高度匹配资质升级的高质量业务,为资质自主培养升级,业绩获取做好前置预埋工作;三是做好政策研究、行业形势预判、标准对照,积极培育孵化新型产业。

5. 协同配合,内部市场化

顺应客户和市场需求,充分利用更加精细的专业分工,差异化竞争力,更加丰富的供方资源,构建包容开放、合作共赢的生产要素保障体系。培育更加符合新时期发展的综合能力,与上下游控股成员企业,构建基于市场规则的协同与联动发展机制。秉持一个中南、四商联动、七大板块协调发展,对外集团化、对内市场化，实现捆绑依附式协同型发展；实现信息共享、资源共享、成果共享；发挥优势互补、共担共进；形成跨区域、跨产业、跨专业协同配合。

6. 加强合作，自我提升

一方面不断加强与国内知名的外部运营管理集团、专业团队、特色经营团队、设计团队联手合作，建立联合体，优势互补，形成从设计、建造、运营一体的强大团队，共同承接"高大精尖型"优质工程项目，为后续向工程总承包、投融资领域进行转型不断积累丰富的经验。另一方面从自身做起，依靠企业自身实力，依托已有的产业链，培植与培育内部的相关产业，提高核心竞争力。

发展是永恒的主题，合作是成功的基石，双赢是共同的愿望。为推动企业全面转型与升级，中南建筑将充分利用集团平台优势，通过完整的产业链，向大型基础设施、轨道交通、水利设施类的PPP业务领域进军，承接大体量、高质量的高端PPP项目，不断提升与增强企业的管理与运营能力。

（陈锦石 江苏省建筑行业协会副会长、江苏中南建筑产业集团有限责任公司董事局主席）

南通四建高质量发展的实践和思考

耿裕华　陈颖　季豪　王德杰

一、南通四建简况

（一）南通四建基本概况

南通四建是58年成立的地方国营建筑公司，经过2000年国企体制改革，逐步发展成为集建筑设计施工、装饰装潢、机电安装、楼宇智能服务、经营投资于一体的跨行业、跨区域全产业链发展的大型集团，拥有建筑工程施工总承包特级资质、市政公用工程一级资质等多项资质。拥有鲁班奖28座，国家优质工程15项，2017年施工产值480亿元，位列中国500强企业第315位，是"全国优秀施工企业""全国工程质量管理优秀企业""全国用户满意施工企业""创鲁班奖工程突出贡献奖金奖企业"，2017年初荣获"江苏省质量奖"、第五届"全国文明单位""NTSJ"商标被认定为"中国驰名商标"。

（二）南通四建目前管理模式

实行集团本部、地区公司、项目部（建制分公司）三级管理模式。

集团本部主要工作职能：战略制定、投资决策、文化制度建设、品牌管理、资源整合、风险管控、人力资源管理、技术支持、对下属单位财务经营安全监督、绩效管理，关键企业活动等。

地区公司主要工作职能：市场经营（市场开拓、项目投标、客户维护、成本管理）、安全管理、财务管理、项目风险管理、技术创新，对下属项目部/建筑分公司监督管理。

项目部/建制分公司主要工作职能：具体实施项目部管理。

集团本部每三年一轮（与公司董事会换届同步）与地区公司签订经济责任承包协议，地区公司负责与项目部/建筑分公司签订经济协议。协议约定利费指标、薪酬激励、管理要求等内容。

（三）南通其他几家特级资质企业类似发展经历与特点

通过企业改制，抓住改革开放机遇，产值、规模大幅提升；南通特殊的人文环境，建筑业外向型发展较早。20世纪80年代末、90年代初就纷纷到全国各地市场施工，培养和造就了很多能工巧匠；以数量扩张和价格竞争为主；以房建施工为主，商业模式比较单一，精细化程度不高；产值与利润不匹配，利润上升空间少。

二、南通四建高质量发展实践

（一）高质量发展政策支撑

1. 住房城乡建设部《建筑业发展"十三五"规划》，明确了六大发展目标，提出九大主要任务。以"适用、经济、绿色、美观"建筑方针为目标，以推进建筑业供给侧结构性改革为主线。推动建筑施工企业高质量发展，通过质量变革、效率变革、动力变革，实现由"粗放型发展"向"精细化发展"转型。

2. 国务院办公厅《关于促进建筑业持续健康发展的意见》明确了向创新要动力，向人才要生产力。

3. 江苏省《省政府关于促进建筑业改革发展的意见》（苏政发[2017]151号）提出20条意见，旨在培育优势骨干企业，提升"江苏建造"品牌的含金量和影响力，为建设"强富美高"新江苏提供有力支撑。

（二）南通四建高质量发展方面实践

1. 改制之初，设立股权流转制度，实现法人治理机制新突破。让股权始终掌握在公司在职在岗的经营骨干手中，推动利益共同体价值观，吸引人才，提供人才晋升广阔前景，为企业长久发展、长盛不衰注入无限活力和生命力。自2006年实施以来，已有到龄退休、调离公司、因病去世、换届选举等先后100余人按规定顺利办理股权流转手续，在规定时间内完成股东进退出程序。

2. 适应装配式建筑大势，成立江苏通创现代建筑产业技术研究院，充分发挥组织者作用，整合政府、企业、科研机构和高等院校等资源，形成成套产业技术体系；在通州区建设投产装配式基地，计划实现年产25万m^2混凝土构件的生产规模。与上海兴邦建筑强强联合，优势互补，成立南通四建装配式建筑施工分公司，加快推进预制装配化的建造方式，积累施工技术经验，储备装配式方面人才。公司现有装配式建筑工程项目20余个，装配式合同金额15亿元以上。积极参与国家装配式建筑工程标准规范的编制，为公司进一步强化在装配式工程施工奠定良好基础。

3. 充分发挥集团规模优势，降低采购成本，提高经济效益，公司与数家大型特级建筑企业、顶级金融机构和大型贸易公司合资组建江苏足财电子商务公司，旗下"筑材网"建筑采购平台，是全国首家基于信用交易的建筑业采购平台，所有大宗材料实现线上采购交易。自2016年上线正式运行以来，已有50余家一级资质以上建筑企业成功入驻使用，成交量超300亿元。集团本部成立材料采购中心，做好材料采购管理，把控材料采购"四流合一"。目前公司正在积极推动试点建行E点通业务，为在平台上进行实际交易的企业提供融资服务，加快发展步伐。

4. 建立BIM中心，实现项目全寿命周期数据共享和信息化管理。公司在各地区市场均建立起专业化BIM团队，积极优化提升项目应用技术，从项目投标、过程管理、结算审计，指导项目全寿命施工过程。加强公司信息化综合平台建设，进一步规范各类业务流程和数据归集功能，努力让公司上至领导层、下至项目部一线管理员工熟练操作，信息快速传递，将公司各个层级串联起来，实现企业真正的信息化资源共享。现阶段公司正根据信息化总体部署计划，在全公司项目部上建立施工现场视频监控系统，做到所有项目现场"全覆盖"。

5. "以创优铸就品牌，以品牌助推发展"，90年后期至今，公司始终坚持推行名牌工程战略，走质量效益型发展道路，以品牌建设提升企业竞争力，每年争创一项以上鲁班奖或国优工程，提前策划、专人跟踪，通过创优提升企业管理、锻炼人才队伍、优化精品做法，四建品牌声名远扬，助推企业发展不断勇攀高峰。

6. 根据施工特点和企业管理要求，公司组织管理技术人才，自行编制《项目管理办法》，提高成本控制；《建筑施工现场标准化管理图册》，规范标准化管理；《项目创优指导书》，细化创优实践管理。

自2010年起，公司每年组织不同地区的施工现场观摩活动，先后在上海、南京、苏州、合肥、太原等地举办，精心策划，亮点提炼，结合当地市场要求和项目特点，将公司的制度、要求、新的管理方法、工艺融入现场，实实在在指导施工质量、安全、技术提升，打造区域项目优势品牌，增强项目管理人员技术管理水平。

7. 注重关键风险管控，实现高效益低风险运行。

（1）重大项目招标评审、合同评审制度。造价1亿元以上、体量10万m^2以上均由集团本部层面组织评审，发挥互联网优势，由内部合同评审专家库成员信息化平台按专业进行审核，再由合同归口部门综合汇总，合同协商修改，合同反馈。对出现严重不合理条款或风险较大项目，实行"一票否决"。公司对重大型项目的评审制定评审细则和办法，从源头杜绝大的风险。

（2）公司实行财务委派管理制度10余年，对确保资金安全、规范财务管理起到积极的作用。财务人员由集团本部统一管理、统一委任、统一考核、统一发放薪酬，实行分级管理和定期轮岗，不断优化会计管理体系。近年来，公司持续强化委派会计管理职能，要求委派会计全面参与所在单位管理，将工作重心前移，参与合同评审、做好资金预算、强化重大事项报告等风险事前控制，不断完善财务风险预警。

（3）加强对大型项目及经营异常项目进行动态管理，分解落实到所属地区公司和相应负责人，做到及时跟踪、及时管控，并通过月度形势分析汇总将项目各项信息直接传达至地区公司负责人和集团本部分管领导。

（4）加强法务管理，高压遏制诉讼案件。将法务管理和重大工程合同的签订和履约过程结合，做好履行过程中的风险预警。根据公司市场分布广，在建项目多的特点，集团本部法务部与地区公司兼职法务管理人员形成管理链，只要是诉讼案件，第一时间上报审批，由集团法务部门进行指导和跟踪。

（5）进一步完善技术管理、质量管理、安全管理的管理体系，确保各体系运行质量。

三、存在问题和努力方向

（一）施工规模大而不强，产值与利润率不匹配

部分项目组织方式落后，管理水平有待进一步提升。

1. 加大科技成果转化，将施工组织管理融入 BIM 技术等先进手段中，认真核算项目成本，提高工程中标的质量，加强二次经营成果。

2. 进一步推进标准化管理，施工现场的防护尽可能工具化。

3. 集团本部职能科室要在地区公司集中资源共享方面发挥更大协调作用。

4. 以先进技术为手段，专业分工为纽带，构建合理的工程总分包关系，专业齐全，分工合理的新型组织结构。

（二）在做强房建施工的前提下，拓展多元化发展空间

以市政公用、水利工程、机场跑道等有利资源条件，加大基础设施项目的施工业务，不断加快转型升级。

1. 做强房建主业，以保障工程质量安全为核心，诚信经营，光大品牌。

2. 积极与中铁等央企合作，从分包开始介入基础设施领域施工，储备专业人才，积累施工经验。适时成立联合体，积极参与基础设施投标。

3. 拓展 EPC 工程施工模式，与专业设计资质单位、优秀设计院形成合力，实现设计、采购、施工各阶段工作的深度融合，广泛参与到 EPC 项目的市场竞争中，逐步形成四建特色的 EPC 管理模式。

4. 积极投身水利、机场等工程建设领域，升级管理资质水平，建立一套行

之有效的管理办法。

（三）充分掌握并运用好现代化信息管理手段，形成适合公司发展的管理模式和方法

1. 运用信息化手段，通过优化顶层设计，实现管理更加规范化、标准化、精细化。

2. 管理集中，统筹优势。加强现金管理，提高资金使用效率，调整财务支付程序，逐步实现财务集中支付。继续推动公司和"筑材网"对接力度，加大集中管控力度，丰富交易种类。加强人才梯队建设，科学建立相适应的培养考核机制，完善人才储备库建设。

3. 策划在先，追求细节。逐步消除工程质量常见问题，确保工程质量安全和使用功能作为质量控制底线。

4. 让创新成为常态。加强技术人才技术自信、技术信仰培养，积极跟上公司建筑业转型升级各项举措，借助技术研究院、合作高校平台，围绕技术引领，创新成果。

四、结束语

当前，我国经济已由高速发展向高质量发展阶段，建筑业必须以技术创新为驱动，进一步推进建筑产业现代化，大力推广装配式建筑，推动建造方式创新，加快推进建筑业高质量发展新篇章。南通四建将在高质量发展道路上，始终坚持四项发展原则：

1. 建筑高质量发展是每一个建筑企业自身要求，也是外在必然；
2. 只有高质量发展才能具备市场占有率和核心竞争力；
3. 创新永远在路上，永无止境；
4. 找到公司最好的定位，才能实现最大的发展。

南通四建将以更加开放的姿态，更加务实的举措，适应新时代，聚焦新目标，落实新部署，积极投身建筑业高质量发展，锐意进取，一往无前！

（耿裕华　江苏省建筑行业协会副会长、南通四建集团有限公司名誉董事长；陈颖　南通四建集团有限公司企业管理部职员，季豪　副总经理，王德杰　董事会秘书）

装配式建筑——艰难而充满机遇的发展之路

陶昌银　陶宝华　朱赋　朱宏明

近年来,"装配式建筑"成为建筑行业内热词,发展装配式建筑,全社会热度不减。这种热度并非一时心血来潮,而是有着中外经验的强力支撑。当下中国建筑业正奋力步入节工、节本、绿色、环保、低碳的新一轮发展期,装配式建筑契合时代需求,掀起一场中国建筑方式的新变革,恰逢其时。但是应该看到,任何事物都有其两面性,在充满发展机遇的道路上必然也有艰辛和困难。现结合南通华新建工集团在装配式领域的做法就装配式发展之路做一些粗浅的探讨。

一、华新的实践

国家提出的大力推进生态文明建设,对高耗能、高排放的传统的建筑企业提出了新的挑战,低碳发展、绿色发展,大力推进建造方式的变革已成为建筑企业谋求持续发展必然之路。华新集团紧瞄行业发展大趋势,在整合资源的基础上,以推进建筑产业现代化作为集团转变建造方式、降低成本、打造绿色建造的根本性举措。

近几年来,南通华新建工集团牢牢把握转型发展机遇,围绕向"省内知名建设投资运营商"迈进的目标,坚持"管理精细化、国际国内一体化、产业链一体化"三化战略,立足建筑业,积极响应国家推进建筑产业化进程的号召,加快建造模式的转变,大力发展装配式建筑,集团现成为集建筑设计施工、房地产开发、建筑产业化于一体的综合性集团。是江苏省建筑产业现代化示范基地、江苏省产业现代化突出贡献单位。

(一)建立基地,搭设平台

在"十二五"开局之初,华新集团就制定了产业化发展的方向和目标。在海安高新技术园区投资成立了南通科达建材股份有限公司,公司占地15.6万 m^2。先后建立了商品混凝土、铝合金幕墙、木业等部品中心,2013年被住房城乡建设部认定为"国家住宅产业化基地",2014年12月成功在新三版挂牌。2015年策应国家《关于大力发展装配式建筑的指导意见》,投资建立装配式部品生产基地,一期装配式厂房为1.2万m^2的三跨标准厂房。一跨为叠合板及内墙板生产线,一跨为墙板综合合线,还有一跨为钢筋线。厂房于2016年8月顺利投产。目前,装配式产品主要有:预制非承重墙板、预制梁、预制叠和楼板、预制楼梯、预制阳台、预制空调板等。产品主要分布上海、南京、南通等市场,2017年生产方量达6万m^3。公司现与中国十大房地产企业中的8家企业建立了良好的合作关系,成外进入中海等公司的合格供应商库,为集团市场更深一步的拓展打下了基础。

2018年,为进一步适应市场需求,扩大产能,华新集团又扩建了1.5万m^2的装配式厂房,且新厂房设备的自动化程度和生产工艺均有提升和改造,不仅能满足生产需求,也能提升生产效率和装配式水平。新厂房将于2018年10月底正式投产,有望2018年产能达到10万m^3。另外,集团为进一步提升装配式产品的市场覆盖率,也正着手在南京、无锡准备分别设立一个分厂,减少运输成本,扩大产品市场。

(二)开展合作,打造核心技术体系

为进一步提升部品产品的技术含量,华新集团与高校进行联合,建立产、学、研相结合的技术创新体系。2015年成立BIM中心,推广新技术应用。

2015年12月,与东南大学签订了战略合作,就PC产品的开发、应用、科研成果等方面进行多形式的合作。

2017年8月份,与南京大学共同成立了"南大·华新·科达装配式建筑技术和关键材料联合研发中心",打造"企业为主体、市场为导向、政产学研"相结合的创新体系,开启装配式领域建筑新材料和新产品的研究,为提升各构件产品的质量奠定基础。

目前,公司在装配式建筑方面已获国家专利7项。其中面旋转轴可折叠三角独立支撑杆、LED外挂墙板预制构件、预应力装配式混凝土构件一体化连接方法等6项获国家发明专利;LED外挂墙板预制构件获国家实用新型专利。科达建材获江苏省高新技术企业称号。

(三)四化融合,推动建造方式的转变

华新集团新一轮发展战略规划中提出了通过"标准化设计、工厂化生产、成品化装修、信息化管理"四化融合措施,全力打造装配式建筑和绿色建筑,逐步转变传统的建筑生产方式。至2019年底,华新集团自主开发、自主施工

的项目建筑装配化率达 35% 以上，装饰装修装配化率达 50% 以上。

一是完善各类资质。为适应国家装配式建筑优先推行工程总承包的要求，华新集团充分整合资源，全面打造具有设计、生产、施工一体化能力的 EPC 总承包企业。通过股权收购的形式，取得了建筑行业甲级设计资质。设计资质的取得为构件设计的标准化奠定了基础。建筑业、房地产业、科达建材三大主产业的融合发展，为集团建筑产业化进程起到了很好的推动作用。

二是以推行成品房提升装配率。从 2018 开始，华新集团以推行全装修成品住房为契机，不断提升项目的装配率。在集团投资开发建设的国家康居示范住宅小区中通过试点项目，明确应用三板，提升单体建筑的装配率。通过示范项目引领，将在集团开发的项目进行全面推广。

三是运用互联网＋技术，以精细管理实现精益建造。面对互联网＋和大数据时代的到来，华新集团积极拥抱互联网技术，着力加强集中采购平台、综合项目管理平台、财务管理平台、广联达 BIM5D 四大平台建设，通过大中型材料的集中采购、项目股份制的全面应用、将互联网技术全面融入项目管理中去，实现项目精益管理。

目前，在公司总承包施工的海安科创园项目上，充分利用 BIM 技术，通过模型的预留接口将施工进度计划输入 BIM 信息模型，将三维信息与时间相联系，建立 4D 施工模型。在构件安装前，通过无人放线机器人进行自动放样，对复杂部位和关键节点的支撑体系、吊装埋件、吊装措施等进行模拟，优化了资源和空间的配置，消除了冲突，提高了构件安装的精确度，提升了安装质量。

二、华新的困惑

华新的困惑首先来自于投入和产出的矛盾。从 2012 年至今，华新已经先后在项目上投入 2 亿多元，而历经近 6 年的发展，不仅没有能逐步收回投资，而且还要因应市场需求不断增加投资。一方面，由于目前大多数项目都只是提供装配式产品，付款依赖于工程总承包单位，有的不能及时付款，还有的付款只能达到 75% 左右，导致企业资金不能及时回笼，先期投入多，资金回笼慢导致财务成本增加，利润空间被挤窄；另一方面，项目不足时产能闲置，只能"看菜吃饭"或是"半饥不饱"。项目较大时一家又难以满足需求，寻求其他合作方又不是一件容易的事情，客观影响合同签订，最终导致效益不佳。

华新的困惑其次来自于市场的无序发展。现在的情况是谁想上马装配式新项目似乎都不是问题，由于这类企业入门门槛低，这几年装配式企业呈现爆炸式增长，用"雨后春笋"来形容一点也不为过。全国的情况我们难以掌握，仅就江苏而言，几年前还仅有数十家，现在就有了100多家，在我们所在的南通地区，也有十多家。这么多企业扎堆在有限的区域内，资源重叠，市场"蛋糕"有限，产能过剩，生存环境恶劣，怎么发展？怎么竞争？即使没有这么多同质企业撞车，一个区域的工程需求总有饱和的时候，而众所周知装配式建筑企业发展尤为受地域限制，随着服务距离的不断延伸，运输成本、安装成本、产品生产成本将被放大，没有了竞争优势，如何发展？让人困惑！

华新的困惑还来自于对待装配式建筑的不同态度。处于不同的位置观察问题的角度完成不同，在专家学者、政府官员们看来，装配式建筑就是一个完美的美人，她的全身散发出迷人的光彩。但是若是从消费者和一部分业主的视角看，恐怕就是两个世界。客观说，以中国当前的现状，若是没有政府的大力扶持，装配式建筑的实际成本是高于传统建筑的。而对于施工质量而言，装配式建筑是否就一定好过传统的施工模式，消费者对此是存疑的。以我们房产项目华新一品御元为例，若是全部按照装配式施工，房子将很难售出，因为根据问卷调查广大购房者表示不能接受，持负面意见，他们对这种施工模式下众多质量隐患深信不疑，很难在短时间说服他们。面对这种剃头挑子一头热的状况有必要做一些理性思考。

当然，困惑还来自于其他的好多方面，比如产品和施工标准的制定，不同于传统建筑产品工厂成本和工地成本的核算等，这些都是必须直面的问题。

三、华新的思考

华新建工集团位列中国民营企业500强，中国建筑业百强，是一家有相当实力的老牌建筑企业，应该说，我们在加快发展装配式建筑产业发展之路上具有一定的先发优势，但我们所遇到的问题也是实实在在的，相信业内同行也会遇到同样的问题。因此，我们的困惑从某种意义上讲，是带有普遍性的。不过，当装配式建筑成为国家层面上的一种产业发展战略，我们的选择也就只能遵循一个方向——只顾攀登不问高。由此，针对发展过程中一些问题，作为其中的一员，我们也有责任提出我们的看法以供决策部门参考。

1. 推广装配式建筑还须循序渐进，切忌"一刀切"。日本和欧洲的一些国家在这些方面做得不错，值得我们学习。但是人家有的已经走过了近百年的发展历程，我们才刚刚起步。再说即使是发展到今天，先进国家也没有完全实行装配式，这才是真正值得思考的地方。

现在，我们从上到下热情高涨，政府各阶层也在推波助澜，但不能不顾及中国的国情，这个国情的核心就是既要防止"一刀切"，又要防止"一窝蜂"。

具体地说，首先就是不能要求所有工程项目均实行装配式。在日本，实行装配式的建筑是必须达到一定的体量的，为什么？显然没有一定的体量，成本是摊不下来的。所以要实行小步慢走的原则，不能急于求成。当前，很多地方政府都出台了自己产业发展规划，有竞相攀比之风，有罔顾实际之虞，急于求成可能就会适得其反，需要加以控制，不能乱发文件。其次就是严防死守"一窝蜂"。前面说过现在的装配式建筑生产企业发展超快，大家似乎都有一种迫切的心情想在新一轮竞争中赢得先机、分上一杯羹。事实是这会造成千军万马挤上独木桥，"一哄而上"的结果必然是"一哄而散"。在产业的发展上我们国家有太多的教训，我们认为与其以后费尽心机去产能，不如现在根据市场的实际情况控制产能，这才是政府的正事儿，否则必然造成社会资源要素的重叠和极大浪费。要防止"一窝蜂"的涌入，就必须抬高入门的门槛儿，同时要鼓励资金充足、技术储备充分、竞争能力强的企业实施兼并，重组、淘汰微小、缺乏发展前景企业的落后产能。

2. 及早谋篇布局装配建筑产业链。完整的装配式建筑领域的产业链应该是以建筑实现的流程为主线，即按照按研发设计 - 生产 - 施工 - 运营及维修维护这条主线。换言之，装配式建筑产业链是指以装配式建筑为对象，以各利益相关企业为载体，以风险共担利润共享为导向的上中下游企业相互影响相互依存的动态增值链。

装配式建筑产业链构建是一个循序渐进的过程，目前应重点解决标准化问题，尽快形成有助于全产业链高效运作的规范性标准体系。在具体操作层面，应在行业协会与政府建设主管部门的推动下，尽快出台统一的预制装配体系下的建筑设计标准、施工质量验收标准以及工程定额和计价规范，以便于统一建筑参数、构件容许误差标准和功能标准。可由住建部委托中建协项目委组织专家在参照北京、深圳等地对装配式建筑出台规定的基础上，制定统一的装配式建筑的在相关标准，而不是由省及地方出台。有了统一标准之后，能有效地降低工程造价。

另外，对于政府而言，要针对装配式建筑的发展制订相应的法律法规，并出台配套政策促进行业发展，为保护装配式建筑的发展提供法律依据，同时出台各项鼓励政策，扶植大型企业，增强企业信心。

对于企业而言，要充分实现信息共享，资源有效整合，以降低生产成本；从设计的顶端进行通盘考虑，将产业链上各个环节的企业合理分工、有效融合，减少不必要的经济损失，有序竞争。

政府引导、市场主导，社会参与是构架合理、健全产业链的根本所在。

3. 全面推行工程总承包。完善招投标管理办法，对于装配式项目要采取工程总承包的承包模式，优先选择具有设计、生产和施工能力的企业；或者把具有装配式生产能力的企业作为联合体成员参加投标，投标文件附分工明确的联合体协议。政府保障性住房和棚户区改造项目上要带头使用装配式建筑产品，并推行工程总承包。装配式项目实行总承包后便于工程项目的管理，避免各方互相扯皮，有效提升工程质量管理水平。

4.加大奖励和政策扶持。装配式建筑作为单项是增加了开发商的成本，但从整个项目的成本应该是降低的，装配率低的反而成本增加，因为后期还有抹灰装饰等大量的湿作业污染环境、资源浪费较多。

加大政策扶持力度，提高奖励、补贴力度。研究发布装配式建筑工程项目分阶段验收、提前预售等政策的实施细则，加快政策落地。研究提高装配式商品住宅公积金贷款额度，降低首付比例的销售政策。对采用装配式建筑技术的，享受房产交易税费和贷款利率优惠政策。

大力推广装配式建筑，这是一段并不轻松的旅程，却是一条充满机遇和希望的鎏金大道，作为这个时代的参与者和见证者，唯有奋斗，方得始终！

（陶昌银　江苏省建筑行业协会副会长、南通华新建工集团有限公司董事局主席；陶宝华　南通华新建工集团有限公司董事长，朱赋　董事；南通科达建材股份有限公司总经理；朱宏明　南通华新建工集团党委副书记、办公室主任）

数字建造技术调研报告

笪鸿鹄　钱红　唐小卫　孙伟　陈州

一、对数字建造技术的理解

BIM技术是实现数字化建造的重要手段，可以实现瞬间可调整性、多系统同步等工作特性，让建筑建造基于数字化平台。设计师用BIM建模软件，深化设计每一个细节，让所见即所得。通过提前进行的碰撞检查、空间优化及风、光、水全生态模拟，规避风险的同时形成现实建筑的"数字孪生"，让三维模型与施工现场无缝对接。施工前，通过全过程模拟优化资源配置，精准把控项目进度和物料投放，有效避免返工和浪费。施工过程中，通过BIM、云、移动和物联网技术，关联施工过程中的进度、合同、成本、质量、安全、图纸、物料等信息，为项目提供数据支撑，实现有效决策和精细管理，达到减少施工变更、缩短工期、控制成本、提升质量的目的。

二、数字建造技术应用方面的经验做法

（一）以公司战略引导数字建造技术应用

在数字建造技术的应用中，苏中建设集团以公司发展目标、发展战略以及各业务板块的功能与目标为基础，通过优化项目管理流程，结合BIM技术实践经验和对发展趋势的掌握，实现业务的精细化管理，对内加强公司执行力、对外增强公司的核心竞争力。

应用过程中坚持四大原则：

1.全面布局服务基层，BIM的应用主要是在公司的最基层组织，如何将BIM纳入到基层日常管理中，并使BIM成为基层工作的有力支持工具，是BIM在基层顺利推行的关键所在。

2.统一规划分步实施，在实施过程中统一应用标准、统一建设、统一管理、分步实施。

3.以需求为导向，业务为中心，以提高业务能力、业务质量和工作效率为

基准，使 BIM 成为广大工程技术、管理人员进行精细化管理时的主要工具之一。

4. 不断总结与改进，对数据建造技术应用情况不断进行总结、分析，检验应用效果，从而不断改进，提高应用水平。

（二）以 BIM 应用部全面策划数字建造技术应用规划

苏中建设集团 2015 年成立公司 BIM 中心，2018 年公司设立 BIM 应用部，公司配备专业 BIM 技术人员 100 余人，下辖区域公司、工程公司均配备专职 BIM 专员，覆盖了建筑、结构、电气、暖通、给水排水等专业。BIM 应用部在 BIM 的应用和推广过程中至关重要。在 BIM 推广初期，公司需要有专职人员对 BIM 技术进行研究和应用。BIM 应用部可以发挥团队的集成化优势，对项目 BIM 应用点进行重点研究与分析。

BIM 应用部负责制定公司 BIM 工作实施方案、各区域公司及工程公司 BIM 技术应用目标，引领公司的 BIM 应用前沿探索；通过对公司所有的 BIM 应用项目进行统计分析，找到公司在项目管理上组织变革的方向，规划数字建造技术的应用方向。

（三）以 BIM 技术应用培训实现全员 BIM 应用能力

企业竞争的核心就是人才的竞争。BIM 平台的应用需要人员的培养，不同的岗位，需要的能力和标准也不尽相同。BIM 技术人才大致可分为三类：第一类是做 BIM 整体规划的高端人才，这类人才既要懂 BIM，又要懂管理；第二类是做 BIM 应用实施的人才。当 BIM 方案规划好之后，需要这类人才推动 BIM 工作分阶段进行落地应用；第三类就是偏向于 BIM 操作，例如建模人员这种专业的 BIM 人才。针对这三类人才，采用不同的培训方法，让各岗位人员通过培训掌握相对应的 BIM 技能，从而实现全员 BIM 的应用能力。

2017 年，苏中商学院依托 BIM 中心，成立了建筑产业现代化分院，与上海交通大学建立校企战略合作关系，与广联达软件公司合作成立苏中建设广联达 BIM 研发中心，在 BIM 技术研发、BIM 人才培养方面合作。

BIM 培训工作在公司得到全面开展，先后组织 1000 多人进行了系统的 BIM 应用软件操作培训，300 多人进行了 BIM 一级建模师、二级建模师考试，目前已经有 100 多人取得了 BIM 一级建模师、BIM 二级建模师证书，为公司各项目部 BIM 技术推进提供了坚强保证。

（四）以 BIM 样板项目引路全面推进 BIM 技术应用

在选择 BIM 样板项目时，公司选择了可推广、可复制的项目，这样实践获得的 BIM 应用经验才更有意义。东营市华丽国际金融广场、武汉恒大城、鸡西人民医院、绿城百合公寓三期工程、河北汽车金融商务中心、南宁恒大国际中心Ⅱ期工程等项目作为公司 BIM 样板项目，在质量、安全、进度、成本等方面都有不同深度的 BIM 应用，通过这些项目，公司总结出可以复用的 BIM 应用方法，形成了具有苏中特色的 BIM 技术应用，从而提高公司 BIM 技术应用水平。

至 2017 年底，公司不同程度应用 BIM 技术的在建工程已达到 90 多个，而且不断向广度和深度发展，取得了喜人的成绩，2017 年共获得 14 项全国 BIM 大赛奖项，其中龙图杯 2 项、创新杯 1 项、科创杯 5 项、中建协 BIM 成果 6 项。

（五）以 BIM 观摩和经验交流提高 BIM 应用水平

2017 年公司组织石药集团抗肿瘤高科技产业园等项目数字建造技术观摩，项目通过数字建造在三维场地布置、企业形象策划、机电安装管线综合优化与碰撞检查、施工方案模拟、砌块与模板排布、二维码应用、BIM 模型交付、BIM 项目管理等多方面应用外，还使用了行业前沿的 VR、AR、无人机等新型技术应用，提高了企业数字建造水平，提升企业的品牌形象。

通过对企业内部以及外部先进 BIM 项目的观摩学习，学习其中的先进理念，自身积累其中的项目数据，以及其中通用的工程经验和知识，包括 BIM 族库、标准化、工艺工法，和同行之间多加沟通交流，从而提高 BIM 应用水平。

（六）以智慧工地建设提升数字建造全面升级

苏中建设智慧工地系统，利用物联网、移动互联网、BIM、VR、云计算、大数据等先进技术，支撑智慧工地应用。依托 BIM、物联网技术支撑，依靠手持移动终端的数据革新，将智能化、信息化、绿色化的因子注入了工地的日常生活，成为令人赞不绝口的"智慧工地"。

苏中建设智慧工地系统由智慧工地驾驶舱、BIM 驾驶舱、VR 质量和安全体验等系统组成，涵盖施工策划、进度管理、人员管理、机械管理、材料管理、质量安全管理、绿色施工管理、方案与工法管理、成本管理等应用模块，贯穿整个施工过程，为质量安全管理的目标实现提供信息化、全过程整体解决方案。

至 2018 年 8 月，公司已有 30 多个项目部应用 VR+BIM 技术，BIM 技术已经很方便地实现了可视化，而与 VR 技术的结合，则最大限度地展示了可视化。在虚拟环境中，建立模型，更好地指导工程施工，实现数字建造。同时，利用虚拟现实技术可以更好地分析施工情况，实现方案的优化。借助虚拟仿真系统，把不能预演的施工过程和方法表现出来。

南京秦淮区宜家南侧地块项目部应用苏中建设智慧工地系统，项目对现场重点部位进行网络覆盖，由电磁阀、WIFI网络开关、水泵、接触器、喷淋管道等组成的智能化喷淋系统，现场如果扬尘超标了，工地上安装的自动喷淋装置就会喷洒水雾进行降尘，既能抑制工地扬尘、治污减霾、预防火灾，又能对混凝土进行雾化养护。在施工现场扬尘防控方面取得显著成果，获得南京市扬尘防控智慧工地创建工作先进单位。

智慧工地通过信息化技术与施工一线作业过程中的深度融合，对施工一系列管理过程进行升级改造，从建筑施工的第一步开始就提高了生产、管理效率和决策能力，实现工地的数字化、精细化和智慧化管理。智慧工地在加快传统建筑施工产业信息化改造，推进其向数字化、网络化、智能化转变中表现出的根基性作用，为智慧城市产业发展现代化的建设方向注入了十足动力。

（七）探索基于BIM的项目管理信息系统应用

BIM对于项目管理信息系统的价值在于能够很好地解决现场的要素管理问题，也就能大大增强传统项目管理信息化的能力。BIM对于信息化的意义不仅在于其可视化以及三维信息的准确性，还可以作为一个信息化载体，对建筑物以及建筑物每个构件所需的人、机、料、法、环等多个要素进行数字化描述，将丰富的信息细化到每个构件上，能够帮助管理者按照施工项目过程精细管理的要求获取相关信息，为项目的生产要素管理提供依据。

南宁恒大国际中心Ⅱ期工程，建筑高度达305m，施工过程中依托广联达BIM5D，逐步实现了一个可视化、可量化的协同管理平台。通过轻量化的BIM应用方案，达到了减少施工变更、缩短工期、控制成本、提升质量的目的，同时为项目和公司提供数据支撑，实现项目精细化管理和企业集约化经营。

（八）推动BIM技术在装配式建筑中的应用

装配式建筑已经成为国家战略，而BIM应用也是近年来行业内重点关注的热点话题，并在住建部数个文件中得以明确。装配式建筑"设计、生产、装配一体化"的实现需要设计、生产、装配过程的BIM信息技术应用。通过BIM一体化设计技术、BIM工厂生产技术和BIM现场装配技术的应用，设计、生产、装配环节的数字化信息会在项目的实施过程中不断地产生，实现协同。

在装配式建筑+BIM技术二者融合发展方面苏中建设集团取得多项项目业绩和研究成果。公司参与了两项BIM国家标准的编写，包括：《建筑工程设计信息模型分类和编码标准》GB/T 51269—2017、《建筑工程设计信息模型交付标准》(报审中)。公司先后承接了上海凯迪拉克体验中心、海安界墩花苑四期、海安金融（安保）服务中心等装配式建筑+BIM技术应用项目。

海安金融（安保）服务中心工程，项目从设计到施工，全过程采用BIM技术。深化设计过程中通过BIM实施，将建筑各个要素进一步细化成单个的，包含钢筋、预埋的线盒、线管和设备等全部设计信息的构件。同时采用BIM平台对模型进行碰撞检测，一是构件间的碰撞，二是构件内部的碰撞。根据碰撞检测结果对各个要素进行调整，进一步完善要素之间的关系，并利用BIM模型直接导出结构深化设计图。该项目通过BIM技术实现了预制梁柱节点的精细化设计、节点碰撞、安装模拟等功能，确保了项目设计与实际现场施工100%准确，无任何施工碰撞和返工。

（九）以科技创新交流总结数字建造技术应用成果

公司对应用绩效显著、推动企业技术进步的创新成果通过各种专业的会议、培训和信息网络、发文、经验交流、现场观摩等多种方法，在公司内部进行共享，并将成果转化应用纳入公司考核体系，通过加强成果转化应用，推动数字建造技术应用成果分享和经验交流。

三、数字建造技术应用方面存在的问题

（一）过于高估数字建造技术，忽视了人才的培养

企业对于BIM的认知存在误区。在推行BIM的过程中，常伴有"BIM万能"的论调，这是对BIM技术认知的误区，同时也体现了行业内典型的浮躁心态。

BIM技术是企业获得项目效益的一种工具，而能否达到期望项目效益取决于用的企业，更需要用的人员具有相应的能力。过于高估数字建造技术而忽视了人才的培养只会使得实际应用的效果大打折扣。

（二）过高要求数字建造技术的应用率，忽视了应用的实际效果

数字建造技术的应用，需要经过一个的过程，在初级阶段，不是所有项目都适合数字建造技术的应用，也不是所有项目都能深入应用数字建造技术。在BIM技术推广应用方面，有的企业会把BIM抬得很高，甚至强制项目必须应用BIM技术，过高的要求了BIM的应用率，但是项目中的管理人员引进BIM后没有有效的应用方法，项目施工还是延续原本的传统做法。BIM只能作为一种补充的手段，项目部管理人员感觉BIM是一种额外的、只能解决一部分技术问题、难以解决管理问题的手段，这导致了BIM的价值并没有充分体现。

四、数字建造技术应用方面有关意见建议

（一）建立数据平台，形成共享知识库

建筑施工行业是最需要大数据的行业，但实际上整个行业的数据积累并不多。BIM可以实现两方面的数据采集：一是基于模型的数据采集，二是通过动态模拟和施工现场管理，即4D、5D平台的数据采集，来丰富模型数据库和平台数据库，从而使平台数据库中的数据对企业的项目管理和企业管理产生实际价值。

企业建立云平台共享数据库，将BIM采集的数据与企业管理平台的业务流程进行对接，提供基于业务场景的及时、准确的项目数据，这对于企业日后的精细化管理平台和模式的建立都有着积极意义。

如果把各企业建立的平台进行互联互通、资源整合，避免重复劳动，形成一个大的数据平台，实现大数据的共享，有利于数字建造技术的全面、快速推广应用。

（二）编制《数字建造技术应用标准》《数字建造技术应用指南》

对于企业而言，编制一个可行的应用标准、应用指南是很有必要的。企业自己的数字建造应用标准或指南应该在企业有了一定数量和范围的应用的基础上开始组织编写。完善的应用指南或标准是企业进行数字建造技术推广应用的重要性因素，对提高整体的效率和应用水平，以及整个行业的发展都有非常重要的意义和作用。建筑企业制定相应的应用指南对建筑产品信息模型相关体系进行规范，有利于数字建造技术的规范发展。

通过不断的实践，整个行业最终形成统一的《数字建造技术应用标准》《数字建造技术应用指南》。

（三）组织数字建造技术竞技比赛

企业可以通过组织数字建造技术比赛来提升本企业内员工的数字建造技术水平，通过设立不同档位的奖励来调动员工的主观能动性，促使员工积极参与数字建造技术竞技比赛，从而提升本企业的数字建造技术水平。

行业通过组织数字建造技术比赛，在竞技中不断学习和改进，可以提高整个行业数字建造的技术水平。

（笪鸿鹄　江苏省建筑行业协会副会长、江苏省苏中建设集团股份有限公司董事长；钱红　江苏省苏中建设集团股份有限公司副总裁、总工程师，唐小卫　技术部经理，孙伟　BIM应用部副经理，陈州　技术部技术研发专员）

锻造大客户平台的探索与思考

张晓华　魏进　季斌　刘平　陆小虎

大客户市场是通州建总集团有限公司（以下简称"通州建总"）极为关键的核心市场之一，年均承接大客户业务总量占据了通州建总年度经济总量50%以上的份额，大客户管理的优劣直接关乎企业全年经济技术目标的顺利实现，持续深化、巩固和挖掘与大客户资源业已成为推动通州建总可持续发展的强大引擎和战略支撑。根据经营统计和数据分析表明，近年来，通州建总三分之二的综合收益主要来源于大客户市场的迅猛发展，其中，房产、医疗、市政三大客户市场的稳健开拓，进一步带动和促进了通州建总的结构优化和产业升级。

根据市场导向和发展要求，通州建总着眼发展大局，调整经营层次，强化客户管理，开展价值经营，同时针对客户不同类型，紧贴客户需求，实施差异管理，着力为大客户提高量身定制的增值性、个性化服务，达到深入挖掘客户资源，努力创造客户价值的目标。为此我们主要在以下三个方面作了积极的探索和实践：

一、品质服务创造客户价值

2008年初我们将大客户管理理念引入企业经营与管理的全过程，通过优质服务，品质管理，价值经营，持续提高大客户的忠诚度与满意度，不仅在工程施工、合作开发、产业联合等方面实现了滚动经营，而且在市场开拓布局、业务结构调整和促进经济增长等方面实现了跨越发展。

万科集团作为中国房地产业的领跑者，他们始终秉承"建筑无限生活"宗旨。开发的楼盘品牌知名度极高，而且尤为关注工程质量的优良率与房屋售后服务的高品质，特别注重交房后小业主的投诉率和提供客户需求的满意度。因此，万科集团总结制定出一套高于国家现行房地产国标体系的企业内部标准，并将质量控制进行细化，节点目标管理进行规范。质量管理、售后服务、业主满意度是万科人永远关注的焦点，其中，特别是小业主对工程质量的满意度已被万科作为工程业绩考核的重要指标，并已成为万科对工程承包商等合作伙伴进行履约评估的重要衡量依据。针对这一特点，我们选派精干队伍，配备具有丰富管理经验的项目管理班子驻扎现场，实施全过程动态管理，严格做到工艺工序道道精良，分部分项处处完善，竣工工程栋栋成优。在工程竣工后，我们坚持"快捷反应、品质服务、关注需求"的服务方针，建立起一套完整的回访制度和小业主信息反馈网络，配备专职维修小组，开通 24 小时服务热线，开设绿色服务通道，设立小业主投诉箱，形成了完善的客户投诉跟踪处理及反馈机制。对小业主提出的每份投诉，我们安排专人全程跟踪解决，严格履行了与万科集团的工程合同和竣工保修的服务承诺，为丰富万科品质文化，解除业主后顾之忧提供了有力保障。近年来，通州建总通过不计成本完善服务，不计投入实现创优，努力追求让客户和相关方满意，并把提高业主满意度作为企业经营考核的主要指标，全力迎合了万科房产"全程品质管理"的服务需求。

多年来，我们收集完善客户台账，编制战略客户名录，建立 VIP 服务手册，进一步畅通了总部与总部、高层与高层的对接沟通机制，万科对通州建总的满意度连年保持在 98% 以上，连年保持了万科集团 A 级战略合作伙伴。正因如此，万科集团也为我们提供了更多的发展空间。如今，从苏州、无锡、南京、徐州、南通等省内城市，到上海、浙江、陕西等埠外市场，万科为我们创造出更为广阔的合作舞台。2000 年至今，通州建总年均承建万科业务总量保持 100 万 m²以上，年均施工产值保持 20 亿元以上。正是凭着这些接轨服务大客户的历史沉积与良好信誉，我们也非常荣幸地得到了万科、恒大、中信、融创、华夏幸福、中梁、旭辉、首创、鲁能和苏州城投、苏州轨道交通集团、南京红太阳、弘阳等地产领军集团和区域名企的长期眷顾和鼎力支持。

二、管理创优推动市场延伸

由于行业卖方市场的形成，竞争格局的加剧，导致企业获取的利润极为有限，因此，根据市场发展趋向，我们科学分析大客户发展动态，缜密研定经营策略，增强工程创优水平，形成了大客户市场延伸的辐射效应，并在区域卫生系统项目承建中发挥了积极作用。

上海卫生系统长期以来是通州建总重点跟踪挖掘的大客户，该系统的项目分布在城区各大医院，建筑物的用途以门诊、病房、医技楼等为主，装饰档次较高，安装工程复杂，使用功能全面，质量要求严格，协作单位较多，但其项目资金到位率好，品牌效应面广，工程创树形象佳，是我公司全力争夺的关键客户。为此我们首先对该系统的工程运作着重优化投标策略。在投标中我们对该系统的项目所需工程量进行仔细核对，缜密分析，科学预见，在工程项目总报价基本确定后,统筹兼顾,以"合理最低价中标"先占据大客户项目,后延伸大客户市场,再获取企业合理利润的目标。同时我们通过积累承建卫生系统工程的经验,摸索总结出一套行之有效的同类工程质量管理方案,并在管理创优方面独辟路径,健全完善了实现目标创优管理体系,即目标管理→创优计划(方案)→过程精品实施和监控→效果及持续改进→实现最终精品工程。在管理控制过程中我们采取了分层管理、分级控制的方式。区域公司对项目部实行监控、支持和服务,项目部对分承包商和劳务协作队伍进行监管,实现分层管理;项目部监督、控制分包劳务队伍的施工质量标准,确保分项工程、分部(子分部)工程的优良率始终保持在一个较高的水平;区域公司对重要分部工程,质量进行重点监控,确保优良超标,并为最终实现优质精品工程提供保证。近年来,我们承建卫生系统的施工项目一次竣工交验合格率、分项工程优良率、工程创优率均达到100%,并在上海卫生系统中留下了良好的口碑和声誉。

正因为有了这些夯实基础、创优管理的辛勤耕耘,我们真切品尝到付出辛劳后收获的甘甜硕果。在继新华医院门诊综合楼获得建筑业最高奖"鲁班奖"之后,精品工程的创建就像一个放射源,产生出强大的辐射效应,成为我们进军上海卫生系统的"凯旋门",先后有多家卫生系统的建设单位,通过考察新华医院等公司承建的优质工程后坚定了与我们企业合作的信心。从1996年以来的30多年间,通州建总先后承建了复旦大学附属儿科医院、新华医院、同济医院、上海第十人民医院、江苏省人民医院、南京妇幼保健中心、脑科医院、徐州医学院、大庆人民医院、河北第三医院等40多项医疗民生工程,创下了2项"鲁班奖"、32项"白玉兰"、"扬子杯"等一批丰碑工程。

三、文化活企彰显品牌风采

自2002年以来,通州建总作为上海港务公司的优秀分包方,参与了国家总投资143亿元的世界级港口码头——洋山深水港工程的建设,在工程建设中我们始终坚持人无我有、人有我优、人优我新的管理理念,着力围绕"党旗在建筑工地飘扬"主题和成果展开阵地文化建设,倾心培育党旗红、企业兴的铁军形象。

洋山深水港工程是国家全力打造上海成为国际航运中心的重点工程,面对港务工程专业技术强,施工要求高,危险系数大,工作环境恶劣等条件,几年来,我们以全国"五一劳动奖章"、上海重大工程"建设功臣"获得者黄学健为代表的洋山港项目部结合大项目管理实情,以项目阵地文化建设为载体,充分展示基层组织建设的文化特色和精神内涵。在职工中我们全面开展"比质量、比安全、比技术、比效率、比诚信"的立功竞赛活动，激发出全体职工艰苦创业、争创一流的拼搏精神；在党员中我们深入开展党员目标管理、党员责任区、党员岗位承诺、党员先锋模范服务岗等实践活动，迸发出全体党员敢为人先、勇担先锋的模范风采；在与总包方党总支建立"党组织联席会议"制度中，我们联合开展了工程优质、干部优秀的创"双优"党建联建活动，凸显出基层组织的战斗堡垒作用；在加强和丰富企业精神文明建设中，我们先后完善了职工生活服务、健体娱乐、广播宣传等配套设施的关爱职工活动，充分展现出团结进取的企业风貌。在台风肆虐的恶劣气候面前，在抢节点赢工期的攻坚时刻，在施工进度进入冲刺的关键阶段，处处显现出我们建总儿女不辱使命，敢于奉献的英勇身影，洋山港项目部也一跃成为威名上海港务工程领域的一支骁勇善战的标杆队伍，并在各项工作考核评比中始终排列第一位，上海港务公司给予高度评价并颁发了唯一一张 AA 级施工证，作为通州建总项目部顶级工作的象征。

如今，从黄浦江上游到长江口，从靖江到长江下游沿线，从上海浦东到浙江福建沿海，在上海港务公司总承包的港口工程建设中，先后有 20 多个码头工程我们以总包或参建形式参与了建设。洋山港临时党支部被通州市委授予"先进基层党组织"荣誉称号，其先进事迹先后被省市等多家媒体报刊大篇报道，并成为彰显企业党建工作活力、创新企业文化的亮点和窗口。

2017 年，通州建总与中铁建集团联合夺得南通轨道交通一号线标段工程。作为南通本土唯一一家中标南通地铁的地方企业，为确保地区重大工程、公司首要工程的高质量完成，我们调派原洋山港项目团队参战南通地铁建设。建设期间，我们始终以"围绕发展抓党建、抓好党建促发展"为抓手，深入开展以"轨道工地党旗扬"为主题的系列活动，党建成果被列为通州项目党建推进会观摩工地。在轨道公司综合评比竞赛中，我们与 15 家央企、名企同台竞技，勇夺评比第一，并获流动红旗表彰，也是唯一一家 BIM 技术应用考评全达标单位。项目党的建设同轨道工程建设的同频共振、互促互赢，彰显出通州建总的党建品牌，塑造起家门口的窗口形象，受到市区两级领导的高度赞誉。

近年来在构建三大客户战略合作伙伴关系的过程中，我们也清醒地看到，随着市场竞争的加剧，大客户管理在企业发展的历程中扮演着越来越重要的角色，并对企业的市场开拓、产业转型、管理升级和经济增长起着举足轻重的作用。然而，有无相生，难易相成。我们通过多年来的积极探索、砥砺前行，在构建、维护及发展大客户平台过程中，也正面临着诸多困难和挑战。具体主要体现在以下三个方面：

1. 沟通还不深厚。 我们虽然早已同众多大客户构建了战略合作关系，但由于企业内部跨区域经营等因素，导致下属区域公司同部分大客户的区域公司存在往来互通不紧密、信息传递不实时、项目需求不明朗等问题,使得在工程承揽、项目选择等方面可选余地较小,很难在第一时间把握住规模大、利润高的项目。

2.**管理还不协调**。由于信息传导阻塞等因素,个别大客户的下属单位或区域公司,在追求利益最大化的同时,往往会在我们下属区域公司之间进行多面洽谈,使得企业内部出现竞争情况,最终导致"最低价中标"现象时有发生,压缩了企业效益,增大了履约难度。

3.**效益还不理想**。基于多年的良好合作以及对战略大客户的高度信任,我们下属公司在承揽大客户工程时,往往会出现投标预审不充分、利润分析不全面、成本控制不严谨等情况,盲目追求大客户的品牌效益及业务规模,造成部分项目实际利润偏低、管理成本增加、工程结算不佳等问题。

"得大客户者,得市场",已是当今不少企业的共识。然而,正因为大客户管理对企业如此重要,所以过度竞争的市场环境驱使大客户成为众多强势企业的必争之地。因此,面对竞争对手的频繁进攻和强势推广,如何巩固现有大客户资源,强化大客户理念,提高大客户的忠诚度与满意度,进一步挖掘与延伸大客户市场资源已成了我们当前高度重视的战略任务。正确把握好大客户发展趋势,充分挖潜出优质大客户资源,我们将继续重点做好以下三个方面:

(1)**因"客"制宜,提升品质服务**。通过多年来的艰苦创业,企业在沪已形成了"通州建总"的市场品牌,我们将精心呵护,倾心打造,通过丰富技术、质量、安全等管理内涵,进一步提升服务层面,改进服务方式,提高服务水平;通过提供优质建筑产品与全过程纵深服务,以满足客户需求为第一标准,巩固并拓展大客户市场资源;通过努力在大客户群中打造服务品牌,积极实现通州建总从建筑承包商向建筑综合运营服务商的积极转变,充分赋予"通州建总"市场品牌更高的含金量。

(2)**因"市"利导,优化管理层次**。巩固现有三大客户管理,挖掘潜在优质大客户资源是我们企业应对行业挑战、顺应市场变化、满足客户需求的首要任务。对外,着力于强化大客户管理,在为其提供增值性、个性化服务的同时,对内,逐步优化企业组织架构、管理机制、运行体系,从信息沟通、关系管理、客户评价和信用评价体系、人力资源等诸多方面入手,健全和完善以满足客户需求为目标的大客户管理系统。

(3)**因"势"而为,构建事业联盟**。我们将切实把大客户管理趋势,坚持把优质服务、品质管理、高效运作作为推动通州建总高质量发展的一条生命线,作为市场延伸拓展的突破口,着力发挥江苏骨干企业的竞争优势、品牌优势、文化优势,倾心为大客户提供成本最低的价值服务,并与资金雄厚、品牌优异、企业文化先进等大客户构建以项目合作为纽带的事业共同体,共同打造好战略合作平台，实现与其共同价值上的联盟和互赢，进一步提高企业市场占有率与利润率，使之成为企业提升运营质量和实现可持续发展的根本保证。

以上是我们大客户管理中作出的一些积极的探索和思考，有些地方还存有商榷之处。不足之处还请各位领导、专家斧正。

（张晓华　江苏省建筑行业协会副会长、通州建总集团有限公司董事长；魏进　通州建总集团有限公司副董事长、总经理，季斌　总经济师，刘平　总经理助理、市场管理部经理，陆小虎　总经理助理、大客户管理部经理）

对接"一带一路"实现企业转型升级

张向阳　陈国礼　张喜一

一、走出去基本情况

近年来,南通建工集团在站稳国内市场的同时,把拓展海外市场作为持续发展"重头戏",以做精做大做强为目标、以信誉和效益为宗旨,积极实施"走出去"战略,凭借品牌、核心技术和总承包、总集成管理等综合优势,稳扎稳打,积极进军,近五年共承接海外工程40余项(主要在非洲的苏丹、津巴布韦、莫桑比克、塞内加尔、坦桑尼亚等国),累计签约合同额12亿美元,累计完成营业额10亿美元。公司连续多年荣登"江苏省建筑外经10强""中国承包商60强""ENR全球最大国际承包商250强"排行榜。

我公司在海外开展传统建筑承包业务的同时,经过一定的市场分析和研究,也开始试点和布局海外投资业务,目前已在苏丹投资开发宾馆、酒店、农场等项目,在莫桑比克投资开发商住楼、土地储备投资等,在津巴布韦也开始进行土地储备投资。

二、存在问题

我公司虽然在海外市场经营开拓中取得了一定的成效,但必须清醒地认识到在企业国际化比例、国际竞争力、国际市场占有率等方面与国内外大型承包商还存在着巨大差距。我公司目前主要市场在非洲,工程承包市场尽管潜力很大,发展前景广阔,但我们仍不能忽视种种来自外部和自身的困难和问题。

来自外部的问题主要表现在:部分国家政局不稳,经济形势恶化,治安状况较差;政府运作不够规范、材料物资严重缺乏,工人操作技能低下;与其他国家承包商的竞争日趋激烈,尤其中资企业间的竞争更显突出等。

而我们企业自身存在的问题也是多方面的,特别是以下四大难题,亟须大家共同破解。

（一）资金短缺，融资能力不强，金融支持力度仍需加大

发展国际工程承包和基础设施建设，需要大量的资金支持，虽然非洲地区接受世行等国际金融组织的资金援助，但大部分工程项目需要承包商融资或垫资，大型项目普遍采用带资承包和租赁经营模式，由于我们地方企业资金实力较弱，融资渠道窄，融资手段有限，加之政策性银行支持力度小，使竞争力受到很大限制，融资能力欠缺或带资条件不足而在项目竞争中失败的事例屡见不鲜。我公司虽说在金融授信方面取得一定突破，但仍不能满足做大做优海外市场的实际需要。特别在涉及项目融资领域很难有所作为，只能承接一些处于价值链低端的中小型项目，要实现企业对外承包业务升级，实现从低端市场向中高端市场转型，实现从竞标拿项目到从项目开发拿项目的难度很大。

（二）职业化、复合型的国外经营管理人才仍较缺乏

海外市场经营和国际工程管理涉及众多专业，诸如项目管理、合同管理、成本控制、风险防范、财政税务、金融保险、工商海关、生态环保、公共关系等等。这些专业事务不仅需要专业人士和职业经理人担任，而且还需他们具有较高水平的外语表达、通晓国际经贸规则等方面的能力。在国内从事这些专业的人员不一定适合国际经营业务的要求，本身的职业化程度也不高，随着国际工程承、发包方式的变革，业主越来越重视承包商提供综合服务的能力，EPC、PPP等一揽子的交钥匙工程，对我们施工企业的设计施工水平、组织管理能力、采购供应渠道以及合作机制的完善等综合实力提出了很高的要求。因此，没有一支高素质的专业化、复合型经营团队，要在国际市场中站稳脚跟，做大做优是不可能的。虽然经过近几年的培养，我们也拥有了一支具有一定规模的国外经营管理人才，但与目前对外承包市场发展的趋势和要求来说还显不足，特别缺乏具有市场商业开发能力和技术管理能力的复合型领军骨干人才。

（三）业务单一、市场布点局限

我公司目前海外承包业务主要为房屋建筑工程，很少涉足道路、桥梁、海工、水利、电力、大型工业项目等附加值高、效益好的领域，房建门槛低，竞争激烈，利润空间有限。市场布点局限分布于非洲，目前进入这些市场的企业较多，竞争激烈，而欧美等发达地区很少进入，当然存在市场准入的问题，但也存在我们对外承包实力不够、信心不足、市场调研不到位、国际合作能力低等问题。

（四）风险评估与防范机制急需完善

当前，复杂多变的国际政治经济和社会治安形势，尤其是国际金融危机爆发，使海外施工企业随时面临着"走出去"的现实风险。我公司目前的重点市场在非洲，由于部分国家和地区局势极不稳定，突发事件屡有发生，加之通货膨胀和汇率变化等不可控因素很多，随着经营规模的扩大，企业的安全和经济风险也日益增大。比如当地国的货币贬值风险，我们经历了津巴布韦创人类历史的津元巨大贬值，以及苏丹磅由1：2到1：18，莫桑比克梅蒂卡尔由1：30到1：80的大幅贬值和埃塞俄比亚比尔一夜15%的突然贬值等，将我们辛辛苦苦获得的项目实施利润化为乌有，应收账款的滞付更是进一步削减了企业效益。

三、下一步发展思路及意见建议

（一）发展思路

1. 抓住历史机遇，实现转型升级

基础设施互联互通是"一带一路"倡议的前提，这是我们建筑施工企业难得的又一个历史机遇。根据国家顶层设计，房屋建筑领域将不会是重点建设的基础设施，而铁路、公路、机场、码头、电站、供水、通信等领域的基础设施项目将会较多。我们要通过专业承包领域的转型升级，从原有的房屋建筑承包领域向这些专业承包领域尽快转变，从专业人才队伍的建设、专业机械装备的配备、专业市场经营的研究等方面做好充分的准备。同时，利用既有的房屋建筑施工优势，通过积极为专业基础设施建设提供配套建设服务的机会，进入专业领域市场和相关国别，通过参与这些项目的建设，进一步实现经营业务的开拓。

通过参与"一带一路"所涉及地区的基础设施建设，对这些市场经济发展尚不发达的国家和地区的产业进行科学详细的市场分析研究，结合我们企业的实际情况，包括人力结构、资金实力、产业整合能力、项目管控能力等优势，以建筑业为基础，围绕建筑产业链甚至在建筑业以外的工业、农业、矿业和服务业等领域进行实体投资、资本输出、外贸交易等，通过产业结构的转型升级加快企业经营规模和运营质量的提高发展。

2. 对接国内"一带一路"涉及的基础设施建设

就国内而言，"一带一路"倡议规划规划包括了许多边境省份以及西部省份，这些地区多为不发达地区，而"一带一路"在这些地区的基础设施建设及产业发展方面将有较大机遇。我们要加大对这些边远地区的经营力度，捕抓商机，力争国内市场份额在原有基础上进一步放大。同时，我们要利用既有的边境省

份和西部市场，如我们的西北分公司、新疆分公司、广西分公司等已有的市场优势，进一步向周边辐射，并直接从这些国内分公司走出国门，对接邻近"一带一路"相关国别的市场开拓。

3. 积极开展国别分析，进一步加大"走出去"力度

"一带一路"所涉及的沿线国家涵盖中亚、西亚、中东、东欧、东南亚、南亚、东北非等超过60多个国别，同时通过这些沿线国别还涉及相关经济圈，如东盟、东亚、欧洲等，我们要进行科学分析、仔细研究，结合企业实际情况，开展适合自我发展的国别市场经营工作，在既有的非洲市场、中东市场的基础上，重点对接东盟、中西亚两大市场，近期我公司已在相关国别进行了考察，并在当地成立了办事机构，为下一步开展工作奠定基础。

4. 对接国内大型企业，实行"两条腿走出去"

在具体主持建设涉及"一带一路"的大型项目方面，国内大型央企有着明显的人脉关系资源、社会渠道资源、信息获取资源、专业整合资源、资金筹措资源等优势，他们可以从这些大型基础设施建设的蛋糕中分到很大的一块，我们则可以利用与他们业已建立的良好关系，充分利用我们实施项目的优势，与他们进行对接，做到优势互补、互利双赢。

5. 对接进出口银行、开发银行等国内金融机构和亚投行、金砖银行等国际金融机构，多渠道解决融资难题

随着国内各金融机构针对"一带一路"政策相关金融产品的推出，以及我国政府主导和参与的亚投行、金砖银行和上合组织银行等国际金融机构的正式运营，我们将积极主动的与这些国内、国际金融机构进行对接，了解相关金融产品和融资服务的工作流程及要求，结合我们在海外开拓经营过程中的项目特点和实际情况，正确选择相关融资平台和融资产品，为项目实施提供可靠的融资服务。同时，积极关注相关国际金融机构的项目招标信息，熟悉国际项目招标规则，主动参与由国际金融机构主导的相关基础设施建设任务。

（二）意见建议

目前的海外市场无论是从项目类型、涉及产业和行业、承包方式还是从项目规模、技术含量、风险控制等方面，都需要我们加大企业间的合作，针对我市对外承包企业存在的问题，建议出台相关政策鼓励自主经营的对外承包企业加快走出去步伐，从加大财政对对外承包企业走出去的扶持力度、加大行业协会对对外承包企业走出去的引导力度、加大金融企业与对外承包企业的联合、加大我市对外承包企业间的联合、加大对外承包企业与其他产业的联合等几个方面入手，全面提升我市对外承包企业的运营质量和水平，提高我市自主经营的对外承包企业走出去积极性，打造建筑外经强市。

1. 加大财政对自主经营对外承包企业走出去的扶持力度

目前各级财政均有对走出去企业的相关扶持政策，我市也于去年推出了鼓励企业走出去的政策，但相比国家和省级财政以及其他地方财政，我市的扶持力度还不够，其中对实施对外承包业务的企业也仅在新市场开拓、完成营业额、承接大项目等几个方面有些补贴，但力度明显不够，有的只有数万元，建议市政府有关部门考虑到自主经营对外承包企业走出去面临的困难和风险，进一步加大投入，增加扶持资金额度，建议对国家和省级财政已补贴的项目，地方财政继续补贴，并要进一步加大对自主经营、独立承接海外总承包项目企业的资金扶持力度，鼓励企业主动承揽总承包项目，取消对分包企业的补贴。同时，建议对开展自主经营对外承包业务的企业在所在国已交纳的税收予以补贴，对带动物资出口而产生的海运费、出口关税予以补贴。

2. 加大行业协会对对外承包企业走出去的引导力度

目前我市对外承包企业组建的外经协会是一个很好的行业交流和互动平台，建议行业协会继续加大引导力度，成立专家委员会，由熟悉外经业务的专业人员、在海外工作生活多年、了解和掌握海外项目运作规则的人士组成，对外经企业在走出去遇到的困难和问题进行咨询和指导，定期和不定期地开展相关业务培训和讲座，同时也可邀请开展对外承包业务质量较高的大型央企的专家来我市传授经验，以帮助提高我市对外承包企业的运营质量。

3. 加大金融企业与对外承包企业的联合

由于海外大型项目大多采用投融资方式，要求承包商具有相当的筹措资金能力和融资能力，目前国家开展境外投融资业务的主要是国家开发银行、进出口银行等政策性银行，这些银行主要服务对象为大型央企和国有企业，对地方企业很少顾及，希望国家政策性银行加大对地方实体企业"走出去"的扶持力度，对走出去历史较长、业绩较好、企业综合实力较强的地方实体企业，进行重点扶持和政策倾斜，让具有较高竞争性和管控力的有实力的地方实体企业直接走上融资项目的前台，担当起承担国家政策性融资项目的生力军，为中国企业更好的实施国家走出去宏观战略贡献自己的力量。并建议我市商业银行加大对海外工程承包业务的熟悉和了解，在建立一定风险抵押措施和市场调研的基础上，加大与我市骨干对外承包企业的合作，特别是对已开展海外业务多年、未发生海外项目索赔的企业要在保函授信抵押担保方面予以政策倾斜，推行信誉担保，减少或免除资金实物担保。

4. 加大我市对外承包企业间的联合

目前我市对外承包企业基本处于各自为政、单独作战的局面，很少在海外开展企业间的联合，就是在所在国也很少合作，建议行业协会要发挥牵线搭桥的作用，对外承包企业自身要加强合作意识，加强信息沟通，通过同行企业间的资本合作、社会资源合作、品牌影响力合作、项目管理团队合作、项目施工生产要素和资源合作等形式加大竞争实力，由单独走出去变为抱团走出去，发挥各自优势，在所在国形成南通集团军式的运作态势，进一步加大我市对外承包企业在所在国的知名度和影响力，并有序安排项目的独立实施或合作实施，实现海外经营布点的放大，做大做强海外市场。

5. 加大对外承包企业与其他产业的联合

当前的大型海外项目已不是承包企业一家就能实施运作的，一般的房建项目很难实现质和量的突破，对外承包企业要打破原有思路，从单一的房建项目向复杂的专业项目转型，特别是大型工业项目、水利电力、海工等项目专业化要求、专业分工要求越来越高，我市工业体系完整，相关配套企业数量、质量均能满足海外项目的需要，要实现海外项目规模和质量的突破，多产业的联合势在必行。建议对外承包企业要敢于承揽跨行业、多专业的大型项目，主动与相关企业加强联系，各行业协会间也要加强联系，在遇到专业化要求较高的大型海外项目时，要发挥我市工业化水平较高的优势，不要畏惧，要勇于承揽，通过多产业的联合来完成。同时建议财政奖励企业带动其他产业走出去，在扶持资金上予以考虑。

当前，"一带一路"倡议已进入务实推进、全面铺开的阶段，这给我们建筑企业"走出去"带来了新的发展机遇，我们将全新定位，科学审视，积极出击，主动融入，不断扩大海外市场经营开发力度。

（张向阳　江苏省建筑行业协会副会长、南通建工集团有限公司董事长；陈国礼　南通建工集团有限公司副总经理兼海外分公司总经理，张喜一　海外分公司副总经理）

关于培育现代企业工匠精神的调研报告

沈良兵　马华　沈锋　戴建峰　贲璇

2016年的政府工作报告强调要"鼓励企业开展个性化定制，柔性化生产，培育精益求精的工匠精神，增品种，提品质，创品牌。"工匠精神首次出现在政府工作报告中。工匠精神红遍大江南北，成为社会各界讨论的热点。

缺少精益求精尽善尽美的工匠精神，已成为现代企业发展壮大过程中的致命的阻碍。

一、工匠短缺的现状

社会上"重装备、轻技工，重学历、轻能力，重理论、轻操作"的观念曾经长期影响我们对技能人才的认知，导致我国高技能人才总量严重不足，供需矛盾普遍突出。

相关统计表明，全国高级技工和中级技工的缺口率为52.3%和56.7%，技师缺口率为60%，高级技师缺口率高达93.8%，越是高级的工匠，我国越缺乏，远远不能满足经济社会发展的需求，且高技能人才主要集中在机械制造等传统产业，新兴产业技能人才缺口较大。

二、何为工匠精神

新时代的"工匠精神"的基本内涵，主要包括爱岗敬业的职业精神、精益求精的品质精神、协作共进的团队精神、追求卓越的创新精神这四个方面的内容。其中，爱岗敬业的职业精神是根本，精益求精的品质精神是核心，协作共进的团队精神是要义，追求卓越的创新精神是灵魂。

爱岗敬业的职业精神。爱岗敬业，是爱岗和敬业的合称，二者互为表里，相辅相成。爱岗是敬业的基础，而敬业是爱岗的升华。调研中发现，凡是获得"工匠"和"劳模"荣誉称号的工人，都是爱岗敬业的典范，如江苏江中集团，国家特级资质企业，光是劳模就有几百人。很多人都在本职岗位上工作了三四十年之久，干出了一番事业。

精益求精的品质精神，这是"工匠精神"的核心，一个人之所以能够成为"工匠"，就在于他对自己产品品质的追求，只有进行时，没有完成时，永远在路上；他不惜花费大量的时间和精力，反复改进产品，努力把产品的品质从99%，提升到99.99%。对于"工匠"来说，产品的品质只有更好，没有最好。在调研中，最深感受之一就是，追求极致、精益求精，是获得各类"工匠"荣誉称号的工人的共同特点，这也是他们能身怀绝技、在国际、全国或省的各种技能大赛中夺金戴银的重要原因。

三、为何要培育工匠精神

当今社会"工匠精神"的缺失，既有历史原因，也有环境影响。究其历史原因，主要是在古代占主导地位的儒家思想不重视工匠的培养，更不重视工匠精神的传承。儒家思想强调"万般皆下品，唯有读书高"。在古代"士农工商"的排名中，工匠的地位仅仅在商人之上，这也说明了工匠地位的卑微。

缺乏"工匠精神"的另一个原因，就是当今环境的影响。一方面，追求"短、平、快"（投资少、周期短、见效快）带来的即时利益。另一方面，在大工业时代背景下，工人们也在担忧机械化、智能化使得"机器代替人"成为大势所趋，认为"工匠精神"过时了。但事实是，"工匠精神"一直都在改变着世界。热衷于技术与发明创造的"工匠精神"，是每个国家活力的源泉。

培育和弘扬严谨认真、精益求精、追求完美的工匠精神，对于现代企业具有重要意义。而只有对新时代"工匠精神"的基本内涵达成共识，才能树匠心、育匠人，为推进企业现代化建设的"品质革命"提供源源不断的动力。

四、培育工匠精神的具体途径

1. 尊重职工，提升职工的社会地位

以点带面、典型示范是推动各项工作的有效抓手，也是培养职工"工匠精神"的催化剂。

劳模评选制度规范。将劳模培育和评选工作纳入制度化、规范化轨道，是倡导"劳动光荣，创造伟大"的有效载体。可以通过注重劳模后备人选培育、完善劳模评选办法等途径，确保评选出的劳动模范既有先进性、代表性，又有时代特色，立得住、叫得响，得到社会各界的广泛认可。

畅通职工成才通道。通过激励普通职工创业创新，持续激发职工的创造活

力，普及推广职工创新成果，促进职工创新成果共享，让职工切身感受到劳动和创造的价值所在，不仅在于荣誉，在于收入的提高，更在于职业前景的规划。

2. 培养职工，提高职工的职业素质

干一行、爱一行、专一行、精一行，具备"工匠精神"和能力的人才是企业需要的人才。要出台制度，培育载体，为提高广大职工的素质技能提供有力的支持。

出台保障政策。要探索职工素质提升的保障政策，提出职工素质工程建设的具体举措。在此基础上，突出重点、分类指导、逐步推进、狠抓落实，为广泛掀起劳动竞赛热潮，激发职工创业创新创优活力，奠定了组织基础和操作体系。

提供后勤支持。针对职工技能培训技能竞赛场地设施欠缺、师资寻找困难等状况，遵循优势互补资源共享的原则，建立职工技能培训基地和职工技能竞赛中心，以此解决了场地和实训设施缺乏的困难。同时广辟渠道，多方筹资，加大劳动竞赛的经费投入，保障职工创业创新创优活动的持久深入。

开展竞技活动。技能比武是工会的传统项目，具体来说，可遵循"上下联动、长短并举、比学一体"的方式。所谓"上下联动"，就是争取有关部门、单位、行业协会的支持，层层开展系列技术比武、技术培训等活动。所谓"长短并举"，指的是既有每年坚持长效劳动竞赛，又有阶段性技能比武。所谓"比学一体"，就是要求把引导职工学习技能知识与参加技能竞赛有机地结合起来，健全技能培训、技能竞赛、职业技能等级鉴定一体化机制。

3. 教育职工，提升职工的思想品质

要培养职工的"工匠精神"，不但要提升职工的技能，还要注重职工的思想政治教育。

加强职工思想教育。职工思想政治工作是组织提高职工职业素养、追求完美、实现自我的重要工作手段。将形势教育与职工思想现状相结合，将主题教育与公共教育相结合，将身边的先进人物与职工成长成才相结合，丰富职工思想教育内容，为培育"工匠精神"奠定思想基础。

繁荣职工文化活动。倡导职工"工匠精神"，就离不开企业文化、职工文化这一有效载体。根据企业实际，找到企业文化、职工文化与职工思想政治工作的融合点，将诚信、互助、友爱、大国的"工匠精神"等润物细无声地融入职工文化活动中，使更多的职工在潜移默化中不断注入"工匠精神"的思想活力。

组织劳模宣讲活动，让"为劳动点赞.弘扬劳模精神"进企业，在各类新闻媒体开展讲述劳模故事、劳模"走进直播间""劳模事迹网上展馆"、微信平台"五一光荣榜"等系列宣传活动，营造尊重劳模、学习劳模、争当劳模的氛围，

有效传播正能量；

五、存在的主要问题

1. 经费不足，是开展员工技术创新活动、技能培训等技能人才队伍建设面临的最大困难；

2. "技能培训+技能大赛+资格认定+晋级（增薪）""四位一体"技能人才队伍建设保障机制全面落实的还不够，企业担心职工技术级别越高，被挖走跳槽的概率就越高，没有把职工技能晋升与薪酬挂钩，导致有的职工满足于只要能应付了岗位上的活就行。

3. 对工匠精神的重视和宣传还不够，企业认为"大国工匠"离自己还很远，忽视了工匠精神对于营造尊重劳动、崇尚劳动氛围的影响。

六、对策和建议

1. 工会应加大对基层职工经济技术创新工作的指导和资金支持力度。整合力量，争取多方支持配合，共同为职工技能人才队伍建设提供资金保障；

2. 加大职工素质建设工程的宣传和督促落实。工会应履行职责，督促和监督企业依照法律和相关规定，把企业工资总额的1.5%～2.5%用于职工教育培训经费，并确保职工教育培训经费总额的60%以上用于一线职工的教育培训，并将经费落实情况公开。

3. 加大培育工匠和工匠精神的力度,建立完善激励机制。从培训、竞赛评价、交流、激励等各环节入手，激励技能人才增强创新意识，掌握创新技术，参与创新实践，激发创新活力，推广创新成果转化为生产力；促进职工思想道德素质提升。以精益求精的工匠精神引导职工立足岗位"敬业、勤业、精业"；加强舆论宣传。充分利用工会宣传阵地及各类宣传媒介，大力宣传党和国家关于高技能人才工作的重大战略思想和方针政策，宣传培育工匠精神的重要性和紧迫性，营造良好氛围。

工匠之行，在行动中体悟修行的乐趣，工匠精神不是口号，它存在于每一个人心中。长久以来，正是由于缺乏对精品的坚持、追求和探索，才让成长之路崎岖坎坷，企业发展之途充满荆棘。这种缺乏也让持久创新变得异常艰难，更让基业长青成为凤毛麟角，所以，在资源日渐匮乏的后成长时代，重提工匠精神、重塑工匠精神，是生存、发展的必经之路。企业的核心因素是人，就需要把我们的员工培养成一个个"工匠"。工匠工作获得金钱,但工匠不为钱工作。

个人所做的工作是他人生态度的表现，一生的职业就是他志向的表示，理想的所在。工匠不断琢磨自己的产品，不断改善自己的工艺，他们在享受产品在手里升华的过程。看着自己的产品在不断改进、不断完善，最终以一种符合自己严格要求的形式存在。

专注细节，这里有永不满足的品质追求；热爱生活，迸发着永不倦怠的生命激情。工匠精神，闪耀的是职业伦理，担当的是社会责任。现代企业的文化和理念已不再一味追求大而全，而更注重特而精、特而优，这就无形中形成对工匠精神的呼唤。

每个拥有工匠精神的从业者，他们耐得住寂寞，守得住时光，稳得住根基。一旦选择，便以心相许，不离不弃，做到极致，做出境界。在每一栋高楼大厦中浸透那份谋生的艰辛，生活的执着，也努力融入了全部的智慧和心血，一生的尊严和梦想。

相信不久的将来会有大批颇具工匠精神者用"凝神专一"的工匠精神助力企业腾飞，为企业建设添砖加瓦。

（沈良兵　江苏省建筑行业协会副会长、江苏江中集团有限公司董事局主席；马华　江苏江中集团有限公司董事长，沈锋　集团总裁，戴建峰　办公室主任，贲璇　办公室经理助理）

深入推进绿色建筑纵深发展的经验做法、存在问题和有关建议

张玉柏

我公司多年来的潜心打磨,让绿色施工、低碳环保、标准化管理等核心理念融入项目管理的各个细节,成为驱动企业转型升级的强大动力。对于加速转型升级中的江苏江都建设集团有限公司来说,绿色施工已经成为彰显企业发展特色和打造核心竞争力的又一平台。

近年来,我公司为贯彻绿色、循环、低碳理念,开展绿色建筑行动,落实《江苏省绿色建筑行动实施方案》、住房城乡建设部《关于加快推进我国绿色建筑发展的实施意见》等有关规定,加快建设资源节约型、环境友好型社会,大力推动绿色建筑纵深发展,总结和积累了一定的经验,同时也将存在的一些问题和思考一并整理归纳,汇报如下:

一、我公司在绿色施工中的探索历程

(一)新理念,注入新活力

面对经济发展的新常态,如何把握发展方向实现"转型升级"?面对激烈的市场竞争,如何利用后发优势实现"弯道超车"?

在公司决策层看来,全球范围内围绕绿色发展、低碳技术的竞争日益激烈,未来的产业发展空间和产业技术进步将与低碳、环保密切相关。在这方面,谁认识早、转型快,谁就能在竞争中抢占制高点。对建筑施工企业来说,利用绿色施工助推企业转型升级,不啻为一个绝佳选择。

在这种理念的指导下,2012年公司以西安公司为试点,打造绿色施工标杆工程,大量引进绿色施工技术,创新实线绿色施工管理,花力气投入设备、资金,走出去观摩,请进来学习。先后承办了科技论坛观摩、西安市绿色施工观摩等各类观摩,其中陕西省建筑业协会组织的建筑施工现场安全文明施工标准化管理现场观摩会就迎来1000多人,打出了企业品牌。2014年,在总结成功经验

的基础上，公司在各区域打造了荣乐西路 6 号 A 地块二标段工程、科技生产基地（嘉定园区）二期、上海焦点生物技术有限公司建造研发中心等一大批绿色施工示范项目，进行样板引路和经验推广，激活了公司推进绿色施工的整体布局。进入 2016 年，公司各在建项目的绿色施工稳步推进，各具特色。上半年，石嘴山银行银川分行办公大楼工程项目办公区风能＋太阳能供电系统等陆续投入使用，中国银行集团客服中心西安建安项目则迎来了各级各类观摩 10 余场。

（二）新路径，拓展新空间

2012 年，公司成立了绿色施工管理小组，提高了项目参与实施绿色施工、节能减排的热情。同时，公司积极部署绿色施工的整体战略规划，全力推动公司绿色施工的实施。2013 年初，公司组织宣贯和落实《绿色施工手册》，并专门组织人员到中建协和中施企协等协会组织绿色施工工程观摩学习。以推广学习《江苏省建筑业绿色施工评价实施办法（试行）》和创建江苏省绿色施工工程为契机，加强公司相关人员的理论知识学习和实际经验的积累。目前，我们一共总结了绿色施工先进技术 132 条供项目学习推广。

我们在项目策划中引入绿色施工，从临建设施到施工方案，从新材料使用到设计优化，从设备采购到新技术应用，从项目创优目标到检查考核评比，将绿色施工渗透到工程施工的各个环节。

（三）新技术，打造新优势

我们立足于从建筑施工技术改革出发，从根本上改善传统建筑业"粗放"、"高能耗"的状况。在施工过程中积极推广应用"标准工艺"，并在此基础上进行了提高和细化，发挥项目部成员的集体智慧和创新精神，结合工程实际应用新工艺、新材料提高工程的质量水平。尤其是针对某些传统的施工设备和技术进行了绿色环保节能方面的改造和改进，取得良好的效果。

工程混凝土井基础等均采用在模板内加设塑料角线支模浇筑，使浇筑后的基础边角均为圆角，既改善了以往基础直角边角易磕损的情况，又保证了工程整体的美观。同时，由于基础模板四边加设了角线后给模板的拼装带来了困难，既要保证模板的正常拼装，又要保证角线在模板内的固定。针对此问题项目部展开了研究并最终攻克了这一技术难题。在模板上开设榫槽使整个基础模板呈两个 U 形模板，先将角线在模板内固定，在钢筋绑扎后利用榫槽直接将两个 U 形模板连接拼装。

工程伸缩缝采用新型工艺材料，针对不同部位制作不同形状规格的伸缩缝，包括屋面、内墙、外墙以及地面。新型的伸缩缝安装更为简便，既保证了建筑物伸缩缝的位移量，也提高了耐用性和防水性。

采用余料回收系统将混凝土余料回收后，采用碎石机器进行粉碎处理，用于地下室回填，建筑垃圾分类回收利用率达到100%。

采用虹吸式雨水收集系统，以雨水斗至排出管之间的有效位差为动力，使系统内部产生负压实现雨水收集，并广泛应用于现场喷淋降尘、混凝土养护等环节。这一做法在降低成本的同时，有效节约了水资源。

通过在现场设置自动喷淋系统，利用电磁阀+时间控制器，我们在施工现场实现了智能人工降雨，工地扬尘得到控制，改善了施工环境。

采用装配式混凝土场地道路进行道路硬化，现场采用预制道路，可周转使用，节约资源，避免二次破除，减少建筑垃圾。

据统计，公司目前采用绿色施工技术53项，住房城乡建设部10项新技术10大项23子项，在实现降本增效的同时，切实增强了企业的核心竞争力。

（四）新目标，迎接新挑战

辛勤耕耘，换来丰硕收获。截至目前，印孚瑟斯技术（上海）新建软件开发中心工程、石嘴山银行银川分行办公大楼工程等2个项目荣获了全国绿色施工示范工程。40多个项目获批省级绿色施工示范工程，6个项目被当地建管部门组织观摩。

公司总结实施的施工垃圾零排放、工地扬尘治理、临时水电采用正式管线、高效节能设备实施等多项先进技术被广泛推广。领导和同行到公司调研时对公司绿色施工取得了成绩给予充分肯定，称赞公司绿色施工、节能环保事业走在全省前列，进一步彰显了企业品牌。

二、我公司在绿色施工中的经验做法

（一）资源节约

1. 节约土地

（1）施工现场的临时设施建设禁止使用黏土砖。

（2）外网及水井施工时土方开挖施工采取先进的技术措施，减少土方的开挖量，最大限度地减少对土地的扰动。

2. 节能

（1）优先使用国家、行业推荐的节能、高效、环保的施工设备和机具，如选用变频技术的节能施工设备等。

（2）项目部制定空调开机标准，从管理手段确保空调节约运行。冬季用塑料布将窗户密封减少屋内热量流失。室外照明采用强度气体放电灯。

（3）施工现场机械设备管理应满足下列要求：

1）施工机械设备应建立按时保养、保修、检验制度。

2）施工机械选用高效节能电动机。

3）220V 单相用电设备接入 220V 三项系统时，使用三项平衡。

4）合理安排工序，提高各种机械的使用率和满载率。

（4）实行用电计量管理，严格控制施工阶段的用电量。必须装设电表，生活区与施工区分别计量，用电电源处应设置明显的节约用电标识，同时施工现场应建立照明运行维护和管理制度，及时收集用电资料，提高节电率。施工现场分别设定生产、生活、办公和施工设备的用电控制指标，定期进行计量、核算、对比分析，并有预防与纠止措施。

（5）建立施工机械设备管理制度，开展用电计量，完善设备档案，及时做好维修保养工作，使机械设备保持低耗、高效的状态。选择功率与负载相匹配的施工机械设备，避免大功率施工机械设备低负载长时间运行。机电安装采用节电型机械设备，如逆变式电焊机和能耗低、效率高的手持电动工具等，以利节电。

3. 节水

（1）实行用水计量管理，严格控制施工阶段的用水量。施工用水必须装设水表，生活区与施工区分别计量。及时收集施工现场的用水资料，提高节水率。

（2）钻井施工现场设置废水回收设施，对废水进行回收后循环利用。冲车池及洗车池设沉淀池及清水池，对洗车、冲车污水进行重复循环利用。

4. 节约材料与资源利用

（1）选用绿色材料，积极推广新材料、新工艺、促进材料的合理使用，节省实际施工材料消耗量。

（2）施工现场实行限额领料，统计分析实际施工材料消耗量与预算材料的消耗量，有针对性地制定并实施关键点控制措施，提高节材率；钢管损耗率不宜高于预算量的 2.5%，利用短的废旧钢管焊接马凳。

（3）根据施工进度、材料周转时间、库存情况等制定采购计划，并合理确定采购数量，避免采购过多，造成积压或浪费。

（4）施工现场应建立可回收再利用物资清单，制定并实施可回收废料的回收管理办法。

（5）材料运输工具适宜，装卸方法得当，防止损坏和遗洒。根据现场平面布置情况就近卸载，避免和减少二次搬运。

(二) 环境保护

1. 扬尘污染控制

（1）如果需要外运土方和打井泥浆运输时，必须使用密闭式运输车辆，现场出入口处设置冲洗车辆设施，出场时必须将车辆清理干净，不得将泥沙带出现场。

（2）遇有四级以上大风天气，不得进行土方回填、转运以及其他可能产生扬尘污染的施工。

（3）施工现场办公区和生活区的裸露场地进行绿化、美化。

（4）施工现场进行机械剔凿作业时，作业面局部遮挡、掩盖或采取水淋等降尘措施。

（5）办公区、生活区垃圾：办公区生活区的设置垃圾箱，垃圾箱由专人负责管理每天清运。

2. 水土污染控制

（1）施工现场搅拌机前台、混凝土输送泵及运输车辆清洗处应当设置沉淀池。废水不得直接排入四周空地。可经二次沉淀后循环使用或用于洒水降尘。

（2）施工现场存放的油料和化学溶剂等物品应设有专门的库房，地面应做防渗漏处理。废弃的油料和化学溶剂应集中处理，不得随意倾倒。

（3）食堂应设隔油池，池上设盖板。盖板要方便开启，便于隔油池的清掏。

（4）施工现场设置的临时厕所化粪池应做抗渗处理。

3. 噪声污染控制

（1）一般噪声源：挖掘机、装载机、运输车辆、破碎钻、空压机、钢管加工、电锯、人为喊叫等。施工时间应安排在6：00～22：00进行，因生产工艺上要求必须连续施工或特殊需要夜间施工的，项目部要协助建设单位做好周边居民工作。

（2）人为噪声的控制措施

1）提倡文明施工，加强人为噪声的管理，进行进场培训，减少人为的大声喧哗，增强全体施工生产人员防噪扰民的自觉意识。

2）合理安排施工生产时间，使产生噪声大的工序尽量在白天进行。

3）夜间施工时尽量采用隔音布、低噪声振捣棒等方法最大限度减少施工噪声；材料运输车辆进入现场严禁鸣笛，装卸材料必须轻拿轻放。

（3）减少施工噪声影响，应从噪声传播途径、噪声源入手，减轻噪声对施工现场地外的影响。切断施工噪声的传播途径，可以对施工现场采取遮挡、封闭、绿化等吸声、隔声措施，从噪声源减少噪声。对机械设备采取必要的消声、隔振和减振措施。

4. 施工固体废弃物控制

（1）危险固体废弃物

①施工现场危险固体废弃物（包括废化工材料及其包装物、电焊条、废玻璃丝布、油手套、含油棉纱棉布、油漆刷）；

②清洗工具废渣、机械维修保养液废渣；

③办公区废复写纸、复印机废墨盒、打印机废墨盒、废硒鼓、废色带、废电池、废磁盘、废计算机、废日光灯管、废涂改液。

（2）一般固体废物

可回收的有办公垃圾：废报纸、废纸张、废包装箱、木箱；建筑垃圾：废金属、包装箱、空材料桶、钢筋头、焊条头、钢管头。

（3）固体废弃物应分类堆放，并有明显的标识（如有毒有害、可回收、不可回收等）。

（4）对打印机墨盒、复印机墨盒、硒鼓、色带、电池、涂改液等办公用品应实现以旧换新，以便于废弃物的回收，并尽可能由厂家回收处。应建立保持回收处置记录。

（5）可回收再用的一般废弃物须分类收集，并交给废品回收单位。如能重复使用的尽量重复使用（如双面使用废旧纸张、钢筋头再利用等）。对钻头、刀片、焊条头等一些五金工具应实现以旧换新。

（6）严禁从建筑物上向地面直接抛撒垃圾。生活垃圾应及时清理。垃圾清运过程中，易产生扬尘的垃圾，应先适量洒水后再清运。

5. 地下设施保护

施工前应调查清楚地下各种设施，做好保护计划，保证施工场地周边的各类管道、管线、建筑物、构筑物的安全运行。

（1）在施工现场设置五牌和一图，企业标识。

（2）施工现场脚手架、吊车等大型机械设备应与架空输电导线保持安全距离，高压线路应采用绝缘材料进行安全防护。

（3）对建设工程周边临街人行道路、车辆出入口采取硬质安全防护措施，夜间应设置照明指示装置。

（4）施工现场出入口、施工起重机械、临时用电设施、脚手架、出入通道口、井口边沿设置明显的安全警示标志。

（5）在不同的施工阶段及施工季节、气候和周边环境发生变化时，施工现场应采取相应的安全技术措施，达到文明安全施工条件。施工现场应按照公司程序文件的具体要求，完善各项安全防护措施，确保施工生产安全。

（三）职业健康

1. 施工现场应在易产生职业病危害的作业岗位和设备、场所设置警示标识或警示说明。

2. 定期对从事有毒有害作业人员进行职业健康培训和体检，指导操作人员正确使用职业病防护设备和个人劳动防护用品。

3. 特种作业人员必须持证上岗，按规定着装，并佩戴相应的个人劳动防护用品。对施工过程中接触有毒、有害物质或具有刺激性气味可被人体吸入的粉尘、纤维，以及进行强噪声、强光作业的施工人员，应佩戴相应的防护器具（如护目镜、面罩、耳塞等）。劳动防护用品的配备应符合《个体防护装备选用规范》GB 11651—2008 规定。施工人员配备安全帽、安全带及与所从事工种相匹配的安全鞋、工作服等个人劳动防护用品。

4. 施工现场采用低噪声设备，推广使用自动化、密闭化施工工艺，降低机械噪声。作业时，操作人员应戴耳塞进行听力保护。

5. 高温作业时，施工现场配备防暑降温用品，合理安排作息时间。

（四）卫生防疫

1. 施工现场员工膳食、饮水、休息场所应符合卫生标准。

2. 宿舍、食堂、浴室、厕所应有通风、照明设施，日常维护应有专人负责（劳务队设置专人负责）。

3. 生活区应设置密闭式容器，垃圾分类存放，定期灭蝇，及时清运。

4. 施工现场应设立医务室，配备保健药箱、常用药品及绷带、止血带、颈托、担架等急救器材。

5. 施工人员发生传染病、食物中毒、急性职业中毒时，应及时向发生地的卫生防疫部门和建设主管部门报告，并按照卫生防疫部门的有关规定进行处置。

6. 保证措施

（1）定期组织绿色施工教育培训，增强施工人员绿色施工意识；定期对施工现场绿色施工实施情况进行检查，做好检查记录。项目部由劳资部门组织对进入施工现场的所有自有员工、工程承包单位的领导及所有施工人员进行绿色施工知识及有关规定、标准、文件和其他要求的培训并进行考核，特别注重对环境影响大（如产生强噪声、产生扬尘、产生污水、固体废弃物等）的岗位操作人员的培训，以保证这些操作人员具有相应的环保意识和工作能力，对职工未通过考核者不得上岗。

（2）在施工现场的办公区和生活区应设置明显的有节水、节能、节约材料等具体内容的警示标识,并按规定设置安全警示标志。

(3)管理人员及施工人员除按绿色规程组织和进行绿色施工外,还应遵守相应的法律、法规、规范、标准、江苏省和集团的相关文件等。

(4)公司负责每季度一次的绿色施工实施情况大检查和绩效的监视测工作,及时收集整理汇总各种上报资料,督促各分公司、项目部绿色施工的正常运转。

(5)项目部经理是项目环境管理的第一责任人,各管理人员负责实施、检查、监督本项目部的施工全过程的绿色施工管理,每月开展一次大检查,每半月一次的绿色管理实施情况 检查和绩效的测量、监测工作,同时做好相关记录。

(6)凡违反环保制度屡教不改的人视情节轻重给予200~2000元不等的罚款。

三、绿色施工过程中遇到的问题

我公司在推进建筑工程绿色施工方面取得了初步成效,但仍遇到了一些较为突出的难以解决的问题,包括绿色施工推进深度和广度不足,概念理解多、实际行动少,管理和技术研究不够深入等。

(一)建筑材料和施工机械尚存在很多不绿色的情况

建筑材料和施工机械的绿色性能评价和使用,是实现绿色施工的基本条件。目前,我国工程施工所采用的材料和机械种类繁多,但对建筑材料和施工机械的绿色性能评价技术和标准尚未形成;现阶段使用的大部分施工设备仅能满足生产功能要求,其耗能、噪声排放等指标仍比较落后。

(二)许多现行施工工艺难以满足绿色施工的要求

绿色施工是以节约资源、降低消耗和减少污染为基本宗旨的"清洁生产"。然而目前施工过程中所采用的施工技术和工艺仍是基于质量、安全和工期为目标的传统技术,缺乏综合"四节一环保"的绿色施工技术支撑,少有针对绿色施工技术的系统研究,围绕建筑工程的地基、基础、主体结构、装饰、安装等环节的绿色技术研究多处于起步阶段。

(三)资源再生利用水平不高

工程施工产生大量的建筑垃圾。据统计,建筑垃圾在我国利用率不足15%,而欧盟、韩国等国家已达90%。另据统计,我国每年新建面积约18亿m^2,如果其中有10%需进行基坑工程降水,则全国每年地下水抽排量达380亿~1200亿m^3,

相当于流失了30个北京市年总用水量（约36亿m^3），地下降水施工的无序状态使我国水资源紧张的情况更为加剧。

（四）市场主体职能不明确，激励机制不健全

市场主体各方对绿色施工的认知尚存在较多误区，往往把绿色施工等同于文明施工。政府、投资方及承包商各方尚未形成"责任清晰、目标明确、考核便捷"的政策、法规和促进实施体系，使绿色施工难以落实到位。同时，我国尚缺乏绿色施工推进的激励机制。即使有建筑企业具有推进绿色施工的热情，然而在成本控制的巨大压力下，也只能望而却步，阻碍了绿色施工推进。

（五）工业化和信息化施工水平不高

工业化和信息化是改造传统建筑业和提升绿色施工水平的重要途径。我国建筑业工业化水平不高，产品质量受环境影响较大，现场湿作业量大，工人作业条件较差，劳动强度较大；信息化施工推进步伐较慢，目前尚处于艰难求索阶段。这些均已成为阻碍绿色施工绿色建筑往纵深推动和发展的重要难题。

四、推进绿色施工纵深发展的有关建议

建筑业推进绿色施工面临的困难和问题不少。因此，迅速创造全行业推进绿色施工的良好局面，是摆在政府、建筑行业和我们企业面前迫切需要解决的问题。绿色施工不能仅限于概念炒作，必须着眼于政策法规保障、管理制度创新、四新技术开发、传统技术改造，促使政府、业主和承包商多方主体协同推动，方能取得实效。

（一）进一步加强绿色施工宣传和教育，强化绿色施工意识

世界环境发展委员会指出：未能克服环境进一步衰退的主要原因之一，是全世界大部分人尚未形成与现代工业科技社会相适应的新环境伦理观。在我国，建筑业从业人员虽已认识到环境保护形势严峻，但环境保护的自律行动尚处于较低水平；同时，对绿色施工的重要性认识不足，这在很大程度上影响了绿色施工的推广。因此，利用法律、文化、社会和经济等手段，探索解决绿色施工推进过程中的各种问题和困难，广泛进行持续宣传和职工教育培训，提高建筑企业和施工人员的绿色施工认知，进而调动民众参与绿色施工监督，提高人们的绿色意识是推动绿色施工的重中之重。

（二）建立健全法规标准体系，强力推进绿色施工

对于具体实施企业，往往需要制定更加严格的施工措施、付出更大的施工成本，才能实现绿色施工，这是制约绿色施工推进的主要原因。绿色施工在部分项目进行试点推进是可能的；但要在面上整体、持续推进，必须制定切实措施，建立强制推进的法律法规和制度。只有建立健全基于绿色技术推进的国家法律法规及标准化体系，进一步加强绿色施工实施政策引导，才能使工程项目建设各方各尽其责，协力推进绿色施工；才能使参与竞争者处于同一基点，为相同目标付出相同成本而竞争；才能解决推进过程中的成本制约，促使企业持续推进绿色施工，实现绿色施工的制度化和常态化。

（三）各方共同协作，全过程推进绿色施工

系统推进绿色施工，主要可从以下几方面着手：（1）政策引导，政府基于宏观调控的有效手段和政策，系统推出绿色施工管理办法、实施细则、激励政策和行为准则，激励和规范各方参与绿色施工活动。（2）市场倾斜，逐渐淘汰以工期为主导的低价竞标方式，培育以绿色施工为优势的建筑业核心竞争力。（3）业主主导，工程建设的投资方处于项目实施的主导位置，绿色施工须取得业主的鼎力支持和资金投入才能有效实施。（4）全过程推进，施工企业推进绿色施工必须建立完整的组织体系，做到目标清晰、责任落实、管理制度健全、技术措施到位，建立可追溯性的见证资料，使绿色施工切实取得实效。

（四）增设绿色施工措施费，促进绿色施工

推进绿色施工有益于改善人类生存环境，是一件利国利民的大事。但对于具体企业和工程项目，绿色施工推进的制约因素很多，且成本增加较大。因此，借鉴"强制设置人防费"的政策经验，可由政府主管部门在项目开工前向业主单位收取"绿色施工措施费"。绿色施工达到"优良"标准，将绿色施工措施费全额拨付给施工单位；达到"合格"要求，可拨付70%；否则，绿色施工措施费全额收归政府，用于污染治理和环境保护。这项政策一旦实施，必将提升绿色施工水平，改善生态环境。

（五）开展绿色施工技术和管理的创新研究和应用

绿色施工技术是推行绿色施工的基础。传统工程施工的目标只有工期、质量、安全和企业自身的成本控制，一般不包含环境保护的目标；传统施工工艺、技术和方法对环境保护的关注不够。推进绿色施工，必须对传统施工工艺技术和管理技术进行绿色审视，依据绿色施工理念对其进行改造，建立符合绿色施

工的施工工艺和技术标准。同时，全面开展绿色施工技术的创新研究，包括符合绿色理念的四新技术、资源再生利用技术、绿色建材、绿色施工机具的研究等，并建立绿色技术产学研用一体化的推广应用机制，以加速淘汰污染严重的施工技术和工艺方法，加快施工工业化和信息化步伐，有效推进绿色施工。

事实证明，低碳环保进行绿色施工不仅是时代发展的趋势，是环境保护的需要，更是企业发展的强大竞争力。在各级主管部门的正确领导下，在省协会大力支持下，我公司将继续苦练内功，砥砺前行，在绿色施工理念、技术、管理等方面锐意进取，打造品牌，早日走出一条独具特色的绿色施工发展之路。

（张玉柏　江苏省建筑行业协会副会长、江苏江都建设集团有限公司董事长）

强化风控　计划先行　多方协作　有效落实
——关于总包企业工程价款结算工作的现状分析及建议

曹德荣　王勇　蒋贵涛　徐立翠　任德宇

工程价款结算是建筑施工企业的核心工作之一，其重要性不言而喻。建筑施工企业要想在日益激烈的市场竞争中脱颖而出，工程价款结算的成败至关重要。因此，2017年11月24日，《江苏省政府关于促进建筑业改革发展的意见》（以下简称"省151号文件"）对于规范工程价款结算提出了专项的指导性要求。

当前的建筑市场，政府投资项目由于审计程序繁多、流程冗长，工程款结算并不能及时完成。而对于民营房地产公司投资的项目，其高负债率的现状使得建筑施工企业的资金风险也随之加大；加之政府调控力度的不断加码，使得市场对于房地产行业后期的走势不容乐观。面临诸多不利因素，处于产业链下游的建筑施工企业，近期尤其需要进一步提升自身的风险意识，也完全有必要对结算项目进行一次梳理，并制定相关的统筹策划方案，做到"计划先行"，将工程价款的结算工作前置，明确责任并严抓落实。

下面，笔者就所在企业在工程价款结算工作中所面临的困难及阻力进行了简要分析，并从总承包施工企业的视角提出具体的可行性建议及方案。

一、工程价款结算现状

（一）调研的主要项目

这次调研项目主要为笔者所在集团公司江苏省南京，扬州、苏州、泰州等区域内部分代表性结算项目的情况代表性（详见表1）。

省内结算项目情况汇总表　　　表1

序号	项目名称	业态性质	合同金额	资金来源	工程竣工时间	结算上报时间	结算核对情况	备注
1	项目A	公建	2.10亿	国有	2016年06月	2017年12月	进展中	
2	项目B	公建	5.31亿	国有	2016年05月	2017年11月	进展中	

续表

序号	项目名称	业态性质	合同金额	资金来源	工程竣工时间	结算上报时间	结算核对情况	备注
3	项目C	公建	9.28亿	国有	2017年12月	2018年06月	进展中	PPP项目
4	项目D	公建	1.28亿	国有	2017年10月	2017年10月	已完成	
6	项目E	公建	3.80亿	自筹	2015年01月	2018年09月	进展中	
5	项目F	住宅	1.02亿	自筹	2017年12月	2018年05月	进展中	
7	项目G	住宅	1.37亿	自筹	2018年09月	2018年08月	进展中	分阶段结算
8	项目H	住宅	1.10亿	自筹	2018年08月	2018年09月	筹备中	大预算在核对量

（二）工程价款结算工作中主要问题及制约因素

1. 在前期阶段缺乏统筹策划，使后期的结算工作较为被动

按照行业内的惯性思维模式，通常将工程竣工结算定义为项目管理中的最后一道流程。事实上，工程价款的结算工作贯穿于招投标、合同签订阶段，合同履约阶段和后期竣工结算这三大主要阶段，其实质是一项系统工程。在本次调研中，有相当一部分结算项目并不能提前对结算工作进行策划，或者虽然制定了相关的策划但并未真正实施落地。哪些费用一定要计取，哪些费用可以争取，哪些费用对项目结算结果没有太大影响……所有的类似的问题都需要提前进行系统、周密、详细地策划。在前期阶段无统筹策划，缺乏与业主进行必要的相关沟通，使得后期结算工作较为被动。

2. 近阶段对政策性影响而导致的造价风险预估不充分

在党中央"绿水青山就是金山银山"的生态文明建设的指导性纲领下，各地政府对于环保的管控力度日趋提高。受此调控政策的影响，建筑材料近两年呈波动上涨趋势。特别是2017年11月底12月初，建筑钢材、混凝土、水泥、沙石、砌块、防水等材料均出现了一波"价格跑风"的现象，使得在建工程造价出现了严重的造价上的收支不平衡现象。本次所调研的"项目G"适逢2017年底的"价格跑风"，目前已进入竣工结算阶段，对于主材的补差方案甲乙双方仍在洽谈中，其过程十分困难，客观上也影响了结算工作的进度。

3. 过程文件缺失或不合规的现象较为普遍

本次所调研的工程项目中，或多或少都存在技术经济资料签署的不规范、不完善现象。此现象的产生往往是多方面因素所致，并不能简单归结为某一方的责任。由于发包人、监理人和承包人在施工过程中对技术经济资料签署的不规范、不完善，在工程竣工后无法建立完整的工程资料档案并按要求报送工程结算资料，很多资料的真实性、有效性需要进一步鉴定，是造成工程结算时间

过长的客观原因之一。

4. 对于合同含义、计量及计价原则等方面存在理解上的分歧

由于建设项目的复杂性、招投标阶段对于合同条款研究洽谈不充分以及建筑施工企业在市场中处于劣势的现状等诸多因素，拟定的合同条款往往不严谨、不完备，有些合同条款内容含糊不清，导致双方对合同的理解不一致，造成施工单位在工程价款结算工作中往往较为被动。

5. 业主方具有单方面拖延结算时间的倾向

建筑行业内，工程"干一年，算三年，结账又三年"的现象屡见不鲜。当然，究其原因，是多方面因素共同导致的。在市场经济体制下，不管是发包方还是承建方，其都以争取自身企业利润最大化为根本目的，双方在经济利润上也就变得斤斤计较。从本次调研的项目已不难看出，对于一些投资商，特别是一些民企开发商，其竣工结算的周期较长，明显存在有故意拖延之嫌。

6. 商务人员资源紧缺，且工作积极性不高

在当下，本行业更多的商务造价人员偏爱于业主方、造价咨询公司，建筑施工企业对商务造价人员的"吸引力"相对缺乏，因而也最为被动。可以预见的是，今后相当一段时间内，这一现象将愈演愈烈。建筑施工企业商务造价人员数量紧缺、工作积极性不高，也是制约结算工作的重要因素之一。

二、对于建筑施工企业推动工程价款结算工作的建议

建筑企业必须着眼于市场现状，建立健全以预控为核心的全过程管理体系，以便有效推进工程价款结算工作。同时需要培养全员成本效益意识，计划先行，过程管控，将竣工结算工作的时间前置，工程结算贯穿施工的全过程。对于项目的管理应以效益为目标、以预控为手段，提升全过程管控的质量。

1. 做好结算策划，加强风险预控

项目结算前，由公司层面组织项目部、造价、劳务、财务、材料及设备等相关部门进行成本分析，对各主要因素进行量价分析。最终，根据分析结果确定结算策划，抓重点，定措施，以规避结算中潜在的各项风险，确保工程价款结算工作的顺利推进。

2. 计划先行作保障，明确职责分工

以项目部为主体，按照"计划先行、成本预控"的主导思路，策划以项目效益为目标的管理方案。梳理工程结算工作的主要工作节点，明确责任人。在规定时间内，相关责任人其职责范围内的工作如未能完成，公司可暂停其岗位安排。

3. 强化资料管理，提高结算效率

建筑施工企业如何减少或避免工程结算中的纠纷，如何在纠纷中占据有利地位，从而提高结算工作的效率？这就需要本企业所提供的过程资料完整且合规，对于实施项目的各类资料，包括各类设计变更、工程联系单、会议纪要、双方往来的有效函件等，必须做到文字严谨、表达到位、手续齐全且真实有效。

4. 做好分阶段结算，规避结算风险

在条件允许的情况下，积极做好分阶段结算，能有效缩短结算时间，促进项目顺利实施及提高效益，并能在一定程度上缓解企业资金压力。再者，通过分阶段结算可以让一些合同理解上的纠纷、计量计价准则中的分歧提前暴露，以便企业提早寻求解决方案、规避结算风险。

5. 合理运用法律武器，打破僵局

分歧难免，关键是要想办法解决。建筑施工企业要牢固树立维权意识，如遇业主没有按合同履约，必要时可以果断出手，安排相关部门及时收集整理相关的资料，通过正规的法律途径打破僵局，促使业主方按合约解决，以加快工程结算工作的进度。

6. 配备合理的绩效考核制度，调动造价人员的积极性

行业的发展对造价人员自身的工作业务能力和要求有了很大的提升，加之清单计价模式的推广以及定额的改版细化，造价人员的工作量成倍增加，其岗位价值也已有了本质的提升。与此同时，我国大多数建筑企业仍处于粗放型管理，普遍存在着"重施工，轻商务"的惯性思维。因而，梳理并优化针对造价人员的绩效薪酬制度，从根本上调动造价人员的工作积极性，应当作为当前建筑施工企业的一项重要工作。

三、对于政府相关职能部门规范工程价款结算工作的几点建议

在随着市场体制的本质改变，在定额计价到清单组价模式的发展进程中，政府相关的职能及角色也发生了根本性的蜕变。虽然当下，政府相关部门发布的人工、材料及机械的指导价的行政干预力度已经弱化；但在某些问题上，市场还需要政府相关部门积极发挥指导作用。再者，工程价款的结算规范工作是需要多方共同推进的，其中也离不开政府相关部门的指导性作用。

（一）改革人工单价形成机制，逐步与市场用工价格接轨

随着人工单价的逐年提升，人工费所占造价的比重已从十年前的15%～20%提高至当前的23%～28%。而且随着我国人口红利的逐步消失，人工费占工程

总造价的比重还将进一步提高。因而当前及今后相当一段时间内，人工价格的波动对造价利润的影响作用将加大。以本企业两个项目为例，了解一下从2017年底至2018年7月份这半年来扬州地区的劳务市场价格的变化情况（详见表2）；表3则是同期扬州地区政府相关部门公布的定额人工指导价。

从表2、表3统计数据中不难看出，建筑市场定额人工指导价并不能及时反映实际劳务市场价格情况。2018年6月份由于用工资源紧张的原因，导致劳务市场价格的大幅上涨，此现象在长三角地区乃至全国其他诸多地区均有所体现，相信所有总包单位都深有感触。"省151号文件"中也对人工单价的机制改革提出了指导性要求。改革人工单价形成机制，逐步与市场用工价格接轨，应当是当前行业主管部门的研究重点之一。

在建两项目主要劳务用工的对比（2017年12月与2018年07月） 表2

项目	业态概况	劳务合同签订时间	瓦工（元/m²建筑面积）	木工（元/m²接触面积）	钢筋工	
					地下部分（元/t）	地上部分（元/m²建筑面积）
项目A	高层、多层住宅，总建筑面积7.4万m²	2017年12月	150.55	34.00	646.25	40.13
项目B	高层、多层住宅，总建筑面积11.3万m²	2018年07月	157.93	45.15	736.80	45.30
增长幅度	——		4.90%	32.79%	14.01%	12.88%

同期扬州地区的政府相关部门公布的定额人工指导价 表3

内容	一类工	二类工	三类工
2017年9月份	94	90	85
2018年3月份	96	92	87
增长幅度	2.1%	2.2%	2.3%

（二）严控项目"施工工期"，强化"结算完成工期"的执行力度

发包方在项目立项、招投标阶段就已经确定了工期，其工期要求往往都很紧迫，当前"压缩工期、早投产运行"已成为大多数投资方管控的首要因素之一。不合理的压缩工期现象，并不仅仅只是对项目的施工质量产生影响，它也将成为制约工程价款结算工作有序推进的不利因素之一。在这种"高周转"的节奏模式下，现场赶工现象频繁发生，人员精力多半投入到现场施工中，而对于过程文件（尤其是经济性文件）的申报审批程序就会疏于管理。期间，

项目也就很容易出现签证单不及时、程序不合规、文件质量差、内容失真等一系列问题。在项目管理过程中，该不良现象的发生较为常见，且非单方一己之力能有效解决，需要相关方积极配合。

对于工程价款的结算时间要求，在"省151号文件"中规定：严格执行发包人与承包人完成竣工结算核对并签字确认的时间，工程竣工结算报告金额1亿元以下的，不超过90天；金额1亿元以上的，不超过180天；核对时间超出规定期限时，按合同约定从超出之日起计付银行同期贷款利息。其实，在之前政府相关文件也有类似的相关的结算时间要求，但在执行上缺乏有效监督，未能有效落地。

以施工质量的管控要求为根本，从规范结算工作要求出发，如何真正有效地严控项目施工工期，强化工程价款结算完成时间的执行力度，并如何让政策切实落地并有效执行？需要政府及相关方集思广益，并增补切实有效的配套的落实方案。

（三）对于一些新技术、新工艺需要相关部门及时增补调整消耗量定额

自去年，我省已推广PC预制装配式建筑，尤其是从2018年7月1日之后其推广执行力度加大。然而现行的配套定额只服务于装配率≥30%的项目。而去年至今我省目前所推广的新三板PC项目，装配率大多小于30%，即并不符合装配式工程定额执行要求，这一点让许多建筑施工企业很是无奈。另外，对于推广中的铝制模板，也没有配套的指导性定额。建议政府相关部门对于此类推广的新技术、新工艺能有针对性地增补调整指导性的消耗量定额，减少将来的结算分歧。

四、结束语

建设工程价款结算是实施建设项目管理、确保承发包双方权利义务实现的重要环节之一，是一项较为复杂且系统性强的过程，需要工程实施主体的多方协作，当然也离不开政府及相关部门的指导。

（曹德荣　江苏省建筑行业协会副会长、江苏扬建集团有限公司董事长；王勇　江苏扬建集团有限公司分公司副经理，蒋贵涛　办公室主任，徐立翠　分公司总经济师，任德宇　项目工程师）

装配式建筑——预制混凝土部品构件装配式建筑

倪道仁　印新华　张明乔

实现中华民族伟大复兴之梦，是每个中国人心中的梦。对时下的建筑企业而言，就是在现代化的进程中尽快实现"装配梦"。中兴建设有限公司倪道仁董事长平常喜欢琢磨智能建造、智慧工地、BIM 等建筑新技术，他曾带领泰兴的"泥腿子们"，通过"大庆造梦"和"深圳速度"，在近乎原始的"北下南上"的艰苦努力下，炼成了泰兴建筑今天的成就和地位。走建筑产业化之路，一直是中兴建设人心中的一个挥之不去的情结。由于我国特定的社会历史条件，这条路走起来并不那么容易。

一、中国的装配式起步较晚，与世界先进国家相比差距较大

1968 年，日本便开始提倡住宅产业化，经过 50 年发展，住宅产业化已经在日本广泛普及。中国实际上是从 1992 年才开始研究住宅产业化。1999 年，国务院办公厅颁发了《关于推进住宅产业现代化提高住宅质量的若干意见》，吹响了我国住宅产业化的号角，同年 4 月 29 日，建设部颁发《商品住宅性能认定管理办法》，7 月 1 日实施。2005 年建设部与国家质量监督总局发布《住宅性能评定技术标准》，2006 年 3 月 1 日开始施行，从住宅性能认定角度对企业走住宅产业化之路进行鼓励和引导。2006 年 6 月 21 日，建设部颁布《国家住宅产业化基地实施大纲》，要求住宅产品必须向标准化、系列化、规模化、产业化、模块化和通用化发展，为工业化住宅建筑体系奠定较好的物质基础。2016 年 10 月 10 日，中共中央国务院《关于进一步加强城市规划建设管理工作的若干意见》提出，力争用 10 年左右时间，使装配式建筑占新建建筑的比例达到 30%。住房城乡建设部《建筑产业现代化发展纲要》则明确要求，到 2020 年，装配式建筑占新建建筑的比例 20% 以上，到 2025 年，装配式建筑占新建建筑的比例 50% 以上。据不完全统计，2015 年，全国新开工的装配式建筑面积仅为 3500 万～4500 万 m^2，近 3 年新建预制构件厂数量为 100 个左右。随着近四十年改革开放的发展，中国经济已经跃升世界第二，大势所趋，作为国家支柱产业之一的建筑业，到了必须下决心改革的时候了。装配式施工并不仅仅是建筑

方式的改变，更重要的是其切合了环保、节能、高效的世界建筑发展潮流。随着建筑工业化的深入推进，一些更为严格的要求也在紧锣密鼓地跟进，装配式与精细化难分难舍。中国建企的"装配梦"，说起来有些姗姗来迟。

二、推进装配式是公司提升市场地位的重要选择

随着我司市场版块的进一步充实，项目触角进一步深入，以及建筑新技术、新工艺、新材料的不断应用，我们正面临重大考验。从行业整体发展态势来看，我国传统的"人海战役式"的粗放建设模式与国际上通行的精细化管理模式形成反差；见怪不怪的我国建筑施工现场脏乱差与世界建筑的低碳排放、低污染、低影响的绿色低碳趋势形成反差；高楼林立却千篇一律与追求艺术个性的建筑形成反差。应该说，先进管理方式直接影响着国家建筑品质的提升，影响着行业的发展进步。要想"中国建造"走向世界，必须使我国的建设组织方式有较大的突破。而由传统建筑向现代建筑转型，既是国际建筑行业的主流趋势，也是我国建筑业可持续发展的必由之路。从公司自身的实际来看，我们学习和引进先进施工技术一般比较容易，但要全面实施先进的建设方式和管理方式则比较困难，这既跟我们各区域公司的承载力及经济实力有关，也跟业已形成的思维定式及施工手段有关。而这，恰恰是公司实施现代化战略需要重点解决的问题之一。没有超前意识的企业是走不远的，只具备超前意识但不去先行先试的企业，也是走不远的，只有那些敢为人先，科学决策，砥砺前行的企业，才能致远，才能圆梦。建筑现代化不仅是我们提升市场地位的必然选择，也是我们抢占市场制高点的唯一选择。是必由之路，也是唯一出路。对此，我们不能抱任何幻想，更不可以观望等待。

三、我们推进装配式建筑起步较早，目前采购PC构件或向具自主知识产权的装配技术迈进

在倪董事长的积极推动下，公司相关部门，相关单位，多次组织人员学习、研究装配式。此举不仅提高了管理层认识，更重要的是让各级管理者明确，今后的每一个工程项目，都必须符合标准化设计、工厂化制作、装配化施工、一体化装修、信息化管理的要求。此后，就设计、生产、运输、吊装、施工、装修等环节的协同配合等方面的研究进一步深入。这几年，我们与万科等大型房企建立了良好的合作关系，开始涉足装配式施工。作为国家首批特级资质企业，公司于2012年在北京首次承担装配式结构的项目建设，项目（新里程家园）

位于北京市房山区长阳镇，由北京京投万科投资兴建，项目总建筑面积 104566m²，分为两个标段同时施工，其中装配式结构建筑面积约 60000m²。项目装配率为 65%，装配式构件包括外墙板、内墙板、叠合板、预制楼梯、预制阳台、预制装饰板等。该项目为北京市住宅产业化的试点项目，同时也是我司第一个装配式结构施工项目。项目签约后，我司立即抽调精干力量成立了技术攻关小组，先后赴沈阳、广州等装配式在施项目实地考察钻研，为项目实施奠定了坚实的基础；技术攻关小组在项目实施期间，快速处理现场出现的问题的同时，提出了合理化的技术改进建议；同时，在政府主管部门尚未出台装配式结构验收规范的条件下，我司技术小组编制了装配式结构施工的企业标准用于指导项目施工。该项目的顺利实施为装配式剪力墙体系的推进做出了巨大的贡献。项目实施期间，我司技术小组共获得实用新型专利一项，省级工法两项。项目还入选了中国建筑工业出版社出版的《中国建筑工业化典型案例集》。

该项目施工期间得到了行业主管部门、社会的高度关注和高度认可，芬兰议长携代表团和全国政协领导莅临项目参观交流；建设部领导、各省市住建委、国内各知名开发企业、中国建造师联盟等先后一百多批次莅临项目参观学习交流；江苏省驻京办组织在京施工企业代表 300 多人在项目召开 2013 年项目观摩会。

通过该项目的实施，我司以该项目的技术实施团队为基础，建立了公司级的装配式结构技术研发团队，并在全公司内部展开了多轮的技术培训，现已经在全国多地承建了装配式结构项目的施工任务。目前，公司在上海承接的多个项目，根据相关要求，也积极应用装配式建筑施工。（见表 1）

公司装配式施工项目一览表　　　　　　　　　　　　　表1

序号	项目名称	项目所在地	规模（m²）	项目装配率	现阶段状态
1	房山新里程家园 2 号楼等 5 项	北京	55094	65%	竣工
2	房山长阳镇水碾屯村改造一期 10-03-21 地块 1 号住宅楼等 12 项	北京	49472	65%	竣工
3	紫云家园 03-5-07 地块 2 号住宅楼等 31 项	北京	94941	65%	竣工
4	金山工业区牛桥港以西、九工路以南地块商品房项目一标段	上海	37062	32%	竣工
5	闵行区华漕镇 MHPO-1402 单元 41-02 地块办公楼	上海	92065	32%	在建
6	新建华漕镇 MHPO-1402 单元 35-01 地块办公楼	上海	48394	32%	在建
7	金山工业区牛桥港以西、九工路以南地块商品房项目	上海	107673	32%	在建
8	新建洞泾 06-01 地块商品房住宅项目	上海	65100	32%	在建
9	杨浦区新江湾城 D7 地块住宅项目	上海	238861	32%	在建

此后，公司的装配式施工实践在天津、上海、重庆等市场上有所收获，但合作模式仅仅是购买构件，自己并没有能力生产构件。投资 PC 基地，成为当务之急。中兴兆元绿色建筑科技有限公司（以下简称"中兴建科"）应运而生，这是一家独立的绿色建筑科技有限公司，随着"中兴建科"PC 项目的一个个落地，目前，"中兴建科"已经在全国十多个城市布点，建立 PC 生产基地，已经形成一定的规模。

2017 年 4 月 18 日，中兴建科跟江苏仪征经济开发区正式签约成立"扬州中兴绿色建筑科技有限公司 PC 建筑构件生产工厂"。中兴建设有限公司总经理、中兴建科董事长倪旸与仪征市副市长刘春华，仪征经济开发区管委会主任刘长荣等共同主持签约仪式。该项目被列为仪征市 2017 年重点招商项目，项目投资规模初步预计一个亿。这一项目的实施，既是中兴建设有限公司推进装配式建筑发展，推动建筑施工方式变革、保障工程建设质量安全、促进建筑产业转型升级的重要举措；又是促进建筑业与信息化工业化深度融合、培育新产业新动能、节约资源能源、减少施工污染、提升劳动生产效率的有益尝试；也是公司正式进军建筑工程装配式生产行业、建筑全产业链形成的一个标志。2017 年 6 月 6 日，"中兴建科"又在昆山筹划建厂，淮安的工厂也在紧锣密鼓运作之中，这几家基地建成投产之后，不仅满足公司华东市场需要，还将帮助本地建企加快发展。同时，也将对"中兴建科"区域市场产生重大影响。目前，徐州、泰兴虹桥、金坛等地的 PC 工厂项目正在筹备之中，这标志着"中兴建科"PC 板块的日趋成熟，这也将带动当地相关产业的发展。在"中兴建科"的引领下，当前，装备式施工已在中兴建设有限公司全面推开，承接项目中 PC 结构的比例在提升，更重要的是，PC 率也在不断提高，如南京新城 G60 青龙地铁小镇项目三标段 PC 率 35%；信达泰禾上海院子项目 PC 率 40%；青浦新城胜利路项目 PC 率 40%；江都碧江名苑项目 PC 率 60%；宝山区罗店镇老镇区 C5—5 地块项目 PC 率更是达到了 70%。

2018 年 4 月 25 日上午，犀点装配式建筑城市路演活动在锦绣苏城举行，"中兴建科"总经理田军、中兴建科总工程师朱启林受邀参加该活动。活动结合苏州当地实际发展情况，通过苏沪双城联动，为苏州市进一步推动装配式建筑提供适宜的解决方案。4 月 25 日上午的技术交流会上，朱启林工程师就"中兴建科"的上海院子项目进行了典型"三板"项目案例分享。案例共分九个版块，首先，他向与会嘉宾分享了上海院子项目概况，指出主要 PC 构件（三板）为 PC 墙板、PC 叠合板、PC 楼梯，单体 PC 率为 40%，最大 PC 面积 $7.8m^2$，重 4.88t。其次，他对大型机械及堆场布置进行了简要概括并从进场通知、进场验收、构件卸车、吊装检查、构件吊装、封堵灌浆和支撑拆除方面介绍了 PC 构件安装施工总控流程；再次，朱启林工程师展示了标准层施工工艺流程并对标准层PC构件吊运数据进行了精准而科学的数据分析；接着，他阐述了标准层实际施工进度情况；随后，他对PC构件项目构件安装进度进行了因果关联分析，指出制约PC项目构件安装进度的因素包含蓝图修改、深化设计、模具加工、构件预制、运输堆放、PC装卸、PC安装、注浆、塔吊性能和安装人技能十个方面并对PC项目管控要点作了剖析，最后，朱启林工程师对PC构件项目与现浇结构项目进度进行了比较探讨，指出PC构件项目优势同时列出了PC项目施工管理要点。4月25日下午，与会嘉宾参加了项目讲图会、专题研讨会、自由交流、现场展示企业互动等活动。4月26日，应邀人员了解了装配式技术要点并参观了PC项目实施工法楼及施工现场。这些活动通过优质PC构件企业间的优质高效技术交流与智慧融合，对塑造中兴建科品牌形象、提升中兴建科的品牌影响力具有显著的推动作用。

目前，"中兴建科"在建PC项目近30个，自有装配式构件厂房8个。

四、问题、困难与建议

目前，我司在工厂化生产、装配式施工方面还存在一些问题，仍面临较大困难，一是专业技术人才欠缺，如装配式深化图设计人员很少，而设计院设计出的深化图，到了工厂后无人复查及优化。再如，设备维修人员奇缺，装配式工厂里各种设备较多，设备经常出现问题，因为没有自身的专业设备修理人员后，一般要等生产厂家来人，或请外面的专业维修人员维修，耽误时间较长，影响了生产进度。二是与装配式配套的各种零配件生产厂家较少，造成零配件成本较贵，购买时间较长，影响了正常的生产。三是专业安装人员较少，有的工地因为还没有配全安装人员，只能让木、瓦工代替，安装质量得不到保证。因此，加强从业人员业务培训，提高自身素质，使用信息化管理平台等降低工程造价已经成为我们的这项工作中的当务之急。

中国的工厂化生产装配式施工事业，不能只靠施工企业去实施，政府、行业都应积极推动，加以规范，为此，我们诚请政府和行业主管部门，一是要根据市场需求批建装配式生产厂家，不能一哄而上，或无限制批准，否则，会造成产能过剩，浪费资源。二是要尽快出台户型标准化图集，以便提高模具的周转次数，降低工程造价。另外，建议别墅及6层以下住宅不要使用装配式建筑。目前，装配式工程造价较普通现浇混凝土贵30%左右，主要原因是国内设计没有标准户型，各设计院尺寸都不一样，装配式钢模具基本是用一个工程就结束，如果是高层再加上工期允许，模具可以用60次以上，如果是别墅或洋房，只能用几次或十几次，模具摊销费很大。行业层面，应尽快制定行业标准，组织培训相关人员，提高从业人员业务水平。

去年，经省住建厅评审，公司入选"江苏省首批装配式建筑施工企业名录"，意味着公司将全面进军装配式市场。今后，我们将继续助推企业转型升级和高质量发展，为"中国建造"走向世界，使公司成为建筑强企而努力奋斗。

（倪道仁　江苏省建筑行业协会副会长、中兴建设集团有限公司董事长；印新华　中兴建设集团有限公司党委副书记，张明乔　董事长秘书）

实施质量全过程控制　推进企业高质量发展

蔡永进　刘荣君　施晓东

江苏广宇建设集团有限公司成立于2001年，为国有独资企业。十多年来，我们始终坚持"追求尊荣至广，缔造经典玉宇"的企业精神，牢固树立"把握住开始，控制好过程；无一不重要，无处不细心"的质量观，建立健全质保体系，在施工过程中实施工程质量全过程控制，推进企业高质量发展。近年来，公司共创市级以上优质工程80余项，省级以上优质工程40余项，省级以上文明工地60余项，在工程质量全过程控制管理方面取得了一定的成绩，积累了一些成功的经验，有效增强了企业的核心竞争力。下面就我公司在质量全过程控制中的具体经验做法作简要介绍，以及针对我们在实际工作中遇到的问题提出相关建议。

一、在质量全过程控制管理中的经验做法

（一）建立健全集团公司质保体系。

质量全过程的控制离不开科学、完善的质保体系。我司在2009年通过了ISO体系论证，在日常生产管理过程中严格按照GB/T1900—ISO9000（质量管理和质量保证）系列标准进行质量管理。为了严格贯彻ISO9000系列标准，集团公司改革了原来的质量管理体系，将分公司的各个质量管理部门纳入集团公司对应部门管理，各分公司质量管理部门行政上受分公司负责人领导，职能上受集团公司领导，突出对各分公司的质量管理。驻外分公司虽然承担自营责任，但是必须接受集团公司的管控，集团公司逐渐从对各驻外分公司的服务功能向"服务+控制"转变，同时集团成立自营项目部，打破单一收取管理费做法，实行两条腿走路，为逐渐实现集团直营创造条件。集团质量管理部门包括总工办、质安部、工程管理部、设备、材料管理部等职能部门，从技术、质量的监管和机械设备、原材料的进场质量控制等各个方面详细制定公司管理制度、质量手册、程序控制文件，加强对施工现场关键和特殊部位的质量管控。质量管理组织架构形式见图1。

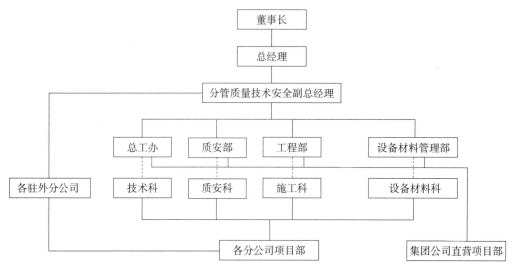

图1 质量管理组织架构形式

质安管理人员必须参与施工现场各分部分项、检验批质量的验收，对工程质量实行一票否决，直接对集团总部负责，形成集团总部—分公司—项目部的质量控制三级管理网络，将总部的质量管理链逐级、逐层、逐步地延伸至每个施工现场工程项目部。

好的质量管理体系的运行离不开完善的制度，因此集团制定了切实可行的质量管理制度。集团总部先后出台了《工程质量管理制度》《分公司质量管理考评办法》《施工现场管理规定》等规章制度，明确各质量管理部门的管理职责及权利，对各驻外分公司的质量管理提出了明确的要求，进一步提升企业管理水平，降低生产成本，提高技术水平和产品质量。我集团现有18个驻外分公司，主要分布在华东、华北、西北和西南地区。由于工程项目分布地区较广，发达地区和欠发达地区、大城市和小城市之间的质量管理水平表现参差不齐。为全面提高整体质量管理水平，总部制定了《分公司分级管理考评办法》，将驻外分公司按照经营业态分为一到三级分公司，其中明确将质量管理、工程创优列入考评要求中。质安部对分公司进行月度、季度、年度各项质量管理成果进行百分制考核，将考核结果及时公布在企业内刊上。依据相关政策加大对一级分公司的扶持力度，并对三级分公司实施关调并转制度，集团每年对考核处于倒数末两位的分公司都会进行关调和并转，因此极大地促进了分公司所属工程项目的质量管理，使得工程优良率能够得到稳步的提高。

合格的工程必须要有合格的项目部作保证，对施工现场项目部的建设也制定了详细的考评办法。近年来随着工程项目业务量的增加，项目部相应的管理人员越来越紧缺，工程人员资质挂证现象比较普遍，项目部管理人员可能绝大部分都是临时招聘，一旦项目完成，人员也就解散，这很不利于各分公司的经营及质量安全管理。因此集团制定了《项目部管理人员配备考评办法》、《项目经理绩效考核办法》等规章制度，组织开展合格项目部检查活动，对项目经理、技术负责人、中岗人员等岗位证书、履职能力、人员数量以及社保等均作了具体规定。对达不到合格项目部要求的项目，集团公司将对分公司进行处罚，直至停工。总部通过半年度、年度考核，对项目部在质量、安全、进度、成本、效益等方面进行综合评价，经过集团公司近两年的齐抓共管，现有 18 个分公司全年约 50 余个在建项目部基本都符合要求，管理人员满足了项目要求，保证了工程的整体质量水平。

（二）落实年度质量目标，强化激励机制

集团公司每年年初制定出详细的质量管理年度工作计划，并将质量目标作为重要的考核指标列入各驻外分公司及员工考核计划中。一、二级分公司必须确保"双一"目标，及一级分公司必须确保一个省级优良工程和一个省级文明标化工地，二级分公司必须确保一个市级优良工程和一个市级文明标化工地。为保证年度质量目标的实现，激发分公司创优热情，公司制定了《优质工程项目奖励办法》，对获得国优、省优、市优工程的分公司、项目部分别给予奖励。对积极创优夺杯的分公司，在后续工程的安排、财务资金的支持方面，给予照顾和倾斜，进一步提高了分公司创优的积极性。

为确保质量目标的顺利实现，集团与各级管理人员也层层签订目标责任状，明确责任人，采取基本工资加奖金工资的方式，要求全员、全过程参与工程质量管理，在管理的过程中坚持"管理制度的规范性、政策制定的延续性、激励机制的有效性"，确保全年的质量目标的实现。

集团公司每年组织各分公司质量管理人员对质量管理先进示范项目进行观摩学习，树立质量管理示范项目，将其作为向社会展示企业形象的窗口，促进各分公司之间的学习、交流，提高企业的整体质量管理水平。至今集团公司每年均保持 5~6 项省、市级优良工程，加强质量管理，争创优质工程的氛围已经在公司内部悄然兴起。

（三）不断提升质量管理技术人才素质

质量全过程管理离不开高素质的人才，高素质的质量管理人才是实现优质工程的保障。因此，总部历来注重对质量管理人才的培养和引进，始终将人才的积累放在第一位，每年从人才市场招录建筑专业大学生以及引进成熟的专业人才约 50 人次。总部对于管理人才的继续教育也是不惜重金，各级管理人员

参加省市级各项质量培训每年达百人批次，组织中岗及特种作业人员、中级工各工种培训达 300 人次，且每年呈 10% 左右的速度增加。建造师每年新增将近二十余人，中高级职称人员每年新增达 50 余人，极大地满足了工程项目的管理需要，保证了工程创优的人才需求。

为保证人才的建设，集团制定了《科技进步工作奖励办法》、《人力资源管理制度》、《员工薪酬管理制度》、《关于注册类人员管理规定》等一系列政策和办法，鼓励职工自我学习，提高自身素质，极大地调动了管理人员的工作积极性，也保证了人才队伍的稳定性。为更好地推进合格项目部创建活动，总部对各分公司所有中岗以上管理人员进行摸底、调查，对管理人员的证书、在岗情况、施工经历、履职能力、保险、职称等进行梳理。目前，总部已初步建立管理人员数据库。该数据库不仅规范了人才队伍管理，还有效提高了人才利用率。

为更好地与长期战略客户开展合作，保证"高、大、难、新"项目的顺利实施，总部根据管理人员数据库整合人才资源，组建了一批人员相对固定、架构比较完整、管理水平较高的"尖兵"项目部，专门负责实施航空、石油、医疗、教育等系统，以及保利集团、银基地产、中鼎建、上海达安等大型企业的工程项目，并取得良好的社会和经济效益。"上海大型客机研制保障条件建设项目二期总装厂房"工程、"陕西陕飞 658 号机加工车间"工程分别获得上海市"白玉兰"杯和陕西省"长安杯"省优质工程奖，极大地提高了企业品牌，提升了市场竞争力。

（四）不断提升科技创新能力

科技创新是保证质量创优的有效手段，是不断提升高质量工程的动力，同时也是企业持续发展的核心动力。集团总部坚持以"科技树立品牌、科技开拓市场、科技创造价值"为思想指导，坚持创新发展，为工程质量创优提供了源源不断的动力。总部以江苏省首批认定的"建筑企业技术中心"为依托，每年投入近千万元科技活动经费及大量的工程技术人员，同时也与东南大学等全国知名科研院所、高校合作，积极开展技术研发，推进科技成果产业化。相继取得了多项发明专利、实用新型专利以及 QC 成果、工法和行业标准。这些年，获专利 25 项，其中发明专利 2 项，实用新型专利 23 项，取得国家级工法 3 项，省级工法近 30 项；主编国家级、省级行业标准 3 项。所有的科技成果均在实际施工过程中提炼和发明，反之也保证了工程质量创优目标的实现。

近年来，随着信息技术以及 BIM 建筑技术的迅猛发展，集团总部积极推行数字化建造，践行工程实际管理，产生了良好的效益，并为高质量的工程管理创造了有利的条件。综合管理信息系统是集团总部根据自身具体实际情况开发的，通过视频监控系统、协同办公系统及项目管理系统三系统集成，实现"审批透明化、操作标准化、现场可视化"。通过各部门业务处理流程化和项目管理标准化，建立动态管理系统。通过流程化操作，能及时反映各个项目实时动态，达到过程控制、动态管理、信息共享和自动传递的目的。通过质量事故预警等各类预警系统，及时处理异常状态，实现风险动态控制。集团成立监控指挥中心，通过远程监控、视频会议、点对点视频等多个功能，实现项目远程可视化检查、整改及整改回复。该系统的应用，有效延伸总部管理链，实现了总部和分公司以及项目部的无缝对接，保证质量管理始终在良好的运行状态中。

BIM建筑技术的应用使得数字化建造成为可能。目前，我司已在多个项目中应用BIM技术，覆盖工程管理全过程，有力地提高了工作效率和管理水平。我司负责实施的"靖江市文化中心"项目，充分运用BIM技术来进行一系列的工程管理活动。该工程主体为钢结构工程，深基础施工、钢结构安装及室内外装修施工等工程质量要求高，具有专业繁多，管线复杂等特点。在项目实施过程中，全面应用BIM建筑技术，辅助会审设计图纸问题，提前发现设计错误达一千多处，其中重大碰撞问题达二百余处。同时，进行管线优化排布设计，大大减少施工中不必要的返工。利用BIM三维模型进行机电施工技术交底、钢筋重要节点技术交底、高大模板设计及施工技术交底。利用BIM技术进行现场土建、钢结构安装施工模拟，为最终确定科学合理施工方案提供有力的保证。目前，我司还在充分总结BIM技术应用的经验教训，不断积累，提高BIM人员素质，在未来的工程中能够得到充分应用，为工程高质量实施提供保证。

（五）成立劳务公司保证工程质量

建筑工程是靠建筑工人辛苦劳动建成的，高素质的建筑工人才能建出高质量的工程。目前建筑工人不但数量在减少，而且专业技能普遍缺乏，为了集团的良性发展，集团在2010年组建了自己的劳务公司，主要管理人员和持证人员约300余人，涵盖了电工、机械操作工、瓦、木、钢等各工种。劳务公司工种齐全，特殊工种全部持证上岗，能迅速适应"高、大、难、新"工程的建设。集团对劳务公司制定了相关的规章制度，建立健全相应的技工职业培训制度。每年进行劳动技能培训约百人次，每年举行一次青工技能操作比赛，发展和培养一批属于本公司的一线操作技术骨干，将有技术、肯吃苦、服管理的技工纳入公司编制，解决他们的后顾之忧，让他们能够安心为本公司服务。以此可带动一大批一线工人的学习热情，提高自己的操作技能。目前劳务公司已经承接了我集团公司每年约30亿的工程项目规模，既保证了劳务公司的迅猛发展，同时也确保了工程的质量安全，其中"新城花苑二期安置房工程（20万 m^2，框剪结构)"、"南京师范学院泰州学院图书馆"等工程相继获得泰州市优质工程"梅兰杯"和江苏省优质工程"扬子杯"。

(六)项目部工程质量全过程控制管理方面

建筑工程质量的全过程控制包括建筑工程施工事前、事中、事后控制三个阶段,我司各项目部坚持运用全面质量管理理论,积极推行精细化建造,在质量控制各个阶段制定一系列质量控制流程和检查评分细则,力求质量控制"精"在事前,"细"在过程中,真正做到"事事有人管,人人都管事",将"工程创优"行动落实到每一道工序中。

1."精"在事前。优质工程的实现离不开事前的质量策划。将质量目标进行分解,细化施工工序,明确责任人,坚持样板引路,确保质量计划和目标实现。由我司承建的"靖江市体育中心"项目,为靖江市重点项目,主体结构为钢结构,具有结构复杂、材料新颖、施工难度大的特点,质量目标为江苏省"扬子杯"。根据项目的特点,分别对地下室施工、主体结构、钢结构施工、装饰装修、幕墙工程等重要分部分项工程进行质量目标和标准进行详细的计划,将质量目标层层分解,制定具体的分部分项工艺流程和质量标准,同时将每一道工序标准的验收规定落实到具体人员,各道工序施工前做到有专人进行技术交底,工序验收专人负责,各工序之间做到有交接有签字,责任到位,奖罚分明。在该项目实施过程中针对各分部分项工程的质量管理,共制定二百余条工艺标准及验收规范,为了使工程技术和质量管理人员熟悉工艺标准和规范,由项目总工对管理人员进行培训学习,各级岗位管理人员必须熟悉了解本工程的各分部分项工程的质量要求和具体施工工艺标准和规范,考试合格后才能上岗。由于项目部的精细化管理,质量得到充分的保证,该工程获得江苏省2016年度江苏省"扬子杯"优质工程奖。

2."细"在过程。工程质量的管理过程就是对工程质量形成的每个要素的检查、整改、验收的循环过程。严格控制每道工序质量,将工程的质量通病消除在每道分部分项工程的工序之中是项目部在质量管理中的常态性工作。靖江市文化中心项目建筑面积约16万m^2,主体结构为钢结构,地上十层,地下一层。影视剧场部分跨度大、结构复杂,工程质量要求高,为靖江市地标性建筑,质量目标为"省优",争创"国优"。在施工过程中,项目部实行全面质量管理(TQC),针对项目的重点、难点、新材料运用等分别成立QC小组,由项目部技术负责人、施工员、质量员、工种质量员等组成。针对工程质量通病和可能发生的质量缺陷进行事先研究和预防,将质量通病消除于每道分项工程的工序中。同时,项目部总结以往工程项目的经验教训,编制《靖江市文化中心细部节点精细化实施指南》，涵盖了将近五十多个分部分项的工序节点，作为施工过程中对细部节点的处理依据。明确每个细部节点处理必须按照《实施指南》中的规定进行，质检人员也要按照《实施指南》的要求执行"三级检"。例如：靖江市文化中心工程的四个核心筒基础为劲性钢筋混凝土结构，基础底板1.7m，剪力墙厚度为1.1~1.3m，高度约7m，采用自密实混凝土浇筑，劲性钢结构和钢筋绑扎交错纵横，给施工带来了一定的难度。由于提前将该部分施工确定为重点难点部分，对该重点作了细致的质量预控方案，利用BIM技术，采用直观的三维模型，将钢筋成型绑扎的细部节点要领向工人做详细的讲解和交底，同时在施工过程中质量员跟踪检查，保证该重点部位施工一次成型，保证了工作效率，提高了施工质量。

3. 加强竣工预验收质量控制。竣工预验收是保证工程质量也是质量全过程控制中重要一环，竣工预验收必须提前确定预验收方案，确定各分部分项工程竣工预验收标准，成立专业验收小组对不同的分部工程进行验收。针对质量通病中渗漏、裂缝等质量问题进行专项验收。在验收中采用科学的检测手段和检测方法，依据规范验收，用数据说话。目前我司承接的政府安置房项目比较多，为保证工程质量，减少用户投诉，每一个安置房工程均规定必须创建市级以上优质工程，因此针对住宅楼工程制定了一系列创优措施，针对住户投诉的房间开间尺寸、楼板厚度、墙体裂缝、卫生间渗漏等问题加强质量验收，保证竣工验收一次性通过。通过集团对住宅楼工程一系列严格的质量控制，我司的住宅楼工程质量得到了很大的提高，其中"新城花苑二期安置房工程"获得了2016年度泰州市优质工程"梅兰杯"。近期我司承建的"靖江市东南环安置房工程"也在积极申报市级优质工程。

4. 工程的回访保修也是质量全过程控制的重要工作。我司始终将客户的满意度作为一项工程是否成功的考量指标，近些年，我们和每一个建设单位均建立了良好的社会关系，对于我们所承建的工程均制定了相应的回访保修规定，对每一个工程均保留了回访保修记录档案。例如：常州市怀德学院在靖江的整体搬迁一期工程是2012年建成的，该工程被评为当年的泰州市优质工程"梅兰杯"，至今我司还每年对该工程进行回访，对建设单位使用过程中发现的一些质量问题，无论是否是我方的质量问题，均无偿提供保修服务，得到了建设单位和主管单位的好评。

二、建筑企业在质量全过程管理中面临的问题及建议

（一）存在问题

我司质量全过程的管理已步入良性发展轨道，质量管理的规划、质保体系

的建立、质量管理人员的素质、科技创新保证工程质量的一系列政策和规定逐步得到实施，其产生的成果已经得到显现。但是我们在提高整体质量管理水平，推进企业高质量发展的同时，也发现了一些问题。

1. 建筑工人的劳动技能不足，尤其是技工的缺乏，导致工程做精做优的步伐减慢。同时一线操作技工的流动性过于频繁，导致企业不愿花大量财力、精力去培养一线操作人员。建筑工人自身价值观也发生了变化，由于建筑工人的稀缺，往往自认为不缺建筑活干，导致产生有没有手艺都一样的心理，缺乏主动学习和进步意识。

2. 建设单位对工程创优缺乏热情，习惯采用低价中标的恶性竞争的做法，优质优价无法实现。

（二）解决对策和建议

1. 建立健全建筑工人培训机制。目前传统的建筑工人的技能学习还是处在师傅"传、帮、带"的模式中，缺乏质量、安全等的整体素质教育，因此必须依靠建筑职业技校的教育，提高建筑工人的整体素质，在工人入场前就具备一定的职业技能，同时企业也必须制定政策，发展和培养一批属于本企业的一线操作技术骨干，吸收有技术、肯吃苦、服管理的建筑工人，在工资奖金、保险等方面解决他们的后顾之忧，让他们能够安心为本企业服务，增强企业的竞争力。

2. 制定优质优价规范化的建筑市场秩序。建筑市场的良性建设秩序关系到社会民生，对建筑工程的质量管理影响深远。规范甲方发包行为，杜绝低价中标，给建筑企业合理的利润，不仅有利于建筑企业良性发展，更有利于建筑企业建设有品质的优质工程。同时制定给予建设单位创建优质工程的奖励政策，激发建设单位的创优热情，提高建设工程的质量。

（蔡永进　江苏省建筑行业协会副会长、江苏广宇建设集团有限公司董事长；刘荣君　江苏广宇建设集团有限公司总经理，施晓东　总工程师）

江苏省建科院在绿色建造技术研究应用方面的经验做法、存在问题和有关意见建议

刘永刚　王金利　吴志敏

党的十九大提出了"加快生态文明体制改革,建设美丽中国"、"推进绿色发展"的新目标。工程建设领域,"绿色建造"是顺应新发展、新常态下的建造方式,是建筑业改革的新方向。建筑业是我省的支柱产业,推广"绿色建造",贯彻落实我省151号文件精神,是推动我省建筑业转型升级的驱动力、提升"江苏建造"品牌的含金量和影响力的驱动力。面对潮流,我院拟积极整合绿色建筑产业链业务,推动在绿色建造技术领域全方位发展,为建设"强富美高"新江苏提供有力的技术支撑。

一、绿色建造的概念

绿色建造是在工程建造过程中体现可持续发展思想,运用绿色技术和科学管理,最大限度地节约资源、保护环境,实现绿色施工,生产绿色建筑产品的活动。绿色建造是针对建筑产品的制造过程而言,其核心理念是"环境友好、资源节约、品质保证"。其内涵主要包括以下几个方面:(1)绿色建造的目标旨在推进社会经济可持续发展和生态文明建设;(2)绿色建造的本质是以节约资源和保护环境为前提的工程活动;(3)绿色建造的实现要依托系统化的科学管理和绿色技术进步;(4)绿色建造的实现需要政府、业主、设计、施工等相关方协同推进;(5)绿色建造的前提条件是保证工程质量和安全;(6)绿色建造能实现过程绿色和产品绿色。

绿色建造是指建筑生成的全过程,包含工程立项绿色策划、绿色设计和绿色施工三个阶段;但绿色建造不是这三个阶段的简单叠加,而是有机融合。绿色建造能促使参与各方立足于工程总体角度,从工程立项策划、设计、咨询、材料、设备选型、施工过程等方面进行全面统筹,有利于工程项目绿色目标的实现和综合效益的提高。

发展绿色建造应明确：（1）发展工程总承包是推进绿色建造的重要保障；（2）发展建筑信息模型（BIM）是推进绿色建造的重要手段；（3）发展建筑工业化是推进绿色建造的有效方式；（4）绿色建材是实现绿色建造的物质基础。

二、绿色建造技术研究应用

江苏省建筑科学研究院有限公司是国内建设行业规模较大、产业化程度较高的综合性科研和技术开发机构，是国家高新技术企业，主要业务方向是高新技术产品、技术服务与咨询。现有高性能土木工程材料国家重点实验室、建设部化学建材产业化基地、国家城市轨道交通建设工程产品质量监督检验中心、江苏省绿色建筑与结构安全重点实验室、江苏省既有建筑绿色化改造工程技术研究中心、江苏省建筑产业现代化示范基地、江苏省建筑节能技术中心、江苏省城市轨道交通工程质量安全技术中心等10多个国家级、省部级研发平台。建科院下属12家子公司，业务基本覆盖绿色建筑全产业链，在绿色建造技术研究和应用方面的优势主要体现在绿色建材产品研发与生产销售、绿色建筑设计与咨询、绿色建筑施工、工程项目管理、绿色建筑检测与评估等。

（一）绿色建材产品研发与生产销售

我院研发和生产销售的绿色建材产品主要有：JM系列高性能混凝土减水剂等外加剂、装配式结构灌浆料、高耐久性无机保温材料、水性弹性涂料、水性反射隔热涂料、水性装饰性涂料等绿色建材；保温装饰一体化板、FC浮筑楼板保温隔声板、高性能系统门窗、铝合金外遮阳百叶帘、卷帘外遮阳等绿色节能材料产品。其中JM系列高性能混凝土减水剂的研发水平与应用规模在全国处于领先地位，打破了国外产品的垄断地位，已大规模应用在我国水利、交通、工业与民用建筑领域。

（二）绿色建筑设计与咨询

科研与技术服务是我院重点发展对象。绿色建筑方向，我院承担了国家科技支撑项目、重点研发、国际合作及省部、市厅级科技项目课题，开展建筑节能与绿色建筑的技术攻关，解决共性及关键问题，开发核心技术与产品，推动行业技术进步。我院在绿色建筑技术研发与技术创新方面取得了较大成就：参与12项国家级与省部级课题的研究，主编或参编各类建筑相关标准30余项，主编地方标准12项；参与行业标准15项。

以科研为基础，我院开展绿色生态规划、勘察与设计、绿色建筑设计咨询等技术服务，服务内容包括绿色生态区域规划、绿色建筑与健康建筑评价咨询、超低能耗建筑节能设计与咨询、建筑能效测评与标识、建筑能耗计量与智能监控、既有建筑绿色化改造设计与咨询等。已开展项目数百个，技术水平与服务规模在全省处于领先地位。

（三）绿色建筑施工

施工方面，我院下属子公司主要开展地基基础与基坑支护施工、附着升降脚手架施工、既有建筑加固与改造施工、建筑防水施工、装饰装修施工、门窗工程施工等专业施工业务。其中既有建筑加固与改造施工技术水平与施工规模在全省处于领先地位，范围包括结构加固加层与改造、结构抗震加固、火灾后加固、文物建筑加固与修复、地下工程加固与改造、建筑物纠偏移位等。

（四）工程咨询与项目管理

我院下属建科工程咨询公司最先在江苏开展监理及工程项目管理业务，相关技术水平与服务规模在全省处于领先地位。全过程工程咨询是建筑咨询行业发展的必然趋势。我院建科工程咨询公司承接了中铁新型高速重载道岔研发中心项目，该项目首次采取江苏省全过程工程咨询管理，将勘察、设计、项目管理、监理、招标代理等工程技术及管理工作以联合体的形式一次性完成，为全过程工程咨询业务的发展创造了先机。

（五）绿色建筑检测与评估

我院及下属检测中心率先在省内绿色节能产品与绿色建筑性能检测与能效标识等方面开展业务，技术水平与服务规模在全省处于领先地位。在推进建筑工业化发展的道路上，我院参与"十三五"国家重点研发计划"绿色建筑及建筑工业化"重点专项课题"建筑部品质量验收与检测技术"的研究，对装配式建筑节点与部品部件检测方面进行了大量的研究和测试实践，为我省建筑工业化发展提供有力的技术支撑。

（六）其他领域

信息化技术是绿色建造技术的技术支撑。建筑领域信息化就是运用数据和智能化模型来支撑绿色建造，我院成立了"BIM技术研究中心"目前研发产品已经运用在项目咨询和管理阶段，节能公司也开展研究将物联网、大数据以及数据远传技术等运用在房屋能耗监测和智能化运营阶段。

EPC工程总承包是受业主委托，按照合同约定对工程项目的可行性研究、勘察、设计、采购、施工、试运行（竣工验收）等实行全过程或若干阶段的承包，是今后建筑业发展的方向。目前我院已开始着手整合下属公司的资源，为应对工程总承包的全面实施创造条件，并开始试验性承接 EPC 工程总承包项目。

我院旗下业务基本覆盖绿色建筑全产业链，从设计到咨询，从产品到施工，从检测到评估等，我院各子公司在各自的领域发挥着重要作用。我院的定位发展方向一个是产品，一个是服务。产品指绿色建筑产品和材料的研发、生产与销售，服务指绿色建筑从立项到运营全寿命周期中的技术服务。围绕产品产业化，博特、丰彩、检测、节能等子公司每年在新材料、新产品研发方面投入大量的人力物力，仅博特公司 2017 年在新材料、新技术方面的研发投入就超过 1 亿。围绕技术服务，检测、节能等子公司近年来投资 1.5 亿建设仙林等研发试验基地，为绿色建造业务的发展奠定了良好的基础。

三、存在的问题

我院前身为江苏省建筑科学研究院，成立于 1958 年，原隶属于江苏省建设厅，2002 年改制为科技型企业，是江苏省首批改制的省属开发型科研院所。改制后成立十一家子公司，年产值超过 35 亿，集科研开发、技术服务、新材料研发及生产为一体的多元化、多领域的高新技术企业。由于历史原因，在发展绿色建造、应对建筑业转型升级过程中也存在一些问题和困难。

首先资质和组织架构问题，我院在建筑业领域的资质类别多，部分类型资质等级较高，但都分布在不同的子公司，资源相对分散。而发展工程总承包及全过程工程咨询要求资质、人力资源等相对集中。例如，深基坑监测需要有勘察设计资质的单位承包，而我院基坑监测的资质在检测中心，勘察设计院只有勘察设计和基坑支护设计资质而无基坑监测资质；节能公司在既有建筑节能与绿色化改造领域目前也仅仅能做项目前期咨询、方案策划、技术设计工作，无法参与实施阶段的设计、施工。新的形势下如何完善企业的资质管理、进行资源整合是我院目前面临建筑业转型的一个重要问题。

其次绿色建材与产品方面，目前我院研发生产的绿色建材与产品种类相对还较少，仅在混凝土外加剂、涂料产业、门窗及外遮阳产品方面具有技术等优势，在高性能绿色建材与产品的研发推广方面尚有大量的空间。

最后，建筑产业现代化领域，目前我院仅在装配式建筑外墙产品、灌浆料、装配式建筑构件与部品检测技术、组合木结构构件等方面开展了研究，形成了一些专利技术，灌浆料、组合木结构构件开始规模化推广应用，但在面广量大的装配式混凝土建筑领域涉足尚浅，难以承接相关的产品生产及工程施工业务。

综上所述，我院在建筑领域产业链方面相对完整，但资质等资源分别分散在各个子公司，面对建筑业新的发展要求，资源整合、转型升级是企业迫在眉睫的问题。

四、意见建议

江苏省政府151号文提出，我省建筑业改革发展，要深化建筑业"放管服"改革，推动装配式建筑、绿色建筑、智慧建筑、全装修成品住房等加快发展，提高工程质量安全水平，完善监管体制机制，培育优势骨干企业，提升"江苏建造"品牌的含金量和影响力，为建设"强富美高"新江苏提供有力支撑。绿色建造方面具体要完善企业资质资格管理、推行工程总承包、培育全过程工程咨询服务、优化建筑产业结构、推广装配式建筑、加强数字建造技术应用、实施"绿色建筑+"工程等。

结合我院的实际情况，为落实江苏省政府151号文精神，应对建筑业新的发展要求，提升我院的综合竞争力，建议从以下几个方面进行行动。

（一）优化产品与产业结构，加强资源整合

围绕产品与技术服务两大板块，进行企业结构调整、资源整合。产品方面，对绿色建材与产品领域进行发展趋势研究、市场分析，梳理已有的产品，提升产品的结构，寻找新兴市场，挖掘细分市场；相关子公司进行市场开拓等多方面的合作，优势互补，资源共享。必要的时候，利用上市公司的融资优势，进行企业并购、组合等行为，保障产业更好更快地发展。

（二）积极参与工程总承包，拓宽建筑业产业链

工程总承包模式是推广绿色建造的保障。我院具有建筑产业链上下游资源，资质种类众多，今后机构宜向集团化发展，构建开放、共享、协同、融合的平台，或成立EPC工程总承包公司，实现资质优化配置、资源平台共享。不管是以何种形式变革发展，以工程总承包为主导的绿色建造模式（EPC），是我院在新的形势下改革发展的新方向、新目标。

在既有建筑绿色化改造设计与咨询方面我院做了大量案例，积累了丰富的经验，但仅仅是在项目前期咨询、方案设计和技术支撑等方面，中下游基本没有涉及。为了加快研发既有建筑绿色化更新改造和开发进程，宜建立工程项目总承包（EPC）经营管理模式，实现既有建筑绿色化改造工程（EPC模式）示范，积极争取国家相关政策和财政资金的支持，应对今后既有建筑改造的浪潮。

(三)加强装配式建筑领域的研究与开发

目前装配式技术在铁路、公路、隧道、桥梁等方面发展迅速,取得了举世瞩目的成绩,但民用建筑还是以现浇结构为主,希望在吸取成熟装配化技术的基础上发展民用建筑工业化,先试点,在技术成熟的基础上推广应用,特别是在整体性和抗震应用方面要慎重。

推行建筑工业化是建筑业发展的大势所趋,是转型升级、摆脱传统粗放型发展方式,走向集约、高效之路的必然选择。我院应积极参与。可利用我院高性能土木材料国家重点实验室、江苏省绿色建筑与结构安全重点实验室等平台的研发优势,开展装配式建筑的应用基础、技术开发与应用研究,解决装配式建筑设计、施工、检测等过程中的关键技术问题,进行成果转化并形成相关产业优势。

(四)加强数字建造技术的开发与应用

我院在建科咨询公司成立"BIM技术应用研究所",在工程监理、工程项目管理及工程全过程咨询中应用,目前资源还没有实现各个公司共享,BIM技术应用主要在项目建造咨询和管理阶段。建科节能在一些项目上尝试应用传感器、物联网和动态监控等关键技术搭建智能化平台,实现动态监控项目能耗和变化。BIM技术研发与应用需要政府扶持和引导,今后我院的各个子公司在BIM技术研究与应用方面的经验和方法要实现共享,减少二次开发成本,力争实现总承包工程咨询、设计、产品、施工、检测、项目管理等在BIM同一个平台实施完成,形成可推广的经验和方法。

(五)继续加大绿色建筑技术的研发

未来我院在绿色建筑研究方向主要目标是在建筑全寿命周期内,关注绿建技术实效及效能提升。主要有三个方向:(1)建筑节能与绿色建筑技术集成与示范应用研究,主要是开展与夏热冬冷地区气候特征相适应的绿色建筑规划、被动节能、新型绿色建筑构造体系等方面的应用基础及关键技术研究。(2)可再生能源建筑应用研究,开展与夏热冬冷地区气候特征相适应的太阳能建筑一体化、太阳能设备与土壤源热泵耦合运行等方面应用基础及关键技术研究。(3)建筑节能产品开发与应用研究,重点研发高耐久性无机保温材料、保温与结构一体化的系统与产品、高性能门窗与遮阳产品。开展利用固废资源化材料的应用基础与关键技术研究。

我院拥有十多个国家及省部级重要科技研发平台,一直围绕江苏省建筑节能与绿色建筑、建筑结构安全等发展中急需解决的关键技术、共性技术问题开展应用基础研究。今后将进一步拓展低能耗建筑、装配式建筑等新的研究方向，提升在该领域的综合实力和自主创新能力，培养高层次科学研究和工程技术人才，为建设行业的科技进步和江苏省经济、科技、社会发展做出积极贡献。面向未来，我们将充分发挥综合优势，立足自主创新，为建设行业提供更高质量的产品和服务。随着整体效益的提升和行业影响力的不断增强，朝着国内领先、国际知名的建设领域科技型企业的目标稳步迈进。

（刘永刚　江苏省建筑行业协会副会长、江苏省建筑科学研究院有限公司院长；王金利　江苏省建筑科学研究院有限公司项目经理，吴志敏　节能中心总工）

金陵建工关于开展工程总承包情况的调研报告

范广峰　程希　冯祥　彭平　谭怀刚

　　建筑业是我省的支柱产业、优势产业和富民产业，为了深化我国建设项目管理体制改革，努力提高工程项目投资效益和质量水平，加速培养和建立我国的项目管理人才队伍，尽快培育和发展一批具有国际竞争力的工程公司和管理公司，适应参与国际竞争的需要。也为了良好贯彻落实省政府2017年11月下发的《关于促进建筑业改革发展的意见》和2017年12月召开的全省建筑业改革发展工作会议精神，推动建筑企业工程总承包和项目管理发展。我公司通过多年的发展和探索，在全面推行施工总承包的基础上，推行了工程总承包模式。

　　根据省建筑业协会相关文件精神，我公司组织成立调研小组，由集团公司董事长范广峰担任组长、集团公司总经理程希担任执行组长、项目副总经理担任副组长，各部门负责人担任组员，开展专题调研，调研时间为2018年4月1日～2018年7月31日，调研内容主要围绕近几年我公司以工程总承包和施工总承包方式承接的项目，将其进行全方位、多维度的分析对比，总结经验，分析不足，提出问题，研究解决方案。

　　具体调研工作按照以下思路展开：

　　1.公司调研课题小组在调研前进行明确分工布置，任务明确责任到人。

　　2.对已施工完成的工程总承包项目和施工总承包项目进行对比分析：

　　（1）工程总进度计划实施的对比分析；

　　（2）工程质量、安全、文明施工的对比分析；

　　（3）工程成本的对比分析；

　　（4）合同履行情况的对比分析；

　　（5）管理人员能力和素质的对比分析；

　　（6）走访新老业主和同行单位。

　　3.公司派有丰富经验的施工管理和经营人员，由公司副总带队，走访公司合作的新老业主和同行单位，深入了解他们对工程总承包在现阶段实施的看法，进行分析汇总。

一、公司开展工程总承包模式的基本概况

在政府主管部门强有力政策的推动下，我国建筑业企业在工程总承包方面进行了不同程度的积极探索和实践。现在越来越多的建设项目采用工程总承包的新型模式，从而带动了我国工程建设组织实施方式的深层次改革。20多年来，我国工程总承包有了很大发展。

根据《建设项目工程总承包管理规范》GB/T 50358-2017，工程总承包主要有下列三种方式：

1. 设计采购施工（EPC）/ 交钥匙工程总承包。
2. 设计 - 施工总承包（D-B）。
3. 根据工程项目的不同规模、类型和项目发包人要求，工程总承包还可以采用设计 - 采购总承包（E-P）和采购 - 施工总承包（P-C）等方式。

我公司的项目主要采用的工程总承包模式是设计采购施工（EPC）/ 交钥匙工程总承包模式，通过调研能够更加深入的了解工程总承包承包模式对社会和企业带来哪些成效、经验以及其存在的问题，提出进一步推进工程总承包的管理建议。

二、公司开展工程总承包总结后的经验、成效

近几年，我公司采用工程总承包模式承接的项目有很多，已成功交付的项目有：扬州运河人家三期（项目为全住宅安置房项目，建筑面积27万 m^2，总投资8.8亿元）、江苏省电子商务产业园（项目为纯办公楼项目，建筑面积11.2万 m^2，总投资9亿元）、扬州仪征五一花园C区项目（项目为全住宅安置房项目，建筑面积31.2万 m^2，总投资10.5亿元）、江阴南苑六期项目（项目为全住宅安置房项目，建筑面积22.5万 m^2，总投资7.4亿元）等项目工程；在建的项目有徐州市贾汪区：韩桥嘉苑安置房项目，凤凰人家安置房片区项目，共计120万 m^2，总投资规模近40亿元。目前对已完工交付的项目，在工程实施过程中和竣工交付后，我们从安全、质量、进度、投资控制等几个方面进行系统的分析和总结，工程质量、安全得到了有效的控制和提升，缩短施工工期，节约了投资，赢得了业主的好评，实现了目标效益。

1. 实行工程总承包的项目主要表现在有专有的核心技术，工程转化能力和为业主提供全过程、多功能、全方位的服务能力上，拥有较高的技术管理和资金门槛。

2. 工程总承包是企业对工程项目的可行性研究、勘察、设计、采购、施工、

试运行等进行全过程的承包。工程开展程序不同于施工总承包模式，工程总承包管理模式可以在很大程度上减少参与各方的协调管理流程，缩短项目建设周期。扬州运河人家三期项目节约工期60天，江阴南苑六期项目节约工期75天，同行单位也认为能够节省工期5%～10%。

3. 公司工程总承包创建了"高品质管理，低成本竞争"的市场占领，树立企业品牌形象，打造和提升了企业核心竞争力。工程总承包最大的特点是实行设计、施工一体化，把资源最佳配置地结合在工程项目上，缩短了管理链和减少管理环节，集中优秀的、专业的管理人才，采用EPC项目管理方法，真正体现了风险与效益、责任与权利、过程与结果的统一，从而必然带动和促进企业的高端管理，形成企业的核心竞争力和品牌战略。公司经过多年的发展壮大，通过工程总承包的推进，不但提高了企业管理水平，更重要的是打造了企业的核心竞争力品牌形象。仪征五一花园C区项目、江苏省电子商务产业园项目，在实施过程中工程质量为优良，并得到业主的好评，树立了公司的品牌。

4. 合同关系：工程总承包模式的合同关系简单，即由总承包单位与分包单位直接签订合同，缩短管理流程减少中间环节，对进度、质量、安全有了更好的保证，对公司承接的项目全过程建设执行起到了很好的保障，提高了工作时效，减少变更和签证费用，并取得良好的经济效益和社会效益。

5. 加大科技投入和技术创新，充分利用企业拥有的自主知识产权和领先技术的竞争优势，拓展工程总承包业务，应该说，在和同行沟通过程中，有的企业拥有大量的先进实用技术和现代化设备，有些技术被纳入国家工法，达到了世界一流水平。

6. 工程总承包有利于承包商优化设计方案，对于缩短工期、保证质量、控制投资，节约资源发挥了重要作用，不仅可节约投资，而且可确保工程投产后的经济、社会和环境效益，公司设计院对工程总承包项目的开展提供了有力的保障，缩短设计与施工衔接的时间。所以工程总承包实行设计、采购、施工一体化，不仅是一个体制问题，在其背后有着十分巨大的经济效益和社会价值。

7. 从工程项目价值链的角度来看，在总承包模式下，工程总承包商要完成工程建设阶段从设计到施工的全部工作。对项目总体的策划和管理能力、技术能力提出更高的要求，公司不仅要拥有大量技术人才，还拥有大量的管理人才，公司通过工程总承包项目，锻炼、培养了大量的技术、管理人才，人才储备能够满足公司以后的发展要求。公司的组织架构采用矩阵制模式来适应高效项目管理的需要，对工程项目高效率、高质量的管理是项目成功和盈利的保证。

8. 进度管理：进度管理作为EPC项目启动初期就要介入的管理手段，贯穿设计、采购及施工各个阶段，对项目起到指导、检测和预警作用。合理的进度计划可以提高项目管理效率，减少项目运行风险，缓解施工管理的压力，并使设计、采购与施工良性对接，为项目的顺利运行打下坚实基础；EPC 管理的优势就是设计、采购与施工的集成，因此，在项目施工管理过程中一定要做好出图计划、设备采购计划的协调一致性，并相互补充相互调整做到有机的结合。协调设计、采购、施工和运行进度之间的矛盾，采取措施，及时解决，推进项目顺利进行。公司的工程总承包项目严格执行进度管理制度，在工程建设中能保障工程总进度计划的有效执行，保障了对分包单位的有效管理，也保障了项目在建设期的质量、安全、文明施工的有效控制。

9. 企业的资质是承接项目的最基本的条件，公司的融资能力是获得工程项目的竞争力重要组成部分。为所承担工程项目提供流动资金的能力是满足工程顺利进行的有效保证。我公司工程总承包项目在实施前就已经规划了资金计划，徐州保障房项目，从工程开工之初就根据工程总进度计划拟定工程投资计划，保障项目达到合同要求的投资、进度、质量、安全目标。

10. 采用工程总承包方式建设，有利于提高项目建设效率，加强财政和国有资金的使用安全，结合工程总承包固定总价的计价惯例，能有效控制和避免传统设计、施工分离模式下的"三超"问题（结算超预算、预算超概算、概算超估算）。让工程总承包项目的投资得到有效的控制，经竣工后测算扬州仪征五一花园 C 区项目节约投资 1000 多万元、扬州运河人家三期项目节约投资 800 万元，使投资成本得到有效的控制。工程总承包相应组织机构的建立，将大大有助于加快传统的设计和施工企业向工程公司转型，真正实现工程总承包的总集成、总协调、总管控。

11. 公司通过总承包实践，能够建立和完善了适用国际工程承包的新型管理机制和目标体系，工程总承包不仅要求公司承担项目的设计、施工和采购工作，关键是要求公司作为总包方要建立健全系统、完善、科学的总承包组织管理体系。

三、公司开展工程总承包过程中存在问题

通过我公司承接的工程总承包项目，在实施过程中以及和同行单位、设计单位的沟通，工程总承包在开展过程中还存在着一些问题。

1. 政策不配套

政策一般多由住房和城乡建设部（厅、局）发文，实施中涉及的缴税和项目结算审计等又与其他部委有关，各自按照现行的规定执行，据分析和了解，因此造成许多项目的工期、费用、竣工结算均不能按合同执行。

2. 企业自身方面

（1）对传统建设模式依赖性强：传统的运营管理理念在实施企业中根深蒂固。由于企业对工程总承包缺乏全面的认识，导致对工程总承包项目的实施出现认知偏差。以设计为主的企业，过分强调设计的龙头作用，设计业务向下游延伸，但由于项目中的施工采用分包形式，以包代管现象时有发生，企业的组织架构并没有按工程公司要求的模式建立，因而并不能对项目实施提供有力的支撑。以施工为主的企业则与此相反，工程总承包项目大多按施工总包管理模式进行运作，存在"换汤不换药"现象。

（2）企业自身项目管理能力不强：在和同行单位沟通过程中发现许多工程总承包企业尚未建立相应的工程总承包项目管理体系，没有专业化的管理团队，造成管理能力不精不强，工程总承包项目盈利薄，实施效果差强人意。目前，用传统方式管理工程总承包具有普遍性，导致项目实施能力差异较大。

（3）实施企业核心技术缺乏优势：现许多企业尚未掌握设计、采购、施工和试运行的一体化的工程总承包实施技术，技术集成能力和水平不高，忽视管理技术工具的应用及信息化技术的重要性。设计优化产生的节约投资是投入最少的有效的方法，设计在工程总承包模式下的龙头作用有待进一步强化，设计优化和节约造价在项目投标报价、合同、实施中的关系并没有得到充分的理清，未充分发挥出优势。

（4）风险评估不足导致企业发展缓慢：据分析许多企业缺乏实施经验，导致对工程总承包项目风险评估不足。表现为对市场无所适从，报出的投标价底气不足，执行过程中很容易失控，其后果对一些小企业来讲可能是致命的。

为此，有些企业尽量避开工程总承包要求的固定总价投标项目，参与一些类似费率报价投标项目，导致其工程总承包业务发展缓慢，同时也与工程总承包采用固定总价的模式产生偏离。

3. 融资能力不足是建筑业企业开展总承包业务的一大难题，外资项目的投入和国家固定资产投资体制的变化使项目运作更趋于市场化，项目的垫资、前期投入、带资承包往往成为承包商入围的先决条件，一些施工管理技术突出但融资能力较差的建筑业企业只能担当施工分包的角色。因此解决这一问题需要国家出台相关政策，另一方面也对企业自身的融资能力，提出了更高的要求。

4. 人才结构不能适应工程总承包项目管理的需要，尤其是缺乏精通国际工程承包的复合型管理人才。

工程总承包企业最需要的是善经营、精管理、通商务、懂法律、会外语的经验丰富的复合型项目管理人才，而建筑业企业在这方面人才匮乏，尤其是在设计和专业采购方面。人才缺乏成为制约建筑业企业开展工程总承包的薄弱点。

5. 法律法规体系不完善、不健全，影响了工程总承包的规范化开展，在工程总承包和项目管理工作中，立法在引导市场进步上还存在一定的缺陷，特别是当前关于工程总承包的招投标法及其符合国际惯例的工程总承包合同文本仍不够明确。

6. 业主对项目理念和实施模式模糊：受传统建设模式的影响，一些业主在确定工程总承包项目合同价格时，不是在工程总体概算基础上协商确定固定合同价格，而是以传统建设模式的思维分段定价，将本应该由承包商完成的工作由业主先行实施，直接将招标的施工分包合同价、业主和设备材料供应商确定的设备材料价格，分别作为EPC的设备材料价和施工价，再加上设计费，来分阶段确定合同价，使有些工程总承包项目的合同价变相成了E（设计）+P（采购）+C（施工）三个阶段的合价。承包商在项目实施全过程中的方案优化、总体协调的"智慧价值"被忽略。

在这样的情形下，工程总承包商虽然承担了EPC的责任，但并没有享受到EPC的利益，没有形成合作共赢的局面。EPC承包商本应该分享的设计、采购和施工管理三个阶段的价值优势被剥夺，不利于承包商积极性的发挥。

四、公司对于实施工程总承包模式的意见和建议

目前，从政策来看，主管政府部门对工程总承包模式价值的认识在逐步深入，推进的措施也越来越具体，在实际的建设市场，政府项目采用工程总承包模式的项目越来越多，正成为推动工程总承包市场发展的主要力量。此外，装配式建筑的推广应用以及BIM等信息技术的快速发展也将对这一组织实施方式的变革起到促进作用，工程总承包将成为未来建筑企业竞相争夺的高端市场。

为了公司能够更好地推行工程总承包，针对前期项目在实施过程中存在的问题，我公司有以下想法和建议：

（一）工程总承包单位应加强对设计、采购、施工管理和协调，确保项目的质量、安全、进度和投资可控

建议主管部门尽快修订《建筑施工企业主要负责人、项目负责人和专职安全生产管理人员安全生产管理规定》，规定设计单位或工程总承包单位的安全生产管理人员参照该规定执行。

（二）各级政府的推进与市场培育

政府各级部门陆续出台了相关政策鼓励和培育工程总承包的发展。针对目

前存在的问题，建议继续进行如下工作：

1. 加大工程总承包知识宣传培训力度，进行样板推广。
2. 各级政府管理部门，继续推动工程总承包项目落地。
3. 监管新实施政策落地，确保各相关部门的协同作战。
4. 区别全过程工程咨询服务与工程总承包之间的关系。
5. 抓住"一带一路"新机遇，开展中国标准推广工作。

（三）相关政策程序的完善及建议

针对目前没有完整的与工程总承包相配套的实施程序等问题，需要重点研究落实如下几方面工作：

1. 总结经验、完善相应的法律法规：出台系统性的工程总承包综合实施指导意见，规范、细化、明确工程总承包在实施过程中的流程，包括业主（建设方）、实施企业和监督部门各自所负的责任；办理施工图图审、施工许可证、质量安全监督、质量管理和竣工验收等的各方定位，尤其是要明确工程总承包方的具体工作和职责。

2. 完善工程总承包招投标管理办法：政府部门要积极为培育工程总承包招投标市场，创造良好的市场环境。从法律上允许承包商融资、投资承包工程，对于垫资带资工程，应以法律形式明确最低利息和偿还期限，形成一种有利于承包商开展融资的市场环境，降低承包商的资金风险。

3. 完善财政审计结算在实施中的关系：相关部门应联合研究工程总承包的竣工结算和审计管理办法，出台与此有关联的合同价、变更价的确定及支付办法，与工程总承包的合同付款节点相衔接。避免出现结算与审计时间比工程建设周期长的不利局面，增加项目的支付风险。

4. 制定相应的取费标准：随着工程总承包与项目管理公司发展，建设主管部门应制定与工程总承包项目管理相适应的取费方式与标准。同时应推行履约保函与工程保险制度，使工程总承包管理的建设方式从起步就与国际接轨。

（四）企业转型升级对策及建议

1. 设计单位模式：建立完善组织机构、管理体系，制订和完善规章制度、业务流程，落实项目经理责任制等，加强实施过程的策划和管理，深化企业转型。提升项目管理和信息化装备水平，增强合同履约力，加强EPC深度融合和管理，发挥设计为龙头的作用。提升企业防范风险的能力，严禁以包代管，增强法律意识。

2. 施工单位模式：建立适应工程总承包组织和管理体系，制订和完善规章制度、业务流程,加强管理。尽快从施工企业性质转变到工程公司轨道上,避免用施工总承包的模式履约合同;配备专业的设计人员,加强设计的管理,加强对设计风险和费用风险的防范能力。

3.加大建筑行业内工程总承包和项目管理人才的培养力度,积极提倡和大力推进项目经理专业化、职业化和社会化管理。

培育发展工程总承包和项目管理企业,关键是要尽快培养一批工程总承包项目管理所需要的项目经理、设计经理、采购经理、施工经理、财务经理,以及合同管理方面的复合型项目管理人才,以适应当前国内外工程建设市场的需要。当前要结合注册建造师制度的推行,尽快制定和出台有关加快项目经理专业化、职业化和社会化管理的措施,通过社会培训、行业评价、企业考核聘用、市场认可,真正培养和打造工程总承包项目经理品牌。

目前,对开展工程总承包的优势已形成共识,全国范围内迎来了大力发展工程总承包的良机,各方也从观望进入了积极参与的阶段,提倡发展工程总承包、想方设法学习掌握、实施能力提升是目前的市场主流特点,但配套实施政策和办法的不完善,尤其是实施环节中还存在一些界定不清晰、不明确的情况,会造成实施各方权利和义务的不明确。同时,业主和工程总承包企业对工程总承包认识的不足,也已影响工程总承包模式的健康发展。要利用住建部将发布《房屋建筑和市政基础设施项目工程总承包管理办法》的契机,联合更多部门参与完善配套政策,以满足日益发展的工程总承包市场的需要。

(范广峰 江苏省建筑行业协会副会长、江苏省金陵建工集团有限公司董事长;程希 江苏省金陵建工集团有限公司总经理,冯祥 副总经理,彭平 总工程师,谭怀刚 质量技术部经理)

关于宜兴市建筑工程招标实践的现状与分析

石舅生　夏德强　王明亮　宋军其　黄云兰

招投标制度是工程发包承包的重要的实现形式之一，广泛应用于工程建设项目当中，建筑工程招标投标方式旨在营造一个公平、公正、公开的采购环境，同时体现竞争性，是市场经济必不可少的一种采购方式。成熟科学的工程招投标制度，是建设工程质量标准、工程建设进度、提高工程经济效益的重要保证。现结合我公司近年来本地市场参与工程招投的实际情况，简要谈一点想法和体会。

一、本企业在本地市场招投标的简要情况

江苏伟丰集团的前身十里牌乡建筑站成立于1966年，经过五十多年的创业，已经从计划经济时期的乡建筑站发展成为市场经济时代各类资质齐全、综合实力全面提升的集团企业。市场经济下，建筑企业通过招投标承揽工程业务是主要途径，是企业取得业务，赢得市场，持续健康发展的根本保证。因此，我公司长期以来非常重视企业的招投标工作。重视人才建设，组建以企业副经理为首的强有力的招投标团队。对投标人员加强业务培训，提高业务能力。注重信息的掌握和分析，积极参与招投标，充分吃透投标文件内容，精心编制投标文件，充分体现公司的业绩和先进科学的管理模式，通过诚信经营、品牌建设，争取业主信任，取得了较好的成效。近几年来，我公司在本市中标项目和中标工程总造价均位列本市前茅。

二、本市招标办法和实施情况

目前我市招标办法主要为采用"商务标＋技术标＋信用标"的"三合一"综合评估法评标办法和采用"合理低价法＋信用标"采用合理低价法、"最低价法＋信用标"的"二合一"经评审的最低投标价法评标办法，无论是采用哪种评标方式，都融入了企业的信用分，并且近两年来在国家和省政府相关政策

法规规定和许可的前提下，通过出台和修订《关于修订〈宜兴市招投标市场信用评价考核办法（试行）〉的通知》（宜招管发[2017]7号）、《关于做好宜兴市建筑业企业2017年度信用评价工作的通知》（宜建[2017]53号）、《关于2018年度在建设工程施工招标中应用信用评价结果的通知》（宜招管发［2018］3号）等一系列文件，对投标人的信用分计分方法、信用评价结果的应用范围、信用评价结果在评标办法中的应用、信用评价结果确定入围评标的投标人数量办法等细则作了较为详细、合理的规定，并颁发《关于开展标后管理监督检查工作的通知》（宜招管发[2018]8号）文件，从制度上加强对标后的管理工作的监督检查。应该说我市招标投标工作取得了稳步、有序、深入的发展，招投标办法逐步完善合理并运作良好，一个公开、公平、公正，健康有序的招投标市场已逐步形成。

三、针对现有评标办法，如何提升企业竞争力，提高中标率

1. 人的因素。需要一支"职业化"、高水平的招投标团队，首先要有一名工作出色、业务能力强的领军人物，其次是要配备土建、安装、市政等各类工程预算业务能力强的专业人才，既分工明确，又协调团结。由于投标工作具有其特殊性、预知性、精确性、针对性、科学性、技术性、经验性、时效性、保密性、严格性等，决定了从事投标工作的人员必须具备良好的知识素质、业务素质、身体素质以及奉献精神、高尚的职业道德。另外还要认真阅读，反复研究招标文件的内容，充分了解招标文件要求，根据招标文件需求，及时组织各专业报价人员到位，参加编标工作。根据投标工程项目的特点和招标文件要求，确定报价计算原则及选定相适应的参考定额，进行人员分工和各阶段进度安排，并明确各对口专业的方案编写人员。通过精心组织，编制高质量的投标文件。

2. 要提升企业资质，完善企业资质类别，优化合理配置，既要拓展企业的经营范围和多元业务能力，又要发展特色，培育优势。只有资质门类齐全，专业突出，企业才能赢得更多的投标的机会。

3. 精细项目管理，控制项目成本。加强和细化人、材、机的管理，科技创新，充分运用新技术、新工艺，实现精细化项目管理，推广信息化系统，提高工作效率，节约企业成本，让企业更具市场竞争力。

4. 诚信经营筑精品，打造企业良好信誉。当前的评标办法均融入了企业信用分，并占相当比重，企业只通过诚信经营赢得口碑，注重质量多创品牌，才能取得更高的企业信用，才能提升竞争力，提高中标率。

四、企业在招投标活动过程中存在的问题

随着招投市场的规范和放开,以及新的《外市建筑业企业进市登记核验管理办法》的实施,降低了外市大型企业进我市市场的门槛,开放市场,破除传统建筑行业存在的地方保护主义本无可厚非,但却给一些人带来了假借资质的便利,进一步加剧宜兴建筑市场的竞争。另外,大型企业无论是资质、信誉、业绩、经济实力都比中小企业更具竞争性,在目前的信用评分机制下大型企业会占尽优势,可以得到更多的机会,核心竞争力相对较低的中小型建筑企业,生存空间则会再次被挤压,大型建筑企业壮大的速度极快,极易形成行业垄断,中小型建筑企业会因为长期业务不足,经历了一段时间后,只有徘徊在低端产业层次或被市场淘汰。能否在不违反市场开放前提下,通过有针对性的调整信用评分机制等方法,创建一个中小企业能与大型企业相对公平竞争的平台,是目前中小企业需要解决的问题。

五、对进一步规范工程建设项目的招投标市场的建议

1. 严格执行并依法确定招标范围。按现行《招标投标法》中明确规定,应该招标的建设工程项目上级主管部门在审批时,应该无条件地按照《招标投标法》的规定审批,建设单位应无条件地实行招标。对不按照批准的招标形式进行招标的,或者化整为零的,或者以其他任何方式规避招标的,应加大执法监察的力度,采取相应的措施,依据有关的法律、法规严厉查处。

2. 严格控制邀请招标项目的审批,杜绝以邀请招标代替公开招投标,排斥潜在招标人,将依法必须公开招投标的工程,想方设法找借口搞邀请招标,缩小招标范围以达到既排斥潜在投标人,又达到内定队伍中标的目的,上级有关主管部门在项目招投标的审批中,应严格把关,控制邀请招标形式的审批,以避免很可能会发生行贿受贿等腐败问题。

3. 尽可减少最低价中标的评标方式。最低价中标往往会带来工程停建、工程质量低劣、恶意拖欠薪酬等一系列经济纠纷并发酵成为社会问题。

4. 进一步规范招标代理机构的行为。招标代理机构是招投标工作的中介机构,招投标工作是否规范,很大程度上取决于招标代理机构的职责、职能是否真正到位。尽可能减少按照业主的意愿去操作可能,杜绝暗箱操作,偏袒排斥他人。一些工程项目建设单位为了使内定好的施工队伍顺利中标,在招标文件的编制上暗做手脚,有针对性地制定倾向性条款,提高招标资格条件,设立一些其他企业难以跨越的门槛,为意向的投标单位开绿灯;或是在资格预审时,

不是严格按照工程建设要求进行资格预审，而是按照建设单位意愿设定特定条件，确定投标范围，致使部分符合条件的施工队伍不能入围。

5. 严控假借资质、乱挂乱靠现象。有些投标单位不具备要求的施工资质和能力或是自身信用评分低，为提高自身中标概率，就假借外来大型企业的资质投标，这样隐性的不公平竞争，严重挤压了本地其他中小型建筑企业的生存空间，工程项目质量也得不到应有的保证。招标办和代理机构应在报名和资格审查过程中，严格按照规定程序操作，增加审核过程中相应的制约措施，打击假借资质、以他人名义报名的现象。

6. 纪检、监察进一步发挥职能，加大执法监察的力度，特别是标后的管理、合同的履行。把标后的履约考核评分及进纳入企业投标的信用管理体系。通过不断完善各项规章制度，加大执法力度，进一步规范招投标的运作机制，尽可能地减少招投标工作中的漏洞。

（石舅生　江苏省建筑行业协会副会长、江苏伟丰建筑安装集团有限公司董事长；夏德强　江苏伟丰建筑安装集团有限公司总经理，王明亮　副经理，宋军其　办公室主任，黄云兰　项目经理）

2017年度江苏省建筑业"双百强"企业分析报告

江苏省建筑业"双百强"评价审定办公室

为与中国建筑业"双200强"企业评价工作接轨，不断提升我省建筑企业品牌知名度，引导我省优势建筑企业加快创新转型、做强做优，江苏省建筑行业协会组织开展了2017年度江苏省建筑业"双百强"企业评价排名工作。这项工作得到了广大会员企业、各设区市建筑（行）业协会的积极支持和响应，全省13个设区市以及部省属、交通、电力，合计165家企业参加了竞争力百强企业评价申报，173家企业参加了成长性百强企业评价申报工作。

按照评价规则和程序，评价审定办公室组织专家对"双百强"申报资料认真进行了核实，同时将所有申报单位、个人以及"双百强"申报数据在"江苏建筑业"网上进行公示，将申报企业名单报给省建筑安全监督总站审查安全事故情况，并及时在住建部及各省住建厅网站上核查企业失信行为记录。根据核查信息反馈，有3家企业在评价年度内分别发生了较大安全事故、严重失信行为、串通投标行为等被行业主管部门通报，按照评价文件规定予以取消参评资格。入选申报竞争力百强的162家企业和入选成长性百强的170家企业，专家组用了10天时间对申报资料进行了认真细致的审核。

审核完成以后，首先对申报竞争力百强的指标数据按照权重比进行计分，以所有申报企业单项指标数据的合计数为分母，以该企业该指标数据为分子，再乘以权重比，计算出该企业该指标的单项得分。将所有单项指标得分相加计算出该企业的总分（162家企业的总分之和为100分）。然后对总分进行排序，得出竞争力百强企业的评价排名情况，取前100名为竞争力百强企业。其次，在成长性百强申报名单中减除同时申报了竞争力百强并且进入前100名的28家企业申报数据，对余下的142家企业进行成长性数据计分和排名，最终产生成长性百强企业评价排名名单，取前100名为最具成长性百强企业。

由于一些实力较强的特级、一级企业和部分省部属施工企业往年没有申报参评"双百强"，今年均纷纷申报，加上2017年度有些企业实现超常规发展，因而 2017 年度"双百强"企业排名变动较大。对照 2016、2017 两年度竞争力百强企业排行榜,可以看出:2016 年度竞争力百强企业中有 87 家企业上榜了 2017 年度竞争力百强名单,其中名次上升的有 39 家,持平的 6 家,下降的 41 家。有 14 家企业新进入竞争力百强排名名单,其中 5 家是 2016 年度成长性百强企业;2016 年度最具成长性百强企业中有 77 家上榜了 2017 年度最具成长性百强企业名单。其中名次上升的有 33 家,下降的 38 家,持平的 4 家。有 23 家企业新进入最具成长性百强排行名单,其中有 5 家为 2016 年度竞争力百强企业,其余多数为 2016 年度优秀企业。

一、竞争力百强企业情况分析

1. 地区分布情况

通过各设区市建筑(行)业协会、交通分会的初审和推荐,并对 162 家申报竞争力百强企业的申报数据进行审核、计分、排名,取前 100 名为 2017 年度江苏省建筑业竞争力百强企业,申报入选率 61.7%。入选企业的地区分布和入选情况如表 1 所示:

入选企业情况　　　　　　　　　　　表1

序号	地区	申报企业数	入选企业数	入选率
1	南京	17	10	58.8%
2	无锡	5	3	60%
3	徐州	4	3	75%
4	常州	11	4	36.4%
5	苏州	15	6	40%
6	南通	31	26	83.9%
7	连云港	8	3	37.5%
8	淮安	6	1	16.7%
9	盐城	4	3	75%
10	扬州	19	14	73.69%
11	镇江	4	1	25%
12	泰州	11	7	63.6%
13	宿迁	3	3	100%
14	省部属	19	16	84.2%
15	交通分会	5	0	0

从上表可以看出，进入竞争力百强的100家企业覆盖了全省13个设区市，其中竞争力百强企业有26家来自南通市，位居全省第一，占了全省总数的四分之一还多；其次是省部属企业，入选16家；紧随其后的是扬州、南京、泰州、苏州，分别入选14家、10家、7家、6家；常州入选4家，无锡、徐州、连云港、盐城、宿迁各入选3家；而淮安、镇江两市均只有1家企业入选。这些情况不仅体现出了建筑业是我省优势产业的总体态势，还反映出了我省地区之间建筑业发展的不平衡性现状。

建筑业是我省国民经济中的一个重要支柱，竞争力百强企业在其总体发展中占有举足轻重的作用，发挥着行业引领的作用。从地区分布来看，南通、扬州、南京、苏州、泰州五个建筑强市入选的企业总数量占到63%。由此可见百强企业是建筑强市的基础，建筑强市的做大做强必须依靠建筑企业的做大做强。

2. 专业分布情况

从专业分布情况来看，进入竞争力百强的100家企业中，房建总承包企业84家，市政、机电、公路、水利、石油化工、港航、电力总承包资质企业及装饰装修、钢结构等专业承包资质企业共计16家。其中机电总承包企业4家，公路总承包企业3家，港航、市政总承包企业各2家，电力、化工石油、装饰装修、钢结构专业承包企业各1家。以上数据也反映出了近年来虽然我省机电、市政、公路等总承包企业和装饰、钢结构等专业承包企业取得了强劲发展，但房建总承包企业所占比例仍然占比较高。竞争力百强企业的专业分布情况如图1所示：

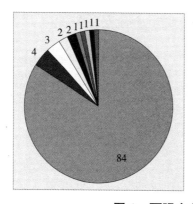

图1 百强企业分布

3. 经营规模情况

（1）企业全年营业收入情况。2017年度竞争力百强企业的全年营业收入合计达到了11436多亿元，比2016年度竞争力百强企业同比增长14.5%。全年营业收入超过100亿元的企业32家，其中500亿元以上的企业4家，比2016年增加2家；300亿元到500亿元之间的企业5家，100亿元到300亿元之间的企业23家，50亿元到100亿元之间的企业36家，30亿元到50亿元的企业26家，30亿元以下的企业6家。2017年度竞争力百强企业营业收入最高的为680亿元。

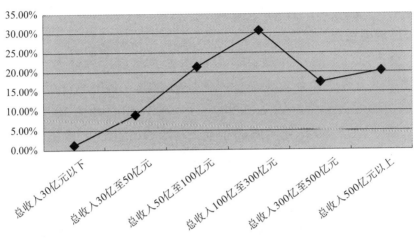

图2 不同收入水平企业的总收入占竞争力百强企业总收入的比重

（2）**企业建筑业产值情况**。2017年度竞争力百强企业建筑业产值合计为12634亿元，占全省建筑业总产值的40.5%，比2016年度竞争力百强企业同比增长14.3%。建筑业产值超100亿元的企业40家，比2016年度增加了5家。其中，建筑业总产值500亿元以上的企业5家，300亿元至500亿元之间的企业2家，100亿元至300亿元之间的企业33家，50亿元至100亿元之间的企业43家，30亿元至50亿元之间的企业13家，30亿元以下的企业4家。2017年度竞争力百强企业建筑业产值最高的为578亿元。

（3）**境外完成营业额情况**。2017年度竞争力百强企业中有43家企业在境外有营业额，合计完成境外营业额329.8亿元。其中，境外完成营业额20亿元以上的企业4家，10亿元至20亿元之间的企业9家，5亿元至10亿元之间的企业7家，1亿元至5亿元之间的企业11家，2017年度竞争力百强企业境外完成营业额最高的为39.98亿元。

（4）**新签合同额情况**。2017年度竞争力百强企业新签合同额总计为12508亿元，比2016年度竞争力百强企业新签合同额增加了1773亿元，同比增长16.5%。其中，新签合同额超过500亿元的企业4家，300亿元到500亿元之间的企业5家，100亿元至300亿元之间的企业33家，50亿元至100亿元之间的企业32家，20亿元至50亿元之间的企业21家，20亿元以下的企业5家。

2017年度竞争力百强企业新签合同额最高的为623亿元。

（5）外省完成产值情况。2017年度竞争力百强企业中有97家企业在外省有业务，外省完成产值合计为7618.7亿元。其中，外省完成产值300亿元以上的企业7家，100亿元至300亿元之间的企业13家，50亿元至100亿元之间的企业25家，20亿元至50亿元之间的营业额30家，2017年度竞争力百强企业中外省完成产值最高的为483.4亿元。

4. 资产规模情况

（1）资产总计。2017年度竞争力百强企业总资产合计为6430亿元，比2016年度竞争力百强企业资产总计同比增长20%。其中总资产超200亿元的企业8家，100亿元至200亿元之间的企业6家，50亿元至100亿元之间的企业19家，20亿元至50亿元之间的企业39家，10亿元至20亿元之间的企业22家，10亿元以下的企业6家。2017年度竞争力百强企业资产总计最高的为551.2亿元。

（2）净资产。2017年度竞争力百强企业净资产合计为2542亿元，比2016年度竞争力百强企业净资产增加502亿元。其中净资产100亿元以上的企业5家，50亿元至100亿元之间的企业6家，20亿元至50亿元之间的企业23家，10亿元至20亿元之间的企业41家，5亿元至10亿元之间的企业17家，5亿元以下的企业8家。2017年度竞争力百强企业净资产最高的为161.66亿元。

5. 盈利能力情况

（1）利润总额。利润总额是指企业在生产经营过程中各种收入扣除各种耗费后的盈余，反映企业在报告期内实现的盈亏总额，即人们通常所说的企业所得税前的盈利。2017年度竞争力百强企业的利润总额合计为561.5亿元，比2016年度竞争力百强企业利润总额增加87亿元。其中，利润总额超20亿元的企业4家，10亿元至20亿元之间的企业10家，5亿元至10亿元之间的企业12家，2亿元至5亿元之间的企业48家，1亿元至2亿元之间的企业17家，利润总额低于1亿元的企业9家。2017年度竞争力百强企业利润总额最高的为50.35亿元。

（2）主营业务利润。主营业务利润也称基本业务利润，是指企业主营业务收入扣除主营业务成本、主营业务税金及附加后的利润，计算公式为：主营业务利润＝主营业务收入—主营业务成本—主营业务税金及附加—销售费用。但在会计统计上，这里的成本并不包含期间费用（即管理费用和财务费用），因此，比大家通俗意义上认为的主营业务实现的最终利润要高。2017年度竞争力百强企业的主营业务利润合计为820亿元。其中主营业务利润超20亿元的企业9家，10亿元至20亿元之间的企业13家，5亿元至10亿元之间的企业有23家，2亿元至5亿元之间的企业有42家，1亿元至2亿元之间的企业有9家。1亿元以下的企业有 4 家。2017 年度竞争力百强企业主营业务利润最高的为 55.97 亿元。

6. 应缴增值税情况

增值税是依据企业增值税纳税申报表中"应纳税额的合计数"进行提取，增值税是以商品（含应税劳务）在流转过程中产生的增值额作为计税依据而征收的一种流转税，为价外税，由消费者负担。由于增值税纳税本身存在税负差异，一般计税项目和简易计税项目占收入比重不同，一般工程项目与 BT、PPP 项目等建设性质的不同，都会造成增值税税负的差异。专家组也对"双百强"企业按增值税占营业收入的比重进行了测算，有 65% 的企业税负在 1% ~ 3%，23% 的企业税负在 3% 以上，12% 的企业税负在 1% 以下，最高的税负达到了 6%，最低的税负只有 0.5%。以 2017 年度企业应缴增值税额为分析基础，竞争力百强企业的应缴增值税合计为 262.37 亿元。其中，应缴增值税超 10 亿元的企业 4 家，5 亿元至 10 亿元之间的企业 8 家，2 亿元至 5 亿元之间的企业 18 家，1 亿元至 2 亿元之间的企业 33 家，5000 万元至 1 亿元之间的企业 26 家，低于 5000 万元的企业 11 家，2017 年度竞争力百强企业应缴增值税最高的为 28.18 亿元。

7. 科技进步情况

（1）**国家级奖项**。采用申报企业最近三个年度获得国家级科技进步奖、发明类专利、国家级工法、国家级新技术应用示范工程等奖项数量，并对 2015、2016、2017 年度按照 2∶3∶5 的比例计算出综合数量。按照评价文件规定和往年惯例，省部级专业协会评的相应奖项，均按 5 项折合 1 项进行统计、计算。2017 年度竞争力百强企业中，三年综合奖项获得 10 项以上国家级奖项的企业 5 家，获得 5 项至 10 项的企业 8 家，获得 2 项至 8 项的企业 22 家，获得 0.2 项至 1 项的企业 28 家，有 37 家企业国家级科技进步奖项为空白。其中苏州金螳螂企业（集团）有限公司国家级获得奖项最多，三年综合数量达到了 64.3 项。

（2）**省部级奖项**。采用申报企业最近三个年度获得省部级科技进步奖、省部级工法、省部级新技术应用示范工程的奖项数量，并对 2015、2016、2017 年度按照 2∶3∶5 的比例计算出总和数量。2017 年度竞争力百强企业中，获得 20 项以上省部级奖项的企业 5 家，获得 10 项至 20 项的企业 8 家，获得 5 项至 10 项的企业 16 家，获得 2 项至 5 项的企业 28 家，获得 2 项以下的企业 28 家，有 15 家企业的省部级奖项为空白。其中苏州金螳螂企业（集团）有限公司获得省部级科技进步奖项最多，三年综合数量达到了 84.5 项。

8. 管理水平情况

（1）**国家级奖项**。采用申报企业最近三个年度获得鲁班奖（国家优质工程）、全国绿色施工示范工程、全国工程建设优秀 QC 成果奖、全国建设工程优秀项目质量成果等奖项。在计算方式上，按照评价文件规定和往年惯例，省部级专业协会评的相应奖项、QC 成果奖，均按 5 项折合 1 项进行统计、计算，并对 2015、2016、2017 年度数量按照 2∶3∶5 的比例计算出综合数据。2017 年度竞争力百强企业中，获得 10 项以上国家级奖项的企业 5 家，获得 5 项至 10 项的企业 3 家，获得 2 项至 5 项的企业 12 家，获得 2 项以下的企业 43 家，有 37 家企业的国家级奖项为空白。其中，三年综合获得国家级管理水平奖项最多的为 27.26 项。

（2）省部级奖项。采用申报企业最近三个年度获得省部级优质工程奖、省部级绿色施工示范工程、省部级工程建设优秀 QC 成果奖、省部级建设工程优秀项目质量成果奖项。在计算方式上，按照评价文件规定和往年惯例，省部专业协会评的相应奖项、QC 成果奖，均按 5 项折合 1 项进行统计、计算，并对 2015、2016、2017 年度数量按照 2∶3∶5 的比例计算出综合数量。获得 30 项以上省部级奖项的企业 4 家，获得 10 项至 30 项省部级奖项的企业 10 家，获得 5 项至 10 项省部级奖项的企业 10 家，获得 2 项至 5 项省部级奖项的企业 26 家，获得 2 项以下省部级奖项家企业 45 家。其中，三年综合获得省部级管理水平奖项最多的为 49.42 项。

从"双百强"企业两个奖项的数据可以看出，管理水平指标排名前 20 名的企业中，特级资质企业占到了 92.5%，表明特级资质企业的更加注重管理水平奖项的创建。

9. 精神文明情况

采用申报企业最近三个年度获得省部级以上五一劳动奖状（奖章）、文明单位、工人先锋号、青年文明号等奖项，并对 2015、2016、2017 年度按照 2∶3∶5 的比例计算出综合数量。从进入竞争力百强的 100 家企业来看，只有 10 家企业获得国家级精神文明奖项，有 44 家企业获得省部级精神文明奖项，超过五分之三的企业在精神文明创建方面没有获得相应奖项。同样，通过社会捐赠指标来看，竞争力百强企业近三年捐赠总额为 2.2 亿元，其中三年捐赠额超过 1000 万元的企业 6 家，最高的为 2650 万元。众所周知，企业做大做强，离不开社会的关爱和支持，所以评选委员会办公室倡议，企业在发展中除了创效益，还要注重回馈和反哺社会。

二、最具成长性百强企业情况分析

全省 13 个省辖市以及交通、电力、省部属施工企业，总计 173 家参加了 2017 年度江苏省建筑业最具成长性百强企业申报。按照评价规则和程序，评价审定办公室组织专家，对各市协会和专业分会推荐的申报资料认真进行了核实。

有3家企业分别因发生失信行为、提供材料弄虚作假,被取消评价资格。同时,因有28家企业申报并最终成功进入竞争力百强排名前100名,故最终有142家申报企业参加最具成长性百强企业评价。通过对申报企业的22项指标按权重比进行计分、排名,取前100名为2017年度江苏省建筑业最具成长性百强企业。

1. 地区分布情况

进入最具成长性百强的100家企业,南京入选13家,名列全省第一;其后依次是常州、苏州,各入选12家,扬州入选10家,泰州入选9家,南通、省部属企业各入选7家,连云港、盐城、淮安、镇江各入选5家,无锡、交通企业各入选4家,徐州、宿迁两市仅各入选1家。从"双百强"企业地区分布来看,近两年江苏省建筑业"双百强"企业的相关情况如表2所示:

"双百强"企业相关情况 表2

序	地区	2017年度竞争力百强企业数	2017年度最具成长性百强企业数	2017年度双百强合计数	与2016年度双百强数量比较	双百强企业占比率
1	南京	10	13	23	-2	11.5%
2	无锡	3	4	7	持平	3.5%
3	徐州	3	1	4	+1	2%
4	常州	4	12	16	持平	8%
5	苏州	6	12	18	-2	9%
6	南通	26	7	33	-5	16.5%
7	连云港	3	5	8	+1	4%
8	淮安	1	5	6	-1	3%
9	盐城	3	5	8	+2	4%
10	扬州	14	10	24	持平	12%
11	镇江	1	5	6	-1	3%
12	泰州	7	9	16	持平	8%
13	宿迁	3	1	4	持平	2%
14	省部属	16	7	23	+6	11.5%
15	交通分会	0	4	4	+1	2%

从表2可以看出,2017年度双百强企业入选数量排在前6名的依次是南通、扬州、南京(与省部属并列)、苏州、泰州,入选数量比2016年度有所增加的地区为:徐州、连云港、盐城、省部属、交通,其中省部属入选数量增幅最大,增加了6家。

2. 专业分布情况

从专业分布来看，最具成长性百强企业中，房建总承包企业65家，机电、市政、公路、铁路、水利等总承包资质企业19家；装饰装修、地基与基础、消防、幕墙、古建等专业承包资质企业16家。非房建总承包企业占比35%，比2016年度的成长性百强企业增加了6家，表明我省建筑业产业结构调整的成效开始凸显。

3. 经营规模情况

（1）全年营业收入情况。以2017年度企业营业收入为分析基础，最具成长性百强企业全年营业收入总计1875亿元，比2016年度成长性百强企业该项数据合计数多出近145亿元。其中全年营业收入超过30亿元的企业13家，20亿元至30亿元的企业24家，10亿元至20亿元的企业54家，10亿元以下的企业9家。2017年度最具成长性百强企业中，营业收入最高的为46.9亿元。

（2）建筑业产值情况。以2017年度企业建筑产值作为分析基础，最具成长性百强企业建筑业产值总额为2346亿元。其中，建筑业产值超50亿元的企业7家，30亿元至50亿元之间的企业15家，20亿元至30亿元之间的企业29家，10亿元至20亿元之间的企业43家，10亿元以下的企业6家。2017年度最具成长性百强企业中，建筑业产值最高的为68.67亿元。

（3）省外完成产值情况。2017年度最具成长性百强企业中有84家企业在省外有施工产值，省外完成施工产值总计774亿元。其中超20亿元的企业10家，10亿元至20亿元的企业25家，5亿元至10亿元的企业17家，1亿元至5亿元的企业21家，16家企业在省外没有施工产值。2017年度最具成长性百强企业中，省外完成产值最高的为57亿元。同时数据显示，省外完成产值前50名的企业有35家进入最具成长性百强排名前50名。省外完成产值位列前20位的企业有14家企业来自五个建筑强市和省部属企业。建筑强市的企业市场外向度高，同时外部市场占有率高的企业成长性较强。

（4）新签合同额情况。2017年度最具成长性百强企业新签合同额合计为2264亿元，与2016年度最具成长性百强企业新签合同总额相比，增加了203亿元。其中，新签合同额超过50亿元的企业6家，30亿元至50亿元的企业10家，20亿元至30亿元的企业26家，10亿元至20亿元的企业35家，新签合同额低于10亿元的企业17家。81家企业新签合同额均比上年度有所增长。但值得注意的是，还有19家企业的新签合同额出现了负增长。2017年度最具成长性百强企业中，新签合同额最高的为82.12亿元。

4. 资产规模情况

（1）资产总计。2017年度最具成长性百强企业的资产总计合计为1256亿元。

其中，资产总额超过 20 亿元的企业 15 家，10 亿元至 20 亿元的企业 29 家，5 亿元至 10 亿元的企业 41 家，资产总额低于 5 亿元的企业 15 家。2017 年度最具成长性百强企业中，资产总计最高的为 66.66 亿元。

（2）净资产。2017 年度最具成长性百强企业的净资产总额为 599 亿元。净资产超过 10 亿元的企业 12 家，5 亿元至 10 亿元的 32 家，2 亿元至 5 亿元的 44 家，净资产低于 2 亿元的 12 家。2017 年度最具成长性百强企业中，净资产最高的为 274661 万元。

5. 盈利能力情况

（1）利润总额。2017 年度最具成长性百强企业的利润总额为 103.6 亿元。利润总额超 2 亿元的企业 11 家，利润总额在 1 亿元至 2 亿元的企业 24 家，5000 万元至 1 亿元的企业 41 家，2000 万元至 5000 万元的企业 17 家，利润总额低于 2000 万元的企业有 7 家。2017 年度最具成长性百强企业中，利润总额最高的为 38960 万元。

（2）主营业务利润。2017 年度最具成长性百强企业主营业务利润合计为 146.8 亿元，主营业务利润超 3 亿元的企业 12 家，1 亿元至 3 亿元之间的企业 48 家，5000 万元至 1 亿元的企业 28 家，低于 5000 万元的企业 12 家。2017 年度最具成长性百强企业中，主营业务利润最高的为 43112 万元。

6. 应缴增值税情况

以 2017 年度企业应缴增值税额为分析基础，最具成长性百强企业的应缴增值税总额为 40.96 亿元。其中，应缴增值税超过 1 亿元的企业 7 家，5000 万元至 1 亿元的企业 26 家，3000 万元至 5000 万元的企业 23 家，1000 万元至 3000 万元的企业 33 家，低于 1000 万元的企业 11 家。2017 年度最具成长性百强企业中，应缴增值税最高的为 15796 万元。

7. 科技进步情况

科技进步是企业提升核心竞争力的助推器。"科技进步"指标，主要采用申报企业最近三个年度获得的省部级及以上级别的科技进步奖、发明类专利、工法、建筑业新技术应用示范工程等奖项，并对 2015、2016、2017 年度按照 2∶3∶5 的比例计算出综合数量。按照评价文件规定和往年惯例，专业协会评的相应奖项，均按 5 项折合 1 项进行统计、计算。2017 年度最具成长性百强企业中，近三年共有 28 家企业获得国家级"科技进步"奖项 44 项，72 家企业此类奖项为 0。国家级科技进步奖项数量最多的是苏州金螳螂幕墙有限公司，三年综合数量 16.70 项；共有 53 家企业获得省部级"科技进步"奖项 118 项，47 家企业此类奖项为 0。这与 2017 年度竞争力百强企业此项指标的奖项数量，差距非常之大。

8. 管理水平情况

"管理水平"指标体现为申报企业近三年度获得省部级以上优质工程奖、绿色施工示范工程、工程建设优秀 QC 成果奖、建设工程优秀项目质量成果奖项，并对 2015、2016、2017 年度按照 2∶3∶5 的比例计算出综合总数。从最具成长性百强企业此指标情况来看，三年综合共有 41 家企业获得国家级"管理水平"奖项 16 项；88 家企业获得省部级"管理水平"奖项 104 项，其中获得 3 项以上省部级奖项的企业 8 家，2 项至 3 项的企业 8 家，1 项至 2 项的企业 16 家，1 项以下的企业 56 家，有 12 家企业的省部级奖项为 0。此类奖项数量，成长性百强企业同样与竞争力百强企业差距非常之大。

9. 精神文明情况

采用申报企业近三年度获得省部级以上五一劳动奖状（奖章）、文明单位、工人先锋号、青年文明号等奖项，并对 2015、2016、2017 年度按照 2∶3∶5 的比例计算出综合数量。从进入最具成长性百强的 100 家企业来看，没有 1 家企业获得国家级精神文明奖项，仅 14 家企业获得省部级精神文明奖项，86% 的企业在精神文明创建方面没有获得省部级以上成果。在社会捐赠方面，64 家最具成长性百强企业近三年捐赠总额合计为 5892 万元，36 家企业社会捐赠为 0。成长性百强企业和竞争力百强企业整体上相比，在精神文明建设方面差距较大，成果太少。

三、分析结果和建议

江苏省建筑业"双百强"企业评价排名是建立在"双百强"评价指标和对企业申报数据的定量分析基础之上的，通过数据分析我们可以看出 2017 年度江苏省建筑业双百强企业有以下五个特点：**一是**"双百强"企业整体实力不断增强。通过对"双百强"企业指标数据横向对比和时间纵向对比，2017 年度江苏省建筑业"双百强"企业的整体实力较上年度有较大提升，发展势态良好，发展后劲很足，发展潜力很大。特别是竞争力百强企业在各项经营规模指标上，整体增幅均超过了 14%；**二是**"双百强"企业之间差距仍然较大。不仅体现在竞争力百强企业和最具成长性百强企业之间，还体现在竞争力百强企业之间、成长性百强企业之间，特别是前 10 名和后 10 名的整体实力差距非常之大；**三是**房建施工企业所占比例仍然较大。通过数据分析，竞争力百强企业中房建总承包企业占到了 84%，成长性百强企业中房建总承包企业占到了 65%。我省建筑业还需要进一步优化产业结构，在做专、做精、做优上下功夫；**四是**与央企、大型国企差距依然较大。2017 年度竞争力百强企业建筑业产值超 100 亿元的达到了 40 家，500 亿元以上的 5 家。41 家企业进入 2016 年度中国建筑业"双 200 强"企业排名名单，排名最高的为第 9 名，整体上与中建、葛洲坝等央企，与陕西建工、上海建工、北京城建等地方大型国企仍然还有不小差距；**五是外经企业国际市场开拓力度不够**。江苏省建筑业总产值连续多年位居全国第一，2017 年江苏建筑业总产值占全国的 14.58%，但对外承包工程的合同额和营业额远远低于这个比例。

根据 2017 年度江苏省建筑业"双百强"企业综合情况，结合新时代建筑行业面临的形势和机遇，评价办公室提出如下意见建议，供"双百强"企业下一步改革发展参考。

1. 强优势，争当"头羊"，夯实"建筑强省"发展基础

江苏建筑业的发展积累了很多宝贵财富，形成了很多发展优势，当前更要积极发挥自身优势，不断提升发展动力，夯实发展基础。

（1）加快转型升级，走多元化发展之路。我省建筑企业发挥自身优势，积极开展多元化经营，成功进入房地产、新型建材、先进制造业、现代服务业等领域，形成了"一业为主、多业并举、主业创名、副业创利"的经营格局。新形势下，仍然要多条腿走路，有实力的"双百强"企业要在当前成功的多元化基础上，有选择的投资新材料、新能源、环保、健康医疗、互联网金融等国家"十三五"倡导的朝阳产业，拓宽企业盈利渠道。

（2）继续艰苦奋斗，弘扬建筑铁军精神。20 世纪六七十年代，江苏建筑队伍在大庆、新疆等地，以"吃三睡五干十六"、"特别能吃苦、特别能战斗、特别能奉献"的作风，被中央及建设部领导誉为"江苏建筑铁军"。正是靠着这种铁军精神，江苏建筑业不断书写着一项又一项辉煌，创造着一个又一个纪录。铁军精神成为江苏建筑业一面金字招牌。新时代，夯实江苏建筑业强省地位，"双百强"企业更需要发扬光大和弘扬传承这种精神。

（3）强化人才培育，实施人才兴企战略。我省建筑业的主体是民营企业，民营企业有着产权清晰、激励机制灵活、战略执行力强等独特优势，尤其是江苏建筑业经过时代洗礼和沉淀，已经拥有了一大批行业领军人才。我省建造师队伍和各类现场管理人员队伍全国最多。在新一轮发展中，"双百强"企业一定要继续实施人才兴企战略，完善育人、用人机制，让人才引得进、留得住、用得好，发挥"人才强企、人才兴企"的引擎作用。

2. 找差距，补齐"短板"，争做新时代行业发展新标杆

同样是"双百强"企业，但要充分认识到企业存在的不足。成长性百强企业要找准与竞争力百强企业的差距，竞争力百强企业要找准与大型央企、国企之间的差距，排名靠后的企业要找准与报名前列企业的差距，不断加固"底板"、补齐"短板",力争在新一轮发展中抢得先机,争做新时代行业发展的新标杆。

(1)加快产业结构优化。随着国家在基础设施领域投资的加大,"双百强"企业应紧跟行业发展形势,重新审视和定位企业发展战略,积极抢抓发展机遇。有条件的企业在保持主业高增长的同时,要通过改组、联合、兼并、股份合作等形式,加快进军基础设施领域,通过项目的锻炼提升企业在交通、水利、电力、市政、城市轨道、铁路等基础设施领域的设计施工能力。大型龙头企业要加快向上下游产业链拓展、向产业链高端延伸,优化和完善符合行业发展形势的产业结构。

(2)加快"走出去"步伐。"走出去",对于中小型企业而言就是走出本市,对于大中型企业来说就是要走出本省、走向世界。江苏企业要继续优化"省内、省外、境外"一体两翼市场格局,在保持和稳固传统优势建筑市场的同时,要加快国际市场开拓步伐。"一带一路"是习总书记亲自提出的重大倡议构想,是党中央站在新的历史方位做出的重大决策,具有划时代的重大意义。"一带一路"倡议的大力推进,给建筑企业带来了重大机遇。"双百强"企业要抓住"一带一路"倡议商机,积极发挥联合联动作用,借船出海、抱团出海,加快国际市场开拓力度,提高对外工程承包能力。

(3)提升工程总承包能力。"双百强"企业在施工能力上积累了大量丰富经验,这是施工企业宝贵财富。随着行业形势的发展,工程总承包逐渐成为潮流和趋势。省政府在《关于促进建筑业改革发展的意见》中提出了到2020年全省培育工程总承包骨干企业100家,装配式建筑原则上全部采用工程总承包模式。"双百强"企业应根据这一要求,健全完善符合工程总承包要求的管理机构,要着力打造和提升设计管理能力、计划管理能力、合约管理能力、招标采购管理能力、施工协调管理能力。

(4)加强企业精神文明建设。精神文明建设情况能够体现一个现代化企业的实质内涵,精神文明建设,要以弘扬"企业家精神"、"建筑工匠精神"为抓手,激发企业活力,促进企业发展。"双百强"企业要努力践行企业家精神,通过推荐坚定信心、锐意进取、真抓实干的企业家和不断追求卓越、精益求精、做精做专的建筑工匠申报省级、国家级劳动模范、五一劳动奖章等,推荐创造精品、创新发展的项目部申报青年文明号、工人先锋号荣誉等方式,在企业内部发挥榜样模范作用,营造推崇劳模、尊重劳动的企业文化,调动企业上下齐心、团结一致,开拓发展新境界。

3. 明方向,围绕"创新",奋力推进建筑企业高质量发展

江苏建筑业发展在经历了计划驱动、要素驱动、利益驱动三个阶段之后,进入了创新驱动阶段。创新发展是江苏建筑业实现持续健康发展的必由之路,

谁走好了创新发展的先手棋，谁就占领先机、赢得优势。

（1）**加快推进"五个模式创新"**。省建筑行业协会在"十三五"初就提出了江苏建筑企业"十三五"期间要以股权模式创新、商业模式创新、经营模式创新、管理模式创新、施工模式创新来推动企业改革发展，"五个模式创新"从企业的战略层面、管理层面、技术层面全面立体地指出了我省建筑企业的改革发展路径，完全符合目前行业发展的形势和实际。"双百强"企业要加强研究，因企制宜地制定适合企业实际的实施方案，认真加以推进。

（2）**加快推进"四种新型建造方式"**。"四种新型建造方式"是"施工模式创新"的具体落地，是实现建筑企业高质量发展的保证。"双百强"企业要根据自身企业发展特点，在延续和传承传统优势的基础上加以创新和发展，积极转变工程建造方式，推动企业技术升级和提质增效，推动企业生产水平大幅提升。

（3）**加强科技创新和成果转化应用**。"双百强"企业之间科技创新的差距体现在科技进步奖项、管理水平奖项数量的多少，这个差距是最直观的，也是企业最应该去加强和提升的。"双百强"企业必须加强科技投入和研发，重点研发具有自主知识产权的发明专利、工艺、工法，加强科技成果的转化和利用，以技术创新改变传统施工方式，提升技术管理水平；加强企业质量管理、绿色施工等投入，提升优质工程、绿色施工示范工程的创建水平，创建优质工程、绿色施工示范工程等，提升企业质量品牌影响，为企业高质量发展提供支撑。

通过对"双百强"企业情况分析，评价办公室希望能为企业今后持续健康和高质量发展，不断提高核心竞争力有所启示。限于时间和水平，本分析报告疏漏之处在所难免，敬请批评指正。

江苏省政府关于促进建筑业改革发展的意见

(苏政发〔2017〕151号)

建筑业是我省的支柱产业、优势产业和富民产业。经过多年快速发展,我省建筑业综合实力不断增强,产业规模不断扩大,营商环境不断优化,各项指标位居全国前列。但也要看到,我省建筑业产业结构不够合理、新型建造方式有待普及、工程建设组织方式相对落后、工程质量安全水平亟须提高、管理体制机制不相适应等问题仍然不同程度地存在。当前和今后一个时期,我省建筑业改革发展,要坚持以习近平新时代中国特色社会主义思想为指引,贯彻落实党的十九大精神,牢固树立和自觉践行新发展理念,深化建筑业"放管服"改革,推动装配式建筑、绿色建筑、智慧建筑、全装修成品住房等加快发展,提高工程质量安全水平,完善监管体制机制,培育优势骨干企业,提升"江苏建造"品牌的含金量和影响力,为建设"强富美高"新江苏提供有力支撑。根据《国务院办公厅关于促进建筑业持续健康发展的意见》(国办发〔2017〕19号)精神,按照住房城乡建设部关于在我省开展建筑业改革综合试点的要求,现提出如下意见。

一、完善企业资质资格管理

简化工程建设企业资质类别和等级设置,减少不必要的资质认定。试行调整施工总承包二级及以下资质和专业承包资质标准。取消劳务企业资质,实行专业作业企业备案管理制度。具有建设工程监理、造价咨询、招标代理其中一项资质的企业申请其他两项乙级及以下资质时,只需满足国家注册人员数量的要求。新设立的施工企业资质证书与安全生产许可证书同时申请、同时审批。扩大承接业务范围,对信誉良好、具有相关专业技术能力、能够提供足额担保的企业,允许其在资质类别内承接高一等级资质相应的业务;具有市政公用、公路、水利水电、港口与航道工程其中一项资质的一级及以上施工总承包企业,能够提供足额担保且项目负责人具有相应业绩的,可以跨专业承接其他三项同等级资质相应的业务。取得施工总承包资质的企业,可以承接总承包资质覆盖范围内的专业承包工程。加强与资质资格管理改革相适应的配套制度建设,强化事中事后监管。建立个人执业保险制度,鼓励建筑师、监理工程师、造价工程师等执业注册人员采用个人或合伙的方式成立执业事务所承接业务,并依法承担相应权责。

二、优化建筑产业结构

大力扶持高等级资质企业做大做强,重点培育一批市政公用、公路、水利水电、港口与航道工程等特级资质企业;支持大型企业跨地区、跨行业兼并收购,培育一批更具核心竞争力和品牌影响力的知名企业。鼓励中小型企业走专业化、精细化发展道路,培育一批经营特色明显、科技含量较高、市场前景广阔的专业企业。改变我省建筑业企业以房屋建筑为主的市场结构,支持建筑业企业进入基础设施领域,各地政府要在年度建设项目计划中,明确一定数量的重大基础设施建设项目和标段,鼓励骨干建筑业企业采用联合体投标方式参与轨道交通、桥梁隧道、综合管廊、海绵城市等重大基础设施建设。各地在城市轨道交通建设中,要积极开展省内建筑业企业参与试点工作。促进企业多元化经营,引导建筑业企业延长产业链、提升价值链、提高竞争力,推进大中型企业向上下游延伸和产业多元化拓展,在投融资、设计咨询、工程建设、建筑部品部件生产、运营维护等领域开展全方位、一体化服务,逐步实现由建造建筑产品向开发、经营建筑产品延伸。支持民营建筑业企业采用PPP模式进入城镇供水、污水垃圾处理、燃气、公共交通等领域开展"建营一体化"业务,不得违规对民营建筑业企业设置附加条件和歧视性条款。至2020年,培育产值超100亿元的企业50家,产值超1000亿元的企业实现零突破,10家以上省内建筑施工企业以总承包方式进入轨道交通建设领域。

三、促进建筑产业工人职业化

改革建筑用工制度,推进建筑劳务企业向具有稳定劳动关系的专业化作业企业转型。健全职业技能培训,突出企业培训主体责任,大力弘扬工匠精神,不断提升职业能力和素质,将符合条件的建筑产业工人技能培训纳入现有职业技能培训、鉴定补贴范围,对涉及质量安全的岗位严格执行先培训后上岗。拓宽职业技能多元化评价方式,建立健全鉴定体系,支持有条件的企业自主培训、自主评价。健全完善与建筑业相适应的社会保险缴费方式,大力推进建筑施工单位参加工伤保险。全面推行建筑工人实名制和信息化管理,统筹搭建互联互通的建筑工人管理信息服务平台,引导人力资源向市场需求有序转移、劳动报酬向紧缺高标准高技能岗位转移。

四、推广装配式建筑

加快完善装配式建筑技术标准体系、市场推广体系、质量监管体系和监测评价体系。在大力发展装配式混凝土建筑的同时，积极推广装配式钢结构建筑和装配式木结构建筑，积极探索农村装配式低层住房建设。着力培育装配式建筑市场需求，政府投资项目率先实现装配式建造，明确通过土地出让的建设项目装配式建筑比例要求。积极推动装配式建筑产业园区、示范基地和项目建设，形成规模化的装配式建筑产业链。对装配式建筑预制部品部件生产企业，纳入工程建设监管范围，符合政策规定的可申请享受新型墙体材料增值税税收优惠；取得新型墙体材料认定证书的，可申请节能减排专项引导资金资助。至2020年，全省装配式建筑占新建建筑面积比例达30%。

五、加强数字建造技术应用

加快推进建筑信息模型（BIM）技术在规划、勘察、设计、施工和运营维护全过程的集成应用，实现工程建设项目全生命周期数据共享和信息化管理，为项目方案优化和科学决策提供依据，促进建筑业提质增效。制定我省推进BIM技术应用指导意见，建立BIM技术推广应用长效机制。加快编制BIM技术审批、交付、验收、评价等技术标准，完善技术标准体系。制定BIM技术服务费用标准，并在3年内作为不可竞争费用计入工程总投资和工程造价。选择一批代表性项目进行BIM技术应用试点示范，形成可推广的经验和方法。推广数字建造中传感器、物联网、动态监控等关键技术使用，推进数字建造标准和技术体系建设。至2020年，全省建筑、市政甲级设计单位以及一级以上施工企业掌握并实施BIM技术一体化集成应用，以国有资金投资为主的新立项公共建筑、市政工程集成应用BIM的比例达90%。

六、扩大全装修成品住房比例

大力推进住房设计、施工和装修一体化，推广标准化、模块化和干法作业的装配化装修，促进整体厨卫、轻质隔墙等材料、产品和设备管线集成化技术应用，实现房屋交付时套内所有功能空间的固定面铺装或涂饰、管线及终端安装、门窗、厨房和卫生间基本设施配备等全部完成，并具备使用功能。倡导菜单式装修，满足消费者个性化需求。装修成本部分在住房价格监测体系中单独计算。至2020年，设区市新建商品房全装修比例达到50%以上，装配式住宅建筑和政府投资新建的公共租赁住房全部实现成品住房交付。

七、实施"绿色建筑+"工程

推动绿色建筑品质提升和高星级绿色建筑规模化发展，探索构建具有江苏特点的绿色建筑评价标识制度，促进装配式建筑、被动式建筑、BIM、智能智慧等技术与绿色建筑深度融合，实施一批被动式建筑项目，推进绿色建筑向深层次发展。制定江苏省绿色生态规划建设标准，推动高星级绿色建筑和被动式建筑规模化发展，同步推动绿色交通、绿色照明、海绵城市、智慧城市、地下空间综合利用、区域能源供应等节约型城乡建设集中集成示范，探索协调发展、绿色发展的生态城市建设道路。加强建筑工地扬尘、噪音等污染控制，深入推进绿色建造。探索建立既有建筑节能改造市场化推进机制，强化绿色建筑运行管理，提升建筑能效。进一步加大建筑节能专项资金支持力度，强化示范引领。高星级绿色建筑与被动式建筑增量成本在住房价格监测体系中单独计算。至2020年，新建民用建筑全面实施75%节能标准，实现建筑能效提升20%；全省新增绿色建筑5亿m^2，其中二星级及以上绿色建筑占城镇新建建筑比例的50%。

八、推行工程总承包

在全面推行施工总承包的基础上，加快推行工程总承包模式，鼓励综合实力强的大型设计和施工总承包企业开展工程总承包业务。加快建立适应工程总承包发展的招投标、工程计价和工程管理配套制度。除以暂估价形式包含在工程总承包范围内且依法必须招标的项目外，工程总承包单位可以直接发包总承包合同中涵盖的其他专业业务。采用固定总价合同的工程总承包项目，在计价结算和审计时，重点对约定的变更调整部分和暂估价部分进行审核。各地每年都要明确不少于20%的国有资金投资占主导的项目实施工程总承包。装配式建筑原则上应全部采用工程总承包模式。至2020年，全省培育工程总承包骨干企业100家。

九、培育全过程工程咨询服务

整合工程建设所需的投资咨询、工程设计、招标代理、造价咨询、工程监理、项目管理等业务，促进咨询企业提供全过程、一体化服务。引导和支持建设单位将全过程工程咨询服务委托给具有全部资质、综合实力强的一家企业或一个联合体；或委托给一家具有相关资质的企业，并由该企业将不在本单位资质业务范围内的业务分包给其他具有相应资质的企业。各地每年要落实一批有影响力、有示范作用的全过程工程咨询项目。在民用建筑项目中，充分发挥建筑师的主导作用，探索实施建筑师负责制。至2020年，全省培育具有全过程工程咨询能力的骨干企业100家。

十、加快政府投资工程集中组织建设

推动政府投资工程由使用单位自行组织建设，向由政府组建的专业机构及专业建设平台集中组织建设转变，实现"投资、建设、监管、使用"相互分离，不断提高项目管理的专业化水平和财政资金的投资效益。至2018年，全省政府投资工程全面实行集中组织建设。

十一、调整工程建设项目招投标范围

全部使用非国有资金或非国有资金占控股或主导地位的工程建设项目（涉及国防、国家安全等除外），建设单位可以自主决定采用招标发包或直接发包、是否进入有形市场进行交易。招投标监管部门要创新监管方式，明确监管重点，重点加强对国有资金投资项目的招投标监管。国有企业投资的经营性建设工程项目，建设单位控股或被控股的企业依法能够提供设计、施工、材料设备和咨询服务的，建设单位可以将项目的设计、施工、材料设备和咨询服务直接发包给控股企业或被控股企业。

十二、改革工程招投标评定制度和提高工作效率

建筑方案设计项目、工程总承包项目、政府集中建设的大型或技术复杂项目，实行"评定分离"制度。实行经评审的最低投标价法评标的项目，中标人除需提供正常履约担保外，还需提供差额部分的履约担保。实行综合评标法的项目必须实行商务标、技术标、信用标"三合一"评标。因严重失信被列入限制准入"黑名单"的企业不得参加投标。探索建立价格预警干预机制，改变以价格为决定因素的招标和采购管理模式，实施技术、质量、品牌、价格等多因素的综合评估,引导企业由"拼价格"向"拼质量"转变。提高工程招投标效率，中小型工程且技术标不参与评审的工程，发招标文件至开标时间不少于10日(设

计招标除外）；采用合理价随机法的工程，发招标文件至开标时间不少于 7 日。扩大招投标信息公开度，实行网上受理异议和投诉。组建省级资深评标专家库，建立招投标重大法律、技术问题专家评议制度。

十三、健全建筑设计发包制度

推行建筑设计方案招标、设计团队招标等符合设计特点的招标方式。采用建筑设计方案招标的，建设单位应与中标单位依据有关规定签订包括方案设计、初步设计和施工图设计阶段的工程设计合同，确需另择设计单位承担初步设计、施工图设计的，应当在招标公告或者投标邀请书中明确，并支付中标单位方案设计费，金额不宜低于该项目总设计费的 30%。采用设计团队招标的，应着重考虑投标人的能力、业绩、信誉及设计构思等。评标标准中确需设置投标报价的，其所占权重不应超过 10%。对城市重要地段、重要景观地区的建筑工程，建筑功能有特殊要求的公共建筑和省重要大型工程，经所在地县级以上人民政府研究同意，可以采用邀请招标方式发包，也可直接发包给以建筑专业院士、住房城乡建设部或省级人民政府命名的设计大师为主创设计师的设计单位。完善建筑设计方案竞选制度，建设单位可采用竞选方式确定设计方案。鼓励建筑工程实行设计总包，按照合同约定或者经建设单位同意，设计单位可将建筑工程非主体部分设计直接分包。

十四、建立全过程工程质量控制和评价制度

探索建立工程质量性能评价指标体系及应用办法，加强工程质量过程控制，实施过程量化评估机制，工程结束后向社会公布量化结果。将一段时限内的量化累积评分与政府招投标和评奖、奖励挂钩，引导建筑业企业自觉提高工程质量。建立建设工程质量检测综合报告制度，进一步落实检测质量责任。建立建筑材料认证、评价、信息公开等制度，完善全过程工程质量追踪、定位、维护和责任追溯机制。强化对工程项目建设各环节文件资料以及电子文件的归集管理，确保建设工程档案真实、完整和准确，为落实建设工程质量责任终身制以及保障工程设施运营维护提供依据。

十五、强化工程质量安全监管

全面落实各方主体质量安全责任，强化建设单位的首要责任和勘察、设计、施工单位的主体责任，严格落实项目负责人的质量安全责任，企业法定代表人

对质量安全负第一责任，规划设计、图纸审查、施工许可、批后监管等应以安全为前提，加强源头管控。完善施工现场和建筑市场联动监管机制。充分发挥工程质量安全监督机构的政府监督职能，重点加强涉及公共安全的工程地基基础、主体结构等部位和竣工验收等环节的监督检查。加强工程质量安全监督执法检查，加大抽查抽测力度，推行"双随机、一公开"检查方式。各地可采取政府购买服务方式，委托第三方机构实施工程质量安全管理。强化质量安全监督队伍建设，加强对监督机构和人员的履职能力、履职情况的考核，结果纳入政府质量工作考核。监督机构履行职能所需经费由同级财政预算全额保障。

十六、推行工程担保和保险制度

建立以银行保函、专业担保公司担保或综合保险为主的投标担保、工程款支付担保、承包履约担保、建筑工人工资担保和质量保修担保制度。主管部门和建设单位不得以任何理由拒绝以银行保函、专业担保公司或综合保险方式提供的担保。推行工程履约"双担保"制度，施工单位提交履约担保的，建设单位应同时提交工程款支付担保。对房地产开发项目实行工程质量保险制度，将保险费用列入工程造价。提交工程质量保修担保或工程质量保险的工程项目，不再预留工程质量保证金。

十七、规范工程价款结算

根据工程品质标准和等级建立优质优价制度，鼓励企业创建优质工程，建设单位与施工企业签订合同时，可明确获得市级优质工程以上奖项的项目按不高于建安工程费1%计取按质论价费用。改革人工单价形成机制，逐步与市场用工价格接轨，将社会保险费、公积金等纳入预算人工工资单价，配套调整人工消耗量。规范招标文件中的预付款、进度款支付比例、节点以及风险条款，预付款应不低于合同总价的10%。政府投资工程项目严禁要求建筑业企业带资承包。承发包双方应当在期中支付时完成已完工程量和变更签证的价款审核、确认和支付工作。严格执行发包人与承包人完成竣工结算核对并签字确认的时间，工程竣工结算报告金额1亿元以下的，不超过90天；金额1亿元以上的，不超过180天；核对时间超出规定期限时，按合同约定从超出之日起计付银行同期贷款利息。审计机关应依法加强对以政府投资为主的工程建设项目的审计监督，建设单位不得以未完成审计作为延期工程款结算、拖欠工程款的理由。工程竣工验收时，工程款应预留质保金后根据期中计量结果支付到位。未完成竣工结算的项目，有关部门不予办理产权登记。

十八、深化建筑市场"放管服"改革

以重点工业生产建设项目为对象，推广"预审代办制"经验，构建预审服务制度，帮助建设单位实现技术方案和许可要件的同步准备；通过纳入承诺制度和工程综合咨询制度，强化建设单位和技术咨询单位遵从规划条件以及强制性标准规范的责任意识。着力实施"多图联审"和省级"不再审图"。建立建设工程施工许可阶段并联审批制度，通过优化和再造审批流程，共享和关联前置条件，合并和清理审批环节，减少和压缩审批时间，全面实行施工许可无纸化申报、"不见面审批"和电子证书制度。进一步完善权责清单，理清管理边界和职责内容，整合执法力量，完善执法衔接机制，实现住房和城乡建设领域行政处罚权的集中行使，从重视事前审批转向加强事中事后监管。完善全省建筑市场监管和诚信信息一体化平台建设，加快构建以信用管理为核心的新型市场监管机制，将各类失信行为纳入信用记录，对外公开披露，实施联合惩戒，并按照"互联网＋政务服务"的建设要求，实现与江苏政务服务网、投资在线审批平台、市场监管信息平台、公共信用信息平台等相关系统的互联互通和信息共享，形成守信受奖、失信受惩、一处失信、处处受限的机制。

十九、支持企业"走出去"发展

支持建筑业企业跟踪国外特别是"一带一路"沿线国家的投资热点，围绕重点区域、重点专业领域和重点工程项目实施"走出去"战略。鼓励企业联合国内大型外向型建筑业企业，或与项目所在国企业通过股份合作、项目合作、组建联合体等方式，共同承包国外大中型项目。大力推动境外承包工程项目建营一体化，形成智力、技术、资金、装备、管理、标准和劳动力联动输出。定期举办国内外江苏建筑业企业推介活动，扩大"江苏建造"品牌影响。建立我省建筑业企业在国际建筑市场活动信息数据平台。对国外承包项目合同额、贷款额超过一定数量的，纳入商务发展专项资金支持范围。至2020年，国际市场营业额力争比"十二五"末翻一番。

二十、加大政策扶持力度

研究出台政策措施，着力培育一批勘察设计大师、优秀建造师和项目管理领军人才。积极推进校企合作，引导和鼓励高校毕业生到建筑行业一线从业。加大对建筑科技创新支持力度，对取得发明专利、建筑工法，参与编制国家、行业和地方标准的企业，开辟绿色通道，优先评选省级以上企业技术中心。鼓励符合条件的设计、咨询等企业申报高新技术企业，对建筑业企业发生的研发费用，按规定执行所得税税前加计扣除政策。对经认定为高新技术企业的建筑业企业发生的职工教育经费支出，不超过工资薪金总额8%的部分，准予在计算企业所得税应纳税所得额时扣除，超过部分准予在以后纳税年度结转扣除。根据相关部门提供的综合研发奖励资金支持条件和建筑业企业研发投入情况，省级财政给予5%—10%的普惠性奖励。强化标准对建筑业科技创新的引领作用，对涉及质量安全、环保节能的工程建设地方标准，其编制经费由省级相关专项资金予以保障。鼓励企业规范工资薪金、劳务报酬等所得项目核算，依法准确全员全额扣缴明细申报，对无法准确进行全员全额扣缴明细申报的异地施工企业，按工程价款的一定比例核定征收。加大金融支持力度，充分发挥智慧建筑基金、"一带一路"投资基金等政府投资基金的作用，引导社会资本进入建筑业重点领域和关键环节。鼓励政策性银行支持建筑业企业"走出去"，着力解决我省对外承包工程项目中存在的开立保函风险专项资金困难等问题。各金融机构应对建筑业企业采取差别化授信政策，对行业中经营状况好、信誉佳的企业可通过开展施工合同融资贷款、应收账款融资贷款等业务给予信贷支持。支持符合"江苏建造2025"发展战略等条件的建筑业企业，利用多层次资本市场上市、挂牌及债券发行等方式直接融资。

各地要高度重视建筑业改革和发展工作，结合实际研究制定深化建筑业改革、支持建筑业发展的配套政策。省有关部门和各设区市要建立建筑业改革和发展综合考核指标体系，每年发布包括建筑业、工程质量安全、市场运行、结构优化、转型发展、营商环境等内容的评价报告，发挥好行业协会在规范市场秩序、促进企业诚信经营等方面的积极作用和建筑强市、建筑强县的示范引领作用。

江苏建造 2025 行动纲要

(江苏省住房和城乡建设厅　苏建建管 [2017]520 号)

建筑业是江苏的支柱产业、优势产业和富民产业。在省委省政府的高度重视和正确领导下,全省建筑业以打造"建筑强省"为目标,大力推进建筑产业现代化,加快产业结构调整步伐,加大国内外市场开拓力度,取得了显著成绩。同时,我省建筑业发展也面临着资源约束日益趋紧、环境保护形势愈发严峻等挑战,存在着行业发展方式粗放、生产效率不高、资源利用效率低下、科技创新能力不足等诸多问题和不足。如今,信息化浪潮的兴起以及系列通用性重大技术的突破,为行业创造出新的条件和契机。随着互联网和数字技术应用不断加速渗透,产业边界日益模糊,跨界融合成为新一轮产业升级的大趋势。为呼应"中国制造 2025"战略,江苏建筑业应积极抢抓发展机遇,以新需求为驱动,以新科技和新平台为依托,结合制造业、信息产业等各类资源要素相互渗透、融合和裂变,实现产业价值链的延伸和突破。

《江苏建造 2025 行动纲要》结合省情实际和行业发展趋势,在深入调查研究的基础上,坚持需求导向和改革创新,提出江苏建筑业今后一段时期工程建造方式的创新和发展方向——推动工程建造方式向精细化、信息化、绿色化、工业化"四化"融合方向发展,大力推行精益建造[1]、数字建造[2]、绿色建造[3]、装配式建造四种新型建造方式,逐步在房屋建筑和市政基础设施工程等重点领域推广应用,促进行业健康可持续发展,保持江苏建筑业在全国的领先地位。

---

1 精益建造:是一种综合型生产管理理论,指在工程建造中,充分运用"精益生产"(源自于日本丰田汽车公司)理念,面向建筑产品的全生命周期,持续地减少和消除浪费,最大限度满足顾客要求的系统性方法,实现工程建造全过程的价值最大化。
2 数字建造:一般指结合 BIM、大数据、物联网等信息化新型技术,依托各项信息管理平台,实现建造过程的数字化。
3 绿色建造:将绿色、节能、环保理念贯穿于工程建造设计、施工、运维等全过程,实现工程建造的绿色化发展。本文重点描述绿色施工和绿色建材方面。

一、指导思想

以习近平新时代中国特色社会主义思想为指引，深入贯彻党的十九大精神，牢固树立"创新、协调、绿色、开放、共享"发展理念，紧紧围绕"两聚一高"目标任务，以建筑业供给侧结构性改革为主线，转变工程建造发展方式，以精细化、信息化、绿色化、工业化"四化"融合为核心，以精益建造、数字建造、绿色建造、装配式建造四种新型建造方式为驱动，加快全省建筑产业现代化进程，增强企业核心竞争力，打造"江苏建造"品牌，实现建筑业发展质量和效益不断提升。

二、基本原则

1. 坚持统筹规划。围绕促进建筑业转型升级总体目标任务，着力营造良好的政策和市场环境，着力推动体制机制和工程建设组织方式改革，明确发展路线图和时间表，大力推广新型建造方式，推动产业供给侧结构性改革。

2. 坚持协调融合。加强与现代制造业等相关产业的深度融合和跨界融合，通过新型建造技术和材料、装备、产品的协调和滚动发展，全面拓展新材料、新装备和新产品的应用深度和广度，促进建筑业从供给侧低端向中高端转变，实现行业生产水平的整体跨越。

3. 坚持创新引领。准确把握建造技术发展趋势，优化配置创新资源，引导产学研用各类主体加强战略合作，开展联合攻关，构建新型建造方式基础理论和关键共性技术体系。鼓励企业加大科技创新投入力度，重点研发具有自主知识产权的新型专利、工艺或工法，加快科技成果的转化和应用，以新技术新业态改造提升建筑业质量和发展水平。

4. 坚持提质增效。抢抓产业结构调整和转型发展的重大战略机遇，加速构筑先发优势，进一步巩固和发挥传统优势，促进产业和产品向价值链中高端的跃升。逐步建立以质量、效益和效率为核心的品牌价值体系，不断丰富"江苏建造"的内涵和外延，在产业规模保持领先地位的基础上，力求行业质量效益位居全国前列，实现建筑业提质增效的目标。

三、主要目标

（一）精益建造

到 2020 年，精益建造理念得到较好推广普及，初步建立精益建造评价指标体系。50%以上的特级资质企业在项目实施中运用精益建造适宜技术，并初步形成精益建造管理和技术体系；30%的大型项目中采用2项以上主要的精益建造适宜技术，建成5个以上精益建造示范项目；每个设区市建成2个以上采用精益建造适宜技术的商品住宅开发项目。对采用精益建造适宜技术的住宅项目，品质明显提升，住宅质量常见问题发生率明显下降。

到2025年，精益建造技术在全省工程项目中得到普遍运用，建立完善的精益建造评价指标体系。特级资质企业全部实现建造方式与精益建造适宜技术的深度结合，形成成熟的精益建造管理和技术体系；一级资质企业在项目实施中普遍采用精益建造适宜技术，形成初步成熟的精益建造管理和技术体系；50%的大型项目中采用2项以上主要的精益建造适宜技术。在商品住宅开发项目中普遍采用精益建造相关适宜技术，品质全面提升，基本满足用户对住宅"经济、适用、安全、美观"等方面要求。

（二）数字建造

到2020年，BIM[1]技术在大中型项目应用占比30%，初步推广基于BIM的项目管理信息系统应用；60%以上的甲级资质设计企业实现BIM技术应用，部分企业实现基于BIM的协同设计；初步建立工程主要材料和工程质量追溯体系，部品部件生产企业在建立产品信息数据库的基础上，初步实现产品信息标识，逐步推广智能化生产；50%的大型项目实现自动化监控；开展"数字工地"[2]创建；逐步推广工程建造全过程的数字交付。

到2025年，BIM技术在大中型项目应用占比70%，基于BIM的项目管理信息系统得到普遍应用，设计企业基本实现BIM技术应用，普及基于BIM的协同设计；全面建立工程主要材料和工程质量追溯体系，部品部件生产企业全面推广智能化生产；大型项目基本实现自动化监控和预警；50%以上的在建项目实现"数字工地"；基本实现工程建造全过程的数字交付。

（三）绿色建造

到2020年，绿色施工技术应用覆盖率达到70%以上；15%以上的大中型项目达到现有绿色施工示范工程要求；绿色施工对降低施工扬尘贡献率提高

---

1 BIM：建筑信息模型，是以三维数字技术为基础，集成了建筑工程项目各种相关信息的工程数据模型，是对工程项目设施实体与功能特性的数字化表达，该模型能够连接建筑项目生命期不同阶段的数据、过程和资源，提供可自动计算、查询、组合拆分的实时工程数据，可被建设项目各参与方普遍使用。

2 数字工地：利用BIM、VR、AR技术等，建立建筑物与施工现场等施工管理对象的数字化模型，并且把属性、时间等信息要素输入到数字化模型中，实现工地数字化。

50%以上；绿色建材应用比例达到40%以上。全面践行绿色建造理念，初步建立涵盖绿色规划、设计、施工、运维、建材等方面的技术体系。

到2025年，绿色施工技术得到全面应用；大型项目基本达到现有绿色施工示范工程的相关要求；绿色施工对降低施工扬尘贡献率提高70%以上；绿色建材应用比例达到60%以上。绿色建造发展和应用水平全国领先。

（四）装配式建造

到2020年，装配式建造的技术体系、生产体系、监管体系基本完善，打造一批具有规模化和专业化水平的龙头企业，培养一批具有装配式建造专业化水平的经营管理人员和产业工人。建成国家级建筑产业现代化基地20个，省级示范城市15个，示范基地100个，示范项目100个，装配式建筑占新建建筑比例达到30%，设区市新建成品住房比例达到50%以上，其他城市达到30%以上，通过试点示范和政策推动，率先建成全国建筑产业现代化示范省份。

到2025年，装配式建造成为主要建造方式，实现装配式建筑、智慧建筑、绿色建筑的深度融合。装配式建筑占新建建筑比例达到50%，新建成品住房比例达到50%以上，建筑产业现代化水平继续保持在全国的领先地位。

四、推进行动

（一）精益建造推进行动

1. 普及精益建造的理念与模式

借鉴国内外精益建造的成熟实践，宣传普及精益建造的相关理念，使各方主体充分认识到精益建造是建造方式变革的必然趋势。结合全省建筑业发展实际，积极引导企业着力转变传统的低效能、高能耗发展模式，致力于实现建造全过程的浪费最小化、产品质量精品化、用户价值最大化。组织力量深入研究精益建造核心理论和关键技术，并根据地区、行业和企业的发展实际进行分类指导。开展企业精益建造成熟度评价，通过试点示范等多种方式，逐步实现精益建造规模化发展。

2. 引导企业建立基于精益建造的标准体系

引导企业建立适合自身发展的精益建造管理标准体系，涵盖工艺流程、管理规程、操作标准、企业定额、深化设计、节点标准等。

推进精准设计。引导企业在传统设计基础上，结合企业标准和施工工艺流程，对原施工图进行完善、补充和细化，通过精准设计实现包括预留、预埋等在内的精准施工，提高施工作业的科学性和合理性，形成企业设计标准体系。

推动合理划分工序。推广工序划分模块化，通过工作分解结构[1]（WBS—Work Breakdown Structure）将项目实施所有环节，分解成较小的、更易于管理的工序级模块。通过工序的细分和固化，实现标准化操作，在符合国家和地方标准规范基础上，融合企业文化、流程与标准，形成作业层面与管理层面的工序级标准体系。

推广工序交底和流水化作业。引导企业在安全、质量、进度等方面进行工序交底，更好地完善事前、事中、事后控制，形成工序交底制度。推动企业在合理划分工序的基础上，通过科学的工序组合，实现施工现场流水化作业。

3. 推广精益建造适宜技术

开展精益建造适宜技术研究，编制精益建造重点推广的适宜技术目录，不断提升企业的精益建造技术水平，逐步实现"零距离沟通、零质量缺陷、零物资积压、零安全事故、零交接延误、零进度障碍"的管理目标。

推广价值管理分析。坚持用户需求为导向，引导企业加强对项目全过程进行价值管理分析。重点推广价值流程图——即针对项目，绘制工作流、信息流、资金流、材料流、人力流等价值流程图，对项目建造全过程进行价值分析，努力实现浪费最小化，用户价值最大化。

推广建立计划控制体系。积极推动企业在施工阶段建立合理的计划控制体系，将物流、资金流和信息流内置于工作流程，整体提升作业的精细化程度。重点推广末位计划者体系[2]（LPS, Last Planner System），通过权力下放，使作业人员根据现场资源环境条件，对工程项目做出最合理的工作计划，优化工作流程，实现项目零进度障碍、零质量缺陷。

推广准时化生产。按照计划控制体系设置的精细化工作流程，促使项目等待时间和材料储备时间最小化，实现准时化生产。重点推广拉动式生产，根据需求由后向前拉动每道工序生产，从而达到按时按量提供所需产品，消除传统生产过程产生的物资积压和时间等待。推动基于并行工程的团队合作，促进施工工作面的协调，消除人为不确定因素和冲突，最大程度确保零交接延误、零物资积压。

---

[1] 工作分解结构（WBS）:以可交付成果为导向对项目要素进行分组，即将一个项目按一定的原则分解，分解可以采用自上而下的方法，项目分解成任务，任务再分解成各项具体工作，再把各具体工作分配到个人。WBS 分解精度可以根据工程技术系统特征和管控要求进行确定。该方法由于可以将项目工作定义在适当的细节水平，有助于对项目工期、成本和资源需求等进行准确估计。

[2] 末位计划者体系（LPS）:强调权力下放，传统计划的最后一层（如施工小组）提出短期的施工进度计划，充分考虑施工现场约束条件，做出最合理的工作安排。

推广"5S"[1]管理方法。引导企业对施工现场进行区域划分,对物资物品进行分类整理,设定合理堆放位置,做好标示标识;定期对现场进行清洁清扫;对各工序工作面进行及时清理整顿;提升现场人员的职业素质;加强合作伙伴与供应商管理,保证保质准时供应;合理利用各工序交接时提供的相关信息,为下道工序和施工过程的顺畅流动奠定良好基础。

4. 坚实精益建造发展基础

积极引导企业研发精益建造软件和平台,充分利用信息化手段,促进工程建设各方信息的及时共享,在提高各环节沟通效率的同时,不断提升管理的精细化水平;强化精益建造的专业技术人才支撑,通过组织专题讲座、现场观摩和集体培训等方式,逐步培养各梯次人才队伍;加强行业技术指导,鼓励以校企合作或建立专家咨询库等方式,为企业提供有力的技术和理论支撑。

(二)数字建造推进行动

1. 准确把握数字建造发展方向

积极推动传统工程建造向信息化、集成化、智能化发展,实现建造全过程的数字化,为建筑产品全生命周期的运维管理提供技术支撑,为最终实现智能建造打下基础。在工程建造中大力推行数字建造模式,通过数字化手段,有效实现设计、施工、运维各环节互联互通;深入研究数字建造基础理论和关键技术,把握国际数字建造以及相关新兴技术发展脉搏,加快相关适宜技术研究应用,探索数字建造的实施路径;创新政府监管方式,构建工程建造全过程数字监管体系。

2. 提升数字建造适宜技术应用水平

提高BIM技术的应用水平。研究建立基于BIM的协同设计平台和工作模式,根据工程项目的实际需求和应用条件确定不同阶段的工作内容,积累和构建各专业族库。建立基于BIM应用的施工管理模式和协同工作机制,逐步实现施工阶段的BIM集成应用,普及基于BIM的三维可视化施工管理方式,强化BIM技术在施工过程中后台指导前台的作用,通过在项目管理信息系统嵌入移动通讯和射频等技术,提升施工管理水平;完善基于BIM技术的数据交换标准,为建筑产品的运行、监控、更换、维修等方面提供数据支撑,提高运维管理水平。

推进数字工地建设。促进施工现场中BIM、大数据、物联网、智能机器人、智能穿戴设备、手持智能终端设备、智能监测设备、移动互联设备等技术和设

---

[1] "5S":日语中SEIRI整理、SEITION整顿、SEISO清扫、SEIKETSU清洁、SHITSUKE素养五个单词的简称。

备的推广应用，通过项目管理信息系统对相关工程数据进行实时传递和共享，实现施工现场与项目管理信息系统的远程控制、联动管理和互联互通。鼓励有条件的企业建立项目施工现场安全隐患预警预报、分部分项工程危险性分析系统，在重点项目中推广自动监控与预警平台的联动应用，实现重大危险源预警，有效降低工程安全风险。

建立产品质量追溯体系。通过建立建筑材料和部品部件登记入库平台，对建筑材料来源、产地、技术参数相关信息进行登记，结合设计、施工、运维阶段各环节信息，严格把控建材、产品质量，最终实现建筑产品质量可追溯。

结合工程建造实际需求，引导低成本、低功耗、智能化的传感器及相关设备的研发，加快物联网核心芯片、仪器仪表、配套软件的集成应用，实现施工现场实物与虚拟的结合。开展传感器、高速移动通信、近场通讯及二维码识别等物联网技术与工程项目管理信息系统的集成应用研究。

3. 引导企业加强数字建造创新能力建设

积极引导企业建立与数字建造相适应的管理、生产和经营新模式，通过实施差别化的资源配置政策，激发创新主体的创新潜能。重点推进企业数字化管理平台建设，围绕企业的核心业务和内部管理，逐步研发或完善项目管理信息系统、协同管理[1]系统等；鼓励有条件的企业加大信息化基础设施建设投入，以BIM和物联网技术为核心，打造大数据平台，实现对建筑产品全生命周期的管理和运维。积极推动部品部件生产企业向生产运行、设备管理、采购仓储、物流销售全过程数字化方向发展。伴随物联网和监控技术的升级提档，逐步向自动化生产、无人干预、智能预警方向发展，较快实现智能化生产。

4. 构建数字建造相关标准体系

结合国际和国家相关标准，加快构建符合全省实际的数字建造标准体系，重点研究编制BIM技术在项目审批、工程实施、竣工交付到后期运维等全生命期各应用环节的技术标准和应用指南；制定满足数字建造相关技术应用的招标示范文件、合同示范文本和技术费用标准，为数字建造技术推广应用和信息资源共享奠定基础，形成满足数字建造技术应用的标准规范体系。

（三）绿色建造推进行动

1. 完善绿色建造政策标准体系

推动工程项目全生命周期绿色化发展，建立健全与国家标准规范相衔接兼

---

1 协同管理：一种管理理论体系，主要指把局部力量合理地排列、组合，来完成某项工作和项目，其目标为实现信息的协同、业务的协同和资源的协同。

具江苏特色的绿色建造规范和标准；研究出台相应管理办法和工作导则等，推动绿色建造的标准化和规范化；完善和编制《绿色施工技术目录》和《绿色建材目录》，进一步落实施工现场建筑废弃物排放和资源化利用等相关要求，建立施工现场能耗管理和监测制度，逐步形成绿色建造评价标准体系和相配套的市场监管体系，严格实行全过程监管。

2. 推动绿色施工

在工程施工中全面体现可持续发展理念，在"四节一环保"要求的基础上，加速新型建造技术、工艺和环保新材料的普及和综合应用，提升全省绿色施工水平。引导企业在施工过程中，严格执行绿色施工相关要求，实施绿色施工方案制度，将绿色施工管理纳入施工现场安全评价体系，实现与安全生产、文明施工的有机结合和良性互动；推行绿色建造定量化和动态化的管理模式，努力实现降耗、增效、环保效果的最大化。

3. 强化绿色建材使用

坚持因地制宜、就地取材原则，在绿色建筑、装配式建筑和国有资金投资建设的项目中，积极推动节能减排、安全便利和可循环绿色建材产品的应用。推广多功能复合一体化墙体材料、一体化屋面、高透光低辐射镀膜玻璃、高性能标准化门窗系统、建筑外遮阳系统、高性能混凝土、高强钢筋、高性能防火保温材料的使用，引导消费者使用绿色装饰装修材料和产品，有效控制室内环境污染和装修二次污染。进一步贯彻落实国家相关绿色建材评价管理办法、评价标识和目录管理制度的要求，建立完善建筑材料认证、评价、信息公开等制度和全过程工程质量追溯机制，定期编制发布建设领域限制和禁止使用的产品和技术，严禁使用不符合节能环保要求和质量性能差的建筑材料。

4. 深化绿色建造技术研究应用

充分发挥企业、高校和科研机构在绿色建造技术研发应用中的主体作用，引导产学研用各类主体加大投入，加快发展新型模板、高强钢筋、钢结构预应力等新技术，开展对地下资源保护、地下空间的开发和废弃物减排的研究，加大多功能和高性能混凝土的研发力度；依托高校、科研机构和行业协会建立绿色建造技术专家库，开展技术咨询服务；组织专业技术培训，不断普及绿色建造理念，推动绿色建造技术在施工现场的应用。

（四）装配式建造推进行动

1. 扩大装配式建造项目应用范围

各地应综合考虑经济社会发展水平、市场需求和产业基础等因素，进一步明确在城市核心区域、功能开发区、高新园区、示范园区等区域新建建筑采用装配式建筑和成品住房的比例，明确政府投资规模以上的新建学校、医院和保障性住房等公建项目，以及特定规模以上的商品住宅、商业办公用房等，必须采用装配式建筑。

大力发展装配式混凝土结构建筑，着力降低建造成本，提高易建性，不断推动"三板"（内外墙板、预制楼梯板、预制楼板）强制应用。积极推广钢结构建筑，推动钢结构住宅发展，有序推进轻钢结构农房建设，加快推进集装箱组合建筑在建设工地、临时设施中的应用。倡导发展现代木（竹）结构建筑，在特色田园乡村建设、城镇平改坡、老旧小区加层改造等项目中，在学校、幼托、敬老院、景区等低层新建公共建筑中，积极推广应用。

推进建筑全装修，积极推广标准化、集成化、模块化的装修模式，促进整体厨卫、轻质隔墙等产品、材料和设备管线的集成应用，提高装配化装修水平。

2. 推动装配式建造技术进步

开展重点技术攻关。在预制构件标准化应用、连接节点技术、施工现场支撑和吊装安装技术、施工管控流程、隔震减震技术、工程质量高效检测方法等方面开展应用研究，加快形成成熟技术路径。开展新型钢结构住宅结构体系、防腐防火一体化、梁柱连接节点、围护体系与主体结构标准化连接件的开发与应用以及防火、防锈、隔声等方面的研究，提出适用的解决方案。加强现代木（竹）结构中交错层压木材（Cross laminated timber，CLT）结构、拱结构、网壳结构等方面的研究及推广应用。

增强部品部件生产企业的技术创新能力。积极引导部品部件生产企业向专业化、标准化、规模化和智能化方向发展。提升混凝土预制构件生产的钢筋制作与混凝土浇筑的自动化水平和协同水平，提高构件精度；研究采用3D打印等技术提升异形构件制作水平；提升高强钢筋集中配送水平；提升装修部品的柔性生产和信息化生产水平。

3. 完善装配式建造标准体系

编制技术标准。在国家强制性标准的基础上，结合江苏产业特点和地域特征，研究编制《江苏省装配式建筑设计深度标准》、《江苏省装配式建筑围护结构（墙板）技术规程》、《江苏省常用装配式混凝土结构连接节点构造设计图集》、《江苏省模块化钢结构建筑技术规程》、《装配式建筑装配化装修技术规程》等技术标准和规程，同时研究编制《装配式建筑施工工艺工法》。

编制管理标准。完善施工图审查、部品部件检测、质量安全监督、工程验收、运营维护等装配式建筑相关标准规范。重点研究编制《混凝土预制构件制作及验收技术规程》、《装配式混凝土建筑现场连接施工质量控制和验收技术规程》、《装配式建筑施工现场安全技术规程》、《江苏省装配式混凝土结构房屋全寿命管理技术规程》等管理标准。

提升装配式建筑标准化、模块化、集成化设计水平，研究编制装配式居住建筑标准化套型图集，避免非标准化设计导致模具的浪费；在保障房、学校、医院、养老建筑中优先推动模数化、标准化设计。

4. 优化资源配置

加快培育市场主体，引导企业提升装配式建筑施工能力，针对装配式建筑特点，提高组织管理能力和质量安全管理水平，逐步推动传统建筑业企业转型。促进设计单位提升装配式建筑一体化集成设计能力，加强装配式建筑全过程的咨询和服务能力建设。推进部品部件生产基地布局和建设，着力提高部品部件生产企业产品研发、专业服务和集成配套水平，鼓励大型预拌混凝土企业和建材企业向部品部件生产企业转型。

加强产业集聚。鼓励设计、开发、施工、部品部件生产、物流配送、运营维护等企业成立联盟，形成符合建筑产业现代化要求的设计、生产、物流、施工、安装和管理产业体系。整合各类生产要素资源，形成规模化装配式建筑产业链，实现集聚集约集群发展，为装配式建造全面推广应用提供更好的平台。

五、保障措施

（一）培育优势企业，深化工程建设组织方式改革

加大省内优势骨干企业培育，加强示范引导，充分发挥优势企业引领带动作用，扩大新型建造方式的应用范围。培育兼具设计、施工、融资、运营等能力的工程总承包企业，借助总承包企业全过程服务的优势，拓宽新型建造方式的应用深度和宽度。推广新型建造方式适宜技术，通过建筑产业链上下游的紧密结合、优势互补，实现新型建造方式联盟发展。

不断完善工程建设组织方式，推动工程建造方式的变革创新，在政府投资项目和装配式建筑中的积极推行工程总承包模式。鼓励施工总承包企业分设具有独立法人资格的专业承包公司，走"专、精、特"道路，向特色专业承包模式发展。引导有能力的企业开展项目投资咨询、工程勘察设计、施工招标咨询、施工指导监督、工程竣工验收、项目运营管理等覆盖工程全生命周期的一体化项目管理咨询服务，培育一批具有国际水平的全过程工程咨询企业。

（二）加大研发力度，提高装备工具应用水平

积极引导装备工具制造企业加大投入，发展具有国际领先水平的建筑施工机械、搅拌设备、智能挖掘机、大吨位装载机、超大吨位汽车起重机、大型高等级路面摊铺机、盾构机、重型架桥、架梁机及现代物流装备等装备工具。积极推动适应新型建造方式的建筑业智能化软件和工具的研发，深化BIM软件研究，提高企业的管理精细化水平。

提高先进装备工具应用水平。持续推进建筑业先进装备工具应用，逐步建立新型建造方式下建筑业装备工具重点推荐名录，针对建筑细分行业分类推广。探索将新型建造方式下的先进装备工具应用率纳入招投标体系，提高企业应用积极性；支持鼓励有条件的企业研发适应自身发展需求的装备工具，提高应用水平。

（三）加快国际交流，支持企业"走出去"

充分把握国家"一带一路"战略契机，加速与国际大型企业与科研机构、工具装备企业的技术交流，着力加强与国外企业开展宽领域、广范围、深层次的合作。学习借鉴先进建造方式、先进技术装备和管理经验，助力新型建造方式的创新升级，不断提高建造水平。

鼓励企业"走出去"，努力开拓国际市场。围绕重点区域、领域和工程项目，发挥江苏建筑业企业在城乡规划、新城开发、工程建设方面的比较优势，综合应用新型建造方式相关适宜技术，形成智力、技术、资金、设备和劳动力联动输出，提升国际竞争力。

（四）整合人才资源，提高人才队伍建设水平

培养满足新型建造方式发展需求的技术和管理人才。大力弘扬工匠精神，培养高素质建筑工人，打造门类齐全、技术精湛、适应新型建造方式发展的职业化建筑工匠队伍。加大建筑业领军人才培养支持力度，引进和培养建筑业高级管理人才，进行定制式培育和个性化扶持，为新型建造方式进一步发展坚实人才基础。

提升新型建造方式人才技能水平。定期举办培训班或专题讲座，加强企业间人才技术交流。依托职业院校、职业培训机构和实训基地开展多层次技能培训，重点就新型建造技术进行专业培训。组织相关管理和技术人员到施工水平高、管理精细的地区或企业进行专题培训学习。建立适应新型建造方式的学历教育、职业培训、继续教育等多层次、分梯度的教育培训体系。推动建立新型

建造技术人才交流机制，畅通人才交流渠道。

（五）争取财税优惠，加大金融支持力度

争取加大对采用新型建造方式的项目的支持力度，对主导制定国家级和省级新型建造方式标准的企业，引导其申报高新技术企业，争取相关财税优惠政策。对人才实训园区，优先推荐申报省级重点产业专项公共实训基地，符合条件的享受省级财政补贴。研究完善支持政策，推动财政引导资金向运用新型建造方式的项目倾斜。

引导金融资本投入新型建造方式项目，鼓励符合条件的优质诚信企业积极拓宽融资渠道。对纳入优质诚信企业名录的企业，通过组织银企对接会、提供企业名录等多种形式向金融机构推介，争取金融机构支持。同时，积极引导企业利用多层次资本市场上市、挂牌及债券发行等方式直接融资。

（六）加强示范引导，提升"江苏建造"品牌效应

有序开展新型建造方式的各类试点示范和监测评价，建立健全相关工作机制，发挥示范项目、示范企业的引领作用，引导行业生产方式加速变革创新。充分发挥媒体和行业协会作用，通过报纸、电视、电台与网络等设置专栏或专题，组织宣贯会议和主题论坛等方式，扩大新型建造方式的社会认知度。

着力提高新型建造方式应用水平，在延续和传承传统优势的基础上加以创新和发展，切实推动江苏建筑业转型升级和提质增效，不断提升"江苏建造"品牌效应，努力塑造先进高效、绿色节能的江苏建筑业新形象。